|高职高专新商科系列教材|

创新创业教育

苏燕　关勇　主编
孟秀锦　刘玥伶　苏伟　副主编

清华大学出版社
北　京

内容简介

本书根据大学生创新思维和创新创业能力发展的规律，以培养大学生创新精神、创业意识和创新创业能力为核心，研究国内外创新创业教育成果和创业模式，将实践与理论相结合，通过案例分析、实训设计等培养学生的创新创业能力，是一本贴近职场、彰显时代要求的实用教材。

本书适合高职高专院校各专业作为教材使用，也可供一般社会读者阅读参考。

本书封面贴有清华大学出版社防伪标签，无标签者不得销售。
版权所有，侵权必究。举报：010-62782989，beiqinquan@tup.tsinghua.edu.cn。

图书在版编目(CIP)数据

创新创业教育/苏燕，关勇主编. —北京：清华大学出版社，2021.9（2023.8重印）
高职高专新商科系列教材
ISBN 978-7-302-57631-0

Ⅰ.①创⋯ Ⅱ.①苏⋯ ②关⋯ Ⅲ.①大学生－创业－高等职业教育－教材 Ⅳ.①G647.38

中国版本图书馆 CIP 数据核字(2021)第 037425 号

责任编辑：刘士平
封面设计：傅瑞学
责任校对：袁　芳
责任印制：杨　艳

出版发行：清华大学出版社
　　网　　址：http://www.tup.com.cn，http://www.wqbook.com
　　地　　址：北京清华大学学研大厦 A 座　　邮　编：100084
　　社 总 机：010-83470000　　邮　购：010-62786544
　　投稿与读者服务：010-62776969，c-service@tup.tsinghua.edu.cn
　　质量反馈：010-62772015，zhiliang@tup.tsinghua.edu.cn
　　课件下载：http://www.tup.com.cn，010-83470410
印 装 者：三河市春园印刷有限公司
经　　销：全国新华书店
开　　本：185mm×260mm　　印　张：17.25　　字　数：413 千字
版　　次：2021 年 10 月第 1 版　　印　次：2023 年 8 月第 3 次印刷
定　　价：49.00 元

产品编号：088212-01

前言

"**大**众创业,万众创新"已成为当今时代的主题,随着科学技术的进步,创新创业的作用愈发明显,它不仅是社会发展与进步的动力、国际竞争的关键因素,更是实现中华民族伟大复兴的助推剂。创新是引领发展的第一动力,是建设现代化经济体系的战略支撑。大学生作为中国未来发展的主要参与者,是最具备创新创业潜力的群体之一。在高等学校开展创新创业教育是深化高等教育教学改革、提高高等教育质量、促进学生全面发展、推动毕业生创业就业、服务国家现代化建设的重要措施。培养大学生创新创业能力不仅可以促进学生全面发展、帮助大学生就业,对于建设创新型国家也有着至关重要的作用。只有提高大学生创新创业能力,才能达到国家人才发展目标,才能提高国家自主创新能力。

创新创业教育是以培养大学生创新精神和创业能力为基本价值取向的教育,是有别于传统教育的一种新型教育模式。创新创业教育是一个动态的过程,它的核心价值观是对事业心与开拓技能的培养,是对一个人形成开创性的教育。把两者结合起来,创新创业教育就是在创新教育基础上进行的创业教育。近年来,我国各高校创新创业教育改革呈星火燎原之势开展起来,为广大大学生提供了一条新的成长之路,为社会培养了大批创新创业人才。

为满足大学生创新创业课程教学需要,我们编写了这本教材。本书内容特色如下。

(1)本书将培养大学生创新精神、创业意识和创新创业能力三者融会贯通,根据大学生创新思维和创新能力发展的规律,通过创新思维的启发和创新能力的培养,激发大学生创业的潜能。帮助大学生运用所学的知识、技术去探索创业,让大学生在创新创业中展现才华,实现人生价值,更好地服务于社会。

(2)本书在教学设计上注重实用性,将理论与教学案例相结合,使理论与实践更好地衔接,是将理论教学与实践教学融为一体的教材。

(3)本书通过导入案例引发学生思考,进行理论学习,案例具有创新性、实用性、启发性,文后还配有课后训练,更好地将理论与实践相结合,进而提升大学生的创新创业能力。

本书由山东电子职业技术学院苏燕、山东理工职业学院关勇担任主编,山东信息职业技术学院孟秀锦、浙江经贸职业技术学院刘玥伶、山东信息职业技术学院苏伟担任副主编,参编由山东理工职业学院岳炫、德州职业技术学院张敏、山东理工职业学院李翠英、潍坊工商职业学院董明冉、山东工业职业学院宋振海担任。

创新创业课程是高校进行创新创业教育的基础,而教材是课程的载体,希望本书的出版可以为创新创业教育提供有益的参考。由于创新创业教育是随着时代的发展而变化的,加之编者水平有限,书中难免有不足之处,敬请使用本书的广大师生和读者批评、指正,同时也希望广大读者提供宝贵意见,以便不断修正与完善。

编 者

2021 年 6 月

目录

项目一 双创大学生的理想起航 …………………… 001

任务一 认知国家创新驱动发展战略 / 001
一、我国社会经济发展现状 / 002
二、创新驱动发展战略 / 003
三、创新驱动发展战略对促进我国发展的作用 / 007

任务二 融入国家创新创业形势 / 009
一、我国创新创业发展成就 / 010
二、我国创新创业发展中存在的问题 / 012
三、大学生创新创业的意义 / 013
四、"双创"背景下大学生创业现状 / 014

任务三 "一带一路"倡议 / 016
一、"一带一路"倡议基本认知 / 017
二、"一带一路"倡议的内涵 / 019
三、"一带一路"的共建原则与框架思路 / 020
四、"一带一路"倡议对大学生创新创业的影响 / 021

任务四 用好"互联网+" / 022
一、"互联网+"的本质与特征 / 023
二、"互联网+"时代背景下的创业优势和创业模式 / 024
三、"互联网+"对大学生创业的挑战 / 026
四、对大学生"互联网+"创业的支持方式 / 027

项目二 大学生的机遇与挑战 …………………… 028

任务一 如何把握时代机遇 / 028
一、"大众创业、万众创新"背景下大学生的时代机遇 / 029
二、"大众创业、万众创新"实现资源的最大效应 / 030

任务二 迎接时代挑战 / 032
一、大学生需克服自身发展局限 / 033
二、大学生的成长方向 / 034

任务三 做好职业规划 / 035
一、分析职业性格特质 / 036
二、做好职业准备 / 039
三、创新创业与职业生涯发展的关系 / 040

项目三 培养创新思维 …………………… 042

任务一 认识创新 / 042
一、创新的含义 / 043
二、创新的过程 / 044
三、创新的类型 / 045

任务二　激发创新意识 / 052
　　一、创新意识的含义 / 053
　　二、创新意识的内容 / 053
　　三、创新与创新意识的关系 / 054
　　四、创新意识的障碍 / 054

任务三　创新思维培养 / 058
　　一、创新思维的定义及特点 / 059
　　二、思维定式及突破 / 060
　　三、创新思维的基本类型 / 061
　　四、创新思维训练 / 068

项目四　运用创新方法 ············ 073

任务一　分析列举法 / 073
　　一、分析列举法的概念 / 074
　　二、分析列举法的特点与作用 / 075
　　三、分析列举法的分类 / 076

任务二　奥斯本检核表法 / 084
　　一、九大问题的实际应用 / 085
　　二、奥斯本检核表法的优点 / 093
　　三、奥斯本检核表法在创新当中的作用 / 093
　　四、实施步骤和要求 / 094
　　五、注意事项 / 094

任务三　设问型技法 / 095
　　一、设问型技法的特点 / 096
　　二、设问型技法的原理 / 097
　　三、设问型技法的适用范围 / 098
　　四、5W1H法 / 099

任务四　和田创新十二法 / 103
　　一、加一加 / 105
　　二、减一减 / 106
　　三、扩一扩 / 106
　　四、缩一缩 / 106
　　五、变一变 / 107
　　六、改一改 / 107
　　七、联一联 / 108
　　八、学一学 / 109
　　九、代一代 / 109
　　十、搬一搬 / 110
　　十一、反一反 / 111

十二、定一定 / 111
　任务五　组合创新法 / 112
　　一、组合创新法的特点 / 113
　　二、组合创新法的类型 / 115
　任务六　TRIZ 法 / 121
　　一、TRIZ 理论的发展 / 122
　　二、TRIZ 法的核心思想和解决问题的过程 / 122
　　三、TRIZ 法的发明原理 / 122
　　四、TRIZ 的优越性 / 127
　任务七　联想类比法 / 128
　　一、接近联想 / 129
　　二、相似联想 / 129
　　三、对比联想 / 129
　　四、因果联想 / 129
　　五、类比联想 / 130

项目五　创新能力的培养与建立 ········ 137

　任务一　培养信息与科学资讯的整理归纳素养 / 137
　　一、信息素养的内涵 / 138
　　二、大学生信息能力的培养 / 140
　　三、当代大学生科学素养的基本内涵 / 142
　　四、当前我国大学生科学素养的具体现状与原因 / 143
　　五、当代大学生科学素养培养思路与对策 / 143
　任务二　培养解决问题的能力 / 144
　　一、大学生解决问题的现状 / 145
　　二、培养大学生解决问题的方法 / 146
　任务三　培养交流与合作能力 / 147
　　一、交流与合作能力的意义 / 148
　　二、当代大学生交流与合作能力的现状 / 149
　　三、培养大学生交流与合作能力的途径 / 152

项目六　创业素质的培养与建立 ········ 158

　任务一　创业准备 / 158
　　一、创业的概念 / 159
　　二、创业教育的准备 / 159
　　三、创业的"三部曲" / 160
　任务二　参加创业活动的培养 / 161
　　一、创新创业大赛 / 162
　　二、专业技能竞赛 / 163

三、创业活动的方向 / 165
　　四、创业项目选择的流程 / 166
　　五、创业活动的注意事项 / 166

项目七　甄选创业项目 169

任务一　抓住创业机会 / 169
　　一、有效创业机会的特征 / 170
　　二、创业机会的来源 / 172
　　三、创业机会的识别 / 172
　　四、创业机会的评估 / 174
　　五、创业机会的评价 / 176

任务二　创业项目甄选 / 178
　　一、创业项目的定义 / 180
　　二、选择合适的创业组织形式及类型 / 180
　　三、选择创业项目要遵循的原则 / 183
　　四、选择创业项目的方法和渠道 / 185

项目八　制订创业计划 188

任务一　选择商业模式 / 188
　　一、商业模式的概念 / 190
　　二、建立商业模式的步骤 / 192
　　三、平台商业模式 / 196
　　四、互联网商业模式的应用 / 199
　　五、共享经济新模式 / 200

任务二　争取创业融资 / 202
　　一、创业融资 / 203
　　二、创业融资的方式与原则 / 204
　　三、创业融资规划 / 207
　　四、大学生创业融资的渠道 / 208

任务三　撰写创业计划书 / 210
　　一、创业计划书概述 / 211
　　二、创业计划书的主要内容 / 212
　　三、大学生创业计划书的撰写原则 / 214
　　四、大学生创业计划书的推介 / 215

项目九　创办公司 217

任务一　组建创业团队 / 217
　　一、创业团队的内涵 / 218
　　二、组建优秀创业团队 / 219

任务二　公司创办流程 / 222
　　一、认识公司类型 / 223
　　二、公司注册流程 / 224
　　三、注册公司后续事项 / 226
任务三　项目管理与公司运营 / 227
　　一、项目管理 / 229
　　二、公司运营 / 232

项目十　创业风险 ································· 234

任务一　了解企业法规 / 234
　　一、企业法规的种类 / 235
　　二、初创企业的社会责任 / 237
任务二　防范创业风险 / 238
　　一、创业风险的概念 / 240
　　二、创业风险的类型 / 241
　　三、识别创业风险的方法 / 241
　　四、创业风险的防范 / 243

参考文献 ··· 245

附录　创新创业典范案例 ································· 247

双创大学生的理想起航

创新是人类特有的认识能力和实践能力,是人类主观能动性的高级表现,是推动民族进步和社会发展的不竭动力。一个民族要想走在时代的前列,必须时刻保持创新思维,用创新思维指导工作。近年来,中国的科学技术发展迅猛,究其原因是科技的创新和观念的革新。这个时代的大学生作为国家建设的生力军,创新和创业会影响国家的发展。因此,大学生加入国家创新创业这股大潮中,可以树立正确的人生奋斗目标,还可以为国家贡献更大的力量。

 任务一　认知国家创新驱动发展战略

 学习目标

1. 掌握我国经济发展现状。
2. 掌握创新对我国经济发展的具体作用。
3. 掌握国家创新驱动发展的战略对策。

 导入案例

港珠澳大桥——超级工程背后的超级创新

2018年10月,港珠澳大桥开通了。

它是世界建筑史上里程最长、投资最多、施工难度最大,也是最长的跨海大桥,被英国卫报评为"新的世界七大奇迹"之一。

最长跨海大桥:港珠澳大桥全长55千米,是目前世界最长的跨海大桥。

最长钢铁大桥:港珠澳大桥有15千米是全钢结构钢箱梁,是目前世界最长钢铁大桥。

最长海底隧道:港珠澳大桥海底沉管隧道全长6.7千米。

最大沉管隧道:沉管隧道标准管节每一节长180米,排水量超过75 000吨。

最深沉管隧道:港珠澳大桥海底隧道最深处在海底48米,而目前世界沉管隧道最深很少有超过45米的。

最精准深海之吻:沉管在海平面以下13~48米不等的深度进行海底无人对接,对接误

差控制在 2 厘米以内。

港珠澳大桥是世界上最长的跨海大桥,也是世界建设史上技术最复杂、施工难度最大、工程规模最庞大的桥梁。

作为我国交通工程奇迹,科技与创新是这座大桥与生俱来的基因和烙印。

港珠澳大桥主体工程的建设按照"就高不就低"的标准进行,为实现 120 年使用寿命的要求,中国的建设者们实现了海洋混凝土结构耐久性技术的突破,如今这一突破被命名为"港珠澳模型",彰显了"中国制造"的实力。

港珠澳大桥建设难度极大,新材料、新工艺、新设备、新技术层出不穷,仅专利就达 400 项之多,在多个领域填补了空白。

超过 200 家公司企业、2 万多名施工人员参与工程建设,科研队伍人员超过 1 000 人。仅由交通运输部组织实施的国家科技支撑计划研究参与单位就有 21 家企事业单位、8 所高等院校,科研队伍人数过 500 人,共设 5 个大课题、19 个子课题、73 项课题研究,取得项目创新工法 31 项、创新软件 13 项、创新装备 31 项、创新产品 3 项,申请专利 454 项。先后攻克了人工岛快速成岛、深埋沉管结构设计、隧道复合基础等 10 余项世界级技术难题,带动 20 个基地和生产线的建设,形成拥有中国自主知识产权的核心技术,建立了中国跨海通道建设工业化技术体系。

港珠澳大桥的建设不仅提高了我国基础设施建设水平,更使我国的隧岛桥设计施工管理水平走在了世界前列。

(资料来源:https://www.sohu.com/a/271146007_100941)

案例问题

1. 我国高科技创新发展现状如何?
2. 创新对我国经济发展有哪些重要影响?

案例启示

港珠澳大桥的成功建设体现了我国的综合国力、自主创新能力,体现了勇创世界一流的民族志气。中国是一个发展中的大国,还不是发达国家,要实现伟大梦想就要走一条追赶和超越的道路,不创新就会输在起跑线上。创新是最能体现民族智慧和自信的一种活动,创新是最能实现人生价值的一种活动,创新更离不开创新环境和国力支撑。实现创新需要有宽阔和包容的胸怀;实现创新就是要把论文写在祖国的大地上,需要有一种牺牲和奉献的情怀;实现创新既需要有承受压力的勇气担当,也需要有承担失败的责任担当。当今科学技术的发展突飞猛进,挑战和应对挑战的条件同在,只要我们有勇创世界一流的民族志气,机遇一定会大于挑战。

一、我国社会经济发展现状

改革开放 40 多年来,中国的经济总量已跃居世界第二,制造业的规模更是居于世界第一。

近年来,中国制造业正在飞速发展,综合实力大幅提升,为中国经济和社会发展做出了重要贡献,中国制造也已经成为世界经济的有力支撑力量。2018 年,中国工业增加值规模超过30万亿元,继续保持全球第一的位次。改革开放红利的持续释放,使得2018年年底规模以上的工业增加值同比增长6.2%,占国内生产总值的比重达到33%。今天,中国的制造业增加值占全世界的份额达到了28%以上,成为驱动世界工业增长的重要引擎。在世界500多种主要工业产品当中,中国有220多种工业产品的产量位居世界第一。2019年,中国共有129家企业入选"财富500强",大公司数量在历史上首次超过美国(121家)。

改革开放以来,中国的工业化建设走的是先污染后治理的老路,是一种拼资源、高投入、拼人力、高消耗、高排放的粗放型发展方式,这与国家科学发展观要求的以人为本、人与自然和谐相处、依靠创新和科技引领经济社会发展还有差距。近年来,原有的经济发展模式空间紧缩,已经不能适应未来经济发展的需求,需要进一步探索新的道路。

(一)突破发展制约因素的需要

改革开放40多年来,中国经济发展迅速。这一阶段主要是由劳动力、资源两大要素发挥优势,驱动经济增长。其中,劳动力要素方面,中国廉价劳动力以及人口红利高峰期都是经济增长的优势,推动了劳动密集型产品的增量。但根据联合国人口预测报告显示,中国在2005—2030年,50~64岁的劳动人口增加67.1%,15~29岁的劳动人口减少18.8%,劳动力优势将不复存在。另外,资源要素方面,中国自然资源总量大、人均少,各种自然资源消耗非常严重。今天,中国已经不可避免地遇到劳动力和资源要素供给不可持续的问题,并且随着中国人口红利的消失,自然资源不断破坏,依靠要素驱动发展经济的模式势必终结。

(二)投资驱动青睐高端技术

投资驱动是国家经济增长的必要前提,也是国家经济增长的推动力。然而,有研究指出,改革开放以来,中国的经济增长的最主要特征就是高投资和高增长。高投资保证了多年的经济高速增长,但在基础设施建设已经布局完成、社会生产能力过剩、出口面临需求萎缩的情况下,投资驱动必然会逐步艰难,所以投资驱动必须有所转型。中国投资近两年发生的变革,正是以低技术含量的产能投资转型为高端技术投资。其中,在2018年中国制造业的投资中,有50%是技术改造投资,目的在于促进产业结构、产品结构转换升级,并向价值链的中高端迈进。

(三)外贸出口步伐渐缓

改革开放之初,中国的出口产品附加值较低,大多没有形成自己企业的核心竞争力,多数产品和服务定位于产业链的低端位置,很少生产出具有世界级影响力的品牌产品,这让中国的出口贸易在国际市场上没有立于不败之地,而只被称为"世界工厂"。这样一个以模仿为支撑、创造性较小的外贸出口国家,缺乏了世界竞争力。

今天的中国已经认识到,中国的全球第二大经济体地位只表明自己是一个经济大国,而非一个经济强国。中国目前必须从"制造"向"智造"进行转变,实现从"传统模式下的业务提升"到"创新模式下的业务变革"的飞跃,成为真正的经济强国。

二、创新驱动发展战略

创新驱动是国家命运所系,创新强则国运昌,创新弱则国运殆。国家力量的核心支撑是科技创新能力,我国近代落后挨打的重要原因是与历次科技革命失之交臂,导致科技弱、国力弱。实现中华民族伟大复兴的中国梦，必须真正用好科学技术这个革命力量和有力杠杆。

（一）我国创新驱动发展的战略目标

我国创新驱动发展的战略目标分三步走。

第一步，到2020年进入创新型国家行列，基本建成中国特色国家创新体系，有力支撑全面建成小康社会目标的实现。

第二步，到2030年跻身创新型国家前列，发展驱动力实现根本转换，经济社会发展水平和国际竞争力大幅提升，为建成经济强国和共同富裕社会奠定坚实基础。

第三步，到2050年建成世界科技创新强国，成为世界主要科学中心和创新高地，为我国建成富强、民主、文明、和谐的社会主义现代化国家，实现中华民族伟大复兴的中国梦提供强大支撑。

（二）我国创新驱动发展的战略任务

我国创新驱动发展的战略任务紧紧围绕经济竞争力提升的核心关键、社会发展的紧迫需求、国家安全的重大挑战，采取差异化策略和非对称路径，强化重点领域和关键环节的任务部署。

1. 推动产业技术体系创新，创造发展新优势

加快工业化和信息化深度融合，把数字化、网络化、智能化、绿色化作为提升产业竞争力的技术基点，推进各领域新兴技术跨界创新，构建结构合理、开放兼容、自主可控、先进管用、具有国际竞争力的现代产业技术体系，以技术的群体性突破支撑引领新兴产业集群发展，推进产业质量升级。

发展新一代信息网络技术，增强经济社会发展的信息化基础；发展智能绿色制造技术，推动制造业向价值链高端攀升；发展生态绿色高效安全的现代农业技术，确保粮食安全、食品安全；发展安全清洁高效的现代能源技术，推动能源生产和消费革命；发展资源高效利用和生态环保技术，建设资源节约型和环境友好型社会；发展海洋和空间先进适用技术，培育海洋经济和空间经济；发展智慧城市和数字社会技术，推动以人为本的新型城镇化；发展先进有效、安全便捷的健康技术，应对重大疾病和人口老龄化挑战；发展支撑商业模式创新的现代服务技术，驱动经济形态高级化；发展引领产业变革的颠覆性技术，不断催生新产业、创造新就业。

2. 强化原始创新，增强源头供给

坚持国家战略需求和科学探索目标相结合，加强对关系全局的科学问题研究部署，增强原始创新能力，提升我国科学发现、技术发明和产品产业创新的整体水平，支撑产业变革和保障国家安全。

加强面向国家战略需求的基础前沿和高技术研究，建设一批支撑高水平创新的基础设施和平台，大力支持自由探索的基础研究。

3. 优化区域创新布局，打造区域经济增长极

聚焦国家区域发展战略，以创新要素的集聚与流动促进产业合理分工，推动区域创新能力和竞争力整体提升。

构建各具特色的区域创新发展格局，跨区域整合创新资源，打造区域创新示范引领高地。

4. 深化军民融合,促进创新互动

按照军民融合发展战略总体要求,发挥国防科技创新重要作用,加快建立健全军民融合的创新体系,形成全要素、多领域、高效益的军民科技深度融合发展新格局。

健全宏观统筹机制,开展军民协同创新,推进军民科技基础要素融合,促进军民技术双向转移转化。

5. 壮大创新主体,引领创新发展

明确各类创新主体在创新链不同环节的功能定位,激发主体活力,系统提升各类主体创新能力,夯实创新发展的基础。

培育世界一流创新型企业,建设世界一流大学和一流学科,建设世界一流科研院所,发展面向市场的新型研发机构,构建专业化技术转移服务体系。

6. 实施重大科技项目和工程,实现重点跨越

在关系国家安全和长远发展的重点领域,部署一批重大科技项目和工程。

面向2020年,继续加快实施已部署的国家科技重大专项,聚焦目标、突出重点,攻克高端通用芯片、高档数控机床、集成电路装备、宽带移动通信、油气田、核电站、水污染治理、转基因生物新品种、新药创制、传染病防治等方面的关键核心技术,形成若干战略性技术和战略性产品,培育新兴产业。

面向2030年,坚持有所为有所不为,尽快启动航空发动机及燃气轮机重大项目,在量子通信、信息网络、智能制造和机器人、深空深海探测、重点新材料和新能源、脑科学、健康医疗等领域,充分论证,把准方向,明确重点,再部署一批体现国家战略意图的重大科技项目和工程。

面向2020年的重大专项与面向2030年的重大科技项目和工程,形成梯次接续的系统布局,并根据国际科技发展的新进展和我国经济社会发展的新需求,及时进行滚动调整和优化。要发挥社会主义市场经济条件下的新型体制优势,集中力量,协同攻关,持久发力,久久为功,加快突破重大核心技术,开发重大战略性产品,在国家战略优先领域率先实现跨越。

7. 建设高水平人才队伍,筑牢创新根基

加快建设科技创新领军人才和高技能人才队伍。围绕重要学科领域和创新方向造就一批世界水平的科学家、科技领军人才、工程师和高水平创新团队,注重培养一线创新人才和青年科技人才,对青年人才开辟特殊支持渠道,支持高校、科研院所、企业面向全球招聘人才。倡导崇尚技能、精益求精的职业精神,在各行各业大规模培养高级技师、技术工人等高技能人才。优化人才成长环境,实施更加积极的创新创业人才激励和吸引政策,推行科技成果处置收益和股权期权激励制度,让各类主体、不同岗位的创新人才都能在科技成果产业化过程中得到合理回报。

发挥企业家在创新创业中的重要作用,大力倡导企业家精神,树立创新光荣、创新致富的社会导向,依法保护企业家的创新收益和财产权,培养造就一大批勇于创新、敢于冒险的创新型企业家,建设专业化、市场化、国际化的职业经理人队伍。

推动教育创新,改革人才培养模式,把科学精神、创新思维、创造能力和社会责任感的培养贯穿教育全过程。完善高端创新人才和产业技能人才"二元支撑"的人才培养体系,加强普通教育与职业教育衔接。

8. 推动创新创业，激发全社会创造活力

建设和完善创新创业载体，发展创客经济，形成"大众创业、万众创新"的生动局面。

（1）发展众创空间。依托移动互联网、大数据、云计算等现代信息技术，发展新型创业服务模式，建立一批低成本、便利化、开放式众创空间和虚拟创新社区，建设多种形式的孵化机构，构建"孵化＋创投"的创业模式，为创业者提供工作空间、网络空间、社交空间、共享空间，降低大众参与创新创业的成本和门槛。

（2）孵化培育创新型小微企业。适应小型化、智能化、专业化的产业组织新特征，推动分布式、网络化的创新，鼓励企业开展商业模式创新，引导社会资本参与建设面向小微企业的社会化技术创新公共服务平台，推动小微企业向"专精特新"发展，让大批创新活力旺盛的小微企业不断涌现。

（3）鼓励人人创新。推动创客文化进学校，设立创新创业课程，开展品牌性创客活动，鼓励学生动手、实践、创业。支持企业员工参与工艺改进和产品设计，鼓励一切有益的微创新、微创业和小发明、小改进，将奇思妙想、创新创意转化为实实在在的创业活动。

（三）实施创新驱动发展战略，推进大众创业、万众创新深入发展

为进一步系统性优化创新创业生态环境，强化政策供给，突破发展瓶颈，充分释放全社会创新创业潜能，在更大范围、更高层次、更深程度上推进大众创业、万众创新，需要关注以下几个方面。

1. 深入发展大众创业、万众创新

深入推进供给侧结构性改革，全面实施创新驱动发展战略，加快新旧动能转换，着力振兴实体经济，必须坚持"融合、协同、共享"，推进大众创业、万众创新深入发展。

（1）改革先行，精准施策。以深化改革为核心动力，主动适应、把握、引领经济发展新常态，面向新趋势、新特征、新需求，主动作为，针对重点领域、典型区域、关键群体的特点精准发力，出实招、下实功、见实效。着力破除制约创新创业发展的体制机制障碍，促进生产、管理、分配和创新模式的深刻变革，继续深入推进"放管服"改革，积极探索包容审慎监管，为新动能的成长打开更大空间。

（2）创新为本，高端引领。以科技创新为基础支撑，实现创新带动创业、创业促进创新的良性循环。坚持质量效率并重，引导创新创业向多元化、特色化、专业化发展，推动产业迈向中高端。坚持创新创业与实体经济相结合，实现第一、二、三产业相互渗透，推动军民融合深入发展，创造新供给，释放新需求，增强产业活力和核心竞争力。

（3）价值创造，共享发展。以价值创造为本质内涵，大力弘扬创新文化，厚植创业沃土，营造敢为人先、宽容失败的良好氛围，推动创新创业成为生活方式和人生追求。践行共享发展理念，实现人人参与、人人尽力、人人享有，使创新创业成果更多更公平地惠及全体人民，促进社会公平正义。

（4）市场主导，资源聚合。充分发挥市场配置资源的决定性作用，整合政府、企业、社会等多方资源，建设众创、众包、众扶、众筹支撑平台，健全创新创业服务体系，推动政策、技术、资本等各类要素向创新创业集聚，充分发挥社会资本作用，以市场化机制促进多元化供给与多样化需求更好地对接，实现优化配置。

（5）人才优先，主体联动。以人才支撑为第一要素，改革人才引进、激励、发展和评价机制，激发人才创造潜能，鼓励科技人员、中高等院校毕业生、留学回国人才、农民工、退役士兵等有梦想、有意愿、有能力的群体更多投身创新创业。加强科研机构、高校、企业、创客等主体协同，促进大中小微企业优势互补，推动城镇与农村创新创业同步发展，形成创新创业多元主体合力汇聚、活力迸发的良性格局。

2. 加快科技成果转化

重点突破科技成果转移转化的制度障碍，保护知识产权，活跃技术交易，提升创业服务能力，优化激励机制，共享创新资源，加速科技成果向现实生产力转化。

3. 创新政府管理方式

持续深化"放管服"改革，加大普惠性政策支持力度，改善营商环境，放宽市场准入，推进试点示范，加强文化建设，推动形成政府、企业、社会良性互动的创新创业生态。

4. 促进实体经济转型升级

深入实施"互联网＋""一带一路"、军民融合发展、新一代人工智能等重大举措，着力加强创新创业平台建设，培育新兴业态，发展共享经济，以新技术、新业态、新模式改造传统产业，增强核心竞争力，实现新兴产业与传统产业协同发展。

5. 完善人才流动激励机制

充分激发人才创新创业活力，改革分配机制，引进国际高层次人才，促进人才合理流动，健全保障体系，加快形成规模宏大、结构合理、素质优良的创新创业人才队伍。

6. 拓展企业融资渠道

不断完善金融财税政策，创新金融产品，扩大信贷支持，发展创业投资，优化投入方式，推动破解创新创业企业融资难题。

三、创新驱动发展战略对促进我国发展的作用

新形势下如何继续保持中国经济、社会长期稳步可持续发展，已成为广大科技工作者今后思考的重点与努力的方向。在这种背景下，我国提出"创新驱动战略"，旨在积极推动中国经济发展的理念创新、体制创新与管理创新，进而带来科技、产业、发展方式等领域的创新。

创新驱动的本质是指依靠自主创新，充分发挥科技对经济、社会的引领和支撑作用，大幅度提高科技进步对经济的贡献率，实现经济、社会全面协调可持续发展和综合国力的不断提升。

（一）创新对促进国家经济社会发展的作用

1. 实施创新驱动发展战略是提升我国国际竞争力的有效路径

实施创新驱动发展战略是建设创新型国家的必然要求。现今国际竞争呈现出越来越激烈的态势，中国必须建设成为创新型国家，才能从容应对国际社会的变化和挑战。

目前世界上公认的创新型国家有20个左右，它们都具有如下共同特征：研发投入占GDP的比例一般在2%以上，科技对经济增长贡献率在70%以上，对外技术依存度指标一般在30%以下。而我国科技对经济增长贡献率仅为39%，对外技术依存度大于40%，与创新型国家存在较大差距。近年来，虽然我国科技工作取得了长足进步，但与世界主要创新型国

家还有很大的差距。除此之外,世界各国纷纷强化创新战略部署,2015年10月底,白宫再次发布《美国创新新战略》(New Strategy for American Innovation),从国家发展战略上重视创新,从国家发展路径上强化创新;欧盟、日本、韩国也出台了各自的创新发展战略规划。

面对世界发达国家的超前部署,我国只有进一步增强危机意识,坚定不移地实施创新驱动发展战略,才能在复杂的综合国力竞争中赢得先机。

2. 实施创新驱动发展战略是转变经济发展方式的根本途径

我国经济发展方式长期以粗放型为主,属于由投资带动的要素驱动阶段,科技创新对经济社会发展的贡献率偏低,生态环境的瓶颈制约越来越明显,经济发展缺乏可持续性。

以下数据足以说明问题:我国天然气、石油人均占有量为世界平均水平的4%和8%,水资源、土地、耕地分别为世界平均水平的25%、33%、40%。2017年我国建筑陶瓷能耗约为国际先进水平的2倍,合成氨、墙体材料、乙烯、炼油单位能耗分别较国际先进水平高48%、43%、34%、25%。2019年我国单位生产总值能耗水平是世界平均水平的1.4倍,是日本、德国、法国等先进国家的2~4倍,以占全球15%左右的生产总值消耗了全球23%的能源。总体来看,应对气候变化、粮食安全、能源安全等全球重大挑战,高投入、高消耗、偏重数量扩张的发展方式已经难以为继,必须在稳定增长中优化经济结构。

综上所述,我国必须增强国家创新能力,适应全球需求结构重大变化,增强抵御国际市场风险的能力,提高可持续发展的水平。

3. 实施创新驱动发展战略是提升科技实力的战略选择

纵观世界各国创新发展趋势,科技是推进创新的引擎,然而我国各项科技实力指标明显落后于发达国家。

2017年我国基础研究经费为975.5亿元,比上年增加152.6亿元,基础研究经费占R&D经费的比重为5.5%,达到2005年以来的最高水平。但是,我国基础研究占比与发达国家占比水平(15%~20%)相比仍有较大差距。我国企业研发投入的行业分布与美国相比不尽合理,非制造业企业研发投入占比仅为14.9%,远远低于美国33.1%的水平。2016年美国共提交56 595项PCT申请,排名第1;日本以45 239项专利申请量位居其次;中国以43 168项专利申请量排名第3。其中,中国增长率高达44.7%,自2002年以来每年都实现了两位数的增长。但是,核心专利缺失及专利转化率低等问题,使得外界普遍质疑,这些"垃圾专利"很重要的一个问题是缺少创新内容,且主要集中在实用新型和外观设计两个领域。

因此,科技发展必须把握创新驱动发展主线,围绕关系国家全局与长远发展的关键领域,凝练科技目标,抢占科技经济制高点,全面提升科技核心竞争力。

(二)创新对促进科技发展的重要意义

从科技组织层面来讲,实施创新驱动发展战略是适应世界科技革命和迎接竞争与挑战的必然选择。

1. 创新驱动发展战略是科技发展大势所趋

当今世界科技发展态势中,技术创新呈指数级增长,创新周期大大缩短,科技发展向极限化逼近,科学研究呈现多学科交叉渗透的趋势。整合创新资源,加强生命、信息、物质、地球等可能出现革命性突破的科学前沿及交叉领域方向布局,积极适应新科技革命成为大势所趋。

实施创新驱动发展战略,将促使科研机构紧紧围绕国家战略需求和世界科技前沿,选准关系全局和长远发展的战略领域和优先方向,协同创新,高瞻布局,使科技创新活动不断突破组织和技术的界限,从而在关系国家全局和长远发展的高端科技领域率先实现重大突破,抢占未来社会、科技发展的制高点。

2. 创新驱动发展战略为科研机构改革方向明确目标

综观世界各国,大部分研究机构已迈出改革的实质步伐。美国的创新,在国家科技战略储备方面,国家实验室发挥了重要作用。斯坦福国家加速器实验室(SLAC)成立于1962年,当时美国政府投入了约1.5亿美元,这是20世纪60年代初美国最大的科学计划,从成立至今,SLAC产生了6位诺贝尔奖得主。最初设立时,SLAC只做高能物理研究,现在则是全方位研究。近年来,德国政府通过"精英大学计划""研究与创新公约""创新高校"等资助措施,使德国科研机构之间开展的区域合作得以显著提升,促进了地区创新发展,缩小了科研机构与高校的距离。

面对国外科研机构的强劲发展,我国也应加强区域创新布局,在政府和科研机构管理层面借鉴国外先进经验,促进区域、行业、机构合作。科研机构在创新驱动发展战略顶层设计引导下,进一步理清推进科技改革和创新中存在的制约和瓶颈问题,通过加快建立现代院所制度、完善产学研协同创新机制等多种方式来不断自我完善,全速推动创新驱动发展。

3. 创新驱动发展战略是科研机构对国家期望的积极响应

中国科学院全面贯彻落实习总书记"四个率先"的要求,发挥集科研院所、学部和教育机构"三位一体"的优势,认真制定和实施了《"率先行动"计划暨全面深化改革纲要》,力争到2030年左右,根据不同性质科技创新活动的特点和规律,对院属研究所进行较大力度的系统整合和精简优化,建立分类管理的制度体系和运行机制,打破跨机构、跨学科协同创新的障碍,促进价值链、创新链和产业链的贯通,统筹推进科学、技术和工程,着力建设一流科研机构、产出一流科研成果,有效服务与支撑创新驱动发展战略。

综上所述,无论从国家层面还是科技组织层面,实施创新驱动发展战略都有着深远的意义。实施创新驱动发展战略决定着中华民族的前途与命运,也关系到科研机构的长远发展。

任务二　融入国家创新创业形势

学习目标

1. 了解我国创新创业发展中取得的成就。
2. 了解我国创新创业发展中存在的问题。
3. 发现大学生在创新创业潮流中的潜力。

导入案例

"罗小馒红糖馒头"成功的启示

第三届全国大学生"互联网+"创新创业大赛在西安落下帷幕,但大赛给人们带来的心理冲击并没有结束。这次大赛,大学生们带来的项目五花八门,在所有项目中最引人注目、被评论最多的,也许要属云南大学滇池学院大四学生罗三长的项目"罗小馒红糖馒头"。这个项目从180个闯入决赛的项目中脱颖而出,勇夺冠军;最后在颁奖典礼及闭幕式上,这个项目又被评为"最佳带动就业奖"单项奖,并和中国高校创新创业孵化器联盟现场签约。

一个小小的馒头,科技含量并不高,何以在全国创新创业大赛上如此风光、脱颖而出?

莫要小看了这个馒头!

据项目资料介绍,"罗小馒红糖馒头"于2015年11月成立,在云南已经拥有136家门店,为社会提供了1 312个就业岗位。创业者罗三长介绍,为了做出好吃的红糖馒头,他曾自费到台湾学习,经过100多次实验,不断失败再重来,最终找到合适的配方,做成了好吃又养生的红糖馒头。以每个门店每天销售1 200~1 500个馒头来算,一天就能销售195 000个馒头;以每个馒头1.5元算,所有门店每天的营业额能达到292 500元!借助全国总决赛的舞台,罗三长发起了《全国高校500+小馒人合伙加盟计划》,推动大学生就业。同时他还正在注册"罗小馒"品牌商标,计划将他的馒头覆盖到更多省份。按照他的品牌发展规划,未来将通过鼓励更多甘蔗、小麦种植户加盟他的红糖馒头品牌,从原材料上进行把控,将红糖馒头带出云南,推向全国。

一个创业时正上大学二年级的学生,就这样毫无悬念地击败其他科技项目、文化项目,勇夺冠军,书写了"一个馒头"的传奇!

(资料来源:http://opinion.jrj.com.cn/2017/09/26033223167558.shtml)

案例问题

1. "罗小馒红糖馒头"和罗三长创业成功的原因是什么?
2. 大学生创业的优势与劣势分别有哪些?

案例启示

近年来,"大众创业、万众创新"蓬勃兴起,催生了数量众多的市场新生力量,促进了观念更新、制度创新和生产经营管理方式的深刻变革,有效提高了创新效率、缩短了创新路径。创新创业已成为稳定和扩大就业的重要支撑,是推动新旧动能转换和结构转型升级的重要力量和中国经济行稳致远的活力之源。

这个金奖让人深思,小项目也可以成就大事业。创新不一定要高科技,只要它是"接地气"的创新,是有益民生的创业,生活的土壤就能让这个创新的种子生根发芽,长成蓬蓬勃勃的参天大树。民生的巨大需求,是创新的价值目标和不竭动力,而创新成果带来的经济效益,又反过来促进创新者事业的蓬勃发展。

一、我国创新创业发展成就

当前,我国创新驱动发展已具备发力加速的基础。经过多年努力,科技发展正在进入由量的增长向质的跃升的发展期,科研体系日益完备,人才队伍不断壮大,科学、技术、工程、产业的自主创新能力快速提升。经济转型升级、民生持续改善和国防现代化建设也对创新提出了巨大需求。庞大的市场规模、完备的产业体系、多元化的消费需求与互联网时代创新效率的提升相结合,为创新创业发展提供了广阔的空间。

(一) 初步成为科技大国

我国的科技实力已经跨上新台阶,初步成为科技大国,创新型国家建设取得了显著成效。

第一,全社会研发投入持续快速增长。2018年全社会研发投入达19 657亿元,是1991年的138倍,1992—2018年年均增长20.0%,远超同时期按现价计算的GDP年均增速。研发经费投入强度更是屡创新高,2014年首次突破2%,2018年提升至2.18%,超过欧盟15国平均水平。按汇率折算,我国已成为仅次于美国的世界第二大研发经费投入国家,这为科技事业发展提供了强大的资金保证。

第二,政府扶持力度不断加大。2017年国家财政科技拨款为8 383.6亿元,是1980年的130倍,1981—2017年年均增长14.1%。2017年,规模以上工业享受研发费用加计扣除减免税和高新技术企业减免税的企业分别达到2.44万家和2.42万家,分别是2009年的3.3倍和3.5倍,减免金额分别达到570亿元和1 062亿元,对鼓励和引导企业开展研发创新起到了积极作用。

第三,研发人员总量稳居世界首位。人才是科技创新的第一资源。2018年,按折合全时工作量计算的全国研发人员总量为419万人,是1991年的6.2倍。我国研发人员总量在2013年超过美国,已连续6年稳居世界第一位。

我国在量子科学、铁基超导、暗物质粒子探测卫星、CIPS干细胞等基础研究领域取得重大突破。屠呦呦研究员获得诺贝尔生理学或医学奖,王贻芳研究员获得基础物理学突破奖,潘建伟团队的多自由度量子隐形传态研究位列2015年度国际物理学十大突破之首。在国家科技重大专项,如国家高技术研究发展计划(863计划)的支持下,我国高技术领域硕果频传。神舟飞船与天宫空间实验室在太空交会翱翔;北斗导航卫星实现全球组网;蛟龙号载人潜水器、海斗号无人潜水器创造最大深潜纪录;赶超国际先进水平的第四代隐形战斗机和大型水面舰艇相继服役。国产大飞机、高速铁路、四代核电、新能源汽车等领域取得一批在世界上居于领先水平的重大成果。

(二) 创新实力提升迅速

2019年,在世界知识产权组织发布的全球创新指数排名中,我国位列第14位,实现了连续4年的持续攀升。我国在中等收入经济体中连续第7年在创新质量上位居榜首,有18个集群进入科技集群百强。随着近年来创新能力的持续提升,我国跻身全球创新先进国家指日可待,具体体现为以下两点。

第一,多个科技领域已处于世界领先地位,如量子通信技术。2019年年底,我国高铁营业里程超过3.5万公里,已经位居世界第一。高铁路网建设和整车技术是个庞大、复杂、精密的系统,只有我国在复杂的地质条件、气候环境下以低廉的成本大规模建设高铁线路,运营庞大的高铁路网。

第二,科技型企业蓬勃发展,如华为、小米、OPPO等手机品牌。其中,华为从2009年开始累计投入超过 6 亿美元,持续加强 5G 技术的研究与创新,作为 IMT-2020(5G)推进组的核心成员,华为积极参与中国 IMT-2020(5G)推进组的测试工作。高研发投入在专利申请方面得到了体现,目前华为专利申请总量位居全球第一。2018 年中国中车实现营业收入 2 190.83 亿元,同比增长 3.82%。德国权威统计机构 SCI 发布的数据显示,中车在 2018 年世界轨道交通装备企业排名中稳居榜首,销售收入超过位列第 2 位、第 3 位的阿尔斯通与庞巴迪之和。近 3 年,中车每年专利申请量均保持在 4 000 件以上,目前累计拥有有效专利 2 万余件,有效专利总量位列中央企业第 8 位。

二、我国创新创业发展中存在的问题

欣喜之余,我国也必须清醒地认识到,通往世界创新强国的道路并非一帆风顺,还面临着一系列的问题与挑战。党的十九大报告指出,我国社会主要矛盾已经转化为人民日益增长的美好生活需要和不平衡不充分的发展之间的矛盾。我国是世界上最大发展中国家的国际地位没有变,这是谋划发展的基本依据。

(一)我国地区间的创新能力发展极不平衡

经过改革开放 40 多年的发展,我国东部沿海的一些地区已经进入信息化时代,紧随国际科技前沿,甚至成为国际性的创新发展策源地;我国中部和东北地区的很多地方仍然在传统工业化时代徘徊,大量传统制造业亟待转型升级;而我国西部的不少地区仍然以传统农业为主,技术水平落后,劳动生产率低下。

2018 年 12 月,"中国区域创新指数"研究成果在成都发布。分地区来看,区域创新呈现"东部领先、中部跟随、东北和西部紧追"的格局。从创新综合指数均值来看,东部均值为 69.70,高出全国均值(67.27)2.43;中部、东北和西部均值分别为 66.77、65.93 和 65.87,各低于全国均值 0.50、1.34 和 1.40。国家级城市群中,长三角和珠三角城市群创新引领趋势明显,创新水平整体最高。"一带一路"区域创新产出、创新环境和创新投入指数也都略高于全国平均水平。

我国创新发展的谋划必须看到地区间的差异,更加全面综合地设计和执行创新发展战略。

(二)创新模式多元化

以企业间充分竞争为基础的传统创新模式仍然是推动我国创新发展的重要动力,还需要提高各个行业的技术水平,增强我国产业发展的国际竞争力。在一些国家战略需求、重大基础设施、公益性强的领域中,由政府组织和引导,发挥我国集中力量办大事的优势,推动了相关战略领域的重大创新,如载人航天、移动通信、北斗导航、第四代核电技术、高速铁路、特高压输电网等领域取得了重大突破,形成了具有中国特色的战略导向型创新模式。在今后的发展过程中,仍然需要坚守这种模式。

改革开放 40 多年来,我国经济社会发展取得举世瞩目的伟大成就,宏观上从计划经济迈向市场经济,微观上民营经济从无到有、从小到大,涌现出华为、腾讯、阿里等一批世界级优秀企业,成为中华民族伟大复兴的中流砥柱,形成了创新发展的新动力。这些多元的创新模式是在中国复杂多变的市场环境和政策环境中形成的。在这种模式下,才会不断有更多的人投入创新中来,才会不断出现各个层次的新技术、新设备。

（三）创新系统存在的问题

当前，我国创新系统存在科技管理体制与市场经济不相容、科技创新主体错位、教育体制和文化传统抑制创新、知识和技术协同创新不足等问题。优化创新环境，必须深化科技管理体制改革，强化企业科技创新主体地位，不断深化教育体制改革，促进知识和技术协同创新，加强知识产权保护力度，采取优惠财税政策激励创新。尤其是在知识产权保护方面，存在以下两点问题。

我国知识产权保护薄弱的顽疾仍然困扰着各类创新型企业的发展；我国高校和科研院所的人事及薪酬制度落后于创新发展的时代要求，阻碍了科技人力资源的流动和有效配置，压抑了我国科技创新巨大潜力的发展；科研项目和经费管理的约束影响了广大科技人员创新发展的积极性。

政府、企业应携手合作，共同加强知识产权保护。2018年8月，阿里巴巴集团董事局主席马云在"中国企业家俱乐部论坛"上呼吁，政府和像阿里这样的一些企业，应当一起来维护知识产权利益，因为不坚决保护知识产权，中国创造就不可能提升。

我国许多产业仍处于全球价值链的中低端，一些关键核心技术仍受制于人，发达国家在科学前沿和高技术领域仍然占据明显领先优势，我国支撑产业升级、引领未来发展的科学技术储备亟待加强，创新型企业家群体亟须发展壮大，激励创新的市场环境和社会氛围仍需进一步优化和培育。

三、大学生创新创业的意义

"大众创业、万众创新"已成为时代鲜明的主题，一批批敢闯会创的年轻学生勇立潮头。科技日新月异，"互联网＋"正引领年轻人筑梦青春，演绎一个又一个精彩传奇。全面部署并推进"大众创业、万众创新"的工作，在我国大学生群体中掀起创新创业热潮，是"提高自主创新能力和建设创新型国家"重要战略的关键一环。大学生是最有创意、想法，最勇于冒险的年轻群体，是我国经济社会创新创业发展的重要力量，大学生参与创新创业工作意义重大。

（一）有利于扭转传统就业观，拓宽青年人才实现自身价值的渠道

从20世纪末的大学生毕业包分配，到后续的大学生自主择业，再到今天的大学生主动创业，大学生的就业观念发生了天翻地覆的转变。全国高校学生咨询和就业指导中心曾做过问卷调查，结果显示，有强烈创业意愿及尝试创业的大学生比例为78.95%，这反映了大学生对创业的渴望。创业作为实现自身价值的重要就业渠道已经被大部分大学生接纳和推崇。许多年轻人认为，现在已经没有永恒的岗位和职业，不受时间和场所限制的弹性工作、第二职业也不新奇，通过创业实现自己的人生价值和意义也是一种成功。

（二）有利于促进"供给侧"结构性改革，提升政府服务能力

大学生创新创业的新需求带动政府建设面向大众的"双创"服务体系，加快建设"双创"服务平台。各地综合运用各类创业扶持政策支持高校毕业生自主创业，重点支持高校毕业生创业企业吸纳毕业生，发挥创业带动就业作用。强化公共就业服务机构创业服务功能，发挥创业孵化基地、大学生创业园、创客空间等创业服务载体的作用，扩大创业导师队伍，为毕业生创业提供咨询辅导、项目孵化、场地支持等服务。大学生创新创业可以促进新业态、新

模式蓬勃发展,激发市场活力以及每个人的创新思维和创业活力,促进经济社会包容式发展,倒逼"供给侧"结构性改革和治理能力现代化。

(三)有利于缓解就业压力,促进"新经济"的培育与发展

在西方发达国家,大学生创业的比重高达20%～23%。而在我国,由于各方面原因,大学生创业的比重相对偏低。在现有经济结构下,全社会每年只能提供约1 100万个就业岗位,而每年新增待就业人数约为2 400万,年度缺口日益增大。大学生创业是促进社会纵向流动和机会公平的现实通道,这不仅能够解决自己的就业问题,还有利于维护社会稳定,而且能够带动全社会支持创新、参与创新,催生全新的职业,促进"新经济"快速发展。

总之,大学生创新创业是推动新旧动能转换和经济结构升级的重要力量,对缓解就业压力、促进传统产业提质提效、拉动新经济发展、扭转就业观念、促进自我价值实现都有重要的推动作用,具有现实和长远意义。

四、"双创"背景下大学生创业现状

在系列"双创"政策引导下,社会各界不断拓展"大众创业、万众创新"的空间,创新创业环境更加优化,逐步汇集起经济社会发展的新动能,形成机遇与挑战并存的新格局。

(一)国家积极推行相关优惠政策,大学生创业环境优化

近年来,各级政府推出的一系列优惠政策和扶持手段对促进大学生创业发挥了重要的作用。2015年以来,国家出台了系列"双创"支持政策,形成了系统的支撑体系。国务院印发了《关于大力推进大众创业万众创新若干政策措施的意见》《关于深化高等学校创新创业教育改革的实施意见》《关于加快构建大众创业万众创新支撑平台的指导意见》《关于推动创新创业高质量发展打造"双创"升级版的意见》,各部委及地方政府也相继出台配套细化政策,极大地推动了创新创业发展。2018年年底,我国国家级"双创"示范基地达120家、众创空间5 500多家、科技企业孵化器4 000多家、创业投资机构3 500多家,助力中国成为世界第二大创业市场、世界最大的众创空间市场。中国正在实现以人才发展为支撑,科技创新与"大众创业、万众创新"深度融合的新模式与新业态,这为大学生提供了良好的创业环境。

(二)大学生创业率逐年递增,创新能力逐年增强

近年来,随着"双创"概念的提出和推广,大学生开始把目光投向自主创业,创业人数也在逐年增加。据统计,2019年,40多万归国人员中15%选择了自主创业,应届毕业大学生创业比例同比增长近一倍,全国逾千万的网络创业群体中大学生占到6成,高校毕业生创业率超3%,大学生创业者达35万。

(三)大学生创业方向多样,多使用信息工具支持创业

据统计,截至2019年,大学生自主创业发展方向主要有教育培训、销售、互联网开发及应用、餐饮娱乐、美术设计、财务审计、建筑工程等。从"互联网+"背景下的创业模式来看,信息工具已经成为大学生创业的主要工具,主要分为四类。

1. 传播类工具

例如,搜索引擎、论坛、即时通信工具、博客、微博、微信公众号、抖音等工具,这一类是免

费的开放性的信息传递平台,可以对信息进行高效传播。

2. 可提供收费类服务平台

在免费类传播工具利用的基础上,服务提供者可以根据实际情况进行受众分类,对希望得到高端服务的受众提供收费服务,从而提升内容的高层次性和服务针对性。例如,微信群组、QQ 群组、网红服务等有进入门槛的工具。

3. 交易平台类工具

为创业者提供交易达成的平台,支持完成付费等工作。例如,淘宝、天猫、阿里巴巴、微信小程序、交易 APP 等平台。

4. 分析服务类工具

创业者需要通过第三方服务公司为自己的经营情况、盈利模式等进行专业服务,以便更好地发展。在互联网背景下,大量的创业者通过大数据分析找到了成功创业的道路。此外,共享经济模式也备受创业者青睐。自 2010 年优步等实物共享平台出现以后,国内共享经济迅速发展,共享自行车、共享汽车等如雨后春笋般出现,甚至共享马扎都已经开始试经营。创业者充分利用各种大数据、云计算等现代技术及服务平台,必将为自己的创业项目插上腾飞的翅膀。

(四) 创业成功率低下,创新满足度不高

由于大学生存在心理素质弱、创业知识和技能不足、创业意识和创业能力不强以及相关政策落实不到位等劣势,当前大学生创业成功率低下,创新满意度不高。具体的创业问题主要有以下几个方面。

1. 大学生创新能力不足,创业经验缺乏

由于长期在学校学习,社会经验不足,大学生对社会发展现状和各行业、各领域的认识不强,分析不全面、不深入,难以准确把握商业发展方向,容易对创业信息进行误判,迷失自主创业的方向,盲目选择热门领域进行创业。另外,由于对一些创业的基本知识和相关法律常识的理解和认识不足,如企业注册、商业贷款、办理各类工商手续、资金的投入、依法纳税等,创业风险加大,阻碍了大学生创业的进一步发展,甚至造成创业的失败。

2. 政府优惠政策落实不到位,实施力度不足

目前,国家虽然已经制定和出台了不少有利于大学生自主创业的政策和方针,但是现有的鼓励政策中,较多减免政策都集中在登记费等行政性管理费用上,而直接的税费减免与小额贷款政策迟迟得不到落实。另外,有的政策只针对原籍毕业生,而多数异地有创业意愿的应届毕业生则被排除在政策影响范围之外。

3. 创业相关理论知识基础薄弱

目前高校普遍存在创业师资力量薄弱、创业孵化平台不足、创新创业课程不合理等问题,在进行创业教育时仍然采用传统的"一刀切"教育模式,缺乏灵活性和社会适用性,导致大学生不能受到科学有效的创新创业指导。这就需要学校与社会、企业通力合作,聘请成功企业家和创业人士来学校进行指导,或担任创新实践导师,使学生在交流与实践中提升创新意识和创业能力。

4. 缺少足够的创业资金

大学生创业资金的缺乏不仅表现在他们缺少获取资金的途径,还在于不少大学生不能科学合理地支配和使用创业资金。社会上的金融贷款以及投资机构的资金申请条件门槛普遍较高,大学生群体很难满足其苛刻的申请条件,因此只能通过家庭储蓄、个人集资、大赛奖金等极有限的手段进行创业资金的筹措,这无疑极大地阻碍了大学生创业的起步和开展。财务、经营知识的短板,也为科学高效地调配有限的资金造成了障碍。

5. 高等院校对于自主创业的支持不足

当前有不少高校为促进和鼓励大学生自主创业设立创业园,但现实中这些高校创业园对大学生的自主创业提供的帮助有待进一步提升,以实现创业园区健康持续的发展。

目前虽然大学生创新创业中存在着一系列问题,但是挑战也是机遇。作为最有创意、想法,最勇于冒险的年轻群体,大学生为"大众创业、万众创新"的潮流注入了最新鲜的血液,为国家创新创业潮流注入了活力,是不可替代的一支中坚力量。"政企校研创"应通力合作,促进大学生创业实践活动,最终实现培养大学生创新创业能力的目标。

任务三 "一带一路"倡议

学习目标

1. 了解"一带一路"倡议的时代背景和主要内容。
2. 了解国家推行"一带一路"倡议的必然性。
3. 掌握"一带一路"倡议对大学生的影响。

导入案例

"一带一路"话共赢——巴基斯坦卡洛特水电站让中国标准走向世界

2019年4月下旬,卡洛特水电站的3 500多名巴基斯坦建设者和900多名中方建设者正在工地上热火朝天地施工作业。

在巴基斯坦的水电站项目中,卡洛特水电站占据了多个第一,它不仅是中巴经济走廊首个水电投资项目,也是丝路基金成立后投资的首个项目。三峡南亚投资有限公司卡洛特项目副总经理李志力说,在项目总投资的17.4亿美元中,丝路基金贷款2亿美元,再加上股权,约2.5亿美元。他说:"丝路基金投资了债权和股权,股权投了15%,债权投了2亿美元,它和中国进出口银行、中国开发银行、国际金融公司共同组成了银团。"

在国内外银行的共同支持与监管下,卡洛特水电站进展顺利,目前,总体工程已经完成了54%左右。按照计划,2021年4月,第一台机组将具备发电条件,当年11月底4台机组全部投产发电。届时,水电站总装机容量将达到72万千瓦,年发电量约32亿度,可满足500万人的供电需求,将缓解巴基斯坦电力短缺的困境。

值得关注的是,卡洛特水电站项目还是巴基斯坦首个完全使用中国技术和中国标准建设的水电投资项目。水电站投资方中国三峡南亚投资有限公司卡洛特项目工程部负责人张军说,为了使项目更加规范,投资方三峡南亚投资有限公司专门聘请了以澳大利亚雪山公司为牵头方的联营体为业主工程师,代表业主对项目的图纸和施工方案进行审核。对于这些已经习惯了欧美标准的西方工程师来说,刚开始时并不认可中国标准。张军说:"他们常年使用欧美标准,对中国标准的熟悉和接受需要相对漫长的过程。我们要提供大量的计算、数据、标准的解释和翻译,还有大量的会议沟通,带他们参观一些国内项目和成功的案例,让他们明白这个标准是正确的。同时我们也会通过学习欧美的标准和理念,去讲解中国标准和欧美标准的异同之处。时间一长,就会取得很好的效果。在不断解决问题的过程中,中国标准就会慢慢走出去,被别人接受。"

卡洛特项目施工作业的巴基斯坦工程师和技术工人大多来自水电站所在的旁遮普省和周边省份,除了小部分人具有水电站建设经验之外,大部分工人都是在中国工程师和技术工人手把手的指导下,逐渐掌握了相关技术,而他们也成了中国标准和中国技术最好的践行者和推广者。卡洛特项目安全环境部高级经理穆罕默德·阿拉姆说:"这个项目一个主要的好处是当地人从中国人那里学到了很多东西。因为中国人在建设大型水电站项目上拥有比巴基斯坦更先进的技术和体系,以及更优秀的工程师,这些对于巴基斯坦的工程师、工人来说是一种优势,像我这样的人就可以从中国同行那里学到很多。未来水电站的设备还会移交给当地人运营,这些都会惠及巴基斯坦当地人。"

据悉,卡洛特水电站采取的是建设、拥有、运营、移交的投资模式,建成后先由中方运营维护,30年后将无偿转让给巴基斯坦政府。

(资料来源:https://www.sohu.com/a/310034745_115239)

案例问题

1. 巴基斯坦卡洛特水电项目将为该国带来哪些方面的变化?
2. 该项目成功实施对我国经济发展有什么重要意义?

案例启示

"和平合作、开放包容、互学互鉴、互利共赢"的丝路精神是人类共有的历史财富,"一带一路"就是秉承这一精神与原则提出的现时代重要倡议。通过加强相关国家间的全方位、多层面交流合作,可以充分发掘与发挥各国的发展潜力与比较优势,形成互利共赢的区域利益共同体、命运共同体和责任共同体。在这一机制中,各国是平等的参与者、贡献者、受益者。作为首个丝路基金对外投资项目,巴基斯坦卡洛特水电项目的顺利进展,标志着丝路基金开展实质性投资运作迈出了重要一步,中国与巴基斯坦兄弟般的友谊也得到了升华。

一、"一带一路"倡议基本认知

(一)构思的提出

2013年9月和10月,中国国家主席习近平在出访中亚和东南亚国家期间,先后提出共建"丝绸之路经济带"和"21世纪海上丝绸之路"的重大倡议,得到了国际社会高度关注。

(二)简称及译法

在对外公文中,统一将"丝绸之路经济带和21世纪海上丝绸之路"的英文全称译为"the

Silk Road Economic Belt and the 21st Century Maritime Silk Road",“一带一路"简称译为"the Belt and Road",英文缩写用"B&R"。

"倡议"一词译为"initiative",且使用单数。不使用"strategy""project""program""agenda"等措辞。

(三) 历史背景

丝绸之路是起始于古代中国,连接亚洲、非洲和欧洲的陆上商业贸易路线,最初的作用是运输古代中国出产的丝绸、瓷器等商品,后来成为东方与西方之间在经济、政治、文化等诸多方面进行交流的主要道路。在运输方式上,主要分为陆上丝绸之路和海上丝绸之路。

陆上丝绸之路是指西汉(公元前202—公元8年)汉武帝派张骞出使西域开辟的贸易路线,以首都长安(今西安)为起点,经凉州、酒泉、瓜州、敦煌、阿富汗、伊朗、伊拉克、叙利亚等到达地中海,以罗马为终点,全长6 440千米。这条路被认为是连接亚欧大陆的古代东西方文明的交汇之路,而丝绸则是最具代表性的货物。

海上丝绸之路是指古代中国与世界其他地区进行经济文化交流交往的海上通道,萌芽于商周,形成于秦汉时期。海上丝绸之路从广州、泉州、宁波、扬州等沿海城市出发,从南海到达阿拉伯海,甚至远达非洲东海岸。

(四) 时代背景

当今世界正发生复杂深刻的变化,国际金融危机深层次影响继续显现,世界经济缓慢复苏、发展分化,国际投资贸易格局和多边投资贸易规则酝酿深度调整,各国面临的发展问题依然严峻。"一带一路"的提出具有其鲜明的时代背景。

第一,共建"一带一路"顺应世界多极化、经济全球化、文化多样化、社会信息化的潮流,秉持开放的区域合作精神,致力于维护全球自由贸易体系和开放型世界经济。

第二,共建"一带一路"旨在促进经济要素有序自由流动、资源高效配置和市场深度融合,推动沿线各国实现经济政策协调,开展更大范围、更高水平、更深层次的区域合作,共同打造开放、包容、均衡、普惠的区域经济合作架构。

第三,共建"一带一路"符合国际社会的根本利益,彰显人类社会共同理想和美好追求,是国际合作以及全球治理新模式的积极探索,将为世界和平发展增添新的正能量。

第四,共建"一带一路"致力于亚欧非大陆及附近海洋的互联互通,建立和加强沿线各国伙伴关系,构建全方位、多层次、复合型的互联互通网络,实现沿线各国多元、自主、平衡、可持续的发展。"一带一路"的互联互通项目将推动沿线各国发展战略的对接与耦合,发掘区域内市场的潜力,促进投资和消费,创造需求和就业,增进沿线各国人民的人文交流与文明互鉴,让各国人民相逢相知、互信互敬,共享和谐、安宁、富裕的生活。

第五,"一带一路"倡议既是今后中国对外开放的总纲领,也理应成为全面深化改革的总钥匙。通过融入国际治理和开展国企的跨国产权合作,"一带一路"倡议的实施在有效避免"西方经验"局限、防止治理本身被"短视"市场消解和坚持"四项基本原则"的同时,将为中国经济治理、国家治理、社会治理进一步引入来自治理体系之外的监督主体,创造强有力、更有效的外部监督,从根本上解决治理效率问题。当前,在经济新常态和改革"空转"的情况下,迫切需要加强以"一带一路"倡议为引领的变革,构建开放型经济新体制,全面统筹促进国内各领域改革发展特别是供给侧改革。

当前,中国经济和世界经济高度关联。中国将一以贯之地坚持对外开放的基本国策,构建全方位开放新格局,深度融入世界经济体系。推进"一带一路"建设既是中国扩大和深化对外开放的需要,也是加强和亚欧非及世界各国互利合作的需要,中国将在力所能及的范围内承担更多的责任和义务,为人类和平发展做出更大的贡献。

二、"一带一路"倡议的内涵

"一带一路"倡议自提出以来,不断拓展合作区域与领域,尝试与探索新的合作模式,不断丰富、发展与完善,但其初衷与原则却始终如一。

(一)开放性、包容性区域合作倡议,而非排他性、封闭性的中国"小圈子"

当今世界是一个开放的世界,开放带来进步,封闭导致落后。"一带一路"倡议就是要把世界的机遇转变为中国的机遇,把中国的机遇转变为世界的机遇。正是基于这种认知与愿景,"一带一路"以开放为导向,冀望通过加强交通、能源和网络等基础设施的互联互通建设,促进经济要素有序自由流动、资源高效配置和市场深度融合,开展更大范围、更高水平、更深层次的区域合作,打造开放、包容、均衡、普惠的区域经济合作架构,以此来解决经济增长和平衡问题。这意味着"一带一路"是一个多元、开放、包容的合作性倡议。可以说,"一带一路"的开放性与包容性特征是区别于其他区域性经济倡议的一个突出特点。

(二)务实合作的平台,而非中国的地缘政治工具

"和平合作、开放包容、互学互鉴、互利共赢"的丝路精神是人类共有的历史财富,"一带一路"就是秉承这一精神与原则提出的现时代重要倡议。通过加强相关国家间的全方位、多层面交流合作,充分发掘与发挥各国的发展潜力与比较优势,彼此形成了互利共赢的区域利益共同体、命运共同体和责任共同体。在这一机制中,各国是平等的参与者、贡献者、受益者。因此,"一带一路"从一开始就具有平等性、和平性特征。

(三)共商共建共享的联动发展倡议,而非中国的对外援助计划

"一带一路"建设是在双边或多边联动基础上通过具体项目加以推进的,是在进行充分政策沟通、战略对接以及市场运作后形成的发展倡议与规划。2017年5月,《"一带一路"国际合作高峰论坛圆桌峰会联合公报》中强调了建设"一带一路"的基本原则,其中包括市场原则,即充分认识市场作用和企业主体地位,确保政府发挥适当作用,政府采购程序开放、透明、非歧视。

(四)和现有机制的对接与互补,而非替代

"一带一路"建设的相关国家要素禀赋各异,比较优势差异明显,互补性很强。有的国家能源资源丰富但开发力度不够,有的国家劳动力充裕但就业岗位不足,有的国家市场空间广阔但产业基础薄弱,有的国家基础设施建设需求旺盛但资金紧缺。我国经济规模居全球第二,外汇储备居全球第一,优势产业较多,基础设施建设经验丰富,装备制造能力强、质量好、性价比高,具备资金、技术、人才、管理等综合优势。这就为中国与其他"一带一路"参与方实现产业对接与优势互补提供了现实需要与重大机遇。因此,"一带一路"的核心内容就是要促进基础设施建设和互联互通,对接各国政策和发展战略,以便深化务实合作,促进协调联动发展,实现共同繁荣。显然,它不是对现有地区合作机制的替代,而是与现有机制互为助

力、相互补充。

(五) 促进人文交流的桥梁，而非触发文明冲突的引线

"一带一路"跨越不同区域、不同文化、不同宗教信仰，带来的不是文明冲突，而是各文明间的交流互鉴。"一带一路"在推进基础设施建设、加强产能合作与发展战略对接的同时，也将"民心相通"作为工作重心之一。通过弘扬丝路精神，开展智力丝绸之路、健康丝绸之路等建设，在科学、教育、文化、卫生、民间交往等各领域广泛开展合作，这使"一带一路"建设民意基础更为坚实，社会根基更加牢固。

三、"一带一路"的共建原则与框架思路

(一) 共建原则

(1) 秉承共商、共享、共建原则，恪守联合国宪章的宗旨和原则，遵守和平共处五项原则。

(2) 坚持开放合作。"一带一路"相关的国家基于但不限于古代丝绸之路的范围，各国和国际、地区组织均可参与，让共建成果惠及更广泛的区域。

(3) 坚持和谐包容。倡导文明宽容，尊重各国发展道路和模式的选择，加强不同文明之间的对话，求同存异、兼容并蓄、和平共处、共生共荣。

(4) 坚持市场运作。遵循市场规律和国际通行规则，充分发挥市场在资源配置中的决定作用和各类企业的主体作用，同时发挥好政府的支持引导作用。

(5) 坚持互利共赢。兼顾各方利益和关切，寻求利益契合点和合作最大公约数，体现各方智慧和创意，各施所长，各尽所能，把各方优势和潜力充分发挥出来。

(二) 框架思路

"一带一路"是促进共同发展、实现共同繁荣的合作共赢之路，是增进理解信任、加强全方位交流的和平友谊之路。中国政府倡议，秉持和平合作、开放包容、互学互鉴、互利共赢的理念，全方位推进务实合作，打造政治互信、经济融合、文化包容的利益共同体、命运共同体和责任共同体。

"一带一路"贯穿亚欧非大陆，一头是活跃的东亚经济圈，一头是发达的欧洲经济圈，中间广大腹地国家经济发展潜力巨大。丝绸之路经济带重点方向是从中国经中亚、俄罗斯至欧洲(波罗的海)；中国经中亚、西亚至波斯湾、地中海；中国至东南亚、南亚、印度洋。21世纪海上丝绸之路重点方向是从中国沿海港口过南海到印度洋，延伸至欧洲；从中国沿海港口过南海到南太平洋。

根据"一带一路"走向，陆上依托国际大通道，以沿线中心城市为支撑，以重点经贸产业园区为合作平台，共同打造新亚欧大陆桥、中蒙俄、中国—中亚—西亚、中国—中南半岛等国际经济合作走廊；海上以重点港口为节点，共同建设通畅安全高效的运输大通道。中巴、孟中印缅两个经济走廊与推进"一带一路"建设关联紧密，要进一步推动合作，取得更大进展。

"一带一路"建设是沿线各国开放合作的宏大经济愿景，需各国携手努力，朝着互利互惠、共同安全的目标相向而行，努力使区域基础设施更加完善，安全高效的陆海空通道网络基本形成，互联互通达到新水平；投资贸易便利化水平进一步提升，高标准自由贸易区网络基本形成，经济联系更加紧密，政治互信更加深入；人文交流更加广泛深入，不同文明互鉴共

荣,各国人民相知相交、和平友好。

四、"一带一路"倡议对大学生创新创业的影响

2017年5月14日,习近平在"一带一路"国际合作高峰论坛开幕式的主旨演讲中提到:"我们要为互联网时代的各国青年打造创业空间、创业工场,成就未来一代的青春梦想。""一带一路"政策推动了我国与上百个沿线国家的合作往来,也为广大青年学子带来了大量新的就业、创业机遇。

(一)为大学生创新创业提供教育支撑

"一带一路"是在平等互信、和平共处的基础上建立起来的广泛合作。自2012—2017年,我国共有35万余人赴"一带一路"沿线国家留学,其中国家公派人员1.19万人。2017年,中国赴"一带一路"沿线国家留学人数为6.61万人,比上一年增长15.7%,超过了整体出国留学人员的增速。从这些数据可以看出,"一带一路"的建设为大学生群体提供了更多留学机会,创造了更便捷的留学条件,极大地扩展了大学生的国际视野,提高了自身综合能力,从而为创新创业夯实知识和技能基础。

(二)为大学生创新创业拓展新的方向

"一带一路"规划总体覆盖60多个国家,超过20个国家已经对我国实行了免签和落地签的政策,中国赴"一带一路"国家出境游规模迅速增长,来自"一带一路"沿线国家的旅客人数也在持续上升,基于"一带一路"背景的出境、入境旅游产业成为大学生创新创业的新方向。此外,教育培训、跨境医疗与国际生物医药合作也衍生出许多服务需求,为大学生创新创业提供了广阔舞台。

(三)为大学生创新创业提供政策优势

国家对创业载体保持着较高的关注和投入,"一带一路"国际交流持续加深,这为创业空间发展提供了新的契机。我国对"一带一路"参与国在关税方面给出了巨大优惠,这为跨境电商、自贸区建设提供了更优厚的发展条件,大学生群体可以充分利用政策优势降低创新创业成本。

(四)对创新提出更高的要求

在"大众创业,万众创新"的号召下,整个社会掀起了创新创业浪潮,大学生群体作为创新创业的中坚力量,虽然拥有较为突出的优势,但要在实践过程中获得成功,还需要以坚实的理论知识、出众的思维意识、卓越的综合能力为支撑。"一带一路"背景下,大学生创新创业实践有了更广阔的国际化平台,也面临着更加多样化的能力要求。针对不同国家、不同市场,大学生必须具备相应的语言技能,以便完成基本的沟通交流。在打造营销环境、开展人际交往的过程中,还需要对不同国家的历史文化、风俗习惯、市场模式有充分了解,从而避免不必要的冲突和麻烦。

(五)国际局势的不稳定加剧创业风险

"一带一路"是国家级顶层合作倡议,是构建人类命运共同体的伟大实践,其根本目的是维护世界稳定、推动人类共同发展。"一带一路"几乎经过了全球地缘政治最为复杂的几个

地区,沿线国家在政治制度、宗教背景、法律体系等方面存在显著差异,甚至不乏政治动荡。如果"一带一路"的国际局势不够稳定,地缘政治影响下缺乏牢固的互信互助基础,短期内就不易全面建立起相互依存、协同发展的合作关系。所以大学生以"一带一路"为依托,开展创新创业工作将会面临更加复杂的活动环境,甚至需要承担更大的失败风险。

任务四　用好"互联网+"

学习目标

1. 掌握"互联网+"的本质和特征。
2. 理解"互联网+"创业优势和创业模式。
3. 了解"互联网+"创业所面临的挑战。

导入案例

青岛红领——互联网平台下的个性化定制

青岛红领集团有限公司,成立于1995年,创立初期主要生产并销售高端男士西服。面料、花色、纽扣等衣服上大大小小的100多个细节,现在都可以由订购者在手机APP上自行定制。这些个性化需求统一传输到后台数据库中,形成数字模型,由计算机完成打版,随后分解成一道道独立工序,通过控制面板及时下达给流水线上的工人。这样的场景发生在青岛红领集团的智能化车间中。如今的红领已经从简单的规模量产模式转变为更加聚焦消费者的C2M(顾客对工厂)模式,红领自主研发了电子商务定制平台——C2M平台,消费者在线定制,订单直接提交给工厂。C2M平台是消费者的线上入口,也是大数据平台,从下单、支付到产品实现全过程数字化和网络化运作。这是"按需生产"的零库存模式,没有中间商加价,没有资金和货品积压,企业成本大大下降,消费者也不需要再分摊传统零售模式下的流通和库存等成本。

传统模式下,定制成本居高不下,交期在1个月以上,实现不了量产,价格昂贵。红领通过互联网将消费者和生产者、设计者等直接连通,个性化定制的服装1件起定制,传统服装定制生产周期为20~50个工作日,红领将其缩短至7个工作日内。过去只有少数人穿得起的"高大上"的贵族定制,通过红领模式变成了更多人能享受的高级"个性化定制"。

2003年以来,红领集团进行工厂内部信息化改造及互联网融合创新,打造了下单、设计、生产、销售、物流与售后一体化的开放式互联网定制平台,形成个性化定制+规模化生产的红领模式,创建了中国互联网工业雏形,使企业设计成本减少了90%以上,生产周期缩短近50%,库存逐步减为0,经济效益提升数倍。

(资料来源:https://www.sohu.com/a/241439303_286727)

案例问题

1. 红领集团是怎样将传统行业与互联网技术相结合的?

2.互联网技术发展突飞猛进带给同学们什么启示?

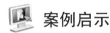

案例启示

与互联网技术深度融合,红领形成了完整的物联网体系,打造了独特的核心价值,同时形成了传统企业创新转型升级的解决方案,实现了营销模式、管理体系的创新。与仍然挣扎在泥潭中的服装企业不同,近年来红领集团开始收获互联网带来的"红利",逆势迎来高增长期。红领模式是一个完整的价值链再造,无论是研发、制造、物流还是服务都发生了根本性的转变,颠覆了传统服装企业的商业规则和经营模式。

一、"互联网+"的本质与特征

"互联网+"把创业和就业结合起来,以创业带动就业,催生经济社会发展新动力,不仅是解决大学生就业的有效途径,更是实现"大众创业、万众创新",带动中国新一轮发展的引擎。"互联网+"是新的市场竞争环境、新的消费观和价值观的必然产物,也是新型制造业崛起的载体。充分了解"互联网+",依托"互联网+"构建全新的创业模式,将为大学生的发展提供无穷的动力。

(一)"互联网+"的概念

"互联网+"代表着一种新的经济形态,它指的是依托互联网信息技术实现互联网与传统产业的联合,以优化生产要素、更新业务体系、重构商业模式等途径来完成经济转型和升级。"互联网+"计划的目的在于充分发挥互联网的优势,将互联网与传统产业深度融合,以产业升级提升经济生产力,最后实现社会财富的增加。

"互联网+"概念的中心词是互联网,它是"互联网+"计划的出发点。"互联网+"计划具体可分为两个层次的内容来表述。一方面,可以将"互联网+"概念中的文字"互联网"与符号"+"分开理解。符号"+"意为加号,即代表着添加与联合,表明"互联网+"计划的应用范围为互联网与其他传统产业,它是使不同产业协同发展的一项新计划,应用手段则是通过互联网与传统产业进行联合和深入融合进行。另一方面,"互联网+"作为一个整体概念,其深层意义是通过传统产业的互联网化完成产业升级。互联网通过开放、平等、互动等网络特性在传统产业的运用,通过大数据的分析与整合,理清供求关系,通过改造传统产业的生产方式、产业结构等内容,增强经济发展动力,提升效益,从而促进国民经济健康有序发展。

(二)"互联网+"的本质

"互联网+"的本质是传统产业的在线化、数据化。网络零售、在线批发、跨境电商、网约打车、互联网金融等都是在努力实现交易的在线化。只有将商品、人和交易行为迁移到互联网上,才能实现"在线化",只有"在线"才可以实现数据的积累、沉淀、挖掘和使用。在线化、数据化之后就可以通过大数据反过来指导生产经营和管理,流动起来的数据,其价值才得以最大限度地发挥。

(三)"互联网+"的特征

一般而言,"互联网+"表现为以下六个主要特征。

(1) 跨界融合。"＋"本身就是跨界、变革、开放,就是一种重塑融合。只有跨界,创新的基础才更坚实;只有融合,群体智能才会实现,从研发到产业化的路径才会更顺畅。融合本身也指代身份的融合,如客户消费转化为投资,合作伙伴参与创新等。

(2) 创新驱动。在这个动态变化的时代,信息经济、数据经济,甚至创客经济、连接经济等因素越发表现出其重要性和主导性。中国粗放的资源驱动型经济增长方式难以为继,必须转变到创新驱动发展这条道路上。

(3) 重塑结构。重塑结构从互联网时代已经开始,信息革命、全球化、大数据、互联网已打破原有的社会结构、经济结构、地缘结构、文化结构。权力、议事规则、话语权、服务方式等不断发生变化,互联网＋社会治理、虚拟社会治理已迈入人们的生活。

(4) 尊重人性。人性的光辉是推动进步的首要力量,是推动科技进步、经济增长、社会进步、文化繁荣的最根本的力量。互联网的强大力量最根本的来源也是对人性最大限度的尊重、对人类体验的敬畏、对人们的创造性发挥的重视,如网上办公、共享经济等已得到广泛应用。

(5) 开放生态。关于"互联网＋",生态是非常重要的特征,而生态的本身就是开放的。依靠创意、创新驱动,实现跨界融合、协同发展,就需要优化生态。企业优化内部生态,并和外部生态良好衔接,形成生态的融合性,如技术和金融结合的生态,产业和研发进行连接的生态等。推进"互联网＋"的一个重要步骤就是化解过去制约创新的障碍,把孤岛式创新连接起来,让研发由市场驱动,让创业者有实现价值的平台。

(6) 连接一切。理解"互联网＋",一定要准确把握它和"连接"之间的关系。连接是有层次的、有差异的,连接的价值也不同,但是连接一切是"互联网＋"的目标。马化腾认为"互联网＋"将连接实体、个人、设备等一切基本要素,并如电能一般,把一种全新的能力或DNA注入各行各业,使各行各业在新的环境中实现新生,并创造出一个"互联网＋"的生态体系。

二、"互联网＋"时代背景下的创业优势和创业模式

在当前"大众创业,万众创新"时代,与互联网相结合的项目越来越多,这些项目从诞生开始就烙下了"互联网＋"的形态,因此它们不需要再像传统企业一样转型与升级。"互联网＋"不仅"＋"出了行业的新形态、生活的新方式,还"＋"出了思维的新模式,同时衍生出来大量的就业、创业机会。大学生学习能力强,思维活跃,敢于接受新事物,并掌握新技能,能够迅速在互联网的平台上成长成才。

(一)"互联网＋"时代背景下,大学生创业的优势

大学生走向创业之路,面临着缺乏启动资金、缺乏人脉、缺乏产品推广推销渠道等一系列问题。传统行业的门槛偏高,投资成本较大,面临的风险也过大,导致大学生很难在传统行业的创业中获得成功。而"互联网＋"模式下的创业,以其无可比拟的优势,为大学生的创业打开了另一扇窗户。

(1) "互联网＋"创业模式的门槛较低。它没有严格的限制,不需要创业者具有权威的从业资格,或者具有非常全面的技术,只要创业者能够满足用户的需求,熟悉"互联网＋"的运作流程,就有能力和资格参与创业。

(2) "互联网＋"创业模式的成本较低。相对于实体创业,"互联网＋"创业模式能够在

很大程度上节省创业资金,它不需要租借场地,也不需要建立专门的销售渠道、花费大量的宣传费用。

(3)"互联网+"创业模式的风险较低。相较于实体创业,"互联网+"模式的创业者需要承担的风险相对较低。即使创业者在"互联网+"方面创业失败,因为成本较低,所以他所需承担的风险也在可控范围之内,失败的经历也能为后续的创业提供宝贵的经验教训。

(二)"互联网+"时代背景下,大学生创业的主要模式

大学生创业模式的划分方法较多,按创业方向划分的基本模式如下。

1. 高科技项目类

随着大数据、云计算、物联网、人工智能技术等高科技手段不断出现,大学生作为高科技知识和技术的学习者、实践者,在高科技项目类创业上,既有很大的专业优势,又有广阔的发展空间和前景。目前,高科技创业项目深受海内外风险投资者的青睐,项目融资启动并且最终创业成功的概率非常高,深受众多大学生创业者的欢迎。

2. 专业服务类

大学生利用专业优势,通过网站设计、网络平台搭建、软件开发、专业技术咨询服务、智能手机和平板电脑等智能终端的开发与维护等方式创业。相比网络销售类创业模式,专业服务类创业模式对于大学生的个人发展以及创业的可持续动力培养更有效,因为这种模式既提升了大学生的专业技术能力,又积累了创业实践经验。

3. 网络销售类

网络销售具有低成本、低风险、见效快、回报率高等特点,深受在校大学生特别是创业资金有限的大学生的青睐。网络销售类创业主要以电商网站平台、微博、微信、抖音等新媒体为主要工具。由于这类创业门槛较低,是目前很多大学生首选的创业方式。

(三)"互联网+"时代背景下,大学生创业的主要领域

1. 电子商务

电子商务是互联网销售的主要部分,是基于互联网平台,实现消费者和经营者无须见面、通过电子支付等手段交易的一种商务模式,目前主要有 B2B(business to business)、B2C(business to consumer)、C2C(consumer to consumer)等电子商务运营模式,如淘宝、京东商城、苏宁易购等。大学生可以依托学生的购物特点与需求在这个领域成长壮大。

2. 连锁加盟

据统计,在相同的经营领域,个人创业的成功率低于20%,而加盟创业的成功率则高达80%。对创业资源有限的大学生来说,最好选择运营时间在5年以上、拥有10家以上加盟店的成熟品牌,同时利用先进技术,使互联网技术与加盟企业的优势可以得到完美融合。

3. 智力服务

智力是大学生创业的资本,在智力服务领域创业,大学生游刃有余。例如,家教领域就非常适合大学生创业,一方面,这是大学生勤工俭学的传统渠道,已积累了丰富的经验;另一方面,大学生能够充分整合高校教育资源,更容易赚到第一桶金。大学生创业的智力服务项目有家教、家教中介、设计工作室、翻译事务所、网站维护、软件开发等。

4. 互联网娱乐

据统计，2019年国内网民人数已达8.54亿，互联网普及率为61.2%，互联网上的娱乐消费市场之大可想而知，这其中主要包括网络游戏的开发、网红包装、网络音乐与视频制作以及由此衍生的下载、播放、截屏、制作、策划等多方面的互联网功能与应用，这些都是大学生方便进入的互联网创业领域。

5. 互联网服务

依托互联网开发电子邮件、微博、论坛、博客、缴费、查询、旅行（酒店）预订、金融服务、浏览器、交友、搜索引擎、应用APP等服务功能，搭建便捷、全方位的信息服务平台，大学生可开展多种互联网服务，使互联网与人们的现实生活紧密相连，实现无缝隙对接。

（四）"互联网+"时代背景下，大学生创业的主要思路

大学生创业，在经验不足、技术实力不雄厚的情况下，在"互联网+"时代背景下的创业更应该考虑如何整合、再利用资源，而不是一味地投入技术开发或产品研发中。高校不但要注重大学生综合素质的培养，而且要注重大学生创业思维的培养，以此提升大学生的创业成功率。从学生层面来讲，应确立目标、找准方向、不断学习，找到可持续运营发展的突破口，与移动互联网相结合，拟定短、中、长期的发展规划和目标。具体内容如下：

（1）夯实创业基础技能与知识。没有一定的创业技能和知识储备，大学生创业会非常困难，因此高校应该配备专业导师，在创业发展的各个层面对大学生进行辅导。创业需要的基础技能较多，如管理技能、理财技能、沟通技能、自我调节技能等，需要的创业基础知识也很多，如互联网运用知识、法律知识、会计知识等。

（2）开源节流，进行项目融资。大学生创业者可以结合自身优势，建立广泛的融资渠道，保证资金及时、充足到位。当前大学生通过学校参加各种创新创业大赛，可以获得丰厚的创业奖金和创业经验，并且还有不少投资人作为评委或嘉宾出席活动，如能获取投资人的青睐，就可以实现项目融资。另外，如政府支持、银行贷款、学校创业基金、风险投资等外部支持，也应充分予以利用。

（3）"好的项目就等于成功了一半"，但是大学生创业的基本情况是，好项目难求。大学生应该培养发散思维，在平凡的校园生活中，运用互联网、大数据等新技术，挖掘符合社会发展、适应未来需要的好项目。

三、"互联网+"对大学生创业的挑战

大学生只有对自己在"互联网+"背景下创新创业可能面临的挑战有全面的了解，才能使"互联网+"技术在创新创业中发挥最大的作用，从容应对挑战。

（一）缺少对市场需求的了解

大学生长期处在校园环境中，与社会接触较少，交际范围狭小，市场资源匮乏。加之大学生对市场缺乏足够的了解，获取市场信息的能力相对不足。因而，高校的课程教育和市场需求的技能是不完全对接的，极有可能存在构建好了理想的创业模型，但在实际运作中不适用的情况。

（二）缺乏经营管理等经验

公司运营和社团、学生组织的运营存在着较大的差异，大学生在以课程学习为主的情况

下,对公司经营管理方法不甚熟悉,存在理想化思想。大学生创业者切不可仅凭哥们义气组建和管理团队,"直觉"和"义气"最终会成为企业发展的障碍,科学的企业管理制度可以实现企业内部自我监督和约束,避免个人"独裁"式的管理造成的决策失误。

(三)网络行为不规范

网络在给人们带来便捷的同时,也充斥着暴力、欺骗、违法等负面信息。在这样的大环境下,大学生创业必须具备较强的甄别能力,并抵制诱惑,避免被不良信息误导。

四、对大学生"互联网+"创业的支持方式

随着"互联网+"技术的不断发展,越来越多的领域开始与互联网技术相结合。大学生在学习过程中,有效地培养创新创业能力是非常重要的,一方面,能够有效地提升自身能力,在未来的社会竞争中占据一席之地;另一方面,能够促进大学生创业,为社会提供更多的就业机会,缓解就业压力,促进社会的全面发展。因此,应积极支持大学生的"互联网+"创新创业。

(一)增加投入,完善配套设施

为更好地促进大学生创新创业发展,全社会应当对此重视并增加相应的投入。政府增加对大学生创业的财政支持,减轻学生的创业资金压力,让学生能够更好地发展;学校在教育中提供完善的配套设施,开设连贯的创新创业教育课程,让学生能够在良好的环境中进行创业能力培养;社会及企业要加大对学生创业的扶持力度。

(二)搭建平台,拓展创业空间

社会、高校应当为大学生提供相应的创业平台或创客空间,在教育教学工作中增加创新创业赛事,创设大学生创新创业孵化基地,并配备专业的创新创业人员来引领学生的发展,引入社会力量给予指导,以促进学生创新创业能力的发展。

(三)钻研技术,保证公平竞争

我国的互联网发展相对较晚,至今在技术等方面仍存在一定的不足,因此,在未来的发展过程中还需要不断地进行技术钻研。大学生应把所学的专业作为自身优势,努力实现专业与"互联网+"的融合,积极顺应社会发展趋势,找到创新创业的突破口,为未来的创新创业发展奠定良好的基础。

课后训练

1. 学习并深刻领会习近平总书记给第三届中国"互联网+"大学生创新创业大赛"青年红色筑梦之旅"的大学生回信。
2. 收集并学习学校驻地政府及其他部门对大学生创新创业工作的扶持政策。
3. 发掘身边"一带一路"典型创新创业事例。

项目二

大学生的机遇与挑战

习近平总书记在中共十九大报告中提出:"大规模开展职业技能培训,注重解决结构性就业矛盾,鼓励创业带动就业。提供全方位公共就业服务,促进高校毕业生等青年群体、农民工多渠道就业创业。"

高等院校作为人才培育机构,在学校中大力推进创新创业教育,对促进高等教育科学发展、深化教育教学改革、提高人才培养质量具有重大意义。依托第二课堂,鼓励大学生自主创业、自主就业,调动大学生的积极性和创造性,把新一代的年轻人带动起来,把科学技术转化成生产力,这样既缓解就业压力的需求,又迎合创新型国家的需求。

任务一 如何把握时代机遇

学习目标

1. 熟知"大众创业、万众创新"给大学生创新创业带来的机遇。
2. 理解"大众创业、万众创新"实现资源最大效应的具体途径。

导入案例

郭敬明的创业史

郭敬明大学时期便开始创业,虽然他常年占据着中国作家收入排行榜榜首,但是他在商业上的成功甚至让他的作家身份也黯然失色。郭敬明绝对有着惊人的商业嗅觉。他在大学时便成立"岛"工作室,出版一系列针对自己小说受众的杂志与期刊,而后成立柯艾文化传播有限公司,逐渐建立起自己的商业版图。

从今天各个期刊纷纷转型产业链服务来看,郭敬明早在 2005 年就察觉到这一点,从那时起他就为刊物读者提供"立体服务",如推出音乐小说《迷藏》、推出小说主题的写真集、拍摄《梦里花落知多少》偶像剧等,在青春读物的基础上打造了一条属于自己小说受众的文化消费产业链。而今,郭敬明已经用自己的小说《小时代》拍出了电影,第一部便直奔 5 亿的票房。

曾经有人这么描述郭敬明,"其实中国的年轻人并没有什么本质的变化。对于大学和社会的幻想,对于爱情和成功的畅想,对于华服美食的渴望,是每一代学生的必由之路。真正重要的其实仍是郭敬明本人。他或许是中国这 20 年来唯一一个认真去满足上述需求的作者。"

(资料来源:https://www.renrendoc.com/p-30665080.html)

案例问题

1. 大学生创业机遇与困难并存,我们应该如何去把握?
2. 请挖掘身边的创业机会。

案例启示

真正伟大的创业者是干什么的?满足大众的需求。郭敬明无疑做到了这一点,而且做得淋漓尽致。日常生活中注重积累自己的创业优势,找准市场需求的空白,就能占领行业的制高点。

一、"大众创业、万众创新"背景下大学生的时代机遇

国务院办公厅《关于深化高等学校创新创业教育改革的实施意见》提出:2015 年起全面深化高校创新创业教育改革。2017 年取得重要进展,形成科学先进、广泛认同、具有中国特色的创新创业教育理念,形成一批可复制、可推广的制度成果,普及创新创业教育,实现新一轮大学生创业引领计划预期目标。到 2020 年建立健全课堂教学、自主学习、结合实践、指导帮扶、文化引领融为一体的高校创新创业教育体系,人才培养质量显著提升,学生的创新精神、创业意识和创新创业能力明显增强,投身创业实践的学生显著增加。对此,高校应在以下四个方面予以支持。

(一)高校应积极营造良好的创新创业氛围

对于"大众创业、万众创新",最重要、最基本的是学校要加强政策的宣传与引导,重视政策的落地实施。应让大学生了解政策内涵、熟悉当前的就业形势,了解国家对创业者的支持与保障力度,让他们体会到创新创业带来的益处,为大学生创新创业吃下定心丸。

同时,可以发挥学生创业社团的作用,通过试点,以点带面地促进大学生创业工作,宣传大学生以及毕业生自主创业的先进典型。组织大学生创业事迹报告等形式多样的活动,形成良好的创新创业氛围,引导学生树立科学合理的创业观、就业观,帮助拟创业者科学规划未来。

(二)高校应大力推进创新创业教育工作

学校将政策落地的主要途径是积极推进创新创业教育工作。

首先,学校把创新创业教育纳入人才培养体系中,建立多层次、立体化的创新创业教育课程体系。同时还要实现专业教学与创新创业实践活动有效衔接,做好专创融合工作,推进人才培养模式、课程体系和教学内容改革。

其次,学校聘请企业家、创业成功人士、专家学者等作为兼职教师,建立高素质的创新创业教育专兼职教师队伍。学校需要定期组织教师参加创新创业培训和交流,引导专业教师、就业指导教师、创新创业指导教师积极开展创新创业教育的理论和案例研究,不断提高专创

融合教育的意识和能力。

（三）高校应积极开展创新创业实践活动

有了良好的理论知识储备，大学生才有更多的机会在创新创业的实践活动中施展才华。学校应加大举办创新创业赛事、讲座、论坛、模拟实践等活动，丰富学生的创新创业知识和经验，提升学生的创新精神和创业能力。对于活动中涌现的优秀创新创业计划和项目，学校与国家相关部门应密切配合，给予学生精神鼓励和政策支持。

在积极开展实践活动的同时，学校还应建立在校生、毕业学生的创业信息跟踪系统。通过收集反馈信息，建立数据库，并组织创新创业学生的经验交流，把创业成功率和创业质量作为评价创新创业教育的重要指标，建立有利于创新创业人才脱颖而出的培养体系。

（四）高校应及早进行创业基地建设

创业基地作为大学生创新创业的活动场所，也是国家教育部、人社部和科技部尤为重视的内容之一。基地不仅可以整合各方优势资源，开展创业指导和培训，接纳大学生实习实训，还可以作为创业项目孵化基地，为大学生创业提供支撑和服务，促进大学生创业就业。各基地既可及时为准备创新创业的大学生提供准确有效的信息，又可加强学生的创业风险意识教育，帮助学生了解创业过程中可能遇到的困难，提高防范和规避风险的意识和能力，了解国家一系列的优惠政策，减轻学生的创业压力，提供如贷款担保、贴息扶持、税收减免等支持。

二、"大众创业、万众创新"实现资源的最大效应

（一）关于人才培养

创新决胜未来，人才关乎成败。要坚持以习近平新时代中国特色社会主义思想为指导，贯彻党中央、国务院部署，把创新摆在国家发展全局的核心位置，更大激发广大科研人员特别是青年人才的创新积极性和创造潜能，大力攻坚克难，加强国际科技合作，增强科技创新对经济社会发展的引领和带动作用，推动高质量发展。

——2019年9月2日国家杰出青年科学基金工作座谈会

科技创新的核心是人才。促进创新、宽容失败的氛围，激励更多科技人员特别是青年人才勇闯科研"无人区"，催生更多科技"奇果异香"，为建设创新型国家做出更大贡献。

（二）关于取消行政审批

今年要再取消和下放行政审批事项200项以上，深化投资审批制度改革，取消或简化前置性审批，充分落实企业投资自主权，推进投资创业便利化。

——2014年3月5日第十二届全国人民代表大会第二次会议

取消以及简化前置性审批，能让创业者们在具体操作项目时更加方便，将大部分时间用在创业项目的运营上，更有利于创业者专心经营项目。

（三）关于大学生创业

大学生是实施创新驱动发展战略和推进大众创业、万众创新的生力军，既要认真扎实学习、掌握更多知识，也要投身创新创业、提高实践能力。

——2015年10月20日李克强对首届中国"互联网+"大学生创新创业大赛批示

大学生的创新思维更加活跃,可以不断学习与研究更新的行业知识。创新创业也能解决更多大学生的就业问题,但是年轻人缺乏经验,因此有必要创造更好的环境来激励大学生创业。

(四)关于税收支持创业

实施所得税优惠促进创业投资发展,加大对创业创新支持力度。

——2018年12月12日国务院常务会议

国家加大对创业创新的支持,鼓励发展创业投资,用市场力量汇聚更多要素,提升创业创新效能,促进扩大就业和科技成果转化、产业升级,使创投企业、个人、合伙人税负进一步下降。

(五)关于激发科研人员活力

我国要建设世界科技强国,关键是要建设一支规模宏大、结构合理、素质优良的创新人才队伍,激发各类人才创新活力和潜力。

——2016年5月30日全国科技创新大会、两院院士大会、中国科协第九次全国代表大会

全社会形成讲科学、爱科学、学科学、用科学的良好氛围,蕴藏在亿万人民中间的创新智慧定会充分释放、创新力量定会充分涌流。

(六)关于推动大众创业

要破除一切束缚发展的体制机制障碍,让每个有创业愿望的人都有自主创业的空间,让创新、创造的血液在全社会自由流动,让自主发展的精神蔚然成风。借改革创新的东风,在960万平方公里的大地上掀起一个大众创业、草根创业的新浪潮。

——2014年9月11日天津夏季达沃斯论坛

旧的发展方式正在失去市场,健康的市场经济正在蓬勃发展,真正意义的知识经济和商业文明正在崛起,这是创新能力和创业冲动蓄势已久的创业者们的重大机遇。

(七)关于简政放权

现在,"双创"理念和行动不仅在国内成为普遍共识,也得到国际社会认可。前不久,国务院批准再新建一批"双创"示范基地,推动"双创"迈向更高层次和水平,这对"放管服"改革提出了更高的要求。

——2017年6月13日全国深化简政放权放管结合优化服务改革电视电话会议

"放管服"改革事关发展全局和人民福祉,惠及当下、利在长远,为大学生创业铺平了道路。

(八)关于创新支持

发展是第一要务,人才是第一资源,创新是第一动力。中国如果不走创新驱动道路,新旧动能不能顺利转换,是不可能真正强大起来的,只能是大而不强。

——2018年3月7日十三届全国人大一次广东代表团审议会议

国家加大了对创新的支持,将更加激发起全国人民的创新意识,特别是大学生的创业热情。

(九) 关于支持中小企业做强做优做精

坚定不移支持民营企业发展,为企业家营造大胆创业、安心发展的市场化法治化营商环境,充分发挥中小企业在促进宏观经济稳定和就业稳定中的重要作用,支持中小企业做强做优做精。

——2019年12月13日国务院促进中小企业发展工作领导小组第四次会议

中小企业是整个国家经济体系的中流砥柱。新时代的来临,将进一步坚定中小企业发展信心、增强企业活力、提升发展质量。

(十) 关于推动互联网发展

党的十八大以来,党中央重视互联网、发展互联网、治理互联网,统筹协调涉及政治、经济、文化、社会、军事等领域信息化和网络安全重大问题,做出一系列重大决策、提出一系列重大举措,推动网信事业取得历史性成就。

——2018年4月20日全国网络安全和信息化工作会议

互联网技术与中国未来的发展紧密相连,网络强国不仅是迈向世界大国的必由之路,也是实现"两个一百年"奋斗目标和中华民族伟大复兴的"中国梦"的奋斗方向之一。

任务二 迎接时代挑战

学习目标

1. 掌握如何克服自身发展局限。
2. 理解如何迎接时代的挑战。

导入案例

"借"老促销

2008年,罗汉明和同学开办了一家环保产品公司。他们拥有一种节能产品的完全自主产权,在所做的营销网站上一炮打响,每天要求订货的客户源源不断。

让人困惑的是,好几次,外地来公司订货的客户考察完公司,看过产品后,都表示满意,但签约时总有些不放心。后来,和一个用户深谈后才得知,公司全都是二十几岁的年轻人,客户怕有闪失。罗汉明灵机一动,招来一名懂技术会营销的退休工程师"坐镇",从此销售形势大好。罗汉明实为总经理,但名片上印的却是业务员。

(资料来源:https://m.sohu.com/a/84359441_313427)

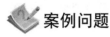

案例问题

1. 当创业遇到"瓶颈"时,应该如何解决?

2. 举例说明,你遇到的类似问题。

案例启示

年轻虽然是优势,但做市场推广时很难取得别人的信任。遭遇"瓶颈"问题时,要找出症结所在,换个思路,就能迎来创业的一片艳阳天。

一、大学生需克服自身发展局限

近年来,职业教育发展已进入黄金期,但在传统的教育理念下,存在大学生理论知识"层次高"、动手技能"层次低"的现象,与社会对人才需求的标准不完全相符。《国家中长期教育改革和发展规划纲要(2010—2020年)》中提出,要着力提高学生服务国家服务人民的社会责任感、勇于探索的创新精神和善于解决问题的实践能力,坚持德育为先、能力为重、全面发展。因此,当代大学生要实现从理论型、知识型向复合型、创新型的转变,以满足社会对复合型、创新型和实用型人才的需求。

(一)树立高度的社会责任感和追求科学真理的品质

崇尚科学、热爱真理、追求进步的品质是创新的根本动力,是创新型人才成长的动力、目标与价值导向。正如爱因斯坦所说,对于一个纯粹的科学家来说,对人类自身命运的关注,从来都必须成为一切基础工作的目的。这句话不仅对科学家适用,对创新型人才同样适用。当代大学生要把服务于民族的进步、国家的发展,服务于人类社会的整体利益作为创新活动的出发点和根本归宿。只有这样,才能最大限度地挖掘自己的创新潜能,最大限度地激发自己追求真理献身科学的持久热情。

(二)培养关注社会时代变迁的学习习惯

学习与研究要站在科学的前沿,感知时代的脉搏,体验实践的呼唤,在丰富多彩的社会实践中发现问题,寻找有价值、有意义的课题和项目。善于发现问题和提出问题,能够从科学与人文两个角度观察问题、分析问题、解决问题。

(三)培养强烈的求知欲和坚韧不拔的毅力

广泛的兴趣爱好、强烈的求知欲望、坚持不懈的毅力和坚定不移的信心,对于创新型人才的成长具有重要价值。大部分人的成功不是因为其具有高于常人的天分,而是因为具有坚强的意志品质,具有明确的目的性、独立性。创新是一种探索,所有创新活动都有失败的风险,这就要求当代大学生应具备不怕挫折、不惧失败的心理承受能力,即使在最困难的时候也能够坚持探索。

(四)具备"敢为天下先"的勇气和理性批判的精神

缺乏独立思考,人云亦云,就不可能见他人之所未见,缺乏"敢为天下先"的勇气,不敢超越常规,不敢坚持自己的独特见解,就不可能发他人之所未发。要创新,就必须不唯上、不唯书、不唯权威、不唯潮流。因此,大学生应当始终把发展独立思考和独立判断的能力放在首位,平时要注重培养自己独立思考的能力,对现有知识进行科学怀疑和理性批判,并勇于提出自己的见解。

（五）自觉养成开放的心态和团结协作的精神

随着时代的进步和科技的发展，知识量在成倍地增加，个人不可能知晓一切。只有正确处理继承与创新的关系，积极吸纳古今中外的知识成果，在实践中善于同他人团结协作，才能避免因个人知识和能力不足所造成的局限性。只有兼收并蓄，善于学习，集思广益，才能有所突破，有所创新。

二、大学生的成长方向

（一）成为精专业、重实践的人

大学生应把深入实践作为成长成才的必由之路，既要"读万卷书"，又要"行万里路"。古往今来，凡成大事者，无不经过社会实践的历练和艰苦环境的考验。当代大学生要健康成长、茁壮成才，仍然需要坚持这个方向。对大学生来说，生产一线是了解专业知识、增长专业技能的最好课堂，是磨炼意志、汲取能量的试验田。只有深入到生产一线，才能加深对专业的认识，提高解决实际问题的能力。

马克思主义认为，只有社会实践，才是人们对于外界认识的真理性的标准。辩证唯物论的认识论把实践提到首要地位，认为人的认识不能离开实践，排斥一切否认实践重要性、使认识离开实践的错误理论。只有在社会实践过程中，人们达到了思想中所预想的结果时，认识才会被证实。若要得到理想的结果，一定要使自己的思想合乎客观世界的规律性，如果不合，就会在实践中失败。从失败中取得教训，改正自己的思想使之适合于外界的规律性，就能变失败为胜利，所谓"失败乃成功之母"，就是这个道理。

（二）成为品德高尚、精神充实的人

把人民放在心上，勇于担当，甘于奉献，这是每一个有志青年的社会责任。只有诚心诚意地从人民中汲取智慧和力量，才能真正体验到人生的快乐和幸福，成为品德高尚、精神充实的人，才会有施展才华的宽广舞台。

服务人民要专心做好本职工作，自觉到条件艰苦、环境复杂和岗位关键的地方增长才干；要身体力行社会公德、职业道德和家庭美德，多做关心集体、热心公益、扶贫济困和见义勇为的好事；要以自己的行动影响和带动身边的人，为形成文明进步的人际关系和社会风气贡献力量。

大学时代，是学习知识的最佳时期，最能接受新生事物。一个人能有多大发展，能为社会做出多大贡献，很大程度上取决于学习抓得紧不紧、知识基础打得牢不牢。当代中国需要始终如一的朝气、锐气和勇气，需要培养造就大批优秀青年人才，形成人才辈出、人尽其才和才尽其用的活跃局面。因此，学习比以往任何时候都显得重要而紧迫。每一个有志青年不仅要学知识，而且要学做人；不仅要学动脑，而且要学动手；不仅要学技能，而且要学方法；不仅要学祖国优秀传统文化，而且要学各国优秀文明成果。"立身百行，以学为基。"勤于学习、敏于求知，才能奠定人生进步的根基。每一个有志青年都应当把学习作为精神追求，抓紧学习人类社会创造的一切优良思想与知识，真正做到学以立德、学以增智、学以创业。

（三）成为勇于担当、奉献社会的人

大学生要把奉献社会作为不懈追求的优良品德。只有勇于担当、甘于奉献才能真正体

验到人生的快乐和幸福,成为品德高尚、精神充实的人。我国倡导互助互爱、崇尚奉献的精神。一个人如果不能正确处理集体和个人、奉献和索取的关系,过于追求个人利益,他的人生道路只会越走越窄。因此,大学生要自觉践行社会主义荣辱观,真正尽到对国家、对社会、对人民应尽的责任和义务,以自己的行动影响和带动更多的人,为发展社会主义和谐人际关系、形成文明进步的良好社会风气贡献一分力量。

任务三　做好职业规划

 学习目标

1. 学会分析职业性格特质。
2. 理解大学生进行职业规划的方法。

 **导入案例**

大三学生创业投资百万网上开店

上海某大学大三学生周强创办了一家注册资金达100万元的公司,他的网站实体店在松江大学城园区内也正式开张。

周强创立的"大学城在线"网站包括学习、求职、娱乐、电子商城等几大板块,涵盖了各种考试、学习资料的下载、复印;兼职、实习工作岗位的信息披露;笔记本电脑等电子产品的低价团购;为学生代买火车票等日常生活的各项服务。

这位年轻的CEO反复强调自己的企业观:他的网站运行宗旨就是服务学生,所以在提供上述服务时,除收取少量的成本费用之外,是完全对同学免费开放的。据统计,由建站时居全球500多万位的浏览量,现在已上升至1万多位,注册会员几万人。

"我想建设一个上海大学生的门户网",周强告诉记者,"我的第一身份还是学生,不会选择辍学。特别是我现在学的是法学行政管理,这对我将来公司的管理工作也是非常有帮助的。"他说父母也鼓励他创业,并拿出了第一笔注册资金。周强表示,目前公司要吸引更多的学生访问网站,接受网站的服务,积攒人气。当网站有了一批稳定而又忠诚的学生客户群时,其市场潜力对广大的商家而言是极具吸引力的,那时广告的投放和资金赞助就是公司主要的盈利点。

(资料来源:https://it.sohu.com/20050913/n240376696.shtml)

 案例问题

1. 创业时要学会理性思考,科学规划自己的职业,你认为大学生创业必备哪些基本素质?
2. 从小事做起,我们可以做哪些创业工作?

案例启示

大学生创业必备基本素质如下。

一是强烈的创业意识。自我实现、追求成功的创业意识是取得创业成功的关键。强烈的创业意识能帮助创业者克服创业道路上的各种困难,将创业目标作为人生奋斗目标。创业的成功需要在思想上做好长期奋战的准备,事业的成功属于有思想准备的人,也属于有强烈创业意识的人。

二是良好的创业心理品质。创业之路充满艰辛,自主创业就是一个人去面对变化莫测、激烈竞争的复杂环境,需要创业者具有非常强的心理调控能力,能够持续保持一种积极、沉稳的心态,即有良好的创业心理品质,创业者的创业心理品质对创业成功具有决定性作用。

三是自信、自强、自主、自立的创业精神。自信能赋予人主动、积极的人生态度和进取精神,不依赖、不等待;自强就是在自信的基础上,不贪图眼前的利益,不依恋平淡的生活,敢于实践,不断增长自己各方面的能力与才干,勇于使自己成为生活与事业的强者;自主就是具有独立的人格,具有独立思维能力,不受传统和世俗偏见的束缚,不受舆论和环境的影响,能自主选择自己的道路,善于设计和规划自己的未来,并采取相应的行动;自立就是凭自己的头脑和双手,凭借自己的智慧和才能,凭借自己的努力和奋斗建立起自己生活和事业的基础。

四是详细的创业规划。有创业梦想是件好事,敢于尝试创业的人令人敬佩,但是只凭想法和激情是不够的,创业一定需要做好市场调研 SWOT 分析、成本—收益核算、可行性分析等准备,然后通过自己所识别的机会整合资源,进而围绕创业机会设计出清晰的商业模式、创业规划,向潜在的资源提供者陈述清晰的、有吸引力的盈利模式,解决创业融资难、资源匮乏等问题,从而提高成功的可能性。

一、分析职业性格特质

(一)性格及职业性格

性格表现了人们对现实和周围世界的态度,主要体现在对自己、对他人、对事物的态度及所采取的言行,具有复杂的结构。

性格大体包括以下几个方面。

(1) 对现实和自己的态度特征,如诚实、虚伪、谦逊、骄傲等。

(2) 意志特征,如勇敢、怯懦、果断、优柔寡断等。

(3) 情绪特征,如热情、冷漠、开朗、抑郁等。

(4) 理智特征,如思维敏捷、深刻、逻辑性强,思维迟缓、浅薄、没有逻辑性等。

名词解释

(1) 性格是指表现在人们对现实的态度和相应的行为方式中的比较稳定的、具有核心意义的个性心理特征,它是一种与社会相关最密切的人格特征,在性格中包含许多社会道德含义。

(2) 职业性格是一个人对职业的稳定态度和在职业活动中习惯化了的行为方式所表现出来的个性心理特征,对个人的职业生涯规划具有重要意义。

(二)职业规划

职业规划是指个人在掌握自己职业兴趣、爱好、特长的前提下,在认真分析自己性格、能力、特点和内外部环境因素的基础上,结合自己所学专业及知识技能结构,以实现个人发展的成就最大化为目的而做出的行之有效的安排。

职业生涯包括一个人从职业学习开始到职业劳动,以致最后结束这一生的职业工作所经历的全部过程。

职业规划的作用包括以下内容。

(1) 以既有的成就为基础,确立人生发展方向,提供发展策略。
(2) 突破生活的局限,塑造自我。
(3) 准确评价个人特点和优势。
(4) 评估现状与目标的差距。
(5) 准确定位职业方向。
(6) 重新认识自身的价值并使其增值。
(7) 发现新的职业机遇。
(8) 增强职业竞争力。
(9) 将个人、事业与家庭联系起来。

名词解释

职业规划是职业生涯规划的简称,是对职业生涯乃至人生进行持续、系统计划的过程,包括职业定位、目标设定、通道设计三部分内容。

(三) 性格对职业规划的影响

性格是个体人格中的核心部分,涉及一个人的心理过程及个性特征的各个方面,与职业发展息息相关。

性格使一个人更加偏爱某一种环境。由于性格不同,每个人在对不同环境的认知过程中也表现出不同的个性化风格。从事与自己的性格不匹配的工作,个人的才能就会受到抑制,会让人以消极的态度对待工作。一个人在某种职业中获得成功的性格,也可能会让他在另一种职业中大受挫折。因此,在职业选择中,应尽可能让自己的个性特征与职业要求相吻合,这样在工作中就能够发挥特有的创造力,体验到更多的快乐和愉悦。

1. 职业发展上,性格比能力更重要

很多用人单位选拔人才时认识到性格比能力更重要,并且这种认识在国外已经相当普遍。一个人如果能力不足,可以通过学习培训提高,但一个人的性格与职业或岗位不吻合却是很难改变的。所以,企业在招聘新人时,常将性格的测验放在首位,当性格与职业或岗位吻合时,才对其能力进行测验考察,否则将不予录用。

2. 不同的职业需要不同的性格

性格无所谓好坏,关键在于是否用在了合适地方,每一类性格都有与之相适应的职业范围。职业心理学研究表明,不同的职业需要不同性格的从业者,某一类职业工作能够体现出其共同的职业性格。

(1) 敏感型的人。精神饱满,好动不好静,工作喜欢速战速决,但行为具有盲目性,有时情绪不稳定。这类人的职业范围包括运动员、行政人员及一般性职业。

(2) 情感型的人。感情丰富,喜怒哀乐溢于言表,不喜欢单调生活,易感情用事,对新事物很有兴趣。这类人合适的职业范围包括演员、导游、活动家、护理人员等。

(3) 思考型的人。善于思考，逻辑思维发达，有比较成熟的观点，生活、工作有规律，时间观念强，重视调查研究的精确性；但有时思想僵化，缺乏灵活性。这类人合适的职业范围包括工程师、教师、财务人员和数据处理人员等。

(4) 想象型的人。想象力丰富，憧憬未来，喜欢思考问题，有时行为刻板，不易合群。这类人合适的职业范围包括科学工作者、技术研究人员、艺术工作者和作家等。

一般来说，外向型性格的人适合从事社交性活动类职业，内向型性格的人适合从事文字类、安稳类职业，混合型性格的人则根据偏外向或偏内向的具体情况，结合自身气质类型综合确定职业方向。不同的职业对人有着不同的性格要求，要适应这一职业，就必须具备或培养这一职业所需的性格特征。例如，医生要具备精益求精、一丝不苟的工作态度，救死扶伤的人道主义品质，高度的责任感及同情心；教师要热爱教育事业、富有爱心、为人师表、严于律己；工厂技术员要具备创新精神、实干精神和刻苦耐劳持之以恒的品质；管理干部要善于交往沟通、多角度思维、关心下属等。

每一种职业都有一定的"职业性格"，相匹配的职业性格有助于个体在相应职业中更好地实现自我。在职业实践中，职业活动的要求也会让从业者巩固或改变原有的性格特征，形成新的性格特征，如商业活动中，营业员可以形成主动、耐心等职业性格。性格和职业是相互影响和相互作用的，现代生产要求培养具有高度组织计划性和有毅力的人。

拓展阅读

五个"W"完成职业生涯规划五部曲

按照"5W"的思考模式，从自己是谁开始，顺着往下问自己，回答五个问题，找到它们最高的共同点，形成自己的职业生涯规划。

(1) Who am I？（我是谁？）

对自己进行深刻的反思，全方位地认识自己。如对自己学历、所学专业、兴趣、爱好动机、能力、特长、技能等做个全面的评估，逐一列出。

(2) What do I want？（我想干什么？）

这是对自己职业发展的心理趋向的检查，指明了职业发展方向。通常来说，每个人在不同阶段的兴趣和目标不完全一致，甚至对立。随着年龄和经历的增长而不断调整，最终锁定自己的人生理想。

(3) What can I do？（我能干什么？）

这是对自己能力和潜能的全面总结。一个人的职业最根本还要归结于他的能力，发展空间的大小主要取决于自己的潜力。对潜力的了解可以从自身的知识结构、学习能力、兴趣、沟通能力等方面进行重点认识。

(4) What can support me？（环境支持或允许我干什么？）

环境支持在客观方面包括本地的各种状态，如经济发展、企业制度、人事政策、职业空间等，主观方面包括同事关系、领导态度、亲戚关系等，应综合两方面加以分析。

(5) What can I be in the end？（最后我将成为什么？）

在明晰前面四个问题的基础上，从各个问题中找到实现职业目标的有利和不利条件，列出自己的终极目标。

（资料来源：周银平.大学生创新创业教育[M].北京：高等教育出版社,2018）

通过对上面五个问题的详尽回答、综合分析,便可以找准自己的职业定位、职业选择和职业目标,最终形成有效的职业生涯规划。

二、做好职业准备

（一）更新观念

大学文化和企业文化不同,具体表现在以下方面。

(1) 大学时间安排具有弹性,学生可以自主选择,企业时间安排相对固定;在大学可以选课,但是在企业是不能够旷工的。

(2) 大学有寒暑假,企业没有很多假期;大学对所有的问题都提供答案,企业很少对问题有标准答案。

(3) 大学教学大纲提供清晰的任务,企业工作任务是变化的且模糊不清的。

(4) 大学更多是在分数上的个人竞争,企业更多是对团队业绩的竞争。

(5) 大学奖励多以客观性标准为基础,企业更多以主观性标准和个人判断为标准,所以要从学生向社会人、向职业化人转化,就一定要适应企业的文化。

(6) 大学和工作的学习过程也是不同的,大学的学习是抽象性的、理论性的,工作中学习更多是解决具体问题。

(7) 大学更多是一种正规的、结构性和象征性的学习,企业是以工作中发生的临时性事件和真实的生活为基础;大学的学习更多是个人化的学习,工作中是社会性、分享性的学习。

更新学习观念,一定要具备下列观念。

(1) 自主学习观念,自己是学习的主体,始终以积极的态度来对待学习。

(2) 素质学习观念,学习与做人做事紧密联系。

(3) 责任学习观念,把自身的学习和社会的发展紧密联系在一起。

(4) 社会学习观念,学习不只是个人的事情,也是集体的事情。

(5) 实践学习观念,理论联系实践。

创新学习观念,在于突出和强调学习的创新品质。这些学习观念不是彼此孤立的,而是相辅相成的。

（二）强化能力

大学生为了做好职业规划,应强化以下几个方面的能力。

(1) 善于展现自己的知识。大学生在他人面前一定要谦虚、随和,在尊重他人丰富经验的同时,适时适度地展现自己的知识。

(2) 树立工作责任意识。大学生对未来都有美好的期望,都想在事业上建功立业。多数人是从最简单的辅助性工作做起,这符合人才成长的基本规律。但是,不少人认为自己被大材小用了,抵触情绪大,影响正常的工作进度,得不偿失。因此,无论在什么工作岗位上,都要具有责任意识,做好本职工作。

(3) 培养实事求是的工作作风。大学生具有较强的自尊心和自立意识,工作上总想独当一面,取得成就。尽管很多人对待工作的态度是认真谨慎的,但在工作中还是难免会出现失误。工作失误并不可怕,可贵的是能正确地认识失误,能实事求是地改正失误。

(三)提升素质

大学生要提升自己的能力和素质,要从以下六个方面做起。

(1) 良好的思想道德和工作态度。
(2) 学习能力。
(3) 信息能力,主要指辨别有用信息的能力。
(4) 创新精神。
(5) 团队合作精神。
(6) 健康的身体素质和健全的心理素质。

三、创新创业与职业生涯发展的关系

大学生职业生涯规划教育可以有效帮助大学生进行职业定位,创新创业教育可以培养大学生创新意识、创新思维和创新创业能力,二者相互作用,有机发展。大学生创新创业要依赖科学的规划,而职业生涯规划教育能帮助学生克服和规避创新创业中的艰难险阻,提高创新创业的成功率。

(一)职业生涯规划教育对大学生创新创业教育具有重要意义

创新创业能力的提高依赖于职业生涯规划,职业规划合理、定位准确,大学生才能突破从众心理,捕捉机遇,敢于创新,大胆创业。创新创业不但要依靠胆量和勇气,更要依靠智谋、经验、社会责任感、人际沟通与交往能力等综合素质。

(二)创新创业教育能引导大学生主动进行职业探索

职业生涯不是一成不变的,而是一个动态发展的过程。随着大学生对自我认知的深入,对未来职业市场的详细调查,他们会对就业前景有更客观的了解,会对原有的职业规划做出适当的调整。创新创业教育就是要引导大学生主动地进行职业探索,积极地规划未来,以良好的心态,在职业生涯的发展中不断调整自我、更新自我、完善自我,以适应外部职业环境的变化,使自身的职业规划与社会发展联系起来。

 名人金句

真正的宜家精神,是依据我们的热忱,我们持之以恒的创新精神,我们的成本意识,我们承担责任和乐于助人的愿望,我们的敬业精神,以及我们简洁的行为所构成的。

——英格瓦·坎普拉德

课后训练

主题班会:做一个敢于担当的人

活动主题:做一个敢于担当的人

活动背景:现代的大学生处于一个机遇与挑战并存、风险与发展同在的时代。但是,日常生活中,许多同学出现一点小的问题,就随便找借口推卸责任。通过这次主题班会,希望大学生能够正视自己,思考人生,培养自己敢于担当的气魄和舍我其谁的勇毅之心,不计较得失,不推卸责任,担当起家庭、社会、民族和国家富强的使命。

活动目标：

(1) 知识与能力：明确"担当"的含义，培养敢于担当的优秀品质。

(2) 情感与态度：培养事不避嫌、敢于担当的使命感和敢闯敢试、敢作敢为的勇气。

(3) 行为与习惯：从身边小事做起，培养敢于承担责任、敢于承认错误、敢于挑战困难的行为习惯。

项目三

培养创新思维

当今时代,创新已成为推动社会经济发展的主要动力。袁隆平、屠呦呦、钟南山、李兰娟是我们耳熟能详的人物,从个人角度来看,他们通过努力改变了自身的命运;从社会的角度来看,他们为人类做出了重大的贡献,创造了巨大的财富。创新是他们共同的标志,他们的成功也激励着后来者不断前行,勇于创新。

创新意识是创新活动的起点,创新思维是产生创新成果的必要工具,两者都是创新活动不可或缺的条件。从本质上说,创新是一种价值创造,它遵循着独有的科学规律。创新能力已成为新世纪合格人才必备的素质,也是时代赋予当代大学生的历史使命。认识什么是创新、怎样做到创新,是本项目帮助大学生了解和实践的内容。

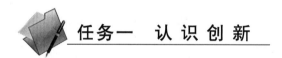

任务一 认识创新

 学习目标

1. 了解什么是创新。
2. 了解创新如何进行。
3. 掌握创新有哪些类型。

 **导入案例**

腾讯公司的成功之道:我们应该向它学习什么?

1993年,马化腾从深圳大学毕业后进入润迅公司做软件工程师,这段经历使马化腾明确了软件开发的意义在于实用而不是写作者的自娱自乐。1998年,他联合几位在深圳电信、网络界有多年创业经验的人开始创业,打造腾讯公司。随着用户的增长,运营QQ所需的投入越来越大,马化腾四处筹钱,在国内的银行及投资商中屡屡碰壁后,马化腾凭着6个版本、20多页的商业计划拿到了国外220万美元的风险投资,从此,QQ帝国雄踞互联网。马化腾还善于捕捉市场信息,勇于创新。一个偶然的机会他发现韩国网络公司有一种给虚拟形象穿衣服的服务很受韩国网民欢迎,他立即联合服装服饰、手机、饰品公司共同开发了风靡"QQ族"的QQ秀,为腾讯带来了惊人的利润。同时鉴于网络游戏风靡世界的形势,马化腾投资运营了《穿越火线》等网络游戏,并取得了巨大的成功。2004年腾讯公司在中国香港联交所主板公开上市,从2004—2018年年初,长达14年的时间里,唯有腾讯股价一直上涨,全球范围内很难看到第二家这样的公司。直到2018年年初,由于国家在游戏板块的限制,腾讯赖以生存的重要来源——游戏,受到非常大的影响,但到2018年10月又开始强劲反弹,先后与哔哩哔哩、找钢网、河北省政府等企业和政府部门合作,加快业务拓展步伐。

目前,腾讯多元化的业务包括社交和通信服务QQ及微信、社交网络平台QQ空间、腾讯游戏旗下QQ游戏平台、门户网站腾讯网、腾讯新闻客户端和网络视频服务腾讯视频等。2020年3月18日,腾讯发布2019年第4季度和全年业绩报告,2019年第4季度腾讯营收1 057.67亿,同比增长25%,净利润254.84亿,同比增长29%;2019年全年腾讯营收3 772.89亿,同比增长21%,净利润943.51亿,同比增长22%。同年3月31日,腾讯公司成为联合国总部全球合作伙伴,为联合国成立75周年提供全面技术方案,并通过腾讯会议、企业微信和腾讯同传在线举办数千场会议活动。

一直以来,腾讯有着很浓厚的企业文化:正直、进取、合作、创新。腾讯人每天工作都很有激情,有着很强的活力,更关键的是从腾讯离职的人,没有说腾讯不好的。

(资料来源:http://www.zaoxu.com/jjsh/bkdq/47622.html 经作者整理改编)

案例问题

1. 腾讯公司的成功之道,我们应该向它学习什么?
2. 腾讯上市16年来持续走上坡路,他的屹立不倒带给你哪些有益的思考?

案例启示

马化腾的成功源于他对中国人的消费能力和沟通方式的了解和正确把握,源于他能够时刻捕捉市场信息,用于创新。

研究成功的企业,要学习的并不是它的主营业务,而是其赖以生存的核心基因,或者支撑它的逻辑体系,如腾讯的产品创新系统,在内部管理机制上的不断革新。即便在2010年的时候,腾讯的管理模式与绝大多数中国成功企业大相径庭,而这些不同并不是从管理经典的理论衍生出来,而是腾讯内部自然衍生进化而来,是适合自己的独创经验。

时至今日,很多企业都说要创新,但是真正能够将创新落地的却非常少。腾讯在面对每一个创新的想法,每一个创新点子的时候,它的管理机制都能非常好地把这些萌芽的种子孕育成参天大树。最终总结出两个词:管理创新和创新管理。

创新是民族进步的灵魂,是一个国家兴旺发达的动力。在这个创新已成为时代主旋律的背景下,其丰富的内容,吸引着人们不断去探寻。

一、创新的含义

我国很早就有创新方面的思想和论述,《大学》中有"苟日新,日日新,又日新",《诗经大雅》中有"周虽旧邦,其命维新",就是强调做人要有不断革新和积极进取的精神。最早创新一词仅指社会制度方面的革新与改造,随着社会的发展和西方自然科学的引进,创新的内涵和外延不断扩展,现在涵盖从自然科学到社会科学的一切领域。在西方,创新(innovation)一词起源于拉丁语,它原意有三层含义:更新、创造新的东西、改变。

经济学上,创新概念的起源于经济学家熊彼特(Joseph Schumpeter)于1912年出版的《经济发展理论》。熊彼特在其著作中提出,创新是指把一种生产要素和生产条件的"新结合"引入生产体系。他认为,创新是一种过程,创新的关键是对生产要素进行重新组合,能否为企业带来利润是检验创新成功与否的标准。

(一)创新的实现途径

创新的实现途径包括以下几种。

(1)开发一种新产品或提高一种产品的质量。

(2)采取一种新的生产方法。

(3)开发一个新的市场。

(4)获得一种原料或半成品的新来源。

(5)实行一种新的企业组织形式。

(二)创新的主要特征

(1)变革性。创新是创造性的活动,含有"第一次"的意义,是历史上从未有过的,本质是突破传统,突破常规。创造出来的新事物是创新,在原有基础上的改进和变革也是创新,创新既可以是"无中生有",也可以是"有中生新"。

(2)能动性。创新是创新者发挥主观能动性,自觉进行认知世界和改造世界的实践活动,是人类社会独有的现象。只有纳入人的主观意识指导下的活动,才是创新活动,只有凝结了人们的目的和意识的成果,才是创新成果。

(3)价值性。创新是人们开创出的能产生一定经济或社会效益,有一定积极意义的新思想、新事物。能否创造价值是创新的重要评价尺度。

(4)相对性。创新是一个相对的概念,其价值的估量与时间、空间有关。同样的事物在今天看来是创新,在明天看来就可能是追随。创新必须在一定范围内具有领先性。

二、创新的过程

创新是人类智慧的结晶,是各方面因素综合作用的结果,其价值极大,失败的风险也很高。欲提高其成功率,需要遵循独特的发展规律,循序渐进。

一般来说,创新的过程可以分为以下四个阶段。

(一)提出问题

提出问题是创新活动的准备阶段。明确要解决的问题的深度,决定科研活动是否具有创造性。创新者需围绕所提出的问题进行周密的调查研究,收集与问题有关的研究成果,准确定义要解决的问题,明确创新的目的。

在这个阶段,需要有意识地积累与问题相关的背景知识。观察是获取信息的有效工具,是人类认识事物的开始,是获得感性材料的基础,也是人类创新活动的起点。

(二)揭示规律

揭示规律是创新活动的酝酿期。针对问题,根据储备的理论知识对信息进行分析、联想、建构,提出各种可能的解决问题方案,并对所提方案进行验证。

这是试错的过程,它往往要经过数次失败,逐渐揭示问题背后隐藏的客观规律,并在下一阶段的方案设计中,将此规律融合进去,促使问题的解决方案越来越成熟。

(三) 创造性解决问题

创造性解决问题是揭示规律阶段的后期。创新者仿佛已经"山重水复疑无路",但突然间脑海中会迸发出某些新的形象、新的思想,使一些长久未能解决的问题在瞬间得以解决。进入这一阶段,问题的解决一下子变得豁然开朗。这是创新活动的突破阶段,被称为"直觉的跃进""思想上的光芒"。在这个阶段,突破陈旧的观念,摆脱思维定式的束缚,可以创造性地提出新观念、新思想、新方法,这是决定性的环节。

(四) 成果验证

实践是检验真理的唯一标准。解决问题的方案是否能够成功、是否具有价值,只有经过实践验证才能确定。

这个阶段主要通过常规思维进行检验与观察,其结果可以是对新方案的全面认可、部分认可或全面否定。

三、创新的类型

创新的类型很多,可以按照创新的内容、创新思维的方式等对其分类。

(一) 按创新的内容分类

根据创新的内容,可分为知识创新、产品创新、工艺创新、管理创新、商业模式创新等。

1. 知识创新

知识创新是指通过科学研究(主要指基础研究),获得新的基础科学和技术科学知识的过程。知识创新的目的是通过认识自然现象,揭示自然规律来创立新学说、创造新方法、积累新知识。

知识创新和其他创新的关系,就像根叶和果实的关系。根叶茂盛而不开花结果的树没有多少实用价值,但是累累硕果的树肯定是根叶茂盛的。

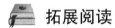 拓展阅读

知识创新,认识宇宙

长期以来,古希腊天文学家托勒密的"地心体系"的理论统治着人们的头脑。托勒密认为地球居于中央不动,日、月、行星和恒星都环绕地球运行。哥白尼在《天体运行论》中推翻了托勒密的理论,阐明了日心说:太阳是宇宙的中心,地球围绕太阳旋转。而后,布鲁诺接受并发展了哥白尼的日心说,认为宇宙是无限的,太阳系只是无限宇宙中的一个天体系统。伽利略通过望远镜观察天体发现:月球表面凹凸不平,木星有四个卫星,太阳有黑子,银河由无数恒星组成,金星、水星都有盈亏现象等。开普勒分析第谷·布拉赫的观察资料,发现行星沿椭圆轨道运行,并提出行星三大运动定律,为牛顿发现万有引力定律打下了基础。因此可以这样说:科学是不断发现的过程,真理是不断创新的过程。

(资料来源:https://zhidao.baidu.com/question/365467358.html)

2. 产品创新

产品创新可分为生产全新产品和改进产品功能。生产全新产品是指产品用途及其原理

有显著的变化;改进产品功能是指在技术原理没有重大变化的情况下,基于市场需求对现有产品进行功能改进。

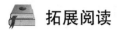

拓展阅读

方便面的发明

1957年的一个冬夜,安藤百福经过一家拉面摊,看到穿着简陋的人群顶着寒风排长队,为吃一碗拉面竟然能这样不辞辛苦,不由使他产生极大兴趣。他决定研制一种注入开水就能立刻食用的拉面,他相信,对于工作忙碌的人们来说,这可以提供极大的方便。由于面条不易保存,烹调又麻烦,安藤将自己的住房改成小研究室,试用各种方法,如日光晒干法和熏制法等,结果保存问题解决了,却不能使干燥的面条迅速复原成可食面。后来还是安藤夫人的油炸菜肴启发了他,他把面条放到油锅里煎炸,把水分炸干,同时又制作了专门的铁框,在煎炸的同时让方便面呈现出规则的容易包装的形状。"20世纪最伟大的发明之一"方便面终于问世了。

1970年,安藤决定将美国作为方便面打进西方市场的突破口,在美国开设工厂。在周游欧美之后,他尝试了陶瓷器、玻璃、纸、塑料、金属等各种材料的容器,最后决定用当时还算非常新型的素材——泡沫塑料。后来有一次在飞机上看到空姐给的铝制容器上部的盖子是由纸和铝箔贴合而成的密封盖,长期困扰安藤的杯装方便面如何才能长期保存的问题由此迎刃而解。其次,安藤决定缩小这种容器,这样吃面的人可以像端着喝水的杯子一样,端着面到处走动。他的这种改变帮助他很快地打开了欧美市场。

安藤百福和他发明的方便面不仅成就了日清公司,更开创了一项全新的产业。2003年,全世界消费方便面652.5亿份,产值达140亿美元,折合人民币1 000亿元。

(资料来源:http://finance.people.com.cn/GB/70392/5263689.html 经作者整理改编)

3. 工艺创新

工艺创新是指改善或革新产品的生产技术及流程。工艺创新和产品创新都是为了提高企业的社会经济效益,但二者途径不同,方式也不一样。产品创新侧重于结果,而工艺创新侧重于过程;产品创新的成果主要体现在物质形态的产品,而工艺创新的成果还可以表现在各种生产要素的组合方式上;产品创新的生产者主要为用户提供新产品,而工艺创新的生产者也是创新的使用者。

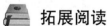

拓展阅读

银壶制作工艺的生命力不仅在于深度,也在于创新

近日,中国手工银壶文化传承品牌"尚壶坊"继走向世界舞台后,再次荣登央视CCTV,紧握时代脉搏,传承皇家工艺,深耕行业发展,大力弘扬中国银壶文化,获得了空前的关注。大道之雅,莫过于茶。水是茶之母,器是茶之父。茶道之精神,又在于器。有话说"茶器之中,以银壶为尊"。手工银壶沉淀着代代相传的非遗技艺,作为一种审美与造物活动,更是体现了中华民族的历史与文化,是中华民族智慧的结晶。尤其是党的十八大以来,传承和弘扬中华传统文化已成为了新时期的一项重大战略任务。

尚壶坊,传承皇家工艺,缔造顶级银壶。在日益激烈的市场竞争中,工艺创新的作用也越来越突出。想要一个出色的作品,就要与众不同。既要取其所长,又要别出心裁,这不仅仅考验了工匠们的技术,同时也考验了研发者对一件产品的耐心以及用心程度。手工银壶的制造,须经数十工序,涉数百工具,历数万次精敲细击,由工匠心、手、力通融合一,千锤百炼,精雕细琢,而且要根据需要者本人去量身定做高度符合主人品行和气质的银壶。银壶工艺的不断创新,不单是外形、图文样式的改观,重要的是深度对捶打、錾刻、材料升级的创新。只有这样,所打制的每一把手工银壶才是独一无二的。欣赏现在的银壶作品,其器形、壶流、壶盖、壶钮、把手,既融入传统技艺的精髓,又富有自己的创意和变化。特别是既经典又出新的造型、流畅的线条、精美的纹饰,以及鎏金工艺的装饰,使作品融实用、养生、审美于一体,可用可赏可藏。

(资料来源:http://hn.ifeng.com/a/20200323/14097883_0.shtml　经作者整理改编)

4. 管理创新

管理创新是指改善或创造更好的组织环境和制度,将改善后的管理要素引入管理系统,以便更有效地实现组织目标的活动。

管理创新主要包括三个方面的内容。

(1)组织结构调整。

(2)管理制度改革及企业文化的培育。

(3)人力资源实践,如员工开展培训和学习,以保持知识的更新。

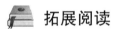

拓展阅读

海尔的三次变革

海尔始终不缺乏变化,从20世纪80年代末的日清管理方法到90年代末的市场链整合,一直到2005年的"人单合一"的管理模式。海尔组织结构的改革前后进行了40多次,已不单单是管理模式的改变,而是上升到一种精神上的洗礼。每次改革无论从精神上还是从结构上都达到了唤醒组织活力的目的。

20世纪80年代末,家电处于"幸福"的供不应求年代,只要生产出来的产品就可以卖掉,每个厂家所做的事情就是加大产量,而在这个时候,海尔的老总张瑞敏砸掉了很多冰箱,让员工都触目惊心,海尔开始学习日本企业的全面质量管理工作。到90年代初期,海尔正式发展了自己的"日清日高"的模式。

日清日高,又称"OEC"管理法,可表述为:每天的工作每天完成,每天工作要清理并要有所提高,即日事日毕、日清日高。每天由员工自我清理计算日薪并填写记账,检查确认后交给班长。不管几点钟下班,不管多晚,班长都要把签完字的卡拿回来,再签上自己的名字交给上级车间主任。当天发现的问题必须当天处理,就是所谓的"日日清"。OEC模式在海尔多元化扩张时期起到了重要作用。海尔在这个时期所进行的并购,都没有输入自己的资金,而是通过输入OEC管理模式和管理人员,实现了多个并购。随着这种OEC模式的成功,海尔多元化阶段也基本完成,庞大的组织机构开始阻碍海尔的发展,各个部门各自为政,互相沟通不畅。因此,张瑞敏又开始了第二次变革。

1998年海尔开始市场链流程再造。在组织再造上,变金字塔式的组织结构为扁平化的结构,减少管理层次,以努力实现企业与市场之间的零距离。在人员的再造上,则将管理人员变成 SBU(策略事业单位),即每个管理者都是一个独立作战的经营体,每个人都有自己的目标市场和市场目标,自主制定自己的市场策略,以最快的速度去创造新的市场、新的需求。改变过去那种组织与市场的割裂,个人只听命于内部上司,而不去面对外部用户的问题。

海尔每个部门都得独自面向市场。同时由于各个部门自负盈亏,也保证了现金流和库存较好的运转。而此次"人单合一"的改革正是这种市场链管理的进一步深化。每个人都要面向市场,所有的流程都是为了有竞争力的单子,任何人或任何部门如果不适合市场的需求,就要被放弃。

目前,海尔的"人单合一"模式已进入了实施阶段,在进行了三个月的试探后,新模式在国内进展的还算顺利。但在海外,由于各个国家的语言交流不通畅,海尔新闻发言人坦言:"我们下一步的难题是他们……这个实施的过程可能非常漫长。我们也不确定这个改革一定能够取得成功,需要长时间的调整和修正。"

(资料来源:https://www.docin.com/p-65545582.html 经作者整理改编)

5. 商业模式创新

商业模式是指企业整合优化生产要素,为企业创造价值的基本方法。商业模式创新是指企业创造价值方法的变化,即把新的要素整合融入社会的生产体系,使客户和自身实现价值增值的目的。商业模式创新不是单一因素的变化,常常是多个生产要素同时发生变化,甚至需要企业进行较大战略调整,是一种集成创新。商业模式创新往往伴随产品、生产工艺或者管理模式的创新;反之,则未必构成商业模式创新。现代管理学之父彼得·德鲁克认为:"当今企业间竞争,不是产品之间的竞争,而是商业模式之间的竞争。"

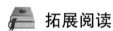 **拓展阅读**

商业模式的创新——共享经济

随着共享单车、共享汽车之后,共享充电宝、共享篮球、共享雨伞等共享经济形态不断涌现,共享经济模式已成为人们生活中不可或缺的一部分。"共享经济"这个术语最早由美国社会学教授马科斯·费尔逊(Marcus Felson)和琼·斯潘思(Joel Spaeth)于 1978 年提出。2000 年之后,随着互联网 Web 2.0 时代的到来,得以迅速发展,也呈现出很多新型商业发展模式,但大多数时候也并不带来任何金钱的报酬。2010 年前后,随着 Uber、Airbnb 等一系列实物共享平台的出现,共享开始从纯粹的无偿分享、信息分享,走向以获得一定报酬为主要目的,基于陌生人且存在物品使用权暂时转移的"共享经济"。共享经济商业模式的核心基础为"闲置+价值+回报",闲置资源、碎片化时间则属于共享经济商业模式的重要组成,由此通过租、借等共享方式使用物品,即可同时实现需求方价值创造、供给方精神与金钱回报。

共享经济将成为社会服务行业内最重要的一股力量。在住宿、交通、教育服务、生活服务及旅游领域,优秀的共享经济公司不断涌现:从宠物寄养共享、车位共享到专家共享、社区服务共享及导游共享,甚至移动互联网需求的 WiFi 共享。新模式层出不穷,在供给端整合线下资源,在需求端不断为用户提供更优质体验。

(资料来源:https://baike.baidu.com/item/%E5%85%B1%E4%BA%AB%E7%BB%8F%E6%B5%8E/965155?fr=aladdin 经作者整理改编)

（二）按创新思维的方式分类

1. 模仿创新

模仿创新，即通过模仿进行的创新活动。第一种是完全模仿创新，即对模仿对象的完全复制。第二种是模仿后再创新，是对模仿对象进行再创造，即在分析模仿对象的原理后，经过消化吸收并创新，达到并超过被模仿对象的水平。

创新是企业持续发展的根本所在，而许多中小企业因多重因素的制约，难以承担创新风险与投入。模仿创新则是中小企业创新模式的一种理性选择。模仿并不代表落后，反而是在创新和发展的基础上，实现弯道超车的典范。其关键在于不只局限于产品模仿，而是吸收消化成功企业优秀的管理、制度、文化等精髓，并且依据本企业的特点、国内市场和用户需求进行改良创新。企业没有创新就没有发展，模仿只是一种策略，在模仿中实现创新才是企业应该追求的终极目标。

 拓展阅读

先模仿后创新——安卓系统

安卓系统的研发始于2007年11月，说明在iPhone上市后谷歌很快就瞄上了苹果OS系统，安卓实际上就是一个模仿苹果OS＋APP模式的新操作系统。与苹果不同的是，谷歌采取了与苹果封闭系统不同的商业模式创新：安卓第1版上市时，即与34家手机厂商、运营商成立"开放手机联盟（OHA）"，以开放系统对阵强势的苹果系统。而安卓超越苹果，仅用了不到两年时间，其系统手机的APP、用户数、手机份额、下载量等都遥遥领先。从安卓案例中，我们可以看到模仿创新的重要意义。

（资料来源：http://www.walianwa.com/user/article_info.aspx?id=2082　经作者整理改编）

2. 微创新

微创新，简单地说就是很小型的创新，从细节入手进行创新。它有两个主要特点：快速推行，不断试错；从小处着眼，贴近用户需求心理。如果对待一些简单的问题也使用结构重组、流程再造等颠覆性设计是不经济的，一旦失败，承担的代价也较高。对一些风险抵抗力较差的企业来说，且行且微调才是生存发展之道。通过微创新，可以逐步完善、提高企业的水平和服务。

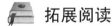 **拓展阅读**

疫情下的中骏"微创新"——引领"云"式生活新高度

新冠肺炎疫情暴发后，被延长的假期、被"禁锢"的双足、减少外出、避免聚会……人们的生产生活在疫情期间从线下转至线上，朝着智能化、云端化发展，"宅"家推动生活向"云"模式的转变，云生活、云办公、云学习、云娱乐……成了时下最新潮流业态。当客厅、卧室、厨房三点一线成为最佳旅游路线，面对日复一日的"室内游"，人们开始关注住宅空间的功能性，如何充分利用居住空间，将空间的功能作用最大化。

中骏集团成立于1987年，现已进入超过40个城市，土储面积超2900万平方米，可销售货值超3500亿元。2017年，基于对客户智慧生活趋势的研究，中骏集团开始构建"FUN＋幸福生活"生态圈，整合购物中心、长租公寓、联合办公、物业管理等业务板块，并借助iFUN

智能化物联网平台和人工智能技术,以科技为动力,致力于引领未来智慧生活的潮流。疫情之下,专注于人居需求的匠心精神,以前瞻的思维提出"微创新"设想,以人为本地进行全维度空间解析和功能叠新,升级打造满载全家人"安全、健康、舒适、趣味、智能"等一切幸福心愿与深切期盼的安心之所。

(资料来源: https://www.sohu.com/a/386686074_467235?scm＝1019.e000a.v1.0&spm＝smpc.csrpage.news-list.4.1590042507810K2SA4ic　经作者改编整理)

3. 移植创新

移植创新是将某个学科、领域中的原理、技术、方法等,用于解决其他学科中的问题。一项创新成果中,90%的内容均可通过从前人或他人已有的科技成果中获取,而独创性发明只有10%。由此可见,移植创新通过继承他人的思维成果,能够缩短自己的创新周期,提高创新效率。应用到其他学科、领域中,为解决某一问题提供启迪、帮助的创新思维方法。

从思维类别来看,移植法是一种侧向思维的方法。通过相似联想、类比和灵感触发,寻找两种事物间的联系,最终产生新的构思。

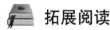

深圳锦绣中华

香港中旅集团有限公司总经理马志民赴欧洲考察,参观了融入荷兰全国景点的"小人国",回来后就把荷兰的"小人国"的微缩处理方法移植到深圳,融华夏的自然风光、人文景观于一炉,集千种风物、万般锦绣于一园,建成了具有中国特色和现代意味的崭新名胜"锦绣中华",开业以后游人如织,十分红火。

(资料来源: https://wenku.baidu.com/view/1eea022a783e0912a3162a14.html　经作者改编整理)

4. 整合创新

比移植性创新更进一步的是整合创新,它是将两个或两个以上的被整合对象的优点融合成一个有机整体的活动,整合后产品的功能大于原有各整合对象。

企业整合创新关键在于创新的持续融合,通过并行的方法,将横向、纵向乃至企业和产品生命周期各个组成部分的创新主体、创新要素、创新能力等整合起来,充分利用团队协作形成开放、交互的创新系统和持续的核心竞争力。

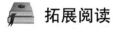

苹果的整合式创新

在互联网经济时代,消费类电子产品更新换代迅速,创新产品层出不穷。在从工业时代到互联网时代的过渡中,诸如摩托罗拉、诺基亚等数字设备生产者逐渐衰退下去,而大量新兴企业异军突起。要想在移动互联网经济下生存就需要全新的思维方式和管理文化,创造符合企业实际的新的商业模式。而苹果公司通过发展"软件、硬件、内容一体化模式",运作流程的管理及成本控制等破坏性创新行为,在多种因素互相制约的环境里,将产品的各项性能都发挥到最佳水平,创造了苹果神话。

(资料来源: 任慧.苹果公司商业模式创新案例研究[D].武汉: 华中科技大学,2015　经作者整理改编)

5. 包容创新

包容创新是企业通过创新举措满足消费者各个层次的需求,达到企业和消费者的共赢。共赢是包容性创新的核心:一方面,消费者从包容性创新中获得对产品和服务需求的满足,改善用户体验;另一方面,企业通过包容性创新发现新的市场机遇,实现企业发展。

包容性创新更加关注弱势群体。在现实中,现代化并没有让所有人受益,甚至有些人群因为社会的进步而被边缘化。例如,信息技术的快速发展及互联网的深入应用,使一些弱势群体与强势群体间的差距进一步扩大,这就是人们常说的"数字鸿沟"。这些弱势群体可能是农民、偏远地区者、城市低收人群,也可能是老人、妇女、残疾人等,他们的迫切需求代表着创新的方向。

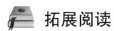

拓展阅读

印度对草根创新的支持

"蜜蜂网络"是由印度学者安尼尔·古达建立的致力于挖掘"草根"创新者的发现、发明并在知识产权等方面为他们提供支持的组织。1997年,安尼尔·古达说服政府捐献23万美元成立了印度第一只微型风险孵化基金"GIAN",提供创新产品在商业化方面的帮助。例如,在学生的帮助下,一位名叫Patel的农民发明了棉花剥壳机,GIAN提供了5 100美元的资助,使他的棉花剥壳机变成了商业产品,于2000年出售,并在2003年拿到美国专利,每年可为其带来7 000美元的收益。2000年,印度政府成立了印度国家创新基金(NIF),并提供460万美元的捐赠,用于支持网络的工作和资助草根创新。

(资料来源:http://scitech.people.com.cn/n/2013/0616/c1057-21851248.html)

6. 颠覆创新

颠覆创新是基于新概念或技术的新应用,以新产品或新服务替代传统产品或服务,在相关领域产生革命性变革,从而带来新的领域性增长。

颠覆创新之所以有颠覆性,在于它们创造了新功能,实现了新应用,创造出了旧产品未能提供的新价值维度。换言之,其竞争力来自新技术方法带来的独特优势,尤其是简单、方便、易得、价廉或易于使用等优势。颠覆性创新贯穿于人类创新和发展的整个历史。大到人类的产业革命,如汽车对马车的替代、电力取代煤炭都是革命性的颠覆性创新;小到某个具体的产业,由于某项新技术的应用而使产业发展的基础发生根本性的变化,如数码芯片替代传统感光胶片、电动汽车替代传统能源汽车等。

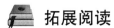

拓展阅读

全球第一台豆浆机

九阳股份有限公司创始于1994年,公司董事长、总裁王旭宁,因为喜欢喝豆浆,在25岁研究出世界上第一台豆浆机,历经14年打造出138亿元财富王国。正如《定位》里所说的,你提出一个全新的品类,你定义了它,你就成了这个品类的大赢家。豆浆机集合了磨浆、煮浆的过程,而其实它的本质(雏形)是将电饭煲和食品研磨机结合在一起。

九阳之所以能够保持创新,得益于九阳有三级研发体系,确保产品不断推陈出新,保证公司的竞争优势。此外在激励方面，公司设有创新大奖，该奖不是论资排辈的，而是以能力评选。同时，营销创新、管理创新也能获得该奖。

（资料来源：http://www.beeui.com/p/1455.html　经作者改编整理）

7. 原始创新

原始创新是指前所未有的重大科学发现、技术发明、原理性主导技术等创新成果。它意味着在研究开发方面，特别是在基础研究和高技术研究领域取得独有的发现或发明。原始创新侧重于理论研究与技术突破，是根本的创新，是最能体现智慧的创新，往往会对技术的发展乃至人类社会产生划时代的影响。原始创新通常具备以下三大特征。

（1）首创性，是前人从未创造过的，具有原创性、开拓性。
（2）突破性，相对于一般的创新行为，原始创新具有突破性的特点。
（3）带动性，可引发知识创新，促进认识能力的飞跃。

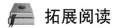 拓展阅读

飞机的发明

莱特兄弟从1896年就开始研究飞机。他们一边开自行车店赚钱，一边积累航空知识，观察老鹰飞行，反复设计图纸，经过三年多日日夜夜的准备，在1900年10月莱特兄弟制成了依靠风力做动力的滑翔机。此后，莱特兄弟开始琢磨用发动机做动力的飞机。又经过三年多的反复试验，吸收自己与别人的经验，总结教训，不断改进，终于在1903年12月17日成功试飞有发动机的飞机。

1908年，莱特兄弟在巴黎、伦敦和华盛顿赢得了多项荣誉，美国总统塔夫脱称赞"这对杰出的美国兄弟全身心地投入了飞机制造事业"。至此，莱特兄弟声名大振。

飞机是历史上最伟大的发明之一，有人将它与电视和电脑并列为20世纪对人类影响最大的三大发明。莱特兄弟首创了让飞机能受控飞行的飞行控制系统，从而为飞机的实用化奠定了基础，此项技术至今仍被应用在所有的飞机上。莱特兄弟的伟大发明改变了人类的交通、经济、生产和日常生活，同时也改变了军事史。

（资料来源：http://www.lizhigushi.com/mingrengushi/a2652.html　经作者整理改编）

任务二　激发创新意识

 学习目标

1. 了解什么是创新意识。
2. 学习创新与创新意识的关系。

 导入案例

摩根手里的鸡蛋

美国著名商人摩根年轻的时候生活很艰难，主要靠卖鸡蛋谋生。每天早出晚归，用他那

张大手,握着鸡蛋,见人就叫卖,可是生意一直不好。自己家的鸡蛋一点儿也不比邻居家的鸡蛋小,可顾客就是不买自己的鸡蛋。一天,他鼓足勇气拉住一位顾客想问个究竟,顾客说:"你的鸡蛋太小了!"可是,自己的鸡蛋不小呀!原来,他的手太大,握着鸡蛋,显得鸡蛋太小。于是,他把妻子叫来,妻子的手比邻居家主妇的手还小,妻子负责前台,自己负责后台,从此以后,自己的鸡蛋就好卖了。

(资料来源:http://blog.sina.com.cn/s/blog_4c61dd140100rqzl.html)

案例问题

1. 当你遇到摩根的难题,第一反应想到的解决方案是什么?
2. 你的方案与摩根的方案比较有什么不足?其原因是什么?

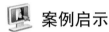

创新意识是宝贵的精神财富。创新推动了人类社会的发展,从远古的钻木取火到今天的信息革命,都是人类在创新意识的驱动下,展开创新思维和创造活动的产物。一个个划时代的发明创造出了浩瀚的人类文明。要创新,就必须具备强烈的创新意识。创新意识是创新活动的出发点和内在动力,是创新思维的前提。

一、创新意识的含义

创新意识是人们对创新活动的一种价值取向,是对创新活动的认识水平以及由此形成的对待创新的态度,并以这种态度来规范和调整自己的活动方向的一种精神状态。需要注意的是,创新意识是受创新者的个性特征制约的一种特定心理状态。不同的创新者身处不同环境,教育背景各异,其个性特征必然千姿百态,在创新活动中表现出的动机、素养、意志就不会相同,因此创新者个体的创新意识也会多种多样。

二、创新意识的内容

创新意识贯穿于创新的全过程,从精神上支撑着创新实践,它主要包括以下内容。

(一)创新动力

创新动力是创新意识产生的源泉,是推动创新的动力。创新的动力意识来自于个人期望、社会声誉、经济利益等多方面。

(二)创新意志

创新意志是创新意识的基础,创新需要突破常规、挑战传统,既有专业学科的创新难度,又有外因的阻挠,失败的风险很大。在方案不断试错、不被传统思维接纳时,创新者更须具备持之以恒的创新意志。

(三)质疑意识

没有质疑,就很难实现创新。没有对常规的挑战,就没有创新,而对常规挑战的第一步,就是疑问。学起于思,思源于疑。首先提出问题,然后才能着手解决问题,它是形成思想碰撞、发现规律、激发创新的必经过程。对待前人的经验和成果,既要保持尊重,虚心学习,又不能因循守旧、止步不前,应该在前人创造性劳动成果的基础上,结合实践进行新的创造。

（四）求真务实意识

创新意识是一种求真务实的意识。创新活动是一种科学地认识世界、寻找客观规律的活动，是科学活动正确开展的核心。坚持求真才能使创新活动获得有价值的成果，不带主观偏见地认识事物的客观规律，按照规律研究问题、策划方案。

（五）超越意识

创新的成果要具有新颖性和独特性。"新颖"主要是指前所未有，"独特"是指别出心裁。创新就是超越前人或他人甚至自己已经取得的成就。人类发展史就是一部不断开拓创新的历史，也是一部不断超越的历史。超越是创新最重要的外在表现形式。创新者不能满足现状，应具有强烈的超越意识，并以此为信念在创新过程中有意识地推进创新活动。

上述几种意识在创新中各有其特定的地位和作用。创新动力和创新意志处于基础和前提的地位，对激发人们的创新意识起关键作用；质疑意识和求真意识是创新意识的主体，充分反映着创新意识的基本特征；超越意识引导着创新活动的前进方向，是创新意识的核心。它们相互作用，相互影响，形成一个创新意识结构系统，共同促进创新实践的发展。

三、创新与创新意识的关系

创新与创新意识类似于认识与实践。创新意识贯穿于创新实践的整个过程，强烈的创新意识是实现创新实践的基础，为创新与创造性活动提供持续不断的强大动力。具体表现为不迷信权威、不墨守成规；敢于质疑、坚持真理；勇于探索，对创新的目标孜孜以求等。创新意识的产生和培养不仅是进行创新实践活动的前提和基础，也是创新者重要的精神支柱。众所周知，任何创新都不是一帆风顺的，过程中的困难与风险无法预测、也不可避免。在面对困难和挫折时，需要创新意识的激励，让创新者正视创新实践中的挫折和困境，不断反思和总结实践经验，矢志不渝、激励自己达成预定的目标。

四、创新意识的障碍

在创新活动中，必须注意创新者性格中的某些缺陷，这些缺陷带来的各种心理障碍会让创新者事倍功半甚至半途而废。创新过程中的心理障碍既包括创新主体认知上的不足，如主观臆断、意志薄弱等；也包括创新主体对外界环境压力应对不足产生的心理障碍，如迷信权威、从众心理等；还包括创新思维方式上的缺陷，如路径依赖、思维定式等。前两者可视为创新意识障碍，由创新者性格的缺陷导致，后者为创新思维障碍，反映的是创新能力不足的问题。常见的创新意识障碍有以下五种。

（一）迷信权威

权威是一种使多数人信从的力量和威望，如领导权威、学术权威、书本权威等。权威不同于权力，人们对权力的服从可能含有被迫的成分，但是对权威的服从则多是抱以认同的态度。创新活动的第一步是提出问题，在这一环节首先要做到的就是敢于质疑权威。

迷信权威会导致在思维过程中盲目相信权威，缺乏独立思考能力，不敢怀疑权威的理论和观点。权威的存在在某种程度上有一定的积极意义，它使人们的行动有了借鉴的标杆，从而节省了人们重复探索的时间和精力。但是一切都按照权威办事，就会严重阻碍人们创新思维的发挥。许多科学巨匠在各自领域的杰出贡献为人们熟知,但是他们也会因为历史和专业领域的局限产生一些错误的认知。

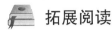

拓展阅读

哥白尼推翻地心说

1499年,哥白尼毕业于意大利的博洛尼亚大学,任天主教教士。哥白尼当时住在教堂的顶楼,因此可以长期进行天文观测。哥白尼设想假如地球在运行中,那么这些行星的运行看上去会是什么情况呢?一年里,哥白尼在不同的时间、不同的距离从地球上观察行星,每一个行星的情况都不相同,这使他意识到地球不可能位于行星轨道的中心。经过20年的观测,哥白尼发现唯独太阳的周年变化不明显。这意味着地球和太阳的距离始终没有改变。如果地球不是宇宙的中心,那么宇宙的中心就是太阳。他立刻想到如果把太阳放在宇宙的中心位置,那么地球就该绕着太阳运行。这样他就可以取消所有的小圆轨道模式,直接让所有的已知行星围绕太阳作圆周运动。

由于害怕教会的惩罚,哥白尼在世时不敢公开他的发现。1543年,这一发现才公诸天下。即使在那个时候,哥白尼的发现还不断受到教会、大学等机构与天文学家的蔑视和嘲笑。终于在60年后,约翰·开普勒和伽利略·伽利雷证明了哥白尼是正确的。哥白尼提出的"日心说",有力地打破了长期以来居于宗教统治地位的"地心说",实现了天文学的根本变革。

(资料来源:https://baike.so.com/doc/4701299-4915504.html 经作者整理改编)

(二)主观臆断

主观臆断也被称为自我为中心思维,是指人们思考问题、完成工作完全从自己的利益与好恶出发,毫无根据地盲目猜测或者不严谨对待客观事实,只注重实验结果,一有"证据"就草率地下结论。在提出问题、解决问题时,创新者要遵循求真求实的理念,克服主观臆断的思想。

创新需要克服主观臆断,需要严谨的科学态度。严谨是一种工作态度,更是一种职业素养。没有严谨规范、精益求精的工作作风,很难成就事业。老子《道德经》说:"天下难事必做于易,天下大事必做于细。"创新是一项艰巨复杂的工程,若想成就一番事业,必须从细微之处入手,不草率下结论。

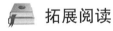

拓展阅读

盲 人 摸 象

从前,有四个盲人很想知道大象是什么样子,可他们看不见,只好用手摸。胖盲人先摸到了大象的牙齿。他就说:"我知道了,大象就像一个又大、又粗、又光滑的大萝卜。"高个子盲人摸到的是大象的耳朵。"不对,不对,大象明明是一把大蒲扇嘛!"他大叫起来。"你们净瞎说,大象只是根大柱子。"原来矮个子盲人摸到了大象的腿。而那位年老的盲人呢,却嘟囔:"唉,大象哪有那么大,它只不过是一根草绳。"四个盲人争吵不休,都说自己摸到的才是真正大象的样子。而实际上呢?他们一个也没说对。

(资料来源:https://zhidao.baidu.com/question/1639339898247383820.html)

（三）从众心理

从众心理是指个人受到外界人群行为的影响，在自己的知觉、判断、认识上表现出符合公众舆论或多数人的行为方式。对创新对象的规律有了一定认识后，创新者归纳总结并提出各种假说，这是创新思维假说的萌芽，再经过裁劣取优，孕育成形。创新思维假说的萌芽与创新成果一脉相承，同样需要具有变革性和价值性。所以，人云亦云是创新活动的大忌。

人类是群居动物，为了维持群体的稳定性，就必须要求群体内的个体保持某种程度的一致性，这是从众心理的社会根源。但人类社会向前发展，没有局部的突破，就没有整体的前进，这也是历史的必然。在从事创新活动时，需要做深入的分析和思考，而不是无条件地赞同或屈从于某个群体的意志，导致自己的思路受到限制，减少新思维产生的机会，这与创新的理念背道而驰。每个人都或多或少具有从众心理，但对一些约定俗成的说法或做法，要持有独立的判断力，既尊重其普适性，也要与实践相结合。人云亦云的人永远成就不了事业，只有不盲目从众、坚持独立思考的人才能出类拔萃、获得成功。

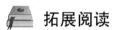 拓展阅读

化学药品的感知效应

国外曾有一个心理学家找到一个学习化学的班级要做一个"从众效应"的心理实验，他请该班的教师向学生引荐说：这位教授是国际上知名的化学家，最近他研究出一种新的化学品，由于我与他很熟，专程请这位教授向同学们展示一下这项新的研究成果，"先睹为快"。于是，这位"国际知名化学家"拿出一个装有透明液体的瓶子，然后告诉同学们，他正在研究一种化学药品的感知效应，现在他展示的化学药品是一种新药，其味道可以在空气中迅速传播，而只有对化学药品有敏锐感知的人才能通过空气中的传播感受到。然后，"国际知名化学家"打开瓶子，同学们屏息着呼吸，用心体验"只有对化学药品有敏锐感知的人"才能得到的感受。接着，大家开始谈出自己的感受，有的说这是一种与过去所有的化学药品味道完全不同的东西；有的说教授打开瓶子后，立即就感受到一种由前至后扑鼻而来的清香，"味道好极了"，大家基本都被率先提出想法的人所影响，都觉得这个液体是非常新颖的，没有什么人对此保持怀疑的态度。待大家讨论差不多后，"国际知名化学家"告诉同学们，他不是什么化学家，而是一位心理学教授，瓶子里装的不过是刚刚从学校自来水管里流出来的自来水罢了。

（资料来源：https://wenku.baidu.com/view/435eb29fdf88d0d233d4b14e852458fb770b3890.html 经作者整理改编）

（四）缺乏意志

意志为创新活动注入了精神动力。自信不足，对失败的过分恐惧和自责等情感障碍无疑会阻碍创新。对于创新活动中必然存在的风险，唯有辩证地看待失败与成功的关系，才能去除对失败的恐惧感。伽利略曾告诫人们："科学需要献身和勇敢。"专门研究科学艺术的贝弗里奇在谈到科学家的品质时指出："几乎所有有成就的科学家都具有一种百折不回的精神，因为大凡有价值的成就，在面临反复挫折的时候，都需要毅力和勇气。"

自信会给创新者提供自我激励，鼓励创新者不气馁、不退却、不放弃，尤其是在面对困难、挫折时，会使创新者内心变得强大，是引领创新者寻找新的创新路径，发现新的创新方

法,尝试新的创新领域,并最终梦想成真的关键因素。

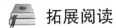 拓展阅读

霍金的一生

霍金十三四岁时已下定决心要从事物理学和天文学的研究。17岁那年,他考到了自然科学的奖学金,顺利入读牛津大学。大学毕业后他转到剑桥大学攻读博士,研究宇宙学。不久他发现自己患上了会导致肌肉萎缩的卢伽雷病。由于医生对此病束手无策,起初他打算放弃从事研究的理想,但后来病情恶化的速度减慢了,他便重拾心情、排除万难,从挫折中站起来,勇敢地面对这次的不幸,继续醉心研究。

20世纪70年代,他和彭罗斯证明了著名的奇性定理,并在1988年共同获得沃尔夫物理奖。他还证明了黑洞的面积不会随时间减少。1973年,他发现黑洞辐射的温度和其质量成反比,即黑洞会因为辐射而变小,但温度却会升高,最终会发生爆炸而消失。

20世纪80年代,他开始研究量子宇宙论。这时他的行动已经出现问题,后来由于得了肺炎而接受穿气管手术,使他从此再不能说话。接着他全身瘫痪,要靠电动轮椅代替双脚,而且说话和写字要靠电脑和语言合成器帮忙。

虽然大家都觉得他非常不幸,但他在科学上的成就却是在他病发后获得的。他凭着坚毅不屈的意志,战胜了疾病,创造了一个奇迹,也证明了残疾并非成功的障碍。他对生命的热爱和对科学研究的热诚,是值得年轻一代学习的。

(资料来源:https://zhidao.baidu.com/question/455793765.html)

(五)思维定式

人的思维有一个特点,就是如果总是沿着一定的方向、按照一定的次序思考,久而久之,就会形成一种惯性。即上次解决了一个问题,下次遇到类似的问题,会不由自主地沿着上次思考的方向或次序去思考,这种情况称作"思维惯性"。长期使用同一种思维惯性考虑问题并排斥其他的思维方式,即为"思维路径依赖",也就是"思维定式"。

人的思维不仅有惯性,还有情绪性,对于比较复杂的新问题如果仍按照过去经验形成的思维定式去求解,就会得出错误的答案。若要进行创新,就必须自觉地打破思维定式障碍,主动寻求新的思维方式。

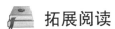 拓展阅读

教练授意扣入自家篮筐保顺利出线

20世纪70年代,欧洲篮球锦标赛上出现了一场令人叫绝的比赛,交战双方是保加利亚队与捷克斯洛伐克队。当比赛剩下5秒时,保加利亚队领先2分,但是按照当时的赛制,他们必须还要赢下5分。

稍有篮球常识的人都知道,在5秒内赢下对手5分基本是不可能完成的任务,所有人都这么想。现场的观众已经开始陆续离场,这时,保加利亚队的教练突然要求暂停,借机向队员们面授机宜。比赛继续进行后,球场上出现了众人意想不到的事情:只见保加利亚队员突然运球向自己篮下跑去,并迅速起跳投篮,球应声入网。全场观众目瞪口呆,此时比赛时间到。等到裁判宣布双方打成平局,需要加时赛时,观众才恍然大悟。原来,保加利亚人利

用反常规的做法,赢得了加赛5分钟的宝贵时间。接下来,保加利亚队势不可挡,连连得分。捷克斯洛伐克队队员似乎仍然没有从刚才那奇特的一幕中清醒过来,士气低迷,毫无斗志,被打得只有招架之功。结果,保加利亚队一举超出对手8分,如愿以偿地出线了。

(资料来源:http://www.360doc.com/content/16/0622/09/14020892_569717060.shtml)

任务三　创新思维培养

学习目标

1. 掌握什么是创新思维。
2. 学习如何突破思维定式。
3. 掌握创新思维有哪几种类型。
4. 掌握六项思考帽法与德尔菲法分别应用于哪种情况。

导入案例

希尔顿饭店创始

著名的希尔顿酒店产业创始于20世纪20年代。当初,创始人希尔顿在达拉斯商业街上漫步,发现这里竟然没有一家像样的酒店,萌生了建一家高级酒店的想法。希尔顿是一个创造力与行动力都很强的人,想到就去做。他很快就看中一块"风水宝地"。酒店属于典型的服务业,对这个产业,影响最大的因素就是地块,选择一个好的地块,即使初始投资较大,也会很快在后续的经营中收回。所以,希尔顿决心一定要买下这块风水宝地。这块地出让价格为30万美元,而他眼下可支付的资金仅仅5 000美元,况且,解决地皮之后,还要筹集大量的建设资金。所以,表面上看,这个项目显然不可行。

但他没有放弃,他把这个难题进行了分解。首先,他把30万的地皮费用分解到了每年每月。他对土地拥有人说:"我租用你的土地,首期90年,每年给你3万美元,按月支付,90年共支付270万美元,一旦我支付不起,你可以拍卖酒店……"对方感到占了个大便宜。签订了土地租赁协议,希尔顿马不停蹄,将自己开酒店的方案以及诱人的经营远景讲给投资商听,很快与一个大投资商达成了协议,合股建设酒店。酒店如期建成,经营效益超出先期预料,获得了巨大成功,从此,希尔顿走上世界级酒店大王之路,一度跻身全球十大富豪之列。

(资料来源:http://www.51edu.com/guanli/glsj/319221.html)

案例问题

1. 希尔顿成功的主要原因是什么?
2. 你能举出类似的例子吗?
3. 这是哪一种思维方式?

案例启示

以经济为线索,以时间性为切入,将租金问题进行了分解再思考,用现有的有限资金作为签订协议的资本,将未来的项目利润作为履约资本。接着,他又以经济为线索,以结构性和利益性为切入,把自己的协议权用智慧放大为股份资本,将建设资本压力变成另一位投资者的投资动力,解决了全部建设资本。由此可以看出,智慧资本造就了著名的希尔顿。

通过创新意识的培养,我们已经建立起对创新活动的感性认识,然而,要真正地理解并成功运作创新活动,还要进入理性认识的阶段,这就是创新思维。

一、创新思维的定义及特点

(一)创新思维的含义

广义的创新思维是指创新者在创新意识的推动下,以社会实践和感性认识为基础,突破常规思维的界限,借助科学的思维方式和方法使思维重组和升华,提出与众不同的解决方案,从而产生新颖、独到、有社会意义的思维成果。这一定义表明,创造性是创新思维的核心指标。狭义的创新思维则是指人们在创新活动中直接形成创新成果,包括直觉、灵感、联想等思维形式。

(二)创新思维的基本特征

美国心理学家吉尔福特(J.P.Guilford)是科学创造心理学的奠基人,他认为创新思维的核心就是发散思维。他和助手们对此做了非常深入的分析,并以此提出了创新思维的四个基本特征。

(1)灵活性。指能够从多个角度、多个方向灵活地思考问题,并运用非常规的方式对现有事物重新定义或重新理解。思维活跃并克服障碍,从而找到突破口。如曹冲称象、司马光砸缸等。

(2)流畅性。指在短时间内能够迅速提出大量观念和设想的性质,思维速度快,反应敏捷。

(3)精确性。指能够准确地认识客观世界、感知其变化、精确地描述事物或事件的具体特征。随着科学技术不断进步,世界也在发生剧烈、迅速的变化,这些变化要求创新者能够敏锐感知、用心观察、缜密思考。

(4)独创性。指具有与众不同的想法和别出心裁的解决问题思路。创造性成果必须具有创新性,创造思维的思路是独特的,异于一般思维。

并非所有的创造性思维都具有上述全部特征,而是各有侧重,因事因人而异。

(三)创新思维活动过程

1. 提出问题

培养创新思维是一个揭示未知领域的创造性运动过程,发现问题是创新思维存在的基础。本阶段,创新者要采取逻辑性思维批判继承前人的理论、观点、经验,在此基础上敢于提出自己的疑问。

2. 揭示规律

对于创新者来说,揭示规律如同在黑暗中摸索出路,是长期且艰难的过程。而且,面对的问题是创新者凭以往经验无法判断的,需要进行开拓探索。这就需要创新者调动一切知识和经验,交叉渗透,同时动用各种思维方法加以实现。例如,逻辑思维与非逻辑思维相互协同、收敛思维与发散思维交替运用、求同思维与求异思维相互补充、常识思维与批判思维相互配合地展开思维进程。

3. 闪现灵感

在前期的思维活动中,创新者长时期的思考会使一种灵感的火花突然迸发,思想豁然开朗,或者依靠科学思维和洞察力,透过现象越过探索规律阶段直接把握住事物的本质,思维过程出现实质性飞跃,称为顿悟。顿悟是创新思维过程中最具有决定意义的阶段,它是一种突破性的创造活动。

4. 检验证明

顿悟作为阶段产生的设想和方案还只是一种成功的可能性,还是不成熟、不完善的,需要对初步成果进行逻辑的检验和实践的验证,不断修正、加工、补充和完善,这些思路、设想和方案才能更好地接近目标。如果形成的设想和方案被解决问题的实践证明是错误的、不适用的,那么就需要进行新的探索。

(四)创新意识与创新思维的关系

创新思维作为人类高级的思维活动,是人类意识能动性的突出体现,不是无缘无故、自然而然产生的,而是需要一定的产生条件和基础。创新意识是创新者的价值观念,在创新过程中遇到选择性问题体现得更为明显;创新思维则是创新具体实现的方法,解决"如何做"的问题。创新者的创新意识是创新思维活动的动力,而在创新思维活动过程中,创新者要灵活运用各种思维手段,提出假设,进行验证,不断体验进展或者挫败,反过来就强化或削弱了创新意识。所以,在创新过程中,创新意识与创新思维相互联系,共同发展。

二、思维定式及突破

(一)思维定式的含义

思维定式是根据以往的经验教训和思维规律,在反复使用中形成的固化的思维路线或模式。这一定义包含两层意思:第一,思维定式是一种思维模式,即许多具体的思维活动按一定顺序和结构组成的路线与方法进行思考;第二,在反复使用中该思维模式被固化,不仅逐渐成为思维习惯,还深入潜意识,成为不自觉的、类似于本能的反应。

从上一节的内容可以得知,如果长期使用同一种思维模式考虑问题,就会产生思维路径依赖或者思维定式,这种思维定式甚至会深入潜意识中并反过来支配思维主体的言行。思维定式一般与个人世界观的形成存在着内在的必然联系。

一般来说,思维定式对常规问题的解决具有积极作用。它可以由新问题联想起已经解决的类似问题,将新旧问题的特征进行比较,抓住新旧问题的共同特征,利用处理旧问题的知识和经验处理新问题,或把新问题转化成一个已解决的旧问题,从而为新问题的解决省去许多试错的步骤,缩短思考时间,提高效率。据统计,生活中 90% 以上的问题都可以通过思维定式来解决。然而,思维定式也有消极的一面,它容易使人们在思想上产生惰性,养成一种机械、千篇一律的解题习惯。当新旧问题有本质上的差异时,解题者再运用思维定式往往会步入误区。

拓展阅读

米老鼠的诞生

美国的迪士尼曾一度从事美术设计,但他不幸失业了。原来他和妻子住在一间老鼠横行的公寓里,但因失业付不起房租,夫妇俩被迫搬出了公寓,不知该去哪里。一天,二人呆坐在公园的长椅上,正当他们一筹莫展时,突然从迪士尼的行李包中钻出一只小老鼠。望着老鼠机灵滑稽的面孔,夫妻俩感到非常有趣,心情一下子变得愉快了,忘记了烦恼和苦闷。

这时,迪士尼头脑中突然闪过一个念头,对妻子惊喜地大声说道:"好了! 我想到好主意了! 世界上有很多人像我们一样穷困潦倒,他们肯定都很苦闷。我要把小老鼠可爱的面孔画成漫画,让千千万万的人从小老鼠的形象中得到安慰和愉快。"风行世界数十年之久的"米老鼠"就这样诞生了。

在失业前,迪士尼一直住在公寓里,每天从早到晚都同老鼠生活在一起,却并没有产生这样的设想。而在穷途末路、面临绝境的时候出现了这样的灵感,原因何在? 其实,"米老鼠"就是灵感被触发的产物。他说:"米老鼠带给我的最大礼物,并非金钱和名誉,而是启示我陷入穷途末路时的构想是多么伟大! 还有,它告诉我倒霉到极点时,正是捕捉灵感的绝好机会。"正是这种善于发现身边灵感的思维定式,使迪士尼夫妇由小老鼠触发灵感。许多意想不到的东西都可以成为触发灵感的媒介物。

(资料来源:https://zhidao.baidu.com/question/203821769042847485.html 经作者整理改编)

(二)破除思维定式

思维定式抑制了创新思维的活跃程度,使创新能力难以提高。若要提高创新能力,就必须突破思维定式,其关键就在于转换思维视角。

拓展阅读

曹冲称象

有一次,吴国孙权送给曹操一只大象,曹操十分高兴。他对大家说:"这只大象真是大,可是到底有多重呢? 你们哪个有办法把它称一称?"

自古以来,称小物用小秤,称大物用大秤,已是人人皆知的道理,大家都按习惯性思维在想:哪里有这么大的称,怎么抬得动大象? 而曹冲则不然,他利用船的吃水深浅,用石头代替象,化整为零,最终称出了象的体重。其他的人长期处于定向思维,而曹冲平时勤于思考,关键时刻才能及时转换思维视角,得出问题的答案。

(资料来源:https://baike.baidu.com/item/%E6%9B%B9%E5%86%B2%E7%A7%B0%E8%B1%A1/5085?fr=aladdin)

三、创新思维的基本类型

人类思维的类型有多种不同分类。按思维内容的抽象性可分为形象思维和逻辑思维;按思维内容的智力性可分为再现性思维与创造性思维;按思维过程的目标指向可分为发散思维和收敛思维;按思维过程意识的深浅可分为显意识思维和潜意识思维;按思维过程的发展顺序可分为正向思维和逆向思维;按拓展思维的方向可分为横向思维和纵向思维等。

创新思维是人类思维的高级形式，是对已有的知识经验进行创新组织，提出新的方案或程序，并创造出新思维成果的思维活动。它不是一种简单的单一思维形式，而是由辩证思维、联想思维、逻辑思维、直觉思维等多种思维成分组成，这些思维形式彼此联系、相互配合，共同组成有机统一体，每种因素都发挥着不可替代的作用。

创新思维（又称创造性思维）的过程是逻辑思维方法和非逻辑思维方法相互联系、协作互补的过程，创新思维的发生是逻辑与非逻辑的统一。

以下重点介绍形象思维和逻辑思维。

（一）形象思维

形象思维是借助于具体形象展开的思维过程，又称直感思维。其思维加工主要是在结合主观的认识和情感的基础上运用联想、想象、灵感、直觉等形式，对研究对象有关信息进行加工、分析、比较、整合、转化，从而认识和把握研究对象的本质和规律的过程。

形象思维是以表象为基本材料单位而进行的思维，表象是对某一对象的直观反映。

1. 联想

联想是指人脑把不同事物联系在一起的心理活动。当人脑受到某件事物的刺激，就可能由这个刺激引起大脑中已贮存的其他事物的印象，这种心理活动就是联想。通俗地说，联想就是由一事物想到另一事物的心理过程。例如，看到"春天"这个词，就想到温暖的阳光、嫩绿的柳枝、耕牛犁田、燕子还巢等一系列景象。

如果不会运用联想思维，思考问题仅运用某个领域的知识，那么解决问题的方法仍然是单一贫乏的；如果善于运用联想思维，由此及彼扩展到其他领域，做到举一反三，触类旁通，就会使思维突破定势而获得创新的构思。可以说，联想是创新思维的基础。例如，自古以来，人类架桥都是靠修筑桥墩实现的，当遇到水深难以打桩架桥时怎么办呢？发明家布伦特看到蜘蛛吊丝做网，联想到造桥，从而发明了吊桥。

联想内容的丰富程度取决于主体对客观事物及其相互联系的认识，主体的感受越深，认识广度越大，客观事物储存于头脑中的表象越丰富，联想也就越丰富。联想是创新思维中基础性的要素，联想思维的相关特征如下。

（1）连续性。联想思维的主要特征是由此及彼，连绵不断进行，可以是直接的想法，也可以是迂回曲折地形成联想链，而链的首尾两端可以是风马牛不相及的。例如，粉笔—教师—科学知识—科学家—原子弹。

（2）形象性。联想思维是把事物的直观形象作为思维的材料，利用不同形象间的关系建立思维联系。人们借助这种思维联系进行越界思考，进而产生创新发明。

（3）目的性。联想思维是从一定的思考对象出发，有目的、有方向地想到其他事物，以扩大或加强对思考对象某方面本质和规律的认识，进而解决某一问题。

联想可分为以下几类。

（1）相似联想。由一个事物联想到与之外形、性质或意义上相似的其他事物，称为相似联想。例如，看到猫想到狮子、老虎，看到烟花想到火箭等。相似联想反映的是事物之间的相似性和共同性，把不同领域内的事物联系起来，从而产生新的创意。

（2）相关联想。根据事物之间在空间或时间上的彼此接近进行联想，进而产生某种新设想的思维方式。例如，看到学生想到学校，看到荷花想到夏天。

（3）对比联想。由某一事物联想到与之相反的事物，通过对比联想可创造出新的事物。例如，看到黑色想到白色，看到飞鸟想到游鱼。

（4）因果联想。由事物间存在的因果关系而引起的联想，称为因果联想。这种联想往往是双向的，可以由因想到果，也可以由果想到因。

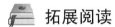 拓展阅读

消肿解毒良药

我国汉末医学家华佗，有一次看到蜘蛛被马蜂蜇后，落在一片绿苔上打了几个滚，肿便消失了。他由此联想到绿苔可用来为人治病。通过试验，消肿解毒良药便问世了。

（资料来源：http://www.docin.com/p-2094815516.html）

2. 想象

想象是主体通过对认识对象的形象概括，对已有的记忆表象进行加工、改造、重组形成新形象的思维过程。例如，中华民族自认为是龙的传人，实际上龙这个动物并不存在，而是由人类综合了许多生物的特征虚构而来，龙的形象就来自中华民族丰富的想象。爱因斯坦认为想象力甚至比知识更重要，因为知识是有限的，而想象力概括着世界上的一切，是知识进步的源泉。

联想与想象的区别在于，联想是指由一个事物想到另一个真实存在的事物，而想象是指在一个事物的基础上想到另外一个假想出来的事物。想象可以产生新的表象，而联想不能。联想思维和想象思维是相互依存的，创新者可以在联想到新事物后展开想象思维，同样，想象思维所获得的结果又可以引起新的联想。联想和想象在人的思维活动中都起着重要的作用。

想象的相关特征如下。

（1）形象性。想象不是凭空产生的，而是来源于客观现实，是思维主体对人脑已储存的表象进行加工改造的结果。例如，机械工人可以根据机械图纸想象出机器的结构和形状。

（2）新颖性。思维主体通过想象使其大脑中存储的表象在形象思维的过程中，有意识地把已有的表象变换、组合成新的图像。

（3）超越性。思维主体在进行想象时，其想象力不受时空经验约束，打破常规，推陈出新。这是思维主体进行创造活动的最重要的表现。

根据想象产生的条件、有无目的性和自觉性，想象可分为无意想象和有意想象两大类。

（1）无意想象。无意想象又称随意想象，没有预定目标，常常是在意识减弱时，由某种刺激引发、下意识地在脑海中出现的一些新的形象。例如，人们看到天上的云，不自觉地把它想象成蘑菇、大象、羊群等；梦境是无意想象中很重要的一部分，是睡眠状态下的一种漫无目的、不由自主的奇异想象。

（2）有意想象。有意想象又称不随意想象，它是有预定目的、自觉进行的想象，在想象思维中居于主体地位。例如，学生通过诗句"飞流直下三千尺，疑是银河落九天"，在脑海中想象出瀑布的形象；工程师和工人通过对建筑图纸的构思，在脑海中构建出建筑成型后的模样等。

拓展阅读

买票送花生

美国宣传奇才哈利十五六岁时,在一家马戏团做童工,负责在马戏场内叫卖小食品。但每次看的人不多,买东西吃的人更少,尤其是饮料。有一天,哈利突发奇想:向每一个买票的人赠送一包花生,借以吸引观众。但是老板不同意这个"荒唐的想法"。于是,哈利用自己微薄的工资作担保,恳求老板让他试一试,并承诺说,如果赔钱就从他的工资里面扣;如果赢利了,自己只拿一半,老板这才勉强同意。于是,以后每次马戏团的演出场地外就多了一个义务宣传员:"来看马戏喽!买一张票送一包好吃的花生!"在哈利不停地叫喊中,观众比往常多了几倍。观众们进场后,小哈利就开始叫卖起饮料。而绝大多数观众在吃完花生后觉得口干,都会买上一杯,一场马戏下来,营业额比以往增加了几倍。

(资料来源:https://www.meipian.cn/nmgzd54 经作者整理改编)

3. 灵感

灵感思维也被称作顿悟,是指人们经过对问题的长期思索后,突然受到某一事物的启发,瞬间产生的富有创造性的思维。在这种状态中,人的思维会产生突发性的飞跃。灵感发生的前提是大脑中储存了关于认知客体的丰富信息,人们通过联想和想象这两种发散思维来达到这一要求。在此基础上,经过探索和思考,把握其内在的规律,获得解决问题的新思路。

现代科学研究表明,灵感是大脑的一种特殊技能,是思维发展到高级阶段的产物。灵感不仅是对事物表面生动直观的推想,也是对事物规律性的一种猜测。灵感具备以下特点。

(1) 突发性。"文章本天成,妙手偶得之",灵感往往出现在一瞬间的"灵光乍现"。当认识主体对问题长期冥思苦想,思想会处于高度集中状态,一旦受到外界特定的信息触发,就很容易产生灵感。阿基米德在解"王冠之谜"时,长期思考不得其解,当他洗浴时受浴桶水溢出的启发,发现了物体在水中所受浮力大小与物体排水重量关系的阿基米德原理。

(2) 积累性。灵感往往降临在那些具有丰富经验和知识的人身上。主体为解决问题储备了足够的知识,且储备存在于潜意识中。在显意识与潜意识的综合作用下易受到外界信息引导而产生灵感。

(3) 自发性。灵感的产生往往是不受主体控制的,至今人们还没有找到随意控制灵感产生的方法,也无法按主观意愿控制灵感服务于特定的专业领域。

(4) 创造性。灵感思维是创新思维的关键环节,其标志是产生某种具有创造性和突破性的新观点、新概念、新思想、新方法。可以说,灵感是创新思维能产生成果的决定性环节。

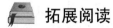

拓展阅读

浮力定律的发现

相传叙拉古赫农王让工匠替他做了一顶纯金的王冠。但是在做好后,国王疑心工匠做的金冠并非纯金,工匠私吞了黄金,但又不能破坏王冠检测,于是国王请阿基米德检验皇冠纯金的含量。最初阿基米德对这个问题无计可施。一天,他在家洗澡,当他坐进澡盆里时,看到水往外溢,同时感到身体被轻轻托起,他突然悟到可以用测定固体在水中排水量的办法,来确定金冠的比重。这次试验的意义远远大过查出金匠欺骗国王——阿基米德从中发现了浮力定律(阿基米德原理)。

(资料来源:https://baike.baidu.com/item/%E9%98%BF%E5%9F%BA%E7%B1%B3%E5%BE%B7/121228?fr=aladdin 经作者整理改编)

4. 直觉

直觉是认识主体以现有知识经验为基础,对事物或问题的本质、规律做出迅速理解和直接判断的思维过程。直觉突破传统的逻辑思维束缚,直接触及问题的实质。虽然无法用语言清楚地描述其具体进程,但大脑在对事物或问题的认识不充分的情况下,能对结论做出合理设想或判断。

直觉具有以下几个特点。

(1) 直达性。直觉思维是无意识、非逻辑的思维活动。直觉思维不经过逻辑推理,也没有综合分析,它跳过一般的认识程序,直达事物的本质得出结论,提出解决问题的方法。

(2) 快速性。主体在利用直觉思维时,经常在接触到问题的第一时间就能萌发出答案,其过程是在一念之间完成的。

(3) 潜意识性。直觉思维在接触到事物或问题时,立即从大脑的知识储备中提取必要信息,在主体还没有意识到自己思维过程的情况下,就自发地得出了结论。其思维过程处于潜意识状态,在外来信息刺激下,即从潜在状态突发出来。

直觉思维也有局限性。首先,直觉具有突发性,不受主观意志的控制,认识主体无法控制直觉思维的发生和方向;其次,直觉以认识主体的情感、知识和经验为基础,容易受到认识主体知识、经验的限制,单凭直觉容易导出错误的假说或结论;再次,直觉思维的整个过程在极短的时间内完成,没有经过逻辑思维的深入细致分析,这也容易得出错误的假说或结论。所以,直觉思维是一种跃进式的思维方式,可能是解决问题的捷径,但直觉得出的认识和结论有可能是错误的,需要其他的逻辑思维方法和实践来验证其科学性。

由于直觉和灵感都属于创新活动中的非主观过程,人们很难界定直觉与灵感的界限,常常把两者混为一谈。事实上,直觉与灵感既有联系又有区别,两者都属于非逻辑性思维范畴,而且是高级思维能力,发生心理机制相似,直觉甚至可以成为灵感的基础。

直觉和灵感的区别主要有以下几点。首先,直觉是潜意识下的、不自觉进行的思维活动,往往是第一次接触事物后,立即产生;灵感是在大脑有准备的情况下,在"百思不得其解"之后发生的。其次,从产生的条件看,直觉的产生主要取决于主体已有知识和经验的积累,某方面的知识和经验没有达到一定量的积累就无法在这方面产生直觉;而灵感的产生除需要知识的积累,还必须有偶然契机的诱发。最后,从产生的结果来看,直觉获得的结果是推测得到,其可靠性需经过逻辑思维的检验,而灵感是通过创造性的思维飞跃直接获得成熟的答案。

因此,形象思维既具有创造性,也具有局限性。由形象思维得出的发现、假说或猜测,应当对其用逻辑思维进行直接和间接的检验并加以充实,这是科学创造中一个极其重要的阶段。利用理性思维积极的、有利的、创造性的特点,对感性思维进行发展和补充。

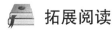 拓展阅读

钋和镭的发现

居里夫人在深入研究铀射线的过程中,凭直觉感到,铀射线是一种原子的特性,除铀外,

还会有别的物质也具有这种特性。想到了立刻就做！她马上扔下对铀的研究，决定检查所有已知的化学物质，不久就发现另外一种物质——钍也能自发发出射线，与铀射线相似。居里夫人提议把这种特性称为放射性。

铀和钍这些有这种特性的元素就称为放射性元素。这种放射性使居里夫人着了迷，她检查全部的已知元素，发现只有铀和钍有放射性。她又开始测量矿物的放射性，突然在一种不含铀和钍的矿物中测量到了新的放射性，而且这种放射性比铀和钍的放射性要强得多。凭直觉，她大胆地假定：这些矿物中一定含有一种放射性物质，它是今日还不知道的一种化学元素。有一天，她用一种勉强克制着的激动的声音对布罗妮雅说："你知道，我不能解释的那种辐射，是由一种未知的化学元素产生的……这种元素一定存在，只要找出来就行了！我确信它存在！我对一些物理学家谈到过，他们都以为是试验的错误，并且劝我们谨慎。但是我深信我没有弄错。"在这种信念的驱使下，居里夫人终于和她丈夫一起发现了新的放射性元素：钋和镭。居里夫人还以她出色的工作，两次荣获诺贝尔奖。

（资料来源：https://baike.so.com/doc/5700914-5913628.html）

（二）逻辑思维

逻辑思维，是人们在认识过程中，借助判断推理、分析综合、归纳演绎等思维方法，能动地反映客观现实的理性认识过程，是对人脑积累的感性认识进行去粗取精、去伪存真、重组建构以反映现实的过程。逻辑思维不同于形象思维，它是通过科学抽象揭示事物的本质从而完成认识现实的过程，是一种有条件、有步骤、有根据、渐进式的思维方式。

逻辑思维的基本作用，一是可以对收集的感性认识进行加工，把握其本质与规律，形成认识体系；二是有助于检验真理和发现错误，找到现有科学理论的不足，定位新的创新方向。

只有经过逻辑思维，人们对事物的认识才能达到对本质规律的把握，进而认识客观世界、走创新之路。它是人类认识的高级阶段，即理性认识阶段。常用的逻辑思维形式有推理判断、归纳演绎、分析综合、抽象具体、比较分类等。

1. 推理判断

判断是思维的基本形式之一，即肯定或否定某种事物的存在，或指明它是否具有某种属性的思维过程，如地球是围绕太阳运行的。与客观事实相符合的称为真判断，反之称为假判断；本身不含其他判断的称为简单判断，本身包含其他判断的称为复合判断。

推理既是思维的基本形式，又是思维的重要过程，它比较集中地体现了思维的本质特点——概括性和间接性，常分为归纳推理、演绎推理和类比推理三类。推理是由一个或几个已知的判断或前提，推导出一个新判断的思维过程。例如，地球与月球之间是互相吸引的，太阳与地球之间是相互吸引的，地球与火星之间是相互吸引的，太阳与月球之间是相互吸引的，太阳与哈雷彗星之间是相互吸引的……由此得出结论：任何两个天体之间都是相互吸引的。虽然宇宙中的天体多达上千亿，牛顿并不能把所有星系中的天体全部一一考察，但根据已知的结论，牛顿推导出"万有引力"定律。

2. 归纳演绎

归纳是从个别或特殊的前提条件得到一般性的结论，前提与结论之间的联系是必然性的。例如，我养的一只猫喜欢吃鱼，邻居家的一只猫喜欢吃鱼，结论是猫喜欢吃鱼。

演绎是从一般性的前提条件推出特殊性的结论，前提与结论之间的联系是必然性的。

例如,猫喜欢吃鱼,我家养的阿黄是一只猫,结论是阿黄喜欢吃鱼。

归纳和演绎既有区别,又相互联系,相互依存,在人们的认识过程中,由个别、特殊到一般或由一般到特殊、个别,总是交错进行着。归纳帮助人们把对于个别事物的特殊性质的认识发展为对于一类事物的共同属性的认识;演绎把人们从归纳得出的一般结论作为根据,继续研究那些尚未深入研究的事物的特性,而这一研究也为进一步的归纳准备条件。

3. 分析综合

分析是在思维中把对象分解为各个部分或因素并分别加以考察的逻辑方法。客观对象是多种物质的复杂统一体,在分析把握复杂事物的本质时,需先把统一体的各种要素暂时地割裂开来,把被考察的因素逐个从统一体中暂时抽取出来,让它单独起作用,以便描述。

分析的作用在于,一是把复杂的事物简单化,为下一步研究提供便利条件;二是易于深化、揭示事物的本质和规律。分析也有局限性,它着眼于局部的研究,注意力限制在狭隘的领域里,所以,对客观对象分析后还需要加以综合。

综合是把对象的各个部分或要素结合成一个统一体加以考察的思维方法。综合的作用在于能够全面、深刻地揭示事物自身性质,培养人们对事物全面、本质的正确认识;在分析事物后,把得出的分散资料进行综合,形成理论和理论体系,进而揭示出事物在分割状态下不能显现出来的特性。创新思维如不进行综合分析就会像剥洋葱一样,一层一层地剥下去,最后洋葱也不存在了。

在认识的不同阶段,分析和综合的任务也不同。从现象到本质、从具体到抽象是以分析为主;对事物的本质有了深入认识后,就需要用这个本质说明原有的现象,即建立理论阶段,这个过程以综合为主。因此,分析是综合的前提或基础,没有分析就没有综合。然而,分析又要以综合做指导,如果分析偏离了对整体性认识,就会有很大的盲目性。例如,鸭嘴兽长着类似鸟类的角质嘴,也像哺乳类一样靠乳汁来哺育幼仔,生物学家们为它的分类伤透了脑筋。经过对生殖、骨骼、肌肉、皮肤、循环、消化、神经、排泄等各方面分析比较后,综合鸭嘴兽的生活习性,最后以兽毛和哺乳作为分类的主要依据,将鸭嘴兽列入哺乳动物原兽亚纲。

4. 抽象具体

通常所说的抽象是指在认识上把事物的规定、属性、关系从原来有机联系的整体中孤立地抽取出来;具体是指尚未经过这种抽象的感性对象。

客观事物具有多重属性,这些属性相互联系且处在同一整体中,人们对客观事物的具体认识就是通过大脑里反映的这些属性来进行的。通过各种实践活动,人们先形成感性认识,然后经过抽象形成理性认识。感性认识是指人们获得的关于客观事物的生动而具体的整体形象。理性认识是指人们关于事物本质的认识,是思维对事物多方面本质属性和关系的综合。

由感性认识经过抽象,获得了对事物某一方面的本质的认识。但是,任何事物都有多方面的本质,人们在对事物全面、正确地认识时,思维活动自然由抽象再上升到理性认识。通过理性认识,才能把事物许多方面的本质属性、关系有机统一起来,使客观事物在思维中成为一个完整的统一体。

5. 比较分类

任何事物都处于运动和普遍联系之中,任何事物都不能离开其他事物而孤立存在。一方面,每一事物以其差异性而区别于其他事物;另一方面,又以其同一性而与其他事物共存且相互依赖。

根据事物的同一性与差异性可以把事物分类,具有相同属性的事物归入一类。比较就是辨别几个或几类事物的共同点和差异点。通过比较对复杂的客观现象进行分类,寻找现象之间的同一性和差异性,再通过归纳或演绎求得对事物本质和规律的认识。分类是比较的后续过程,在这个过程中最重要的是分类标准的选择。

逻辑思维与非逻辑思维既有区别,又有联系。逻辑思维步骤分明,具有严密性、不可逆性、确定性;而非逻辑却没有严格的规则,是偶然的、可逆的,较之于逻辑思维更富有开创性。同时,逻辑思维与非逻辑思维又具有相互渗透、相互促进的一面。在创新思维过程中,逻辑思维时常借助非逻辑思维跃升到新的高度,同时,逻辑思维又为非逻辑思维明确了方向和目标,同时加快创新思维的进程。例如,逻辑思维成果一经成熟便在头脑中"程序化""惯性化""内化",从而变为下意识的直觉。而非逻辑思维的闪现,又要以逻辑思维为前提和基础。逻辑思维与非逻辑思维二者相互依存,对立统一。

四、创新思维训练

创新思维对个人、社会的发展都是至关重要的。现实生活中,创新思维的产生非常困难,因为思维是一种存在惯性的精神运动。惯性一旦形成,新的改变就变得困难。创新思维意味着改变传统的思维习惯,建立新的思维方式,越是经过长年累月沉淀下来的习惯越难改变。通过主动自觉的思维训练改变传统习惯,可帮助形成新的思维方式。下面介绍几种思维训练方法。

(一)头脑风暴法

头脑风暴法出自"头脑风暴"一词。所谓头脑风暴,是指无限制地自由联想和讨论,其目的在于产生新的观念或激发创新设想。它是由美国创造学家奥斯本于1939年首次提出的一种激发创造性思维的方法。通过小型会议的组织形式,让所有参加者在自由愉快、畅所欲言的气氛中,自由表达想法,并以此激发与会者创意及灵感,使各种设想在相互碰撞中激起脑海的创造性"风暴"。

在一般的群体决策中,由于群体成员心理相互影响,个人易屈从于权威或大多数人的意见,削弱了群体的批判精神和创造力,损害了决策的质量,头脑风暴法很好地避免了这个问题。因为头脑风暴有一个关键原则:不得批评仓促的发言,甚至不许有任何怀疑的表情、动作、神色。这就使每个人可以畅所欲言,提出大量新的观念。这种氛围激发人们的热情和竞争意识,能最大限度地发挥创造者的思维能力。它的操作程序主要由以下六个阶段构成。

1. 准备阶段

"头脑风暴"策划与设计的负责人应事先对议题进行研究,了解问题的出处,找到问题的关键,设定解决问题所要达到的目标,同时选定参加会议人员,一般以5~10人为宜,最好由不同专业或不同岗位人员组成。然后将会议的时间、地点、所要解决的问题、可供参考的资料和设想、需要达到的目标等事宜提前通知与会人员,让大家做好充分的准备。

会议设主持人1名,主持人只主持会议,对设想不作评论。设书记员1~2人,要求认真将与会者的每一设想都完整地记录下来。会议时间控制在1个小时左右。

2. 热身阶段

热身阶段的目的是创设一种自由、宽松、祥和的氛围,使大家得以放松,进入一种无拘无束的状态。主持人宣布开会后,先说明会议的规则,然后谈论有趣的话题或问题,让大家的思维处于轻松、活跃的状态。如果所提问题与会议主题有着某种联系,人们便会轻松自如地导入会议议题,效果会更好。

3. 明确问题

主持人简明扼要地介绍有待解决的问题。介绍时须简洁、明确,不可过于周全,否则,过多的信息会限制大家的思维,干扰创新思维的想象力。

4. 重新表述问题

经过一段讨论后,大家对问题已经有了较深的理解。为了使大家对问题的表述具有新角度、新思维,主持人或书记员要记录大家的发言,并对发言记录进行整理。通过整理和归纳,找出富有创意的见解,以及具有启发性的表述,供下一步畅谈时参考。

5. 畅谈阶段

畅谈是头脑风暴法的创意阶段。为了使大家能够畅所欲言,需要制定一定的规则。第一,不要私下交谈,以免分散注意力;第二,不要妨碍及评论他人发言,每人只谈自己的想法;第三,发表见解时要简单明了,一次发言只谈一种见解。主持人首要向大家宣布这些规则,随后引导大家自由发言,使彼此相互启发,相互补充,真正做到知无不言、言无不尽,然后将会议发言记录进行整理。

6. 筛选阶段

会议结束后一两天内,主持人应向与会者了解大家会后的新想法和新思路,以此补充会议记录。然后将大家的想法整理成若干方案,再根据"头脑风暴"设计的一般标准,诸如可识别性、创新性、可实施性等标准进行筛选,经过多次反复比较和优中择优,最后确定1~3个最佳方案。这些最佳方案往往是多种创意的优势组合,是大家集体智慧的结果。

实践经验表明,头脑风暴法可以对所讨论问题通过客观、连续的分析,找到一组切实可行的方案。因此,头脑风暴法在军事决策和民用决策中得到了较广泛的应用。例如,在美国国防部修订长远科技规划中,曾邀请50名专家采取头脑风暴法召开了两周会议。通过讨论,得到协调一致的报告,在原规划文件中,只有25%~30%的意见得到保留。由此可见头脑风暴法的价值。

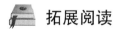 拓展阅读

头脑风暴法的应用

盖莫里公司是法国一家拥有300人的中小型私人企业,它生产的电器有许多厂家和它竞争市场。该企业的销售负责人参加了一个关于发挥员工创造力的会议后大受启发,开始在自己公司谋划成立一个创造小组。在冲破了来自公司内部的层层阻挠后,他把整个小组(约10人)安排在一家农村小旅馆里,在以后的三天中,对每人都采取了一些措施,以避免外部的电话或其他干扰。

第一天全部用来训练。通过各种训练,组内人员开始相互认识,他们相互之间的关系

逐渐融洽,开始还有人感到惊讶,但很快他们都进入了角色。第二天,他们开始创造力技能训练,涉及智力激励法以及其他方法。他们要解决的问题有两个,在解决了第一个问题——发明一种拥有其他产品没有的新功能电器——之后,他们开始解决第二个问题:为此新产品命名。

在两个问题的解决过程中,都用到了智力激励法,但在为新产品命名这一问题的解决过程中,经过两个多小时的热烈讨论后,共为它取了300多个名字,主管则暂时将这些名字保存起来。第三天一开始,主管便让大家根据记忆,默写出昨天大家提出的名字。在300多个名字中,大家记住20多个。然后主管又在这20多个名字中筛选出了3个大家认为比较可行的名字,再将这些名字征求顾客意见,最终确定了一个。

结果,新产品一上市,便因其新颖的功能和朗朗上口、让人回味的名字,受到了顾客热烈的欢迎,迅速占领了大部分市场,在竞争中击败了对手。

(资料来源: https://wenku.baidu.com/view/966986efc77da26925c5b0fa.html)

(二)六顶思考帽法

六顶思考帽法是英国学者爱德华·德·博诺(Edward de Bono)博士开发的一种思维训练模式,用六种颜色的帽子代表不同的思考方向。它提供了"平行思维"的工具,避免将时间浪费在互相争执上,强调的是寻求一条向前发展的道路,而不是争论谁对谁错。运用六项思考帽法,会使混乱的思考变得更加清晰,使团队中无意义的争论变成集思广益的创造,使每个人变得富有创造性。

每种颜色的帽子代表不同的思维模式。

白帽子代表中立和客观。白色思考帽通常是用在思考过程一开始的时候,主要负责收集事实和数据信息,以便提供一个思考的背景。当使用白色帽子的时候,每个人必须把注意力放在信息上面。

绿帽子代表着创意,承载着创造解决问题的方法和思路的功能。绿色思考帽使人们提出新的想法,它要求任何人戴上绿色帽子后,努力进行创造性思考,产生真正的新观点、新方法和更多的选择。

黄帽子像阳光一样代表乐观的正面观点。黄色帽子让人们专注于事物的优点,重点在于探寻每一个方案的价值和利益,甚至需要预见未来可能出现的利益和价值,具有一定的前瞻性和可预见性。

黑帽子意味着警示与批判,用来发现事物的消极因素。它强调的是谨慎、预防风险、规避潜在的问题,以及任何一项建议的负面因素。戴上黑色思考帽,需要指出哪里错了,哪里不合适。它可以防止浪费金钱与精力,也可以阻止做不合法的、危险的、有害的事情。

红帽子代表感觉、直觉和预感。通常评价方案时,需要人们表达自身的观感和偏好,而红色思考帽就提供了专门的表达通道。戴上红色思考帽,各式各样的感觉都可以表达,如生气、喜悦、失望等。

蓝帽子控制着事物的整个过程,担负着指挥者的角色,管理整个思维进程,使其自由有序地进行。每个人必须在蓝色帽子的指挥下,按照规则组织发言。蓝色思考帽可以偶尔打断思考的过程,要求使用某一个帽子。蓝色帽子思考者也可走创新之路,让任何人戴上帽子发表观点,随时概要地说明讨论成果,同时,还要负责做出最后的概要和结论。

六项思考帽法有一个重要的原则,就是只能允许思考者在同一时间内做一件事情。思考者要学会将逻辑与情感、创造与信息等区分开来。戴上任何一项帽子就代表着一种特定类型的思考方式。它的主要功能在于为人们建立一个思考框架,并在这个框架下按照特定的程序进行思考,避免思考焦点的分散,极大地提高思考效能,促进深层次的沟通,降低成本,提高创造力。

拓展阅读

六帽与邮件

一个学员学习六项思考帽课程后,将六帽运用到邮件写作中,结果得到了领导的大加赞赏。他写邮件的主题是"向领导汇报一个问题",他是像下面这样写的。

蓝帽——向领导汇报一个问题;
白帽——介绍目前情况、事实和信息;
黑帽——汇报存在的问题、不足、风险;
绿帽——分析问题的原因并提出初步的解决方法;
黄帽——游说解决方案的价值及利益;
蓝帽——制订行动计划。

我采访了他的领导和这位学员。领导告诉我:"我每天差不多要看将近四五十封邮件,其中大部分都是向我汇报问题的。而绝大部分员工只会这样写:

蓝帽——汇报问题;
白帽——目前情况;
黑帽——存在的问题;
蓝帽——咋办呢?"

我又问:"这样写邮件,您满意吗?"结果领导说:"当然不满意了!那个黑帽子放在那里给谁看的?我还不是需要再召集会议征询解决的办法呀。"

我采访这位员工的时候,他也说:"是啊,光给老板一个黑帽子,虽然报告了问题,但他肯定不会放过我。所以我必须在黑帽后面加上个绿帽子,哪怕是我自己粗浅的分析或者建议,也要提出解决办法。"

之后,领导还不忘夸赞这位员工:"你看,人家多自信!还不忘游说我一把,让我看到他的解决方案的价值。对于如此自信的员工,我还有什么理由否定他的办法呢?我要在他的方案中筛选一下我认为马上可行的,赶紧去实施。"

这样做的价值是:从帮别人了解信息转变为对行动方案的评估和执行,增强了单位时间沟通的效率。用六帽写邮件帮助我们比较全面而有策略地思考。

例如:
别人对情况了解到什么程度?
我还需要提供什么信息?
团队是否信息对称?
主要的问题是什么?
如果只汇报问题是否还会产生后续问题和沟通成本?

要不要先分析原因?

提出初步建议,让团队可以更好地改善建议并付诸实施?

(资料来源:https://new.qq.com/omn/20181003/20181003G0BF7P.html)

(三)德尔菲法

德尔菲法是采用背对背的通信方式征询专家小组成员的预测意见,经过几轮征询,使专家小组的预测意见趋于集中,最后做出符合市场未来发展趋势的预测结论。采用德尔菲法需要注意团队成员之间不得互相讨论、不发生横向联系,只能与调查人员发生关系。该方法主要是反复填写问卷,集结问卷填写人的共识及收集各方意见,可用来构造团队沟通流程,应对复杂任务难题。

创新是人类社会进步的源泉,在竞争日益激烈的当下,人们期待着涌现更多的创新人才和创新成果。变革性、能动性、价值性、相对性是创新的主要特征。人们可以按照创新的内容、创新思维的方式等将其分成知识创新、产品创新、工艺创新、思维创新、管理创新、商业模式创新等类型。创新其实就在人们身边,当创新成为一种习惯,它将深刻影响人们的学习和工作,希望每位同学都能挖掘出自身的创造潜力,成为创新型人才。

创新思维包括形象思维(非逻辑思维)和逻辑思维两种类型,它们彼此联系、相互配合,共同组成一个有机统一体。培养科学的思维方法必须以正确的世界观和方法论为指导,运用辩证逻辑思维的方法,正确地运用形式逻辑,不断进行思维创新。大学生在学习和实践中应加强科学思维训练,运用科学思维不断提高创新能力。

 课后训练

1. 利用头脑风暴法,解决一个创新问题。
2. 利用六项思考帽法,开展一次主题活动,解决现实中的一个问题。

项目四 运用创新方法

"自主创新,方法先行",在进行发明创造时,如果没有正确的创造创新原理指导和方法提示,创造创新活动有可能毫无头绪,无法进行。

创新方法不仅能够指导人们如何进行创新创造,还能够加快创新创造的进程,缩短产品研发的时间,进而减少产品生产的成本。到目前为止,我国的创新成绩虽硕果累累,但是和其他创新型国家相比还存在一定差距。这就要进一步解放思想、转变观念,将普及创新方法作为一项长期性、常态化工作来开展,把学习和掌握一定的创新理论和创新方法作为大到国家,小到企业、个人的迫切任务,从根源上提升自主创新能力,推进创新型国家建设。

各国对于创新方法有不同的称谓。创新方法在美国被称为"创造工程",在日本被称为"创造工法",在俄罗斯被称为"发明技法"。到目前为止,世界各国研究出的创新方法已达到300多种。形成了以欧美、日本、俄罗斯为主的三大流派,三大流派的理论与方法各有千秋。我国对创新方法的研究也取得了很多成果。本项目从众多的创新方法中选取了具有代表性的几种方法作简单介绍,以方便大家学习和利用。

任务一 分析列举法

学习目标

1. 掌握分析列举法的主要方法。
2. 掌握各类主要方法的实施办法和实施步骤。

导入案例

"康师傅"的问世

据报道,生产"康师傅"方便面的是坐落在天津经济开发区内的一家台资企业。投资者大多数是台湾彰化县人,他们在台湾主要生产经营工业用蓖麻油,并不熟悉食品业,是一批所谓"名不见经传"的小业主。开始,这些台商并不清楚该搞什么行当最能走红。经过大陆之行的实地调查后,他们发现改革开放后的大陆,经济建设发展很快,"时间就是金钱"的口号遍地作响,人们的生活节奏日趋加快,方便快捷的饮食需求开始产生。

于是，一个新创意涌入台商脑海：为了适应大陆新出现的快节奏生活，可以在快餐业上寻求发展机遇。

经过分析，他们列举了人们传统饮食方式的缺点和对新的饮食方式的希望，最后决定以开发新口味方便面来满足大陆消费者的需要。开发什么品牌的方便面呢？他们列举了多个品名，淘汰了不少想法，后来，他们想到了"康师傅"的品牌，因为"师傅"是大陆人对专业人员的尊称，此外，"康师傅"中有个"康"，也容易满足人们对健康、安康的心理希望。

台商在调查了大陆人的饮食习惯和口味要求后，决定在"大陆风味"上下功夫。他们采用"最笨""最原始"的办法——试吃，来研究"康师傅"的配样和制作工艺，直到有一千人吃过，他们才将"康师傅"的"大陆风味"确定下来。

（资料来源：https://wenku.baidu.com/view/dc4ccf88988fcc22bcd126fff705cc1755275f81.html）

案例问题

"康师傅"品牌的问世体现了哪类创新方法的使用？

案例启示

想要什么物品或希望物品有哪些功能，在使用中物品有哪些不足或有哪些不方便的地方，这些常常是促使你找到创新思路的动机。今日看似毫无根据的设想，或许能成就明天最成功、最畅销的产品。分析列举法的创新思路就是对某项产品积极地设想或寻求改进，不论是否可行、是否天马行空都将之列举出来，再根据这些设想构思新创意，从而不断地创新创造。

名人金句

所谓创造，就是掌握呈现在自己眼前的事物属性，并把它置换到其他事物上。

——克劳福特

一、分析列举法的概念

分析列举法是把某一具体事物的特性或属性、缺点、希望点等全面地列举出来，并逐一进行分析，从中发现存在的问题，用以启发创造思路，找到发明创造主题的创新方法。

分析列举法并不是一般性的列举方法，它的重点不在于列举，而是要从所列举的条目中分析创新创造的思路或挖掘创造性的设想。其操作原理如下。

（一）分解

分解是分析列举法的基本原理之一。在创造创新活动中，分解是将待改进目标分为若干互不交叉的小类或部分，分解后的各项之间无重叠。

（二）分析

分析列举法的另一个基本原理就是分析。分析是将待改进目标的属性从它存在的"背景"中分离出来，分离后的各子项间相互交叉。

（三）联想

联想在分析列举法的运用过程中发挥着很大的作用，不展开联想，就很难找到创新创造的思路，达不到创新创造的目的。在进行联想时要能够打破联想定势和思维定式，要能够把联想从熟悉的领域拓展到陌生的领域，甚至是意想不到的领域。在联想时要综合运用自由联想法和强制联想法，应用时既要注重联想的自由发挥，海阔天空，任思想驰骋，又要多方面、多角度、多层次地把不同的事物和不同的设计强制联想起来，不同的事物和不同的设计之间的差异性和跳跃性越大，就越容易打开创新思路，进行超常组合。

（四）综合运用发散性思维和集中性思维

发散性思维是分析列举法中最基本的、使用最广泛的方法，而集中性思维能从发散性思维所获得的众多方案中选出最具创新性的新设想，二者相辅相成，同时在分析列举法的使用中发挥着重大作用。发散性思维和集中性思维的综合运用能够更好更快地获得创新目标。在运用分析列举法时，列举过程以自由联想和发散式思维为主，越广阔越好；新设想的分析选择过程以强制联想和集中性思维为主，越集中越好。

二、分析列举法的特点与作用

分析列举法是人们在日常生活中常用的分析问题的方法之一。因为思维定式的影响，人们往往对一些习以为常的事物不会再去做深入认真的、细致全面的分析观察，因此，会忽视一些创新思路。使用分析列举法能够很好地避免此类问题，它要求人们以一丝不苟的态度，对一个熟悉的事物进行全面、细致、认真、深入的观察，把事物的每个部分一一列举出来，从中发现存在的问题和不足之处，提出改进意见和希望，并对最有可能的意见和希望进行创新创造。

（一）基本特点

特性列举法是分析列举法中最基本的一种方法，在它的基础上又发展为缺点列举法、希望点列举法和成对列举法等。几种列举法各有自己的特点，同时也有共同特点。

1. 分析上的强制性

客观事物的整体功能由相互联结的各个部分的功能有机构成。为了改变它的整体功能，可以通过从部分着手去考虑问题。分析就是通过把整体分解为部分，把复杂的事物分解为简单要素，然后再对这些要素分别加以分析研究。把被考察的部分与其他部分暂时割裂开，从整体中抽取出来，就是分析方法的基本特点。

在日常使用分析列举法时，一般只抓住主要方面或特殊点，而忽略一些次要因素或普通点，以为次要因素或普通点对解决问题的作用不大，因而可能抛弃了某些重要的线索或途径。和日常使用的分析列举法不同的是，进行创新时使用的分析列举法强制性地要求必须分析罗列所有的因素。它突出了思维中的强制性方面，通过制订一系列规则，要求将事物各种特性、缺点、希望点等所包含的每一个子因素全部列举出来，逐一分析，以促使人们全面细致深入地考虑问题。

2. 列举上的形式化

每次列举都是采用表格的形式，这种形式条目清晰，能够帮助思考，易于发现问题、明确目标、解决矛盾。

（二）作用

分析列举法有助于克服心理障碍，改善思维方式，在创造发明活动中发挥着实际作用。

1. 有助于克服习惯的惰性

人们在初次接触某事物时，往往会有些不习惯，容易发现存在的问题，但时间长了，便也熟视无睹、习以为常，也就很难发现问题。有人想创造，但又无从下手，这便是习惯的惰性在阻碍创新思维。分析列举法的主要作用在于使人能够克服这些习惯的阻碍，以全面探索、不断挑剔、大胆联想的思路获得创造发明的目标。

2. 促使人们全面感知事物

每个人对事物的感知是不尽相同的，是各有侧重的。在认识事物时，有人以视觉为主，对事物的外形和色彩留下深刻的印象；有人以听觉为主，通过听觉形成对事物的印象；有人则以触觉或味觉、嗅觉为主，对事物的触感或味道留下印象；有人惯用左脑进行逻辑思维，有人则偏爱右脑进行形象思维。因此，人们对事物的感触总是存在差异的。一旦要求对某种产品作改进时，头脑中便无法调动出全面的信息，也就限制了对问题的分析。而借助于分析列举法，可深入事物的方方面面，促使人们对事物进行全面感知。例如，应用特性列举法时，就要求将事物所有属性全部列出，不许遗漏，这样就必然有利于全面分析，产生较多的设想。

3. 有利于克服主观因素的影响

分析列举法强调的是尽量客观全面地列举各要素，避免过早地下结论，从而避免主观因素的过多影响。

4. 有利于改进老产品、开发新产品

分析列举法操作简单，易于掌握，应用范围广泛。特性列举法和缺点列举法主要提供改良产品的着眼点，因此人们常用这些方法进行老产品的改进。希望点列举法则可把旧事物的缺点乃至整个旧事物看成是缺点，设想一种新的产品加以创造。而成对列举法则是通过不同范围内两种事物的组合或某一范围内事物的两两组合寻找创新设想。因此，希望点列举法和成对列举法多用于新产品的开发。分析列举法对于创造的有效性不仅仅是因为使用了分析列举，还因为运用了组合、替代、综合等方式。要想成功地使用分析列举法，还需要思维的流畅、精确、灵活、独特。

总体来说，分析列举法因其分析问题要求全面、精细、甚至比较琐碎，所以适用于解决小的、简单的问题。同时此法只是提供一个创新的基本思路，不能最终解决问题，进一步的实施还需要借助于其他的技术方法与技术手段。

三、分析列举法的分类

分析列举法主要分为典型技法和延伸技法。典型技法就是特性列举法，延伸技法包括缺点列举法、希望点列举法和成对列举法。

（一）典型技法：特性列举法

特性列举法或称属性列举法，是分析列举法的典型技法。这种方法是列举出某一事物的各个部分或零件及属性等，然后就所列各项逐一分析是否有改进的必要性或可能性，从而促进创新产生的一种创新方法。

这种方法是由美国布拉斯加大学的教授克劳福特发明。克劳福特认为每个事物都是从另外的事物中产生发展而来。一般的创造都是旧物改造的结果，所改造的主要方面是事物的特性。克劳福特的具体做法是先把所研究的对象分解成细小的组成部分，并尽量全部列举出各部分具有的功能、特征、属性、与整体的关系、连接等，同时详细记录下来。此方法就是通过对待革新改进的对象作观察分析，尽量全面列举该事物的各种不同的特征或属性，然后确定应加以改善的方向及实施步骤。

每个事物具有的特性都是多方面的，要想对事物所具有的特性进行全面系统的了解并不容易。这要对一种事物或一种产品的各种特性进行全面的列举，同时还必须对各种特性进行分门别类的梳理、分析，逐步把问题框定在一个小的范围内。实践证明，要解决的问题越小、越简单，特征列举法就越容易获得成功。

运用特性列举法进行创新创造的操作步骤如下。

（1）确定一个目标明确的研究对象。明确的目标是进行下一步研究的基础。

（2）从名词、动词和形容词三个方面进行特性列举。

首先把研究对象的名词特性、形容词特性和动词特性从整体中分解出来，这些特性的功能如何，与整体的关系如何等，都用表格的形式列举出来。名词特性如整体、部分、材料、制造方法；形容词特性如颜色、形状、感觉、性质、状态；动词特性如功能、作用。

（3）对原属性进行分析改造。在各项目下使用可替代的各种属性加以置换，引出具有独创性的方案。进行这一步的关键是要力求详尽地分析每一个特性，提出问题，找出缺陷，再试从材料、结构、功能等方面加以改进。

（4）再从中选择一个目标较为明确的、最有可能实现的创新或改进课题，课题宜小不宜大。同时对该课题进行评价讨论，使创新产品能够符合人们的需要和目的。

（5）其他特性。在做特性列举分析时，如果按照名词特性、形容词特性、动词特性进行列举时感到不易区分，找不到创新思路，那么，在实际操作中也可从其他几个方面对事物进行重新分析如下。

物理特性：如软、硬、导电、轻、重等。

化学特性：如怕光、易氧化生锈、耐酸等。

结构特性：如固定结构、可变可拆结构、混合结构等。

功能特性：如能吃、可玩，还可当礼品等。

形态特性：固体、液体、气体、等离子体。

自身特性：事物本身的结构、形状、感观方面的特性。

用途特性：事物可以用于哪些方面。

使用者特性：适合哪些人使用、有何特征。

经济性特性：生产成本、销售价格、使用成本等。

其他特性：如其色、香、味、形方面的特性等。

特性列举法适用于改进或发明具体事物，特别适合于轻工业产品的改革。此法也可适用于行政措施、机构体制及工作方法的改进。

拓展阅读

电风扇创新设计

（1）分析待改进的电风扇

观察待改进的电风扇，搞清其基本组成、工作原理、性能及外观特点等问题。

（2）对电风扇进行特性列举

① 名词特性

整体：落地式电风扇。

部件：电机、扇叶、网罩、立柱、底座、控制器。

材料：钢、铝合金、铸铁。

制造方法：铸造、机加工、手工装配。

② 形容词特性

性能：风量、转速、转角范围。

外观：圆形网罩、圆形截面立柱、圆形底座。

颜色：浅蓝、米黄、象牙白。

③ 动词特性

功能：扇风、调速、摇头、升降。

（3）改造原属性，提出改进新设想

① 针对名词特性进行思考

A：能不能再增加一个扇叶？即换用两头有轴的电动机，前后轴上装相同的两个扇叶，组成"双叶电风扇"，再使电动机座能旋转180°，从而使送风面达到360°。

B：是否可以改变扇叶的材料？例如，用檀香木制成扇叶，再在特配的中药浸剂中加压浸泡，制成含保健元素的"保健风扇"。

C：能否改进调节风速大小和转速高低的控制按钮？可不可以改成遥控式？能不能加上微电脑，使电风扇智能化？若能这样，"遥控风扇""智能风扇"便脱颖而出。

② 针对形容词特性思考

A：能否将有级调速改为无级调速？

B：网罩的外形是否可以多样化？能不能改变清一色的圆形？可否改成椭圆形、方形、菱形、动物造型？

C：电风扇的外表涂色能否多样化？将单色变彩色，让其有个性化特点，可能更吸引消费者。如果能采用变色材料，开发一种"迷幻式电风扇"，也可给人以新的感受。

③ 针对动词特性思考

A：能不能使电风扇具有驱赶蚊子的功能？

B：能不能改成冷热两用扇？可以夏扇凉风，冬出热风。

C：能不能改成消毒电风扇？可以定时喷洒空气净化剂，消除空气中的有害病毒，非常适合大众流通场合及医院病房。

D：能不能改成理疗风扇？可以保健按摩，具有理疗功能。

对这些新设想进行梳理，选择更符合人们需要的设想并确定下来，从而设计出新产品。

（资料来源：http://www.doc88.com/p-87887075870996.html）

(二)延伸技法之一:缺点列举法

缺点列举法是从列举待改进事物的缺点入手,通过分析待改进事物的缺点和不足之处,找出解决问题的方法和改进措施的创新方法。

任何一种产品或商品,都不可能十全十美,它们或多或少存在着缺点。然而,对于习惯了的事物,人们已经习以为常,接受了它们的缺点,所以往往不容易、甚至不愿意去发掘它的缺点。相反,如果对产品百般挑剔,故意去挑毛病,然后用新的技术加以改进,就会创造出更符合需要的新产品。缺点列举法的特点是直接从社会的需要,如功能、审美、经济等角度出发,针对研究对象的缺陷,提出改进方案,操作简便易行,易于掌握。

此方法主要是围绕原事物的缺陷加以改进,一般不改变原事物的本质与主体,属于被动型的创新方法。它既可以用于对老产品的改造,也可以用于对不成熟的新设想、新产品的完善工作上,另外还可用于企业的经营管理等方面。

在具体运用缺点列举法进行创造发明时,既可以是个人思考,也可以是集体研究,还可借助于调查等方式。具体途径包括以下几种。

1. 会议法

召开由 5～9 人参加的缺点列举会,会前选定事物,确定一个需要改进的主题,要求与会者列举此主题的各种缺点,越多越好,并将提出的缺点记录下来进行编号,从中挑选出主要缺点,并针对这些主要缺点制订出切实可行的革新方案。为提高会议效率,每次会议的时间控制在 60～120 分钟,会议的主题宜小不宜大。

2. 用户调查法

企业改进产品时,使用缺点会议列举法可以与征求用户意见结合起来,通过销售服务、售后服务、意见卡等渠道广泛征集用户意见。用户提出的意见往往是非常有针对性的。

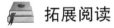拓展阅读

减 震 球 拍

日本美津浓有限公司原是生产体育用品的一家小厂。为了使产品畅销世界各国,厂里的开发人员到市场上进行调查。在调查中发现,初学网球者在打球时不是打不到球,就是打一个"触框球"。于是美津浓有限公司就专门做了一种比标准大 30% 的初学者球拍。后来他们又了解到初学者打网球时,手腕容易发生一种炎症,这种病被人们称为"网球腕"。于是他们又开始寻求突破。他们开始用发泡聚氨为材料,但是经过试验,发现这种材料制成的球拍打起球来软塌塌的,很容易疲劳。他们又重新进行试验,终于制成了著名的"减震球拍"。

(资料来源:https://wenku.baidu.com/view/3467c31f964bcf84b9d57b34.html)

校办工厂的改革

苏州有一家生产汽车喇叭的校办工厂,只有几十个工人,产品缺乏竞争力,销路不佳。为了继续生存下去,厂方以大厂产品为突破口,开始调查走访,分析总结大厂的产品存在下列三个主要缺点:①使用寿命不长;②产品外表镀锌面易变暗;③接线图印在包装纸盒上,容易丢,给检修带来不便。

经过分析发现,造成这三个缺点的原因是:①大厂产品线圈接头不是点焊在翻夹板上,

而是直接夹在铜夹板上,容易接触不良,故而使用寿命短;②包装仅一层纸盒,无防潮措施,易引起镀锌表面氧化、发暗;③接线图印在纸盒上不易保管。解决的方法:①将线圈接头用点焊工艺熔焊在铜夹板上,彻底根除隐患;②包装增加了一个塑料袋密封;③将接线图另印在一张质地较好的卡片纸上以利保存。

三项措施使该厂产品摆脱了困境,第二年的销量就增加一倍,利润翻一番。

(资料来源:https://wenku.baidu.com/view/1c76b35eec630b1c59eef8c75fbfc77da3699740.html)

3. 对照比较法

俗言道"不怕不识货,就怕货比货","尺有所短,寸有所长"。对照比较法便是将需改进的产品与同类产品集中在一起,从比较中找不足,对不足之处进行改进,进而实现创新创造的目的。

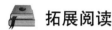

拓展阅读

新型电话机的开发

自贝尔1875年发明第一部磁石电话机,100多年来,随着社会的进步和科学技术的提高,世界各国竞相研制出各种新型电话机。从创新的观点来看,这些新型电话机的开发,与人们对已有电话机的"吹毛求疵"有关,是在不断地列举已有电话机的缺点的过程中,激发科技人员的创意。也就是说,新型电话机的开发是以现有电话机的缺点作为创造背景的。例如:

移动电话机,克服了固定电话机不能移动的缺点;

可视电话机,克服一般电话无法看见通话者形象和活动的缺点;

防窃听电话机,克服一般电话能被第三者窃听谈话内容的缺点;

声控电话机,用声音识别代替号码盘,克服一般电话机需要拨号的缺点;

自动应答电话机,克服普通电话机不能将对方讲话内容记录下来,也不能帮助主人简单应答的缺点;

灭菌电话机,克服一般公用电话机的话筒缺乏防止病毒传染的缺点……

(资料来源:https://www.doc88.com/p-754220463601.html)

4. 缺点逆用法

缺点逆用法是指针对待改进对象已经列举出的缺点,不采取改进措施,而是反过来考虑如何利用这些缺点,从而做到"变害为利"的一种创新方法。

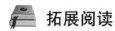

拓展阅读

无金属零件雨伞

北京的一家雨伞出口基地,经过市场调查后,对于传统的雨伞进行了改进:雨伞的伞骨上再也找不到一个金属零件,全部都使用了塑料部件。这种雨伞开合几次就会散了架,所以,它的质量无论如何也比不上传统的雨伞,但却远销欧美,而且商家一订就是十几万把。为什么呢?原来,在一些发达国家,人们从来不带雨伞,如果遇到下雨就会临时去买一把,用过一次就扔。因为他们普遍觉得保管雨伞非常麻烦,干脆把一次性雨伞丢进垃圾箱省事。还有一些大型商场、宾馆,为了招揽顾客,遇到下雨就会开展"温馨服务",给顾客们免费赠送雨伞。北京这家基地的雨伞出口业务,正是看中了外商们的这些需要,采用典型的替代方法把产品成本降下来,从而使企业获得了竞争优势。

(资料来源:https://wenku.baidu.com/view/caa4879b51e79b89680226d1.html)

运用缺点列举法进行创新创造的操作步骤如下。

第一步,选定研究对象,把研究对象的缺点尽量全面地列举出来。可事先广泛进行调查研究,征集意见。

第二步,针对所列缺点逐条进行分析,提出解决方案,研究其改进方案能否缺点逆用、化弊为利。最后选择最可行的改进方案进行创新。

(三)延伸技法之二:希望点列举法

希望点列举法是通过分析研究人们提出来的种种理想、愿望、希望和要求,寻找实现的方法和对策,从而实现创造发明的创造方法。这种方法是人们根据自己意愿提出的各种新设想,它可以摆脱原有物品的束缚,所以是一种积极主动的创造技法。

人们总是怀着美好的希望面对生活,古往今来,有许多创新常常寓于人们的希望之中。从人们的需要和愿望出发提出新设想,从而促使发明创造的产生是一种切实可行的方法。比如,从无声电影到有声电影的变化,就是人们的愿望促使下的产物。后来人们发现,去电影院看没有在家里看舒服,在家看不用花钱而且选择余地大,可以根据自己的爱好想看什么就看什么,于是黑白电视机由此产生。随着人们要求的不断提高,后来又有了彩色电视机,在此基础上又生产了超薄的、曲屏的、高清晰的电视机。再如,人们希望能够经常联系,于是发明了有线电话机,为了更方便地联系,无线电话也发明出来了,可以随时带在身上,随时联系,人们希望打电话时能看到对方的形象,就发明了可视电话。人们希望食物可以放得更久,于是发明了电冰箱。这种不断满足人们的要求或希望的过程,就是促使产品不断更新换代的过程。简而言之,希望点列举法就是基于"如果能这样该多好!"的愿望而进行发明创造的方法。

希望点列举法提出的希望有些是从事物的缺点直接转化而来的,在使用过程中对事物某方面的不满意,产生对此进行改进的要求。但与缺点列举法相比,它可以着眼于事物的整体,把旧事物整个看成缺点,仅仅从正面的、积极的因素出发考虑问题,不受现有事物的约束,思维更开阔,能够在更大程度上展开对问题的思考,容易产生大的突破。

获取希望点的方法可以是灵活多样的,常用的有以下三种。

1. 书面收集法

事先确定待改进事物,设计一种卡片,动员用户和本单位职工,请他们针对待改进事物提出各种希望点。

2. 会议法

召开5~10人的小型会议,时间1~2小时,就革新项目或产品开发征集希望点,激励与会者开动脑筋,互相启发,畅所欲言。

3. 访问谈话法

派人直接走访产品用户或产品销售商等,收集各类希望性的建议与设想。

运用希望点列举法进行发明创造的操作步骤如下。

第一步,首先激发和收集人们的希望和要求。希望点一般来自于两个方面,一是事物本身存在不足,使用中造成很大不便,人们希望改进;二是人们的需求变更,原事物不能满足人们的需求,提出新的要求。

第二步,研究人们提出的各种希望,找出可行的设想。

第三步,对可行性设想进一步作具体研究,并制订创新方案、实施创造。

例如,有一家制笔公司用希望点列举法收集到了一批改革钢笔的希望:希望钢笔出水顺利;希望不沾污纸面;希望绝对不漏水;希望一支笔可以写出两种以上的颜色;希望能粗能细;希望小型化;希望笔尖不开裂;希望笔不用打墨水;希望省去笔套;希望落地时不损坏笔尖,等等。这家制笔公司从中选出"希望省去笔套"这一条,研制出一种像圆珠笔一样可以伸缩的钢笔,从而省去了笔套。

实践证明,由列举希望点获得的发明目标更符合人们的需要,市场前景更广阔。并且希望是由想象而产生的,思维的主动性强,自由度大,所以,通过列举希望点获得的发明目标含有较多的创造成分。但是使用该方法还需要注意,列举希望时一定要注意打破思维定式和心理定式,对于用希望点列举法得到的一些看似不可能实现的想法,要应用创新创造的观点进行分析评价,不要轻易放弃。

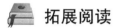

拓展阅读

拉链领带的发明

一定有很多人为了出席宴会、会议等场合,领带打了半天却依然不得要领。中国台湾商人陈建伸的儿子就是看到父亲为了打领带不得要领而折腾半天,顺口说了一句,领带为什么不装个拉链,省得麻烦?这一句话让陈建伸联想到领带若能一拉拉链就打好,肯定会有市场。因此,他将这种期望融入领带的设计,将拉链与领带结合,终于研制成功"拉链领带",而"拉链领带"也在市场占有了一席之地。

(资料来源:http://www.wendangku.net/doc/caa4879b51e79b89680226d1-8.html)

"盲人倒水控制壶"的发明

一名同学看到盲人在向茶杯里倒开水时,水往往会溢出茶杯造成烫伤。于是他希望发明一个"盲人倒水控制壶"。他经过考虑列出了下面几个希望点:第一,盲人自己可以摸着拧开和关闭水龙头;第二,茶杯里水快满时,水龙头会自动停止出水;第三,开、关水龙头,用茶杯接水,水均不会溢出烫伤人。他制定具体方案如下:"控制壶"由盛水壶、水龙头、导气管、密封盖组成导气管通入壶内直达顶部,离封闭盖约1厘米,使空气可顺利进入壶内而茶水不会从导气管流出;导气管在壶外比水龙头略长2~3厘米;由壶顶灌水后,用密封盖封闭灌水口。当盲人灌开水时,先将杯口顶住水龙头和导气管,再拧开水龙头,开水流入杯中。当杯中水堵住导气管口时,气体不再由导气管进入壶内。这时,由于盛水壶内水面下降,壶内气压小于壶外大气压,水就不再流出。将水龙头关闭,移走杯子,即达到自动停水、保证盲人安全的目的。

(资料来源:https://wenku.baidu.com/view/caa4879b51e79b89680226d1.html)

(四)延伸技法之三:成对列举法

成对列举法就是把任意选择的两个事物结合起来,成对列举其特征,或者把某一范围内的事物一一列举出来,依次成对组合,通过相互启发从中寻求创新设想的方法。该方法既具备特性列举法务求全面的特点,又兼容了强制联想法易于打破思维定式、产生奇想的优点,因而更能开阔思路,更容易产生奇思妙想,收到良好的效果。

使用成对列举法要遵循以下两个规则。

(1)该方法的两两组合可以是完全任意的,可以不必拘泥于某一个特定范围。即使选定某一范围的事物,其两两组合也是完全任意的。

(2)要把所列事物、因素的所有任意组合都加以研究,即使是一些初看是异想天开的组合也不要轻易舍弃。因为现在看起来是荒唐的想法,可能会随时间而成熟,或者能据此启发另外的思路。这是与智力激励法中的延迟判断相似的原则。

运用成对列举法进行创新创造有两种方式,各自的操作步骤如下。

第一种方式的操作步骤。

第一步,确定任意两个事物作为研究对象。

第二步,分别列出两个事物的属性。

第三步,将两事物的属性一一进行强制组合。

第四步,分析、筛选可行的组合,形成新的设想。

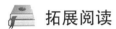
拓展阅读

多变组合家具

要设计一种形态悦人的家具,可将其拟人化。以一事物为人体各部位的形状,此事物所属的各个子因素为:①手的形状;②嘴的形状;③耳朵的形状;④头的形状……另一事物为家具,所属的子因素为:①床;②椅子;③花盆架;④桌子……将两事物的所有因素列出,然后进行组合。如一事物中的①与另一事物中的①、②、③……依次组合,可得出手形的床、手形的椅、手形的花盆架等;将一事物中的②与另一事物中的①、②、③组合,可得出嘴形的床、嘴形的椅、嘴形的花盆架等。以此类推,便可产生大量新设想。

最后分析上述所有组合的可行性,如有的家具设计师已设计出了手形沙发椅,别致新颖,很受欢迎。

(资料来源:https://wenku.baidu.com/view/d329a644dd36a32d737581fe.html)

第二种方式的操作步骤。

第一步,确定研究范围,并把该范围内的所有的事物列举出来。

第二步,依次对范围内的事物进行两两强制组合。

第三步,对所有的组合进行分析筛选,选择可行的方案进行创造发明。

拓展阅读

多功能组合家具

要设计新式多功能家具,可以把这一范围内的事物作如下列举。

各种家具:床、桌子、沙发、椅子、茶几、书架、衣柜……

室内用品:镜子、花盆架、电视、音响、眼镜、梳子、台灯……

然后,两两配对组合:床和沙发、灯和衣架、桌子与书架、床和灯、镜子与柜子、电视与花盆、音响和台灯等。

最后对所有方案进行分析,发现许多方案均可发明出新式家具,有些方案事实上已经成为产品,如床和沙发组合成的沙发床、镜子和柜子组合成的带穿衣镜的柜子、床和箱子组合成的床底可兼作储物柜的组合床等。更多组合还等着人们去实践。

(资料来源:https://wenku.baidu.com/view/d329a644dd36a32d737581fe.html)

任务二　奥斯本检核表法

学习目标

1. 了解奥斯本检核表法的优点和实施步骤。
2. 把握奥斯本检核表法的九大问题。
3. 体会奥斯本检核表法的九大问题的实际应用。

导入案例

喷洒农药专用飞机的发明

日本的大发明家中松义郎在飞机场观察飞机起飞时,空中飞起来的沙粒迷了他的眼睛。他想沙粒是从地上被卷起来的,如果地上的物体不是沙粒而是农药,农药粉末就会从下往上飞起,使得被喷洒的农药不是在叶子上面,而是在叶子背面,这种喷洒法可以大大提高对虫子的杀伤率。于是他设计了喷洒农药的装置,附加于直升机上,从而发明了喷洒农药专用飞机。

(资料来源:https://www.docin.com/p-2034340683.html)

长毛的高尔夫球的诞生

日本一位叫滨里的人,很喜欢打高尔夫球。可是在家里练习又没有草坪。如果在地板上打,球会不停地滚。于是,他买来地毯铺在地上。他想,地毯的价钱较贵,能否想法少花点钱呢?他想到"地毯上有毛,如果反过来,把毛安在球上不照样可以产生摩擦力吗?"于是,长毛的高尔夫球诞生了。用这种球在普通地上练习,效果与在草坪上用普通球练习很接近。

(资料来源:https://www.docin.com/p-2034340683.html)

案例问题

以上发明运用了哪些方法?现实生活中有哪些事物是使用类似方法发明的?

案例启示

创新不仅需要积极主动的思考,更需要掌握一定的方法和技巧。创新创造最大的敌人是对问题不敏感和思维上的惰性。有时只要人们开动脑筋,换一种角度思考问题,便会柳暗花明。检核表法就是通过对待改进事物逐项进行检核,用多条提示引发人们去发散思考、扩展思维。这种方法能够突破旧的思维框架,开拓创新思路,从而提高创新的成功率。

名人金句

人类从问号中得到的启示比从句号中得到的多得多。

——奥斯本

有人认为,20世纪最伟大的发明就是发明了"指导人们如何进行发明的方法",即"奥斯本检核表法"。该检核表法是由创造技法的奠基人、素有"创新方法和创新过程之父"称号的奥斯本先生提出的一种创新方法。开始仅作为智力激励法的辅助工具,供会议主持人引导发言使用。后来在实践中发现,该方法不仅能够对怎么提问题作出示范,还能启发和产生大量的创造性设想,从而演变为一种创造技法。

奥斯本检核表法是指以该技法的发明者奥斯本命名的,引导人们在创新过程中对照9个方面的问题进行思考,以便开拓思维想象的空间,启迪创新思路,促使人们产生新设想、新方案的创新方法,如表4-1所示。

表 4-1 奥斯本检核表法九大问题

序号	检核项目	检 核 内 容
1	能否他用	现有的事物有无其他的用途?能否扩大用途?稍加改变有无其他用途?
2	能否借用	现有事物能否引入其他的创造性设想?能否模仿别的东西?能否从其他领域、产品、方案中引入新的元素、材料、造型、原理、工艺、思路?
3	能否改变	现有事物能否做些改变?如改变颜色、声音、味道、式样、花色、音响、品种、意义、制造方法?改变后效果如何?
4	能否扩大	现有事物能否扩大适用范围?能否增加使用功能?能否添加零部件?能否延长它的使用寿命?能否增加长度、厚度、强度、频率、速度、数量和价值?
5	能否缩小	现有事物能否体积变小、长度变短、重量变轻、厚度变薄以及拆分或省略某些部分(简单化)?能否浓缩化、省力化、方便化、短路化?
6	能否替代	现有事物能否用其他材料、元件、结构、方法、符号、声音等代替?
7	能否调整	现有事物能否变换排列顺序、位置、时间、速度、计划、型号?内部元件可否交换?
8	能否颠倒	现有的事物能否从里外、上下、左右、前后、横竖、主次、正负、因果等相反的角度颠倒过来用?
9	能否组合	现有事物能否进行原理、材料、部件、形状、功能、目的等组合?

一、九大问题的实际应用

人们在进行创新创造活动时,常常沿着这样两条途径,一种是先确定某个目标,然后沿着从目标到方法的途径,根据目标找出达到目标的方法;另一种则与此相反,首先发现一种方法,然后想象这一方法能起什么作用,从方法入手将思维引向目标。事实上,后一种方式在创新创造活动中更为常用,而且这种方式也是使发明获得广泛应用与巨大效益的重要途径。

奥斯本检核表法作为一种创造技法,共有9类75个问题,主要用来启发人们如何提出问题和思考问题,使思路向着四面八方发散开来,最终找到创新的目标。因此,它的侧重点是提供思考问题的角度而不是创新步骤,它需要充分发挥联想的力量。

奥斯本检核表法属于横向思维,通过逐一核检九大问题激发思维活动,操作十分简便,效果也相当好。

(一) 能否他用

现有的事物(如发明、材料、方法等)有无其他用途？保持原状不变能否扩大用途？稍加改变,有无其他的用途？

世界上各种事物都有其特定的常用功能,如绳子用来捆绑、饭碗用来盛饭、书报供人阅读、砖头用来建造房屋等,这是人们见到的事物常用的方面,但实际上其潜在功能远不止于此。在特定情况下,绳子可以用来记事、计数,还可作晾衣绳使用；饭碗可充当乐器、量具使用；书报可作包装纸、铺垫物使用,也可以用来练毛笔字；砖头可当压载物、武器、体育训练物使用,等等。显然,开发事物的潜在功能,将是一个新的思路,一定会带来新的效益。

具体创造时,可以从多个角度加以扩散思维,如以下七个不同方面。

1. 创新思路他用

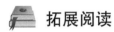

多用途"方便"化

方便面是一种只用开水一泡就能食用的快餐食品,它以不需烹调并且味道鲜美可口而深受消费者欢迎。正是这一创新,使发明方便面的日本一家小企业一跃成为食品行业的明星。许多企业触类旁通,沿着这一思路,开发出以"方便"为特点的方便米饭、方便米粉、方便蔬菜、方便啤酒、方便饮料等新食品。我国的农民发明家张炳林,就是以"炳林牌"快餐米粉及其加工机械的研制获得了10项科研成果,其中4项获得国家专利和首届中国食品博览会银奖。天津的"狗不理"包子也因其在"方便"上动了脑筋而走向世界。我们对各种各样的食品乃至用品进行"方便"化,就会有无数可以创新的课题。

(资料来源：http://www.doc88.com/p-0962026628464.html)

2. 创新原理他用

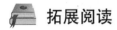

多用途"发泡"法

面粉经发酵产生小气泡使馒头松软可口。于是,发泡塑料、发泡橡胶、发泡水泥相继发明,它们不仅轻巧省料,而且有更好的隔热、隔音性能。在肥皂中加些气泡,可使肥皂不会沉到水下,成为可浮在水面的浴皂。

(资料来源：http://www.doc88.com/p-0962026628464.html)

3. 产品应用他用

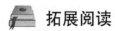

多用途"拉链"

最早提出拉链设想的是美国发明家贾德森,其初衷是代替鞋带用的,此项发明于1905年获得第5号专利。可是仅作为系鞋子用的拉链并不畅销,是个赔本的生意。而有位服装店老板首先认为拉链应该有更多的用途,他先在钱包上装上拉链,结果钱包身价倍增；又用于海军服装,销路很好；接着,美国彼得公司又在运动衣上装了拉链,使之大受欢迎。如今,拉链已经在日常生活的各个方面进入了每家每户,而且还在向更多领域扩散。

相声中讽刺马大哈医生说得在肚子上装个拉链的笑话已成为产品扩展的一个创举。1989年1月11日,安徽省立医院外科主任医师李乃刚和徐斌,成功地为胰腺手术病人装上拉链。治疗急性坏死性胰腺炎时,病人在手术后半月到一月内还得将手术切口敞开,以便随时清洗不断产生的坏死组织和腹腔渗出液,观察病情发展,这样不仅病人很痛苦,且容易感染,手术成功率低。而装上拉链后则效果很好,手术成功率大大提高。

（资料来源：http://www.doc88.com/p-0962026628464.html）

4. 产品技术他用

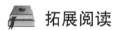 拓展阅读

激光术的发展

激光技术发明之后,其应用扩展迅速,几乎遍及各个领域。如激光技术在测量、基准、通讯、特种加工、全息印刷、激光音响、激光武器、激光手术、激光麻醉等方面都有不同寻常的应用。

（资料来源：http://www.doc88.com/p-0962026628464.html）

5. 产品功能他用

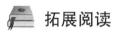 拓展阅读

"枪"的新功能

原来是军用之物,可以将其功能为民用服务,反之亦然。

枪,作为武器已有很多品种,如步枪、手枪、冲锋枪、机枪、信号枪、无声枪等。用之于民,又开发了许多新的功能。如救生枪：这是一种潜水员用的抢险、救难的工具,可以修补船体,或给失事潜艇供气；注射枪：用来给猛兽打针；种植枪：加拿大研制成了种树枪,在塑料子弹里装有土壤和种子,这样植树每天可种两千棵,且成活率高。而美国则创造了"机枪播种法",把"播种机枪"装在飞机上,向大片土地扫射,便大功告成了；建筑装修用的射钉枪可以方便快捷地在木头、水泥上钉钉。

（资料来源：http://www.doc88.com/p-0962026628464.html）

6. 材料他用

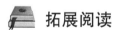 拓展阅读

多用途材料

橡胶有什么用？有家公司提出了上万种设想,制成床垫、浴盆、人行道边饰、鸟笼、门扶手、墓碑、玩具、减震器、绝缘层、雨衣、皮筏等。大豆,在人们的不断开发下已制成多种食品,如豆腐、豆浆、豆腐脑、豆腐干、豆腐乳、豆奶、酱油、豆豉、豆酱、豆芽、豆油、人造肉、人造黄油、豆类小食品等。

（资料来源：http://www.doc88.com/p-0962026628464.html）

7. 产品附加他用

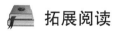 拓展阅读

多用途"铅笔"

铅笔已经有四百年的漫长历史了,在不同的使用要求下不断开发出新的品种。如在笔

杆上带有两个凹孔外套,便于幼儿正确握笔的学写铅笔;专为伤残人设计的独指书写铅笔;笔尖处带有小光源,适宜黑夜书写的照明铅笔;附加有画线导轮,便于徒手画线的直线铅笔;把刀片藏匿于笔套之中的带刀刃笔套的铅笔;笔杆上缠有纸带,便于随手记事的带纸铅笔;便于放在眼镜架上的铅笔;不用削的自动铅笔等。

这种方法是将产品按不同使用对象、不同使用场合附加不同的内容来进行开发。

(资料来源:http://www.doc88.com/p-0962026628464.html)

(二)能否借用

能否从其他地方得到启发?能否借用其他地方的经验、想法或发明?能否模仿相似的事物?现有的发明能否引入其他的创造性设想之中?

科学技术的重大进步不仅表现在某些科学技术难题的突破,也表现在科学技术成果的广泛应用。当伦琴发现"X光"时,他并没有预见到这种射线的任何用途。因而当他发现这项发现被广泛应用时,他非常吃惊。通过不断地推广借用,现在人们不仅借用"X光"来治疗疾病,而且借用它来观察人体的内部情况。同样,电灯在最初发明出来时只用来照明,后来,改进了光线的波长,发明了紫外线灯、红外线加热灯、灭菌灯等,扩大了电灯的使用范围。一种新产品、新工艺、新材料,必将随着不断被借用、不断被模仿而显示其旺盛的生命力。

(三)能否改变

现有的事物是否可以作某些改变?可否改变一下形状、结构、气味、颜色、声音?可否改变一下意义、型号、模具、运动形式?改变之后,效果怎样?

通过对事物进行某些改变实现创新成功的例子随处可见。如手机生产商通过不断改变手机的颜色或外形,迎合不同层次消费者的需求,从而增加销售量。又如挂面,给它加入不同的蔬菜汁液,不仅改变了口感,色彩多样,而且营养更加丰富,更受消费者欢迎。具体分析,主要有以下几种情况。

1. 改变形状

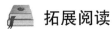拓展阅读

漏斗的改进

河南的小朋友王岩看到一般漏斗下端都是圆形的,用来往同样是圆形的瓶口里灌装液体时,因瓶内空气的阻碍,液体不易流下。于是他把漏斗下端改成方形,插入瓶口时便留出间隙,让瓶内的空气在灌液时能顺利溢出,使灌液更流畅了。

(资料来源:https://wenku.baidu.com/view/c0396e3c10661ed9ad51f327.html)

2. 改变结构

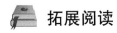拓展阅读

笔尖结构的改革

美国的沃特曼,对钢笔尖结构作了改革,在笔尖上开个小孔和小沟,使书写流畅,因此成为"钢笔大王"。

(资料来源:https://wenku.baidu.com/view/c0396e3c10661ed9ad51f327.html)

3. 改变气味

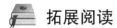 **拓展阅读**

香味的运用

日本最大的化妆品公司——资生堂公司经过10年研究,提出一门大有前途的全新科学——芳香学,认为香味对人体生理有积极影响。研究证明,熏衣草和玫瑰花有镇静作用,柠檬能振奋精神,茉莉花能消除疲劳,薄荷能减少睡意。对计算机操作人员的实验表明,茉莉花香可使他们的键盘操作差错减少30％,柠檬味可减少差错50％。据此,香味电话、香味闹钟、香味领带或袜子、可任选香型的香味卡等产品应运而生,甚至还创造了香味管理法——在不同时间通过空调散布不同香味以提高工作效率。

(资料来源：http://www.360doc.com/content/18/0213/22/1127866_729852458.shtml)

4. 改变颜色

例如,人们利用现代科技开发了彩色钢板、彩色棉花、彩色大米等"漂亮产品"。在校园设计中,调整房屋的室内色彩,改变周围的环境色彩,对防治近视、提高教学质量均有好处。

5. 改变声音

科学已经证实了音乐的魅力。悦耳的音乐能够使人心旷神怡,激发创造力,轻松的音乐能提高人们的学习效率,能使乳牛多产奶。与之相反的噪声则会使人心烦意乱、血压升高,甚至引起多种疾病。因此,通过增加或改变声音进行创新,不失为一个好的方法。

(四) 能否扩大

现有的事物能否扩大使用范围？能不能通过附加一些东西扩大适用范围？能否添加零部件、增加长度、提高强度、延长使用寿命、提高价值、加快速度？

奥斯本指出,在自我发问的技巧中,研究"增加些"与"减少些"这类有关联的成分,能给想象提供大量的创新思路。巧妙地运用加法和减法,便可大大拓宽探索的领域。

1. 扩大功能

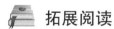 **拓展阅读**

材料功能的扩大

在两块玻璃中间加入某些材料,可制成防碎、防震、防弹的新型玻璃；牙膏中掺入一些药物,可制成防酸、脱敏、止血、抗龋齿等治疗保健牙膏；水泥中加入钢可使它既承压又抗拉,加入气泡可减轻重量,且隔音隔热；加入颜色使建筑物赏心悦目。美国一家公司用聚丙烯加固并经特殊处理后制成无缺陷水泥,其弹性提高30倍,抗冲击性提高1 000倍,刚度高于铝,韧性与有机玻璃相当,且防水、抗酸、抗碱、耐寒不开裂。日本三家化学公司联合制成一种乳胶液,将它加在钢筋混凝土中,可使其寿命从通常的60～100年增至500年,且有很强的抗腐蚀力,特别适合用于海洋建筑物。

(资料来源：http://www.doc88.com/p-1761427090148.html)

2. 强化技术

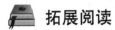拓展阅读

强化麦乳精

对食品强化处理，可使其营养价值不断完善丰富。如强化麦乳精，是对维生素A、B、D进行强化，使100克麦乳精的维生素A达到1 500国际单位，B达到500国际单位，D达到1 000国际单位。它含有足量的蛋白质、脂肪和霉素，营养价值比更优。

另外，对矿井、地下工程、船舶等采用强力通风措施，强化通风条件，可增加含氧量，改善劳动条件。

（资料来源：http://www.doc88.com/p-1761427090148.html）

3. 增减内容

例如，在出版物中，集解、大成、大全、汇编、增补、补注、详解、拾遗等都是"增减内容"思路的产物。

4. 投入情感

在日常管理中融入感情，就能达到沟通心灵、缓和气氛、促进和谐氛围的目的；在创新产品中赋以情感，用心探究，必将以情动人，倍受欢迎。

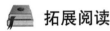拓展阅读

新式"椰菜娃娃"

中国香港生产了一种"椰菜娃娃"，其别出心裁之处在于它们的面孔、发型和服饰都互不雷同，并由计算机赋予不同的名字，屁股上还打印上"出生年月日"，附有"出生证"，使之像真小孩一样。销售时竟然煞有介事地宣扬说不能"卖"，只能"认养"，声称至一周岁时厂方还会寄去生日卡等。经此宣传后，使这种小布娃娃深受宠爱，价格大涨，供不应求，甚至掀起了集体认养、排队"领"小宝宝的热潮。开创了玩具产品销售的新纪录。

（资料来源：http://www.doc88.com/p-1761427090148.html）

（五）能否缩小

现有事物缩小一些会怎么样？现有事物能否缩小体积、减轻重量、降低高度、能否压缩、变薄？……能否省略，能否进一步细分？

1. 省略化

采用此思路的如一按即好的"傻瓜照相机"、省略换挡用油门调速的小汽车、用热水烫好就能食用的方便面等，通过省略化，可以让产品更加简单实用，更加适应人们快节奏的生活。

这种方法在企业管理中得到更多的应用。通过采用省略化，减去那些可有可无的环节，简化了生产过程，可以更好地节约成本。

拓展阅读

车间的"准时性"管理

日本的丰田汽车厂，严格实行"准时性"管理，使前一道工序的产品，正好是下道工序所

需的量,因而减少了车间储存的管理环节,降低了成本。

(资料来源：https://wenku.baidu.com/view/9267606a2d60ddccda38376baf1ffc4ffe47e22e.html)

2. 短路化

从燃料到能量被利用,必定要经过若干中间环节,技术转化的环节越多,效率往往就越低,成本就越高,因而现代技术正向"短路化"进军。

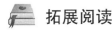 拓展阅读

煤 的 转 化

煤在高温下与水蒸气、空气或氧气发生化学反应,便可产生可燃气体,经气化处理后煤的热值可提高1.5~1.9倍,但把煤开采出来,运往气化厂的过程是艰巨的。有人便研究发明让煤在地下直接气化的方法,显然,其效益是非常惊人的。

(资料来源：https://www.doc88.com/p-0092023225471.html)

3. 迷你化

在琳琅满目的商品中,那些小巧玲珑的物品受到很多人的欢迎,往往会让人爱不释手。诸如冷热双用的车载便携式迷你冰箱、可以随处携带的口袋打印机、电风扇,还有袖珍式收音机、微型计算机、压缩面膜、压缩饼干等,这些迷你型产品正悄悄地迅速闯入人们的生活,在市场上占据一席之地。这样一条创新之路,前途也是一片光明。

4. 拆折化

缩小的另一种途径是通过折叠、弯曲、盘卷、排放气体(液体)、拆卸等方法,让产品在非使用状况下变小,以节省存放空间,如折叠床、折叠自行车、折叠桌椅、拉竿式钓鱼竿、缩骨伞、卷尺、充气筏或充气房子等。

5. 自动化

实现高度自动化是现代技术奋斗的目标,如自动铅笔、自动打印机、自动晾衣架、自动伞、自动洗衣机、自动红绿灯、自动报警器、自动炊具等都是自动化的产物。如果能对一些普通原理进行巧妙运用,则可做出自动化的小发明。

 拓展阅读

自动关窗装置

中国台湾的翟梅小朋友利用纸条打湿后强度降低的特点,设计成一个自动关窗装置。当下雨家里无人时,窗户会自动关闭。

(资料来源：https://www.doc88.com/p-6117052128567.html)

6. 省力化

随着科学技术的发展和人们生活水平的提高,物品的省力化成为人们追求的目标。

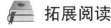 拓展阅读

爬 楼 车

北京的董建川小朋友,受小狗上楼动作的启发,设计发明了一种可以运重物上楼的小

车,称为爬楼车。而法国正在研制一种"会献殷勤"的公共汽车,该车每当靠站时,它会主动屈"膝"15厘米,使乘客上下车更省力更方便。

(资料来源：http://www.360doc.com/content/18/0213/22/1127866_729852458.shtml)

(六)能否替代

现有物品可否用其他的物品替代？可否用他人替代,用其他的材料、零件替代,用其他的方法、技术替代,用其他的能源替代？

拓展阅读

斑 马 线

在古罗马时代,为了行人穿越马路的安全,在交叉路口砌起一块块凸出路面的石头,作为指示行人过街的标志。行人可以踩着这些石头穿过马路。但马车通过时,则必须减速慢行,使石头恰在两个轮子中间通过,才不会影响其正常通行。

到了19世纪末,能综合体现人类科技与文化能力的汽车亮相了,以前的石头人行横道线成了现代交通的障碍,于是人们用画出来的石条来代替原来的石头,就是现在的"斑马线"。司机只要看到"斑马线"就会小心慢行或停下来让行人先走,这样适合现代生活的人行横道线就时刻为社会服务。

(资料来源：https://wenku.baidu.com/view/507dddd726fff705cc170a60.html)

(七)能否调整

能否更换一下先后顺序？原因与结果能否对换位置？可否调换零部件？可否采用另一种安排方式？能否变换一下日程？更换的结果会怎样？

古时候田忌赛马中改变了马出场的顺序,就赢得了胜利;螺旋桨安排在飞机不同的部位,创造出了不同类型的飞机,直升机将它装到了顶部,喷气式飞机则把它安放在尾部。这说明打破原来的顺序重新安排,通常会带来意想不到的创新性成果。再如商店内部结构的重新安排、营业时间的合理调整、电视节目的顺序安排、机器设备的布局调整等,都有可能带来更好的效果。

(八)能否颠倒

上下是否可以颠倒？颠倒过来会怎么样？左右、前后、里外、正反是否可以调换过来？可否用否定代替肯定、用肯定代替否定？

这种反向思维的方法,在创新创造活动中是一种非常常见和实用的思维方法。例如英国科学家法拉第把当时已经被证明的"电流能够产生磁"的原理颠倒过来,实现了"磁能变成电"的设想,由此诞生了世界上第一台发电机。

(九)能否组合

现有事物组合起来怎么样？能否把各种目标、各种想法、各种零部件进行组合？能否组合成一个整体？

例如,把铅笔和橡皮组合在一起成为带橡皮的铅笔,把单孔插排组合起来变成多孔插排,单人自行车组合起来变成双人或多人自行车,通话、视频、语音、照相、录播等功能组合成智能手机,把几种金属组合在一起变成各种性能不同的合金,几样材料组合在一起制成复合材料……

二、奥斯本检核表法的优点

奥斯本检核表法是一种能够很好启发创新思维、开拓创新思路的方法。

第一,它通过九大问题强制人去思考,有利于突破一些人不愿提问题或不善于提问题的心理障碍。奥斯本检核表法提供了创新活动最基本的思路,有利于提高发明创新的成功率。创新发明最大的敌人是思维的惰性。大部分人对问题不敏感,不爱动脑筋,不进行积极的思考,思维总是自觉或不自觉地沿着长期形成的思维模式来看待事物,因此很难发现问题,即使看出了事物的缺陷和毛病,也懒得去进一步思索。因而难以有所创新。奥斯本创造的检核表法中有九个问题,就好像有九个人从九个角度帮助个体进行思考。创新者可以把九个思考点都试一试,也可以从中挑选一、两条集中精力深思。根据奥斯本检核表法提供的基本思路,创新者能够更快地集中精力,朝提示的目标方向去构想、创造、创新。

第二,它是一种多向发散的思考,能够促使人突破旧的思维框架,使人的思维角度更开阔、思维目标更丰富。利用奥斯本检核表法,可以充分发挥发散思维的作用,打破思维定式和心里框架,产生大量的原始思路和原始创意。

奥斯本检核表法的优点很突出,缺点也很明显,因为它是改进型的创意产生方法,不是原创型的,创新者必须先选定一个有待改进的对象,然后在此基础上运用奥斯本检核表法加以改进。

三、奥斯本检核表法在创新当中的作用

(一)远离思维惰性

思维惰性就是人们由于习惯和适应性,在考虑事情的时候,不想浪费脑细胞,不想去思考,仅仅是把大脑内存中形成的印象重新提取出来,这样处理问题短期内比较节省时间,能够处理简单的事情,但是难以进行创新活动。在这个时候,人们就出现了思维惰性,开始进入思维的舒适区,在舒适区生活得越久,越难以成功。奥斯本检核表法提供了9个维度去刺激人的大脑,让人慢慢逃离自己的思维舒适区,强迫自己去思考和改变,进而远离思维惰性。

(二)突破思维定式

所谓思维定式,就是在反复使用中所形成的比较稳定的、定型化的惯性思维。人们在解决问题时,往往按照这种日积月累形成的经验教训和思维规律进行考虑。在环境不变的条件下,思维定式能够使人们应用已掌握的方法迅速解决问题。而当情境发生变化时,它则会妨碍人们采用新的方法,进而束缚创造性思维。奥斯本检核表法一共有9个维度75个问题,能够帮助人们突破思维定式,激发人们的想象力。

(三)建立思维自信

思维自信是指相信自己有能力改变周围的世界,敢于面对挫折和失败,勇于挑战困难。拥有思维创造力自信的人会肯定自己的创造力,相信自己能够取得成功。在创新的过程中,很多人不知道如何提出高质量的、针对性强的问题,害怕提问错了被人嘲笑,因而出现了不愿意提问的现象,进而阻碍了创新思路的拓展。而奥斯本检核表法提供了提问的清单和基本思路,有效帮助人们突破不愿意提问或不会提问的心理障碍,从而建立创新思维自信。

四、实施步骤和要求

奥斯本检核表法主要通过提问打开思路,进而发现新设想。其实施步骤如下。

第一步,明确问题,根据待改进对象明确需要解决的问题。

第二步,检核讨论,根据需要解决的问题,参照检核表中的九大问题,运用丰富想象力,强制性地一个个检核讨论,并把讨论出来的新设想记录下来。

第三步,筛选评估,对新设想进行筛选,将最有价值的创新性设想筛选出来。

检核表法实施过程中的要求如下。

第一,不遗漏,要联系实际对所列举的事项一条一条地进行核检,确保无遗漏。

第二,多检核,要多核检几遍,确保更准确地选择出所需创新、发明的方面。

第三,多联想,在检核每项内容时,要尽可能地发挥自己的想象力和联想力,争取产生更多的创造性设想。进行检索思考时,可以将每大类问题作为一种单独的创新方法来运用。

第四,多变化,核检方式可根据需要进行多种变化,一人检核也可以,多人共同检核也可以。相比较而言,集体核检可以互相激励,容易产生头脑风暴,更有希望创新。

五、注意事项

奥斯本检核表是一种非常实用的创新技法,但使用时仍需注意以下几点。

(一)不应过分依赖

采用奥斯本检核表法发明创造能够防止思维漏洞,打开创新思路,找到创新方案。但是如果过分拘泥于这一种方法,过分依赖于它,反而会束手束脚,阻碍自由想象,使之成为产生漏洞的根源。所以,在具体运用时,需要将检核表法与其他技法结合使用,给思维更加广阔的空间。

(二)检核的内容可作适当改变

运用此方法,还要结合改进对象(方案或产品)来进行思考,可以自行设计大量的问题来提问。提出的问题越新颖,得到的想法越有创意,创新越可能成功。具体使用时应灵活掌握,需要根据创新活动的主要目的、检核对象的主要特点、周围环境来设计、补充和改进检核表。如用于技术问题方面,则要注意明确产品的材料、结构、功能、工艺过程等,要根据不同的工作性质作适当调整,不可一概而论。

(三)检核表法提供的是创新思路,而不是技术方法

由于检核表法的主要目标是克服人们的心理障碍,产生更多的创新思路,强调的是创造发明主体的心理素质的改变,因而较为忽略对技术对象的客观规律性的认识。奥斯本检核表只是提示了思考的一般角度和思路,所以,在使用本技法解决较复杂的技术发明问题时,思路的发展还需进一步与技术方法相结合。

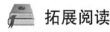 **拓展阅读**

降低成本的检查单法

日本明治大学川口寅之助开列的用于降低成本的检查单法训练内容。

（一）能否节约原料？最好是既不改变工作，又能节约。

（二）在生产操作中有没有由于它的存在而带来干扰的东西？

（三）能否回收和最有效地利用不合格的原料在操作中产生的废品？能否使之变成其他种类具有商业价值的产品？

（四）生产产品所用的零件能否购买市场上销售的规格品，并将其编入本公司的生产工序？

（五）将采用自动化而节约的人工费和手工操作进行比较，其利害得失如何？不仅从现在观点看，而且根据长期的预测，又将如何？

（六）生产产品所用的原料可否用其他适当的材料代替？如何代替，商品的价格将如何？产品性能改善情况怎样？性能与价格有何关系？能否把金属改换成塑料？

（七）产品设计能否简化？从性能上看有无加工过分之处？有无产品外表看不到而实际上做了不必要加工的地方？这时，首先要从性能着眼，考虑必要而充分的性能条件，其次再考虑商品价格、式样等。

（八）工厂的生产流程有无浪费的地方？材料处理对生产率影响很大，这方面的改进还可节省工厂的空间。

（九）零件是从外部订购合适，还是公司自制合适？要充分考虑工厂的环境再做出有数量根据的判断，从而能在大家都认为理所当然的事情中发现意外的错误，只凭常识是不可靠的。

（十）查看一下商品组成部分的强度计算，然后考虑能否再节约材料。

（资料来源：https://wenku.baidu.com/view/dcca127f5acfa1c7aa00cc80.html）

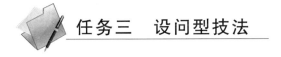

任务三　设问型技法

学习目标

1. 了解设问型技法的特点和适用范围。
2. 学会使用 5W1H 法分析问题。

导入案例

微爆破技术的应用

泌尿科医生在治疗病人肾结石的时候，想到开采矿石要用炸药爆炸，那么消除肾脏内的结石是否也能引入爆炸技术，把结石炸碎而排出体外呢？

医生想到了目前世界上第一流的爆炸技术能将一幢高层建筑炸成粉末，而不影响仅隔开一条街面、甚至只隔开一堵墙的其他建筑物。于是，聪明的医生们经过精确的计算，把炸药的分量用到只能炸碎肾脏里的结石，而不影响肾脏本身为止。

这种技术在医学上被称为微爆破技术。微爆破技术的运用给肾结石病人带来了福音。

（资料来源：http://www.iqsuperman.net/26673）

古腾堡活版印刷机的发明

硬币面上的图案是由硬币打印器打印的,而葡萄汁是由压榨机在大面积铺开的葡萄上压制而成的。能否将二者重新组合用于第三领域?有一天,古腾堡带着三分醉意自言自语说:"为什么我不把硬币放在葡萄压榨机下面压,让它在纸上留下印记呢?"根据这一"醉"想,他发明了活版印刷机。

(资料来源:https://www.docin.com/p-1956884895.html)

案例问题

以上两项发明使用了哪些创造技法?

案例启示

实践证明,发现问题就等于成功的一半。巧妙的设问可以启发想象、开阔思路、引导创新。

名人金句

知识是一种快乐,而好奇则是知识的萌芽。

——培根

巧妙的设问对于创新创造是十分必要的。提问本身正是创造的源泉和起点,是激发思想火花的导火线。所以从根本上说,要创新创造首先要学会设问,善于设问。设问型技法就是通过有序地提出一些问题,缩小需要探索和创新的范围,使问题具体化,启发人们系统地思考解决问题的可能性,从而产生创新思路。简而言之,这种方法就是教人们在创新创造活动中,从哪些方面提出创造性问题。设问型技法实际上就是提供了一张提问的单子,针对待改进的事物,根据问题逐项对照检查,以期从各个角度较为系统周密地进行思考,探求较好的创新方案。目前,创造学家们已经总结出了许多各具特色的设问型检查法,如奥斯本检核表法、和田创新十二法、5W1H法。本任务中主要介绍5W1H法,重点掌握设问的思路与技巧。

一、设问型技法的特点

设问型技法主要通过对待改进事物进行分析,通过提问明确问题的性质、程度、范围、目的、理由、场所、责任等内容,逐步使问题具体化,提高创新的成功率。其主要特点如下。

(一)以提问的形式寻找创新思路

设问型技法的首要特点是抓住事物带有普遍意义的方面进行提问,所以它的应用范围很广,人们不仅用它来进行技术上的产品开发,还把它用于改善管理等。如5W1H法,是从对象(What)、原因(Why)、地点(Where)、时间(When)、人员(Who)、方法(How)这几个角度来提问的,这些问题对于任何一个事物都有普遍意义。抓住这些问题来分析,就会发现问题的症结与原因所在。又如奥斯本的检核表法,围绕声音、颜色、气味、形状、材料、大小、轻重、粗细、厚度、强度、速度等事物的基本属性大做文章,通过9类75个问题,提供创新创造的基本思路,帮助人们较快地找到创新创造的有效途径。

（二）设问的角度多样

设问型技法的另一个特点是可以多角度、多层次、多方面进行问题思考，思维变换灵活，有利于突破旧条框。例如，奥斯本检核表法不把注意力集中在某一方面的问题，而是大胆想象，借助于各种思维技巧，诸如联想、类比、组合、分割、移花接木等，以期得到各种不同类型的答案，获得不同的创新思路。再如5W1H法从六个不同角度去考察问题，通过提问全方位地了解事物，能够最大限度地发现问题所在。

二、设问型技法的原理

设问型技法是具有普遍指导意义的创新创造方法，它的主要思路是通过变换思考问题的角度，多层次、多方面地思考问题。采用的创新原理主要有以下三种。

（一）组合原理

组合原理就是通过将事物进行叠加，以扩大原有的功能或产生新的功能。设问型技法中主要参考了组合创新法中的同类组合原理、异类组合原理、主体附加原理和重组组合原理。

（二）变性原理

变性原理的实质是通过改变事物原有的属性进行新颖性的创造。

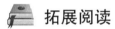 拓展阅读

药水瓶刻度线的改进

药水瓶的刻度线是水平的，由于倒药水时瓶子是倾斜的，所以难以把握每次倒"一格"的规定。有人尝试改变药瓶刻度的属性，将它改成倾斜了45°的斜线，这样倒药水时刻度大体呈水平并与液面平行，使倒药量比较准确。通过这一改变，更加方便了人们的生活。

（资料来源：https://www.doc88.com/p-1456196842638.html）

（三）逆反原理

创新活动的个体或群体通过逆反已有事物的原理或结构，或在与一般做法和想法完全相反的方向进行创造，也常常能获得创新性的成果。

1. 原理逆反

原理逆反是对某些技术原理、自然现象、物理变化、化学变化等进行反向思考，以寻找新的原理。

由于客观事物之间存在各种各样的联系，有些事物之间存在着互为因果的关系，具有可逆性，因而使原理逆反成为可能。在这种新的原理的指导下，有可能产生新的创造发明。

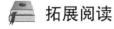 拓展阅读

水下作业的破冰船

破冰船的破冰原理一般都是使船在冰面上航行。通过船自身的重量把冰压碎，因此，破冰船的头部采用坚硬的材料，而且设计得比较笨重。

苏联科学家想到了逆反原理，即从冰下破冰：船潜入水中依靠浮力，用强硬坚实的巨齿

背脊顶冰，遇到较厚冰层，破冰船就像海豚那样，上下起伏，不断撞击冰层。这种水下破冰船具有自重轻、体积小、船速快的特点，被认为是最有前途的破冰船。

（资料来源：https://wenku.baidu.com/view/496a41f0f02d2af90242a8956bec0975f565a4c2.html）

2. 特性逆反

特性就是事物所具有的性质和特点，特性逆反一般遵循以下步骤。

首先，找出待改进事物具有的各种本质特性和表面特性；其次，分别列出与之相反的特性；再次，一一置换特性；最后，研究置换后事物的状态、性能和功能的变化，必要时可进行实验观察和试验分析。

3. 方向逆反

方向逆反就是将某事物的构成顺序、安装方向、输送方向、操纵方向以及处理问题的过程等反过来思考，设想新的方案或寻求解决问题的办法。

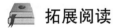

拓展阅读

体温计的诞生

300多年前，人们已经发现一般情况下，生病的人体温会升高，但如何准确地测出体温，仍无办法。伽利略决心解决这个问题。有一次，伽利略受到水热胀冷缩的启发：水的温度发生变化，体积也随着变化，反过来，根据水的体积的变化，不就测出温度的变化了吗？他在一根细试管里装上水，排出空气加以密封，并在试管上刻上刻度，再经过许多次试验，创造出了世界上第一支温度计。

（资料来源：https://max.book118.com/html/2017/0215/91823012.shtm）

4. 大小逆反

扩大或缩小待改进事物或产品的尺寸，其结果往往会使其性能、用途等发生变化，从而实现新的创造。

对待改进事物整体按同一比例进行扩大或缩小，这样创造出来的新事物与原事物具有相似性，能保持原事物的基本功能。也可以对原事物不同的部分按不同的比例扩大或缩小，这样创造出的新事物是非相似的。

三、设问型技法的适用范围

奥斯本的检核表法自诞生以来，在实际应用中深受欢迎，人们随后相继创造了多种不同的设问型创造技法，这些方法几乎适用于所有类型与场合的创新创造活动。设问型技法能够帮助人们突破思维定式与心理上的障碍，从多方面多角度引导创新思路，因而能够产生大量的创造性设想，因此，设问型技法被称为"创造技法之母"。

设问型技法适用于群众性的合理化建议活动和技术上的小发明、小革新，也可以与智力激励法等其他技法联合运用。如果要解决的问题较复杂，借助本技法也可使问题明确化，缩小创新目标和范围，找到问题的关键所在，有针对性地解决问题。

当然，设问型技法的局限性也非常明显，它强调创造者的心理素质的改变，借助于克服心理障碍，产生更多的思路，而常常忽略对技术对象的客观规律性的认识。因此，在使用本技法解决较复杂的技术发明问题时，本技法仅能提供一个大概的创新思路，要想完成有实际价值的发明创造,还需进一步与技术方法结合。

四、5W1H 法

5W1H 分析法也称"六何分析法",该方法不仅是一种思考方法,也是一种创造技法。这种方法就是在对某一工作进行科学的分析与调查研究的基础上,对选定的项目、工序或操作,从对象(What)、原因(Why)、地点(Where)、时间(When)、人员(Who)、方法(How)等六个方面提出问题并进行思考。这种看似很简单、很无聊的问话和思考方法,可使思考的内容进一步深化、科学化。

5W1H 分析法为人们提供了科学的工作分析方法,制订计划草案或对工作进行分析与规划时常常运用该方法。这种方法有利于人们按照计划有效地执行任务,从而提高工作效率。因此,5W1H 分析法广泛应用于企业管理、生产生活、教学科研等方面,这种分析方法极大地方便了人们的工作和生活。

(一)实施步骤

(1)对某种现行的方法或现有的产品,从 6 个方面进行提问,即:①为什么(Why);②做什么(What);③何人(Who);④何时(When);⑤何地(Where);⑥如何(How)。

(2)将发现的疑点、难点一一列出。

(3)对列出的疑点、难点进行讨论分析,寻找改进措施。

如果现行的方法或产品经此分析检查基本满意,则认为该方法或产品是可取的,是可以进一步实施或推广的;若其中某些方面的答案不尽人意,则需在这些方面加以改进;要是某方面有独到的优点,则应借此扩大该方法或产品的使用范围。

(二)问题提示

5W1H 法根据问题的性质不同,设问检查的内容也不同,具体内容可如下列问题。

(1)为什么(Why):为什么这样做?为什么要生产这个产品?为什么不能进行改动?为什么不能使用?为什么要做成这个形状?为什么要用机器代替人力?为什么非做不可?——确定实施项目的原因。

(2)做什么(What):做了些什么?是否可以做些别的事情?做些什么较好?生产什么产品?生产什么零配件?能不能生产别的?到底应该生产什么?如果这个产品不挣钱,换个利润高点的好不好?——选择最适合生产的产品。

(3)何人(Who):这个事情是谁做的?为什么要让他做?是不是可以由别人做?谁最适合做这件事?有时候换一个人,整个生产就有起色了。——确定最合适的人选

(4)何时(When):是在什么时候做的?为什么要在这个时候做?能不能在其他时候做?提前做行不行?什么时间做最合适?——选择合适的时间点。

(5)何地(Where):是在哪里做的?为什么要在这个地方做?换个地方行不行?在什么地方做最合适?——这是选择工作场所应该考虑的。

(6)如何(How):怎样做最省力?怎样做效率最高?怎样改进?怎样避免失败?怎样求发展?怎样扩大销路?怎样改善外观?怎样方便使用?——寻求省时、省力、高效的方式。

运用这种方法分析问题时,先依据这六个问题进行提问,得到回答后,再考虑列出一些小问题,又得到回答后,便可进行取消、合并、重排和简化工作,对问题进行综合分析研究,从

而产生新的创造性设想或决策。

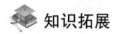 **知识拓展**

在接打电话中的运用

拨电话前先准备好备忘录,把说话内容按照5W1H列清楚,不仅可以避免说话内容有所遗漏,也可以避免说一大堆废话或不知从何说起的困扰。接电话时,也要备妥备忘录,对对方的讲话内容做好摘要,确认好5W1H,可以迅速准确地得到十分周全的资料。

在制订计划草案时的运用

(1) What:明确制定什么事,目的是什么。
(2) Why:明确为什么制定,有什么意义。
这两个步骤是最基本的,是为了排除那些不必要的工作的干扰,若不能通过这两个问题的检核,后面的步骤就要放弃。
(3) When:明确日期,什么时候制订计划,完成的时间是否适当。
(4) Where:明确地点,在什么地方制定,在何范围内完成,有没有更合适的场所。
(5) Who:确定由谁负责制定,谁负责执行,有没有更合适的人。
通过回答这三个问题,将实施的范围和所需要的人力资源确定下来。
(6) How:明确采用流程、制定方法、实施方法,明确效果怎样,有没有更好的方法,流程能否优化。
经过全盘考虑这六个问题,计划很快得到执行。

在制订职业规划中的运用

(1) What:做什么工作?
(2) Why:为什么要做该项工作?
(3) Who:工作由谁负责?
(4) Where:去哪里工作?
(5) When:多久完成本项工作?
(6) How:怎样完成该项工作

在分析问题时的运用

(1) What:什么问题?
(2) Why:为什么会出问题?
(3) Who:谁出的问题?谁可以解决问题?
(4) Where:在哪里发生的问题?
(5) When:什么时候的问题?
(6) How:怎样或什么程度的问题?类似问题最近出现了多少次?怎样解决问题?

在研究市场中的应用

(1) What:什么产品?——销售目标
(2) Who:谁买?——目标顾客

(3) Why：为什么买？——产品亮点
(4) Where：在何处买/使用？——销售渠道
(5) When：何时买？——销售时间
(6) How：如何买？买多少？——销售数量

通过5W1H分析，就可以大致了解消费者的购买行为。

在个人求职倾向中的应用

(1) Who：我是怎样一个人？
(2) What：我适合做什么工作？
(3) Why：我为什么做这份工作？
(4) Where：我要在怎样的环境里工作？
(5) When：我应该什么时候去工作？
(6) How：我应该怎样去工作？

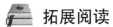
拓展阅读

航空公司小卖部的改进

某航空公司在机场二楼设了一个小卖部，生意相当冷清。问题出在哪里？开发部门运用5W1H法分析了原因，提出了改进建议。

一、按5W1H法分析原因，先检核六个要素

Who：谁是顾客？
Where：小卖部设在何处？顾客是否经过此处？
When：顾客何时来购物？
What：顾客购买什么？
Why：顾客为何要在此处购物？
How：怎样方便顾客购物？

从中找出关键要素：Who、Where、When。

二、分析关键要素，找出原因

Who，究竟谁是顾客？是出入境的顾客还是接送客人的人？显然，在二楼流连徘徊的接送客人的人并不热衷在此购物，因为他们有时间到市内各大商场去挑肥拣瘦。因此，机场小卖部应当把出入境的乘客当主顾才对。

Where，小卖部设在何处才好？出入境者经海关检查后，都从一楼通道离去，根本不需走二楼。因此，应将小卖部设在乘客的必经之路上。

When，出入境的乘客何时购物？他们只有当行李到海关检查交付航空公司之后，才有心情去逛逛小卖部，看看有何纪念品和生活必需品值得购买。原来机场在临上机前才能将行李交付航空公司，自然就挤掉了旅客买东西的时间。

三、提出改进措施

把乘客当主顾，充实旅行用品和纪念品，以满足乘客的消费需要；将出入境乘客的海关检查路线改为必经小卖部，增加乘客光顾小卖部的机会；让乘客随时可以把行李交给航空公

司,使之"无箱一身轻",便有了购物的时间和心情。机场经理根据开发部门的建议进行了改进,果然取得了很好的效果。

(资料来源:https://wenku.baidu.com/view/496a41f0f02d2af90242a8956bec0975f565a4c2.html)

高效团队建立分析

我们是谁(Who)?即团队成员自我的深入认识,明确团队成员具有的优势和劣势、对工作的喜好、处理问题的解决方式、基本价值观差异等;通过这些分析,最后获得团队成员间的一致信念和看法,从而建立起团队运行的游戏规则。

我们在哪里(Where)?每一个团队都有其优势和弱点,而团队要取得任务成功,需要面对外部的威胁与机会,通过分析团队所处环境来评估团队的综合能力,找出团队目前的综合能力对要达到的团队目之间的差距,以明确团队如何发挥优势、回避威胁、提高迎接挑战的能力。

我们要成为什么(What)?以团队的任务为导向,使每个团队成员明确团队的目标、行动计划,为了能够激发团队成员的激情,应树立阶段性里程碑,使团队对任务目标看得见、摸得着。

我们什么时候采取行动(When)?合适的时机采取合适的行动是团队成功的关键,确定团队任务的启动时间;团队遇到困难或障碍时,应把握时机来进行分析与解决;团队面对内、外部冲突时应在什么时机进行舒缓或消除;在何时与何地取得相应的资源支持等。

我们怎样行动(How)?怎样行动涉及团队运行问题。即团队内部如何进行分工,不同的团队角色应承担的职责、履行的权力、协调与沟通方式等,因此,团队内部各个成员之间也应有明确的岗位职责描述和说明,以建立团队成员的工作标准。

我们为什么加入这个团队(Why)?对于这个问题,目前在很多企业团队建设中都容易被忽视,这可能也是导致团队运行效率低下的原因之一。团队要高效运作,必须要让团队成员清楚地知道他们为什么要加入这个团队,这个团队运行成功与失败为他们带来的正面和负面影响是什么?以增强团队成员的责任感和使命感。即将人们常常讲的激励机制引入团队建设,可以是团队荣誉、薪酬或福利的增加以及职位的晋升等。

(资料来源:https://wenku.baidu.com/view/85dabe09bb0d6c85ec3a87c24028915f814d8455.html)

图书馆自习室打扫卫生问题分析

问题的提出:图书馆是个大集体,是学习的集中区。在图书馆自习室学习的同学会带很多吃的、喝的东西,然而在离开后却不记得要带走放入垃圾桶,包括一些草稿纸张也随意丢在桌上,给清洁阿姨带来巨大麻烦,怎样快速合理打扫好自习室成为一大难题,对此,进行了深入讨论。

分析问题:应用5W1H法根据表4-2进行如下分析。

表4-2 5W1H法的分析

考察点	第一次提问	第二次提问	第三次提问
目的	做什么:打扫自习室	是否必要:有必要	有无其他更合适的对象:没有
原因	为何做:营造一个良好的学习环境	为什么要这样做:使学生有个干净舒适的地方学习	是否不需要做;不是,而且非常需要
时间	何时做:每天都要打扫清理,上午九点,晚上八点	为何需要此时做:此时员工上下班	有无其他更合适的时间:有,在学生未到之前或离开以后,这样就不会打扰学生

续表

考察点	第一次提问	第二次提问	第三次提问
地点	何处做：两个自习阅览室	为何要在此处做：此处人多垃圾多	有无其他更合适的地点：没有
人员	何人做：清洁工	为何需要此人做：她们的工作	有无其他更合适的人：自习学生自己打扫用过的地方或者学生勤工俭学，又可以自习
方法	如何做：一个个桌子层层递推扫出来	为何需要这样做：这样节省时间	有无其他更合适的方法与工具：各分扫间的阿姨集中在一起一间间扫

其他建议：

(1) 在每个桌子边缘安装一个装垃圾的框。
(2) 在桌子的每个桌脚张贴精致的小纸条，上面书写"同学，你忘东西了吗？"
(3) 招聘学生志愿者周末打扫图书馆自习室。
(4) 全校开一个以"图书馆自习室卫生"为主题的团会。
(5) 校园调查，以调查问卷的形式提醒同学们以后泡图书馆时注意卫生。

(资料来源：https://wenku.baidu.com/view/f800421c3169a4517723a392.html)

任务四　和田创新十二法

 学习目标

1. 掌握十二种创新方法。
2. 根据案例认真体会和田创新十二法，并能从现实生活中找出利用这些方法创造的产品。

 导入案例

　　南京的小学生丛小郁发现，上图画课时，既要带调色盘，又要带装水用的瓶子很不方便。她想要是将调色盘和水杯"加一加"，变成一样东西就好了。于是，她提出了将可伸缩的旅行水杯和调色盘组合在一起的设想，并将调色盘的中间与水杯底部刻上螺纹，这样，可涮笔的调色盘便产生了。

(资料来源：https://wenku.baidu.com/view/4ec5c5ec3069a45177232f60ddccda38366be133.html)

　　中国台湾少年于实明见爸爸装门扣时要拧六颗螺丝钉，觉得很麻烦。他想减少螺丝钉数目，提出了这样的设想：将锁扣的两侧丝边条弯成卷角朝下，只要在中间拧上一颗螺钉便可固定。这样的门扣只要两颗螺丝钉便可固定了。

(资料来源：https://wenku.baidu.com/view/4ec5c5ec3069a45177232f60ddccda38366be133.html)

　　石家庄市第一中学的王学青同学发现地球仪携带不方便，便想到，如果地球仪不用时能把它压缩、变小，携带就方便了。他想使用制作塑料球的办法制作地球仪就可以解决这个问题。用塑料薄膜制成的地球仪,用的时候把气吹足,放在支架上,可以转动;不用的时候把气放掉,一下子就缩小很多,携带很方便。

（资料来源：https://wenku.baidu.com/view/4ec5c5ec3069a45177232f60ddccda38366be133.html）

案例问题

上述新事物的出现使用了哪些方法？

案例启示

创造发明的灵感来源于生活,只要处处留心,认真观察,勤于思考,就能够想到很多好点子,好方法。把这些好点子好方法变成现实,就是创新之处,就是对社会的贡献。这些好点子好方法让人们的生活越来越方便,越来越美好。和田创新十二法就是一种引导创新者进行发明创造的实用方法,它能打开人们的创造思路。

名人金句

有一件事情是十分清楚的：创新思想不是那些专门从事开发创新思想的人的专有领地。

——斯威尼

和田创新十二法又称聪明十二法、十二法口诀,是我国学者许立言、张福奎和上海市和田路小学结合我国实际情况,在奥斯本检核表法和其他创造技法的基础上,借用其基本原理加以改进而提出的一种创新技法。它既是对奥斯本检核表法的一种继承,又是一种大胆的创新。比如,其中的"联一联""定一定"等,就是一种新发展。相比较而言,这种创新技法更通俗易懂,简便易行,便于推广使用。具体内容如表4-3。

表4-3　和田创新十二法

项　目	内　　容
加一加	加高、加厚、加多、组合等
减一减	减轻、减少、省略等
扩一扩	放大、扩大、提高功效等
缩一缩	压缩、缩小、微型化
变一变	变形状、颜色、气味、音响、次序等
改一改	改缺点、改不便、改不足之处
联一联	原因和结果有何联系,把某些东西联系起来
学一学	模仿形状、结构、方法,学习先进
代一代	用其他材料代替,用其他方法代替
搬一搬	移作他用
反一反	能否颠倒一下
定一定	定个界限、标准,能提高工作效率

如果按上表中这十二个"一"的顺序进行逐一核对和深入思考,就能从中得到启发,因而产生创造性设想。所以,和田十二法、检核表法,都是帮助人们打开创新思路、获得创新性设想的"思路提示法"。

"和田十二法"由于简洁、实用,深受人们的欢迎,目前人们运用这种方法已取得了丰硕的成果,下面以实例进行说明。

一、加一加

"加一加"是通过把原有的物品加厚、加高、加长、加粗等,创造出新产品的方法。这种创新技法的思路是:这件物品可以与那件物品组合在一起吗?组合在一起是不是更方便使用?在这件物品上附加些什么,可以扩大这件物品的功能呢?

"加一加"的方法因为操作简单,在生活中使用得非常广泛。例如空调扇,是普通风扇加上制冷的功能;遮阳伞,是普通的晴雨伞附加了防紫外线功能的涂层;手机除了通话功能以外,还可以用来照明,是因为在手机中附加了手电筒功能。利用"加一加"创新技法创造出来的产品随处可见,只要创新者能够仔细观察、认真思考,便能找到合适的创新方法。

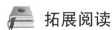
拓展阅读

多用圆规的发明

山东省烟台市第二中学高二学生刘国仁,创造技法的学习和实际应用,不仅激发了他的学习能力,还发明了多用圆规,在山东省举办的"青少年科学小发明创造"竞赛中获得创造发明奖。

刘国仁首先对圆规进行分析,列出其性质:整体——圆规;部分——圆规脚、铅笔头、垫片、扭头、螺丝;功能——画画、作图。然后逐项分析其缺点与不足,如"夹铅笔不方便,应予改进","功能太少,最好一物多用","结构太笨,要小巧一些","改用别的材料行否"等。随后,针对其缺点采取具体措施,吸取其他圆规的优点,本着价廉物美、多用途的原则,逐项进行改革,把刻度尺、三角板、量角器组合到圆规中去,最后发明成功。多用圆规式样美观,可以画圆、角和直线,还可作角与线段的量度,一物多用,非常方便。

(资料来源:http://www.doc88.com/p-70659497461057.html)

橡皮头铅笔的发明

美国佛罗里达州有个画家,叫李浦曼,他的生活相当贫困。他穷得连画布、画纸都买不起,手头的笔和画架,以及所用的画具都是些破烂货。然而,他并没有放弃自己的艺术追求,每天坚持作画,常常画到天亮。

有一天,李浦曼正专心致志地画一幅素描。他仅有的一支铅笔已经削得很短很短了,他必须捏着这支铅笔把画作完。画着画着,他发现画面要修改一下,于是,他放下笔,在凌乱的工作室里寻找他仅有的一块橡皮。他找了好久,好不容易才找到那块比黄豆大不了多少的小橡皮。他把需要修改的地方擦干净后,发现那支铅笔又失踪了。他找了这个,丢了哪个,找来找去,耽误了不少时间,李浦曼耐着性子,终于找到了那截铅笔头。一气之下,他决定把橡皮和笔头绑在一起,叫它俩谁也跑不掉!于是他找来一根丝线,把橡皮缚在铅笔的顶端,这样,铅笔似乎长出了一些,用起来也更方便了,可是,没用几下,橡皮掉了下来,穷画家发了狠心,一定要把橡皮头牢牢地固定在铅笔上。为此,他竟然连画也不画了,发着倔劲干了好几天,想了种种办法固定这块橡皮头……最后,他终于想出了一个好办法:用一块薄铁皮和铅笔的一头包起来。

这就是今天人们所使用的带橡皮的铅笔,这成了他的专利。

不久,著名的 RABAR 铅笔公司用 55 万美元的巨款买下了这个专利。李浦曼由一个穷画家变成了发明家和大富翁。

(资料来源:https://wenku.baidu.com/view/375aaf3374c66137ee06eff9aef8941ea76e4bb4.html)

二、减一减

"减一减"是通过把原有的物品减轻一些、减少一些,或省略一部分,从而产生新产品、新技能的方法。如蓝牙耳机去掉耳机线,使听音乐变得更方便;普通眼镜把镜片变薄,去掉镜架,就成了隐形眼镜;拉链代替了纽扣等。

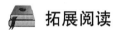

机车的改进

过去,机车是用齿轮啮合着齿轨行驶的。学者们都认为,如果安不上齿轨,机车就会在轨道上打滑和脱轨。当时,史蒂文森是一位司炉工人,他总在想方设法使机车跑快点。他制造了许多的模型,都是装有齿轮的,无论用什么方法也不能提高车速。几年过去了,他想,把齿轮取下来试一试。结果机车不但没有打滑,而且速度提高了 5~10 倍,也没有脱轨。他申请了专利,并获得了火车发明家的称号。

(资料来源:https://wenku.baidu.com/view/8df83e3c5727a5e9856a61b2.html)

三、扩一扩

"扩一扩"是通过把原有物品放大一些、扩大一些或提高功效等,使产品产生新功能的方法。在人们的生产活动和日常生活中,常常会用到这种方法。如把长舌太阳帽的长舌扩大到足够为母子二人遮阳使用,因此受到携带婴幼儿出门的母亲们的欢迎;老年人通常拿放大镜来读书看报,放大镜使字体扩大到适合老人观看;紧张的象棋比赛无法满足几百人观摩,于是做成一个特大的象棋盘高挂墙上,供棋迷们一饱眼福。

四、缩一缩

"缩一缩"是把原有物品体积缩小一点、压缩一点、缩短一点,使产品更适合更实用的一种方法。如把台式机缩小成笔记本电脑,方便携带;把书缩小成卡片式,更利于幼儿阅读。

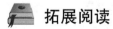

时钟的发展

世界上最早的时钟出现于 11 世纪至 12 世纪,主要用于教堂提醒修道士祷告的时间。后来一位聪明的德国锁匠将时钟变小,造出了第一只怀表。瑞士人将时钟变得更小,做出了手表。

(资料来源:https://www.docin.com/p-2034340683.html)

五、变一变

"变一变"是通过改变原有事物的各种属性,进而产生新思维、增加新功能的方法。如日本生产出的方形西瓜,因为造型独特,一度受到追捧;U 盘的外观变化越来越多,更加新颖独特。

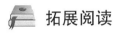 拓展阅读

花炮的演变

最初的花炮仅是一个圆纸筒,里边装了火药。为了满足人们日益增长的需求,一些厂家将圆纸筒变成动物、花篮、坦克车、西游记人物等各种造型,将烟花的颜色由单一的红黄色变为赤、黄、橙、绿、青、蓝、紫各种颜色,烟花燃烧后的形状也变化多端,药的喷射方式也是各种各样。还有一些厂家制造出各种音响效果,使无数的孩子及家长被它们所吸引。

(资料来源:https://max.book118.com/html/2017/0217/92336860.shtm)

双尖绣花针

从古代的骨针到现代的钢针,模样都是一头针尖一头针孔。在第四届全国青少年发明创造比赛大会上。来自武汉的王帆同学发明的绣花针两头都是针尖,针孔在中间。人们在刺绣时,总是要来回调换针头的方向,而双尖绣花针可以像梭子织网一样,直进直出,刺绣的工效提高了 1~2 倍。一年后,日本东京大学的医生也将双尖缝合针应用在整形外科手术上。

(资料来源:https://wenku.baidu.com/view/ba839e77783e0912a2162ab8.html)

六、改一改

"改一改"是针对原有事物的缺点、不方便或不足之处,寻找有效的改进措施,使产品更实用的创新方法。

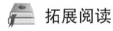 拓展阅读

雨衣的改进

对现有的雨衣作缺点列举:①胶布雨衣夏天闷热不透风;②塑料雨衣冬季变硬变脆容易坏;③穿雨衣骑自行车上下车不方便;④风雨大时,脸部淋雨使人睁不开眼,影响安全;⑤雨衣下摆贴身,雨水顺此而下弄湿裤腿与鞋;⑥胶布色彩太单调,无装饰感等。

针对这些缺点可提出许多改进方案,如采用新材料使塑料雨衣不脆不硬;在雨帽上加一副防雨眼镜或眼罩;增加色彩,分别设计男、女、老、少不同样式的雨衣;设计防弄湿裤腿及穿着方便的款式等。

(资料来源:https://wenku.baidu.com/view/7678bcff0a4c2e3f5727a5e9856a561253d32161.html)

雨伞的改进

先对平时用的普通曲柄雨伞作缺点列举:伞尖容易刺伤人;拿伞的人不方便再拿其他东西;乘公共汽车时雨伞上的水会弄湿别人的衣服;开收不方便;伞骨容易折断;单布透水;模样单调、不美观、不易互相识别;晴雨两用时,式样不能兼顾;收藏携带不方便,等等。为此,便研制出了种类繁多的新品种;可折叠伸缩的雨伞;伞布经防雨处理的雨伞;各种花型色

彩的伞；伞顶加装集水器、上车收伞时雨水便不会滴在车内；伞骨不用铁制，避免生锈；能开收自如的自动伞；甚至还有两人共用的椭圆形情侣伞；可兼作手杖的手杖伞；有照明功能的夜行伞；伞面用透明塑料布可不挡住视线；伞布做成可卸式易于洗涤，等等。其中，日本理想公司抓住伞太长不便携带的缺点，制成了三折伞，并加装一道弹簧使伞能自动张合。这一小小改进，给该公司增加年利润50万美元。

最近，在欧美流行着一种新型雨伞，伞面是十分轻巧的镀铬条。这种伞除了可挡雨外，还是一种新式的太阳灶，只要在阳光下把伞倒放，让伞柄对准太阳，伞面的聚焦点可产生500℃的高温，足以供人烧水、做菜、煮饭。

（资料来源：https://wenku.baidu.com/view/5bae99f79a6648d7c1c708a1284ac850ac020443.html）

狮王牌牙刷

日本狮王牙刷公司的职员加藤信三，每天大清早就起床刷牙。可每次刷牙，牙龈就会出血。他想了许多种解决牙龈出血的方法：牙刷改为较柔软的毛；使用前，先把牙刷泡在刷牙水里，让它变得柔软一些；多用一些牙膏；慢慢刷牙等，这些方法仍不管用。

后来，加藤信三又想：牙刷毛的顶端是不是像针一样尖呢？他用放大镜观察一番，发现与他的估计居然相反，毛的顶端是四角形的。于是，加藤进一步脑筋了：如果把毛的顶端磨成圆形，那么用起来一定不会再出血了吧？加藤信三把不满意变成一项相当有价值的创意，试验结果相当理想。于是，他就把新创意向公司提出来，公司欣然采用。改善后的狮王牌牙刷销路极佳，而且经久不衰。

（资料来源：https://wenku.baidu.com/view/5850f729bcd126fff7050bef.html）

七、联一联

"联一联"是把两件或多件看似毫不相关的事物联系起来，或把一件事情的前因和后果联系起来，寻找新思路，从而解决现实问题的方法。这种分析方法经常能使人们发现一些新的现象与原理。

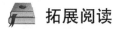 拓展阅读

酸性土壤的改良

澳大利亚曾发生过这样一件事，在收获季节里，有人发现一片甘蔗田里的甘蔗产量提高了50％。这是由于甘蔗栽种前一个月，有一些水泥洒落在这块田地里。科学家们分析后认为，是水泥中的硅酸钙改良了土壤的酸性，而导致甘蔗的增产。于是人们研制出了改良酸性土壤的"水泥肥料"。

（资料来源：https://wenku.baidu.com/view/14cd7c632af90242a995e517.html）

玩具飞机的改进

1950年，日本市场上出售一种上发条的螺旋桨式玩具飞机，但它只能飞一两分钟。青年马渊看到这个玩具，便琢磨起来："难道没有办法使螺旋桨转更长的时间吗？"他忽然想到用电池带动马达使螺旋桨转动。他立即买了个玩具飞机，卸下发条，装进马达和电池。结果玩具飞机能飞一两个小时。

（资料来源：https://wenku.baidu.com/view/8df83e3c5727a5e9856a61b2.html）

八、学一学

"学一学"是学习模仿其他物品的原理、形状、结构、颜色、性能、规格、方法等实现创新的方法。如人类研究了鱼在水中的游动发明了潜艇,鲁班根据有齿痕的野草发明了锯子。

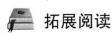拓展阅读

听诊器的诞生

1816年,35岁的雷奈克医生接诊了一位年轻的女性患者,她看起来有心脏疾患的症状,但还无法确诊。

在19世纪早期,医疗器具还十分缺乏,除了贴耳朵上去直接听诊以外,能供医生使用的胸腔检查方法也就只有触摸和叩诊而已。

在做过触诊和叩诊之后,雷奈克依然没得到多少诊断线索,这时候应该要进行听诊了,但这位医生却"不情愿"在年轻女患者身上进行直接听诊。那该怎么办?

犹豫尴尬的雷奈克医生忽然想起之前看到过小孩子玩的"传声筒"的游戏:两个孩子分别在一根木头的两头,一个人在这头敲击木头,另一个人就可以在另一端收听"信号"。

同样的原理放到听诊上应该也能行得通吧?雷奈克灵机一动,卷起一个纸筒,贴到患者胸口尝试起了"间接听诊"。结果证明,这是个相当正确的决定:他不仅成功听到了患者的心脏跳动,而且声音还相当清晰,比直接听诊效果更好。雷奈克立即意识到,这或许将成为一种非常实用的诊断工具。

回家后,他马上找人专门制作一根空心木管,长30厘米,口径0.5厘米,为了便于携带,从中剖分为两段,有螺纹可以旋转连接,这就是第一个听诊用具。

(资料来源:https://www.sohu.com/a/156045273_99918373)

九、代一代

"代一代"是用其他事物或方法代替现有事物,从而进行创新的一种方法。现实生活中,这样创造新事物的现象随处可见。如以纸代替木材制造家具,结实耐用,物美价廉;新颖陶瓷有耐高温、耐磨损、耐腐蚀、耐冲击等特点,已经作为替代品登上现代工业的舞台;塑料的替代改变了许多产品的面貌,各种塑料制品已进入各个领域与千家万户;利用太阳能、风能、地热能,开发海洋乃至开发人体自身的能量代替石油、煤炭等有限能源,已经成为科学研究的热门话题。

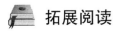拓展阅读

用按扣代替开关

山西省阳泉市小学生张大东发现家中有许多用电池作电源的电器没有开关。使用时很不方便。他想出一个"用按扣代替开关"的办法:他找来旧衣服和鞋上面无用的按扣,将两片分别焊上两根电线头。按上按扣,电源就接通了;掰开按扣,电源又切断了。

(资料来源:https://wenku.baidu.com/view/4ec5c5ec3069a45177232f60ddccda38366be133.html)

沙漏的新生

沙漏是一个古老的计时器,从机械钟出现后,砂钟产业就成了一种过时的产业,砂钟业

者相继倒闭或转产。日本寺田商店的老板不甘心,他想生产一种新型的砂钟重新占领市场。他想:以往砂钟使用的是铁砂,颗粒也大小不一,看起来也不美观,并容易发生堵塞。如何解决这个问题呢?他想使用新的材料取代铁砂。他先选用了染色的玻璃粉,但这种染料污染容器。于是他又换为塑料粉,但由于静电作用,塑料颗粒相互粘连,孔被堵塞。寺田又开始寻找新材料。他找到了干燥剂。他了解到干燥剂表面有无数小孔,遇潮气便吸入孔内。他想,如果把干燥剂用染料涂色,颜色被吸入孔内,可以永保美观。而且由于它是干燥的,也不至于堵住孔。最后,寺田用美丽的干燥剂代替铁砂,使砂钟业又获得了生机。

(资料来源:https://wenku.baidu.com/view/8df83e3c5727a5e9856a61b2.html)

白木耳培育方法的改进

白木耳原来是长在树上的,后来人们研究用椴木栽培获得了成功。我国福建省古田县应用锯木屑瓶栽银耳,使产量提高15~20倍。后来一位农民应邀到上海嘉定县传授瓶栽银耳的经验,但上海木材奇缺,"是否有代用品呢?"他想棉花秆可取代木头,那么棉花秆也许能培育白木耳。经过35~40天的试验他终于成功了。

在实际生活中,当你感到困难时,"寻找替代物"也是一种解决问题的重要思路,学会了这种方法往往能使人摆脱困境,取得成功。

(资料来源:https://wenku.baidu.com/view/8df83e3c5727a5e9856a61b2.html)

十、搬一搬

"搬一搬"是把原事物、原设想或原技术搬至其他地方,从而产生新事物、新设想或新技术的方法。

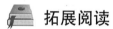 拓展阅读

折叠式旅行饭盆

上海市大同中学的刘学凡同学在参加夏令营时,感到带饭盆不方便,他很想发明一种新式的便于携带的饭盆。他看到家中能伸缩的旅行茶杯,又想到了充气可变大、放气可缩小的塑料用品。他想按照这些物品制造的原理,可设计一个旅行杯式的饭盆,或是充气饭盆。可是,他又觉得这些设想还不够新颖,陷入了冥思苦想之中。一天,他偶然看到一个铁皮匣子,是由十字状铁皮将四壁向上围成的。他想,我也可以将五块薄板封在双层塑料布中,用时将相邻两角用揿钮揿上,五块板就围成了一个斗状饭盆。这样,一个新颖的折叠式旅行饭盆就创造出来了。

(资料来源:https://www.sohu.com/a/125008057_100934)

水泥制品的新用途

日本战后许多五彩缤纷的陶瓦竞相上市,生产水泥瓦的产业成为过时产业。一个水泥瓦公司的经理想,这样下去公司要倒闭,应寻找水泥瓦的新用途。当这位经理走到乡间,看到农民在沟边打柱时,突然想到用水泥板竖在沟边两侧,然后打上桩可以有效地防止沟沿向内侧倾斜。后来他进一步完善了设想,发明了挖沟专用的水泥U形桩及与之配套的水泥两侧板。水泥制品找到了新用途,他的水泥制品公司又得到了新的发展。

(资料来源:https://wenku.baidu.com/view/8df83e3c5727a5e9856a61b2.html)

十一、反一反

"反一反"是把某一物品的形状、性质、功能加以颠倒,从而创造出新产品的方法。许多新商品往往是上下、里外、左右、前后、横竖反一反,就由老商品变成新商品,如皮毛服装里外反一反,就成为翻毛服装;衣服领由圆领改为小方领,或者相反,就成为新款服装;毛线衣由内衣变成外衣,羊毛衫则由外衣变为内衣;把暖水瓶改为冷藏瓶;把无用垃圾变为有用的有机肥料,等等。

反一反是一种逆向思维,它的创新思路是顺着已有事物或现象的相反方向进行思考,寻找解决问题的新途径。

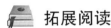 拓展阅读

吸尘器的发明

在国外,有人想发明清扫工具。开始时他把地上的灰尘吹掉,结果,灰尘飞扬,把地上、空气中弄得一塌糊涂。后来,他"反一反"考虑,把"吹尘"改为"吸尘",终于发明了现在的"吸尘器"。

(资料来源:https://www.doc88.com/p-6116923064761.html)

豪斯发明的缝纫机

普通的缝衣针都是针尖细,针尾粗有孔,这样缝衣服时,整个针穿过布才能把线带过去。可否颠倒一下,在细的一端(针尖处)开孔,这样针尖一穿过布,线也就随之被带过去了。颠倒的构思,简化了机器的操作,缝纫机的发明给人类文明增添了无穷的风采。

(资料来源:https://wenku.baidu.com/view/9f804e74a417866fb84a8eab.html)

十二、定一定

"定一定"是指对某些发明或产品定出新的标准、型号、顺序,以求改进某种东西、提高学习和工作效率、防止可能发生的不良后果,从而进行创新的一种思路。

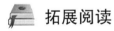 拓展阅读

定位防近视警报器

有人用"定一定"发明了一种"定位防近视警报器"。他利用微型水银密封开关,将其与电子元件、发音器一起安装在头戴式耳机上,经调节,规定头部到桌子的距离,当头低到超过这个规定值时,微型水银开关接通电源,并发出警告声,提醒人要端正坐姿。

(资料来源:https://wenku.baidu.com/view/2249c3d5152ded630b1c59eef8c75fbfc77d949c.html)

温度计的刻度划分

以前温度测定只能用人的感觉判定,既不方便,又难有一个准确的标准。瑞典科学家摄尔休斯想出了在水的冰点与沸点间划100等份,把每一等份定为1℃的方法,统一了温度的测量。

(资料来源:https://wenku.baidu.com/view/3a259486a0116c175e0e480f.html)

和田创新十二法因其通俗易懂,容易被人们接受,但在使用此方法时还应该注意以下几点。

第一,和田创新十二法实质是一种思维的训练,它起到的是一种引导的作用。

第二,仅仅简单地把和田创新十二法作为一种知识记住,是毫无意义的,技法的学习应在创造实践中进行。

第三,不少创新创造是多种技法的综合运用,或在创新创造过程中连续使用几种技法。

第四,本创造技法的应用同样要以渊博的知识为支撑。离开了知识与生活经验,单单那12个字是苍白无力的。所以创造技法的训练,应结合日常的学习、生活和活动的实践过程进行。

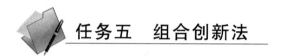

任务五 组合创新法

学习目标

1. 掌握组合创新法的四种基本方法。
2. 能够利用组合创新法分析身边的物品。

导入案例

编码杆秤的变革

编码杆秤作为传统的计量工具,在我国已有近千年的历史了。但是,由于秤杆和秤砣是分开的两个部件,所以携带很不方便。尤其是有些人还利用换秤砣的方式,克扣出售商品量,坑害消费者。

于是,四川的张鹏程同学对传统的杆秤作了改进,他在杆秤上开槽,把秤砣做成条形,并把两者通过活节铆在一起,使两者不能分开,再刻上编码。不用时,可以把秤砣镶在杆秤的槽里,既携带方便,又可防止弄虚作假,有利于维护消费者的利益。

这项名为"编码杆秤"的小创新荣获了全国青少年发明创新比赛一等奖,其成功之处就在于巧妙地将秤杆和秤砣这两件"形影不离"的部件组合在一起,将传统的杆秤作了一番革命性的变革。

(资料来源:https://wenku.baidu.com/view/adb20616f18583d049645988.html)

案例问题

编码杆秤发明使用了哪种创新方法?给了你哪些启示?

案例启示

发明创造并不意味着一切从零开始,我们可以在他人创新的基础上进行再创造。通过运用创造性思维和方法,在他人创新的基础上加以补充、改进、变化或重新组合,就可以形成新构想、新方法和新产品。

名人金句

我认为为了满足人类的需要而找出已知装置的新的组合的人就是发明家。

——爱因斯坦

组合创新法是指按照一定的技术原理或功能目的,将事物进行适当的组合或重新安排,从而获得具有统一整体功能的新技术、新产品的创新技法。

组合创新法在创新创造活动中发挥着重要作用。据资料显示,20世纪后半叶,世界重大创新发明成果大部分是组合成果。组合的可能性无穷无尽,运用组合法,可以形成无数的新设想、新产品。相比较而言,这些新设想、新产品具有更强大的功能、更好的性能。

一、组合创新法的特点

(一)创造性

日本人的观点是"组合即创造",虽然这种说法有所夸大,但是确实有一定的道理。创造的实质最终可归结为事物的分解和再结合,把事物的整体进行分解,按照不同的目再将其重新组合起来,就会产生新的事物与方法。这就像搭积木,把用积木搭建成的一幢房子拆开来,换种方式堆积起来则变成了一辆火车。创造发明也类似于这一道理。从总体来说,创造发明的结果产生了世界上原先没有的东西。而从其构成方式来说,大多是利用世界上已有的旧东西,再以新的形式重新组合一下而已。

当然,组合并非把各部分简单地罗列、机械地叠加成整体。事实显示,被称为创造的组合需要满足三个条件,一是必须是由多个部分组合在一起;二是所有部分相互支持、相互补充、相互促进,为同一个目的起作用;三是各部分组合后会产生一个新的效果,并且新的整体效果必须大于原整体效果之和,亦即达到"1+1>2"的飞跃。

(二)广泛性

几千年的人类文明史中,出现了数不胜数的发明创造产物。在这些发明创造产物中,使用组合方式发明的占据了大部分。科技的不断发展给人们提供了广阔的组合基础,所以组合创新法广泛适用于各个领域。从简单的日用品到诸如宇宙开发等尖端技术,从普通的小改革到新学科、新理论的创建,从单纯的文本编辑到传世的艺术创作,等等,都可以根据不同情况作不同层次的组合创造。

(三)普及性

就技术上而言,组合创新法是按照一定的功能需要去选择若干成熟的技术加以组合,不像原理突破型创造那样要求具备专业的理论基础,所以便于广大群众进行学习与应用,大大拓展了该方法的应用范围。

(四)多样性

组合的形式多种多样,既可以是来自同一场合或同一目的的不同物品的组合,如"橡皮+铅笔→橡皮头铅笔","裤子+袜子→连裤袜";也可以是来自不同场合或不同目的的不同物品的组合,如"空气+煤炭→尼龙";还有些是跨越时空的组合,如现在有很多病症,需要通过传统中医与现代技术相结合的手段进行治疗;还可以是技术上的组合,如不同的元件或物品的组合；或者是艺术上的组合，如鲁迅先生说他小说里创造的人物"嘴在浙江、脸在北京、衣服在山西，是一个拼凑起来的角色。"

（五）灵活性

组合的方式可以是二元组合、多元组合、附加式组合、辐射式组合、综合性组合等，可随不同需要灵活选用。如以推广新技术为目标者，可采用辐射式组合的方式，即以该技术为中心，同其他多种技术进行组合，形成技术辐射。若以改进已有的特定对象为目标，则可采用附加式组合的方式，通过借用或引入新技术促使产品改革。而那些看似杂乱无章式的、无规律可循的组合，若打破思维定式和习惯思维的障碍，更有可能获得新奇的设想。

（六）时代性

发明创造主要有两种类型。

一种是原理突破型，这是因为发现了新的自然规律、探索出新的技术原理而做出的发明创造，其突破在于找到了把科学原理转化为技术原理的方法，并在此基础上进行的发明。如内燃机代替蒸汽机，电力代替蒸汽动力。

另一种是组合型，利用已有的成熟技术，通过适当的组合而成。如诺贝尔生理学医学奖获得者豪斯菲尔德发明的 CT 扫描仪，其工作原理是通过把 X 射线照相装置同电子计算机结合在一起实施的。这种组合能够诊断出脑内疾病及体内癌变，这一特殊功能却是原来两项技术单独存在时所不具备的，因而为一项重大发明。

组合的时代性还表现在组合的思想已作为一种常用的处理技术问题的思考模式，渗透到了许多现代设计方法中，如模块化设计是把产品看成若干模块（标准零件或装配件）的有机组合。在现代技术开发中，组合型创新成果已占全部发明的 60%～70%。

（七）几点需要注意的问题

运用组合原理创新产品时需要注意以下三点。

（1）选择组合要素的量要适度，要素多当然组合的可能情况就越多、越全面，但相应的也会耗费大量的精力和时间。因此，在选择组合要素时不能贪多。

（2）组合可以使产品具有不同的功能，成为多功能、通用型的产品，但过分追求"万能"会出现增加成本、制造困难、功能多余等弊端。

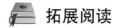 拓展阅读

多变女装

有人开发了一套组合式的女式套装，可以像魔方一样变换组合出 144 套不同的式样。只要买一套这样的服装，就相当于买进了 48 套套装、24 件长袖外衣、36 条披肩、36 条灯笼裙。然而至令未见上市走俏。变换组合功能太多一则麻顺，再者为顾及通用性而牺牲了时装的个性魅力，更有可能的是还未变换这么多式样，其常用部位或许已磨损破旧了，可以说是得不偿失。

（资料来源：http://www.360doc.com/content/15/1110/16/462272_512169274.shtml）

（3）不要轻易放弃任何组合，尤其是看似不可能的组合。实践证明，参与组合的各要素越是风马牛不相及，开发出的新产品创造性越强。如尼龙是由空气与煤炭的组合开发出的

新产品,电子游戏机是由电脑与游戏相结合发明出来的。这些组合创新给许多企业带来了巨额利润。

二、组合创新法的类型

组合型创新技法常用的有主体附加法、异类组合法、同物自组法、重组组合法等。

(一)主体附加法

以某一事物为主体,再添加另一附属事物,以实现组合创新的技法叫作主体附加法。现实生活中可以找到采用这一技法创造出来的许多商品,如洗衣机,初始只有洗衣功能,后添加了甩干、喷淋装置使它有了漂洗、晾干功能,成了现在以洗衣功能为主功能的全自动洗衣机;老人用的拐杖附加手电筒、警铃、按摩器等成了多功能手杖;再如在电风扇中添加香水盒,在摩托车后面的储物箱上装上电子闪烁装置,在衣服上、鞋子上、背包上加上反光材料,在雨伞上加入照明装置等,这些产品既方便又实用,受到广大消费者的欢迎,在市场上占有了一席之地。这说明以主体附加法进行创造发明大有可为。

主体附加法是一种创造性较弱的组合,但只要附加物选择得当,同样可以打开市场,产生巨大的经济效益。

运用主体附加法创新创造时,通常采用两种方式方法。一是不改变原事物的任何结构,只是在原事物上简单附加某种要素,例如在药瓶上附加刻度表,在奶瓶上附加温度计,在铅笔上附加橡皮头等。二是要对原事物的内部结构作适当的改变,以使原事物与附加物能协调运作,实现整体功能,例如为了减少照相机的体积,有人创造性地将闪光灯移至照相机腔体内,这种组合不是将闪光灯与照相机主体简单地附加在一起,而是将两种功能赋予一种新的结构形式。这种内藏闪光灯的照相机,以其小巧轻便的特点深受旅游观光者的欢迎。

在运用主体附加法时,首先要有目的、有选择地确定待改进事物;其次要分析待改进事物在功能上的不足和尚需补充完善的地方;最后再根据实际需要确定附加物及组合的方案。

主体附加在大多数情况下产生的是有用的辅助功能,但有时也可能带来无用的多余功能。如在洗衣机上附加定时器是有必要的,而在洗衣机上附加一个洗脸盆,对绝大多数家庭来说则是一个多余的东西。因此,主体附加法的创造性在很大程度上取决于选择的附加物能否使原事物产生新的功能和价值,以增加其实用性。

 拓展阅读

带计数器的跳绳

浙江新昌县中心学校的潘明赟同学,在跳绳运动的测验和比赛中,总觉得计数是一件麻烦的事情。于是,她利用录音机里的机械计数器作为计数装置,附加在跳绳的绳把上。在跳绳的带动下,计数器的联动装置会自动把跳绳次数记录下来。

(资料来源:http://www.qsmxjy.com/show-288.html)

鞋子的改革

生产名牌运动鞋的德国"芭芭拉"公司,不久前推出一种附加隐藏式电池和串灯发光装置的运动鞋。行走时,鞋跟触地便变幻发光闪亮,在夜间能远距离引起过往车辆司机和行人注意,适合青年学生特别是晚间慢跑者穿着。这种"闪光芭芭拉"已在我国面市,不少人士纷纷慕名购买。

无独有偶,在我国以生产"登云牌"皮鞋而闻名的上海第一皮鞋厂与上海六家医院的专家们,共同研制出嵌有磁片的保健型"磁疗皮鞋",令消费者耳目一新。

据专家们介绍,磁场对于人体十分重要,而我们所生活的空间,磁场在不断减弱,从而造成人体磁场弱化,电流变小,疼痛、疲劳、失眠等症随之而来。因此,向身体补充磁力线就有重要意义。比如人的脚底,在人体力学上是聚集倾向最大的部位,因而脚也是人体中最容易退磁的部位。新发明的保健型"磁疗"鞋,在鞋底内侧面针对脚底主要穴位开孔,并嵌上专用磁片,使其对准脚底的穴位点,经常穿着便可抑制腿部退磁,有助于消炎、镇痛、降压和消除疲劳。由于皮鞋是人们穿着最多的鞋种,也是市场竞争激烈的一种商品,磁疗皮鞋"锦上添花",前途将是一片光明。

(资料来源: https://wenku.baidu.com/view/a0046eaef524ccbff1218420.html)

笔记本的演变

笔记本是最常用的文化用品,销路平常。可是以此为基础,附加上其他的功能之后,如日本人开发上市的"万用手册",却异常畅销,上班族、企业干部、秘书人员、学校教师,几乎人手一册。目前,市面上出售的万用手册大都组合聚集了以下功能。

(1) 记事本:个人资料表、年历、每日每周每月直至每年的计划表、一年的回顾与总结、家属生日表、亲友通讯录等。

(2) 工作情报手册:世界各国地图、常用电话号码及长途电话区号、世界时刻对照表、度量衡换算表、日息与年息换算表、商业通讯资料、航空公司订位电话。

(3) 备忘录:可随时记下防止遗忘的事情,并另外附有单面粘贴纸,用作袖珍备忘录与索引卡,可贴在任何物体上。

(4) 企划表:可依个人需要的不同,制作成生活目标表、财务收支管理表、专业企划表、学生活动考核表等。

(5) 皮夹与钥匙袋:皮夹部分可放入名片、钞票、计算机、信用卡。而钥匙袋则可存放钥匙与零用硬币。

进一步的创新是:以往的记事本或工商日志都以年为单位,一年结束得换新本子。而万用手册采取六孔活页设计,使用者可以随时补充更选其资料,保存必需的,添加新增的,使万用手册"万年"可用。

(资料来源: http://www.doc88.com/p-735493856879.html)

(二) 异类组合法

通过把两种或两种以上的不同种类的事物进行组合,由此产生新事物的方法称为异类组合法。异类组合法是将研究对象的各个部分、各个方面和各种要素组合起来加以考虑,从而在整体上把握事物的本质和规律,体现了组合就是创造的原理。具体有以下几种方式。

1. 不同物品的组合

不同物品的组合就是把两种或两种以上的不同的事物适当安排在一起的组合方式,如收录机、电子表笔、闪光装饰品、香味橡皮、音乐贺卡等皆是。这种组合方式很容易被大众接受,能够带来很大的商机。

2. 多种功能的组合

多种功能的组合就是把多种功能集于某物品一身。例如，有人将一金属片作适当加工后，可以代替小刀、开罐头刀、螺丝刀、开瓶器、扭转蝶形螺帽工具、锯、指甲钳、镜子八种不同的工具。

3. 不同材料的组合

材料的材质对产品性能有着直接的影响，而有些产品是由不同的材料组合而成的新产品，这种新产品也随处可见，例如钢芯铜线电缆、钢筋混凝土、混纺毛线、玻璃纤维制品、塑钢门窗等，均是利用不同材料达到取长补短的作用。

4. 多种方法的组合

在生产工艺和处理技术中，把两种以上独立的方法组合起来，也会有新的效果。

5. 原理与手段的组合

技术原理与技术手段的组合，可以改造或补充已有的原理或手段。例如，英国生物学家艾伦·克卢格把衍射原理与电子显微镜组合在一起，发明了晶体电子显微镜。

6. 现象与现象的组合

现象与现象的组合是指将不同的物理现象组合起来，形成新的技术原理，产生新的发明。例如，西德科学家发明的一种清除肾结石的方法，就是两种现象的组合效应：一种现象是水中两个电极进行高压放电时，产生的巨大冲击力能把坚硬的宝石击碎；另一种现象是在椭球面上的一个焦点上发出声波，经反射后会在另一个焦点汇集。利用上述两种现象的组合，便可设计出击碎人体内肾结石的装置。

异类组合法的特点包括以下内容。

（1）组合对象来自不同的方面，一般无主次之分。

（2）组合过程中，参与组合的对象可以从意义、原理、构成、成分、功能等任一方面或多方面互补或互相渗透，产生"1+1＞2"的价值，整体变化比较显著。

（3）异类组合是异中求同，因此应用范围很广、创造性很强。

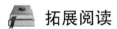 拓展阅读

电子黑板的发明

电子黑板是由日本电气工业株式会社的几个"臭皮匠"集思广益而产生的。他们的思路是：在讲习会或其他会议上，听讲者总要一个字一个字地对着黑板抄笔记，很麻烦。不如把黑板和复印机组合在一起就好了。于是，他们就将两者组合起来，发明了"电子黑板"。这种黑板上写的内容，只要按一下右方的电钮，便全部复印成稿件，发给听讲者作为笔记，方便极了。难怪很快风靡全日本，成为畅销产品。

（资料来源：https://wenku.baidu.com/view/401d15c577c66137ee06eff9aef8941ea66e4be8.html）

（三）同物自组法

同物自组法就是把若干相同的事物进行组合，以求创新的一种创新技法。

同物自组法的效果是显而易见的，在生活中随处可见同物自组法创造出的新产品。例如把两辆自行车并在一起就成了双人自行车；单孔插排并在一起就成了多孔插排；刀的刀刃

上下交叉连接就变成了剪刀;锯子实质上就是一排串联交错的刀子,拉一下锯子等于瞬间砍了数十刀;两个单杠并列在一起,其高低并列就成了高低杠;双胆气压式保温瓶可以同时贮放冷热两种饮料。

同物自组法的创新思路是在保持原有事物的功能和意义不变的前提下,通过数量的增加来弥补不足或产生新的意义和新的需求,从而产生新的价值。而这种新功能或新意义,是原有事物单独存在时所不具备的。

同物自组法的特点如下。

(1) 组合的对象是两个或两个以上的同一事物或同一类事物。

(2) 组合的过程中,参与组合的对象在组合前后其基本原理、基本结构一般不发生实质性变化。

(3) 同物组合的产物,往往具有组合的对称性或一致性的趋向。

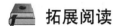 拓展阅读

双刃卷笔刀片

通常,卷笔刀的刀刃都是单刃的,刀刃一旦用钝了,卷笔刀也只好作废了。湖北沙市二中的雷霆同学将刀片设计成双刃,当一边的刀刃用钝时,将另一边刀刃换过来,卷笔刀就又可以使用了。这种卷笔刀只增加一道简单的加工工序,却能使卷笔刀的使用寿命延长一倍。

(资料来源:https://wenku.baidu.com/view/79a5fc71b0717fd5370cdc29.html)

活 衣 扣

纽扣一般是直接缝在衣裤上,如果把两个纽扣背靠背对缝起来,会有什么用途呢?只要我们在原钉扣子的地方也缝了扣眼,就可以用这种对扣来连接。这种活衣扣可在洗涤前取下,避免扣子与洗衣机摩擦,还便于调换不同颜色或不同形状的扣子。

(资料来源:https://wenku.baidu.com/view/79a5fc71b0717fd5370cdc29.html)

四面篮球架

上海学生方黎,在上篮球课时发现,学校篮球场只有一个篮球架,全班几十位同学排队投篮,一节课只能轮上几次。当时正值冬季,同学们站在操场上等候时感觉很冷。她想,如果能多设几个篮球架,大家既可以多练习,又可以多运动驱寒,那该多好。然而受学校运动场地的限制,不可能多设篮球架。于是,她因地制宜地,设计了一种四面篮球架。这种篮球架由一个十字形支架固定在立柱的顶端,十字架的四个端部各安置一个篮板和篮筐。为了适应不同年级学生使用,她还在立柱上增设了高度调节装置。这种四面篮球架只增加了三块篮板和篮筐,就达到四个篮球架的效果,既充分利用空间,又方便老师指导。

(资料来源:https://wenku.baidu.com/view/79a5fc71b0717fd5370cdc29.html)

夹层食品袋

夹层食品袋由三层塑料膜组成,经封边后形成了两个叠在一起的袋子。它主要用于带果壳食品的包装,食品装在一个袋子里,吃剩的果壳可放在另一个袋子里,避免废弃物随地乱丢。

(资料来源:https://wenku.baidu.com/view/79a5fc71b0717fd5370cdc29.html)

多级火箭壳

发射卫星和飞船需要用多级火箭才能把它们送到太空上去。多级火箭是把若干个火箭串联(或捆绑)在一起,当第一级火箭的燃料用完后,其外壳随即脱离,同时第二级火箭点火……由于连续卸去用完燃料的外壳,火箭的重量逐渐减少,飞行速度提高到每秒 7.9 千米以上,这样的速度靠单级火箭是难以达到的。

(资料来源:https://wenku.baidu.com/view/79a5fc71b0717fd5370cdc29.html)

(四)重组组合法

任何事物都可以看作是由不同部分构成的整体。各部分之间的有序结合,是确保事物整体功能和性能实现的必要条件。如果有目地改变事物内部结构要素组合的次序,并按照新的方式进行重新组合,以促使事物的性能发生变化,这就是重组组合。

在进行重组组合时,首先要分析研究对象的现有结构特点。其次要列举现有结构的缺点,考虑能否通过重组克服这些缺点。最后确定选择什么样的重组方式。

重组组合法的特点如下。

(1)组合在一个事物上进行。
(2)组合过程中,一般不增加新的东西。
(3)重组主要是改变事物各组成部分之间的相互关系。

日常生活中,随处可见重组的例子。例如,流行的儿童玩具"变形金刚"、分体组合家具等。

 拓展阅读

旱 冰 鞋

旱冰鞋的发明构思是从冰鞋那里得到启示的。18 世纪中叶,一位名叫莫林的比利时乐器制造商在鞋底安装了一排按直线排列的轮子。他穿上这双鞋在伦敦的一个化装舞会上进行表演。他在地板上一边滑行一边拉着小提琴。令客人和他自己吃惊的是,这双旱冰鞋不但转不了弯还停不下来,直到他撞到大厅墙上的一面镜子,不仅撞碎了镜子和小提琴,自己也受了重伤。在此后的 50 年里,再没有人提起旱冰鞋。

1822 年,一位英国人设计了一种带协调轮的旱冰鞋,它的特点是,在串列的 4 个轮子中,前后两个轮子为协调轮,滑行时能灵活地转动方向。可尽管如此,旱冰运动仍然没有流行起来。

1863 年,美国发明家 J·普林普顿把直线排列的 4 个轮子改为前后两套并列轮。这种"筒式旱冰鞋"滑行平稳,并能通过倾斜身体实现转弯。任何方向都转动自如。这种旱冰鞋的出现,使滑旱冰变得既容易又安全,滑行起来也更有趣。因此,滑旱冰和旱冰曲棍球成了当时社会上最时髦的运动。后来,人们对旱冰鞋进行多次改进,但"筒式旱冰鞋"的基本设计始终没有变化。

(资料来源:https://wenku.baidu.com/view/965b343eed630b1c59eeb5c6.html)

打字机的键盘

第一台实用的英文打字机是美国人克里斯托夫·肖尔斯于 1868 年发明的。原先,肖尔

斯把26个英文字母按顺序排列在键盘上,第1排的字母为"ABCDEFG",当打字速度稍快时,金属连杆间发生严重干扰,卡键的现象频繁出现。为了让打字机有条不紊地连续工作,他有意拉大常用字母之间的距离,让手指移动的时间尽量延长,经调整后,卡键的现象基本上消失了。这种第一行字母为"QWERTYUIOP"的排列方式,一直沿用至今,包括现代计算机的键盘在内。"QWERTYUIOP"键盘字母排列方式是当初为了克服机构障碍而设计的,而计算机键盘根本不存在卡键的问题,因此,我们有必要探讨这种排列方式的合理性。在10个最常用的英文字母中,就有8个离规定的手指位置太远。据统计,1个熟练的打字员,在8小时内手指移动的距离竟达25.7千米。另外,键盘上需要用左手打入的常用字母也排放过多,除"左撇子"外,绝大部分人操作起来会感到别扭。难怪有人说:"从数字分析的角度上讲,字母的任何一种偶然排列,都会比现在的这种布局要好得多。"美国华盛顿大学的德沃拉克博士提出了一种新的字母排列方式,经测试输入速度比"QWERTYUIOP"字母排列方式的键盘输入速度快35%以上。然而,对全球几千万习惯使用"老键盘"的人而言,推行这种新的方式非常困难。

(资料来源:https://wenku.baidu.com/view/965b343eed630b1c59eeb5c6.html)

魔　　方

　　20世纪80年代初,魔方的浪潮席卷全球,从5岁的稚童到皓首的数学大师,都为解开魔方难题而废寝忘食。小小的魔方发明者鲁比克的知名度甚至超过了联合国秘书长。鲁比克在匈牙利一所工艺美术学院任教,他对空间概念和几何形体有特殊的偏爱,他本来只是想设计一种能使木块独立运动而又不分开的结构,没料到自己无法将扭动后的魔方复原,甚至不知道这个问题是否有解。他计算了一下,如果随机扭动魔方,以每3秒转动一次的速度,全人类要用300年的时间才能使魔方复原。经过1个多月的闭门深思,鲁比克终于找到一种先对齐角位的解法和另一种先对齐顶排再对齐面的解法,一般只需转动80~120次即可使魔方复原。

　　魔方不单纯是一种智力玩具,它还引起了数学家和物理学家的兴趣。英国的数学家用群论规则指导,在计算机辅助下算出复原的最少步骤为52步;美国南加州大学的物理学家用魔方作为描述基本粒子特性的模型,以一个立方体的顺时针转动代表夸克,逆时针转动代表反夸克。

(资料来源:https://wenku.baidu.com/view/965b343eed630b1c59eeb5c6.html)

"前掠"机翼和"鸭式布局"的飞机

　　第二次世界大战结束前,飞机的机翼都是平直的。德国人在风洞试验中发现,飞机在较高速飞行时,机翼后掠阻力较小。盟军在战后接收的资料中获得了试验数据,并迅速应用在新型飞机上。现有飞机的机翼基本上都采用后掠机翼。然而,后掠机翼有个无法弥补的缺陷:由于机翼在负荷下的弹性变形,在俯冲拉起时会出现突然上仰的现象。为此,有人设想把"后掠"反过来变为"前掠",试验表明,前掠机翼不仅基本上克服了上仰现象,还能提高机动性、防止尾旋,有较好的低速操纵性及在音速附近阻力较小的优点。不过,前掠机翼有一个"气动发散"的问题,直到高级复合材料出现后,这个问题才得以解决。飞机通常要靠机翼之外再设置一个辅助翼面来实现飞行的稳定性和操纵性,这种配置被称作"鸭式布局"。后来,人们把它移至尾部,因为尾部离重心最远,力臂最大,况且能与垂直尾翼形成一个整体,结构上也比较轻巧。但是,水平尾翼在大部分飞行过程中产生的是负升力,尤其在起飞和着陆时,这个向下的力就更大,实际上就等于人为地增加了飞机的重量。对于斤斤计较飞机重量的设计师来说,他们绝不会满意这种结果。于是,人们把目光再次投向"鸭式布局"。虽然"鸭式布局"会增加一点结构重量,但是水平翼和机翼在飞行中都产生升力,升力的增值足以抵消增加的结构重量。"鸭式布局"不仅能减少飞行阻力,而且前置的水平翼产生的气流对机翼形成有利的干扰,具有不易失速的特点。飞机的安全性得到进一步提高。

(资料来源:https://wenku.baidu.com/view/965b343eed630b1c59eeb5c6.html)

任务六 TRIZ法

学习目标

1. 了解TRIZ法的发展历程。
2. 掌握TRIZ法的核心思想和解决问题的过程。
3. 熟悉TRIZ法的四十个发明原理。

导入案例

双层玻璃的车窗

在北方严冬时节,在大客车和小客车的车窗上经常结上厚厚的霜,直接影响了乘务员和乘客观察外部环境,经常导致乘客坐过站,给乘客出行带来不便。小客车的乘务员以硬币为垫,用透明胶带将一块玻璃固定在靠近的车窗上,在车窗与玻璃之间形成封闭的空间,利用空气不导热的原理,解决了临近车窗结霜的问题。

基于此,解决严冬季节大客车和小客车的车窗结霜问题的办法也就出来了,就是将销往北方高寒地区的大客车和小客车的车窗做成双层玻璃的车窗,既可以在夏天拉开车窗,又解决了冬季车窗结霜的问题,还提高了车厢的保温性能,是一种理想的解决方案。

(资料来源:http://fanwen.jianlimoban.net/1153414/)

案例问题

本案例使用了哪类创新方法?给了你哪些启示?

案例启示

实践证明,创新也是有规律可循的。只要掌握了这种规律,就可以达到事半功倍的效果。TRIZ创新法成功揭示了创造发明的内在规律和原理,为人们提供了系统的理论和方法工具,可以大大缩短创造发明的进程。

名人金句

对于创新来说,方法就是新的世界。最重要的不是知识,而是思路。

——著名创新专家朗加明

一、TRIZ 理论的发展

TRIZ 理论意译为"发明问题解决理论",它是苏联发明家阿奇舒勒(G.S.Altshuller)在 1946 年创立的。阿奇舒勒也因此被尊称为"TRIZ 之父"。当时在苏联里海海军专利局工作的阿奇舒勒,在处理世界各国著名的发明专利过程中,总是考虑一个问题,当人们进行发明创造、解决技术难题时,是否有可遵循的科学方法和法则,可以帮助人们迅速地实现新的发明创造或解决技术难题。经过不断的深入研究,阿奇舒勒发现任何领域的产品改进、技术变革、创新都是有规律可循的。如果人们掌握了这些规律,就能遵循这些规律进行产品设计,并能预测产品的未来趋势。在此后的数十年间,阿奇舒勒穷其毕生的精力致力于 TRIZ 理论的研究和完善。他领导下的研究团队,分析了世界上近 250 万份高水平的发明专利,总结出了各种原理和法则,建立起 TRIZ 理论体系。该理论已经对世界产品开发领域产生了重要的影响。

二、TRIZ 法的核心思想和解决问题的过程

(一)核心思想

TRIZ 法认为,任何事物的发展都具有客观的进化规律和模式,无论是一个简单产品还是复杂的技术系统,其核心技术的发展都是遵循着这一客观进化规律和模式发展演变的。只有不断地解决各种技术难题、冲突和矛盾,才能推动这种进化的过程。这种进化过程的理想状态是用尽量少的资源实现尽量多的功能。

(二)解决问题的过程

发明问题解决理论的核心是技术进化原理,按照这一原理,技术系统一直处于进化之中。解决冲突是其进化的推动力,技术系统的一般冲突解决后,其进化速度随之降低,使其产生突变的唯一方法是解决阻碍其进化的深层次冲突。

阿奇舒勒依据世界上高水平的发明专利,研究了解决冲突的方法,提出了解决冲突的发明原理,建立了解决冲突的基于知识的逻辑方法,这些方法包括发明原理、发明问题解决算法及标准解。

在利用 TRIZ 解决问题的过程中,设计者首先将待设计的产品表达为 TRIZ 问题,然后利用 TRIZ 中的工具,如发明原理、标准解等,求出该 TRIZ 问题的普适解或称模拟解,最后再把该解转化为领域的解或特解,如图 4-1 所示。

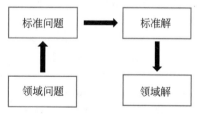

图 4-1　TRIZ 法的流程

三、TRIZ 法的发明原理

关于 TRIZ 理论庞大的解决发明问题的系统,本节主要论述 40 个发明原理。TRIZ 法当中的 40 个发明原理,是由专门的研究人员对不同领域的已有创新成果进行分析、总结,得到的具有普遍意义的经验,这些经验对指导各领域的创新都有重要参考价值。当找到确定的发明原理以后,就可以根据这些发明原理来考虑具体的解决方案。应当注意尽可能把找到的原理都用到问题的解决中去。假如所有可能的原理都不满足要求,则应该对冲突重新

定义并再次求解。TRIZ法的40个发明原理见表4-4。

表4-4 TRIZ发明原理

序号	原理名称	序号	原理名称	序号	原理名称	序号	原理名称
1	分割	11	事先预防	21	减少有害作用的时间	31	多孔材料
2	抽取	12	等势	22	变害为利	32	颜色改变
3	局部质量	13	反向作用	23	反馈	33	同质性
4	增加不对称性	14	曲面化	24	借助中介物	34	抛弃或再生
5	组合	15	动态特性	25	自服务	35	物理或化学参数改变
6	多用性	16	未达到或过度的作用	26	复制	36	相变
7	嵌套	17	空间维数变化	27	廉价替代品	37	热膨胀
8	重量补偿	18	机械振动	28	机械系统替代	38	加速氧化
9	预先反作用	19	周期性作用	29	气压和液压结构	39	惰性环境
10	预先作用	20	有效作用的连续性	30	柔性壳体或薄膜	40	复合材料

TRIZ发明原理共40条，下面进行简要阐述。

1. 分割原则（分离法）

(1) 将物体分割成相互独立的部分，如将轮船的内部空间分成多个彼此独立的船舱；将水流改为水雾；将一个大项目分为多个小项目。

(2) 将物体分解成容易组装及拆卸的部分，如组合家具；暖气上的多个暖气片；将巨型载重汽车分解成卡车及拖车；电风扇的叶片。

(3) 增加物体相互独立部分的独立程度，如窗帘的演变中，一整块布做的窗帘变为左右两块布做的窗帘，变为百叶窗。

2. 抽取原则（提取法）

(1) 从对象中抽取出负面的、无用的、次要的、有害的部分或属性，如将空调压缩机放在室外机中；从口腔(整个系统)中拔掉(抽取)一颗坏的牙齿(有害部分)。

(2) 从对象中抽出有用的、主要的、重要的、必要的部分或属性。如用狗叫声作为报警器的报警声；将稻草人作为"人"放在稻田中；化学试验中的蒸馏、萃取和置换等。

3. 局部性质原则（局部质量改善法）

(1) 将物体或环境的均匀结构变成不均匀结构，如采用温度、密度或压力的梯度，而不用恒定的温度、密度或压力。

(2) 使组成物体的不同部分各自完成不同的功能，如午餐盒被分成放热食、冷食和流食的部分。

(3) 使组成物体的每一部分都最大限度地发挥作用，如带橡皮头的铅笔、钉锤。

4. 不对称原则（非对称法）

(1) 将物体形状由对称变为不对称，如搅拌器里的不对称搅拌叶片。

(2) 如果已经是不对称的,增加其不对称的程度,如将圆形垫片改成椭圆形,增加垫片的密封性。

5. 联合原则(组合法)

(1) 在空间上将相似的物体连接在一起,如将多种机床的功能"集成"到一起,形成加工中心;将多个不同颜色的油笔组合成一根多色油笔;将多个单孔插排组合到一起,组成多孔插排。

(2) 在时间上将相似或相连的操作合并在一起,如将多种机床按照特定产品的工艺规划排列起来,形成流水线;联合收割机形成了先收割、后脱粒、再分离、后清选等作业程序。

(3) 将具有不同功能的物体合并在一起,如羊角锤、瑞士军刀。

6. 多功能原则(多用法)

使一个物体完成多项功能,可以减少完成这些功能的多个物体的数量。如家庭影院具有录音机、CD 机、电视机、录像机功能。

7. 嵌套原则(套叠法)

(1) 将一个物体放在第二个物体中,将第二个物体放在第三个物体中,一直进行下去,如俄罗斯套娃、子母包、套碗。

(2) 使一个物体穿过另一个物体的空腔,如自动铅笔的铅笔芯、录音机的天线。

8. 重量补偿(巧提重物法)

(1) 用另一个能产生提升力的物体抵消第一个物体的重量,如用气球携带广告条幅。

(2) 通过与环境相互作用产生空气动力或液体动力的方法补偿第一个物体的质量,如飞机机翼的形状使其上部空气压力减小,下部压力增加,从而产生升力。

9. 预先反作用原则(预先反作用法)

(1) 预先施加反作用,如缓冲器能吸收能量,减少冲击带来的负面影响。

(2) 如果一个物体处于或将处于拉伸状态,预先施加压力,如浇混凝土之前的预压缩钢筋。

10. 预先作用原则(预先作用法)

(1) 在操作开始前,使物体局部或全部产生所需的变化。

(2) 预先对物体进行特殊安排,使其在时间上有准备,或已处于易操作的位置,如停车场安置的缴费系统、ETC 收费系统。

11. 预先应急措施原则(事先防范法)

用预先准备好的应急措施补偿物体相对较低的可靠性,如备用降落伞、汽车安全气囊、应急照明系统。

12. 等势原则(等势法)

改变工作条件,使物体不需要被升级或降低,如过坝船闸。

13. 相反原则(逆向作用法)

(1) 将一个规定的操作改为反向的操作,如为了分开粘连在一起的物体,不是加热外部件,而是冷却内部件。

(2) 使物体中的运动部分静止,静止部分运动,如使工件旋转,刀具固定。
(3) 使一个物体的位置倒置。

14. 球形原则(曲面化法)
(1) 将直线或平面部分用曲线或曲面代替,立方形用球形代替,如拱门、穹顶、机械零件中的倒角。
(2) 用旋转运动代替直线运动,采用离心力,如甩干机。
(3) 采用滚筒、辊、球、螺旋结构,如圆珠笔的笔尖、球形方向轮、螺旋齿轮。

15. 动态原则(动态法)
(1) 使一个物体或其环境在操作的每一个阶段自动调整,以达到优化的性能,如汽车可调方向盘、座椅、后靠背、后视镜,又如可调节病床。
(2) 把一个物体划分成具有相互关系的部分,各部分之间可以改变相对位置,如折叠椅、笔记本电脑。
(3) 如果物体是静止的,使之变为运动的或可改变的,如电子广告牌。

16. 局部作用或过量作用原则(部分超越法)
如果100%达到所希望的效果是困难的,稍微未达到或稍微超过的效果将大大简化问题。

17. 向另一维过渡原则(多维法)
(1) 将一维空间中的物体变成二维空间中的物体,二维的变成三维的,如螺旋楼梯。
(2) 将物体用多层排列代替单层排列,如立体车库。
(3) 使物体倾斜改变其方向,如自卸车。
(4) 使用给定表面的反面,如内嵌式门铰链。

18. 机械振动原则(机械振法)
(1) 使物体处于振动状态。
(2) 如果振动存在,增加其频率,甚至超声波。
(3) 使用共振频率。
(4) 使用电振动代替机械振动,如石英晶体震动驱动高精度钟表。
(5) 使用超声波与电磁场耦合,如在电频炉里混合合金,使混合均匀。

19. 周期作用原则(离散法)
(1) 用周期性运动或脉动代替连续运动,如点焊、警灯。
(2) 改变运动频率。
(3) 在两个无脉动的运动之间增加脉动。

20. 连续有益作用原则(有效作用持续法)
(1) 不停顿地工作,物体的所有部件都满负荷工作。
(2) 消除运动过程中的中间间歇,如打印机的打印头来回不停打印。
(3) 用旋转运动代替往复运动。

21. 紧急行动原则(快速法)
以最快的速度完成有害的操作,如修理牙齿的钻头高速旋转,以防止牙组织因升温被破坏。

22. 变害为益原则（变害为利法）

（1）利用有害因素，特别是对环境有害的因素，获得有益的结果。

（2）通过与另一种有害因素结合消除有害因素。

（3）加大一种有害因素的程度使其不再有害。

23. 反馈原则（反馈法）

（1）引入反馈以改善过程或动作，如声控喷泉、烟雾传感器。

（2）如果反馈已存在，改变反馈控制信号的大小或灵敏度，如飞机接近返场时，改变自动驾驶系统的敏感度。

24. 中介物原则（中介法）

（1）使用中介物实现所需要功能，如用拨子弹琴。

（2）将物体与另一容易去除的物体暂时结合，如托盘与物品。

25. 自服务原则（自助法）

（1）使物体具有自补充和自恢复功能以完成自服务，如自清洁玻璃、自动饮水机。

（2）利用废物的资源、能量与物质，如包装材料的回收利用、农作物秸秆还田。

26. 复制原则（复制法）

（1）用简单的低廉的复制品代替复杂的、昂贵的、易碎的或不易操作的物体，如虚拟驾驶游戏机。

（2）用光学拷贝或图像代替物体本身，可以放大或缩小图像，如用卫星照片代替实地考察。

（3）如果已使用了可见光拷贝，那么可用红外线或紫外线代替。

27. 廉价物替代原则（替代法）

用廉价的物品代替昂贵的物品，在某些质量特性上做适当的妥协，如一次性纸杯、一次性医药用品、一次性筷子。

28. 机械系统的替代原则（系统替代法）

（1）用视、听、嗅觉系统代替部分机械系统，如天然气中混入难闻的气体，代替机械或电子传感器。

（2）用电、磁及电磁场完成与物体的相互作用，为了混合两种粉末，使其中一种带正电荷，另一种带负电荷。

29. 气动与液压结构

将物体的固体部分用气体或流体代替，如利用气垫、液体静压、流体动压产生缓冲功能。

30. 利用软壳或薄膜原则（柔化法）

（1）用柔性壳体或薄膜代替传统结构，如薄膜开关。

（2）使用柔性壳体或薄膜将物体与环境隔离，如屏风、幕布。

31. 多孔材料原则（孔化法）

（1）使物体多孔或通过插入、涂层等增加多孔元素，如充气砖、泡沫材料。

(2) 如果物体已经是多孔的,用这些孔引入有用的物质或功能,如药棉。

32. 变色原则(色彩法)

(1) 改变物体或环境的颜色,如汽车车身的颜色多种多样。
(2) 改变一个物体的透明度,或改变某一过程的可视性,如透明创可贴。
(3) 采用有颜色的添加物,使不易看到的物体或过程被看到。
(4) 如果已增加了颜色添加物,则采用发光的轨迹。

33. 同质性原则(同化法)

采用相同或相似的物体制造与某物体相互作用的物体,如用钻石切割钻石。

34. 抛弃与再生原则(自生自弃法)

(1) 当一个物体完成了功能或变得无用时,抛弃或修复该物体中的一个物体,如可降解餐具、子弹壳。
(2) 立即修复一个物体中所损耗的部分,如水循环系统、自动铅笔。

35. 改变物体性质原则(性能转换法)

(1) 改变物体的物理状态,如酒心巧克力。
(2) 改变物体的浓度或黏度,如洗手液。
(3) 改变物体的柔性,如排气系统中的软连接。
(4) 改变温度,如食物的烹饪。
(5) 改变物体的压力。

36. 状态变化原则(相变法)

在物质状态变化过程中实现某种效应,如降温服。

37. 热膨胀原则(热膨胀法)

(1) 使用材料的热膨胀或热收缩性质。
(2) 使用具有不同热膨胀系数的材料,如双金属片传感器。

38. 氧化原则(氧化法)

(1) 使用富氧空气代替普通空气,如水下呼吸系统。
(2) 使用纯氧代替富氧空气,如高温切割。
(3) 使用离子化氧气。
(4) 使用臭氧代替离子化空气,如臭氧溶入水中去除船上的有机污染物。

39. 惰性环境原则(惰性环境法)

(1) 用惰性气体环境代替通常环境,如霓虹灯的灯丝。
(2) 在真空中完成,如真空包装。

40. 复合材料原则(复合材料法)

用复合材料代替单一均质材料,如钢筋混凝土结构、混纺地毯。

四、TRIZ 的优越性

相对于传统的创新方法,比如试错法、头脑风暴法等,TRIZ 理论具有鲜明的特点和优势。TRIZ法强调可依据一定的程序与步骤进行发明或创新,它成功地揭示了创造发明的内在规律和原理,着力于澄清和解决系统中存在的冲突和矛盾,而不是逃避冲突和矛盾;它的最终目标是完全解决冲突矛盾,获得最终的理想解;它基于技术的发展演化规律,研究整个设计与开发过程,而不是随机行为。

实践证明,运用TRIZ理论,可大大加快人们创造发明的进程,而且能得到高质量的创新产品。它能够帮助人们系统地分析问题情境,快速发现问题本质或者主要矛盾,它能够准确确定问题探索方向,不会错过各种可能,而且它能够帮助人们突破思维障碍,打破思维定式,以新的视觉分析问题,进行逻辑性和非逻辑性的系统思维,还能根据技术进化规律预测未来发展趋势,帮助人们开发富有竞争力的新产品。

任务七　联想类比法

 学习目标

1. 了解联想思维的种类。
2. 掌握类比联想的七种类型。

 **导入案例**

叩诊的由来

叩诊是奥地利医生奥斯布鲁格发明的。奥斯布鲁格的父亲是奥地利的一个卖酒商人。那时候,装酒的大酒桶都放在地窖里。每天卖酒都要从大酒桶汲取,怎样才能判断出在大酒桶里还有多少余酒呢？聪明的酒商每次取酒,都要用手指头敲敲大木桶,如果桶里酒不多了,大酒桶就会发出比较响脆的声音。而盛满酒的木桶,敲起来则是闷声闷气。酒商就用这个简单的法子,来估量木桶里存酒的多少。

有一次,奥斯布鲁格医生接诊了一位病人,病人自诉胸口不舒服、喘气费力。那时无X光透视技术,也无听诊器,奥斯布鲁格问来查去也找不出是什么毛病,也就无法对症下药,没过几天,病人就死亡了。当尸体被解剖后,奥斯布鲁格发现死者的胸部已发炎化脓,胸腔里积了不少水。这事使奥斯布鲁格医生联想起了父亲每次取酒时手敲木桶的情景。触景生情,一个奇妙的想法突现在脑海里,人的胸腔不是与酒桶有些相像吗,如果病人的胸腔里有了积水,敲起来的声音也许会与正常人有所不同。

此后,奥斯·布鲁格医生再给胸部有病的人进行检查时,就用手指敲敲听听。日积月累,他就能从不同的叩击声中,分辨出胸部是否有病了。而由他发明的查体叩诊法,一直沿用到现在。如今,物理叩诊法已成为每个临床医生必须掌握的基本技能。

（资料来源：http://news.zxxk.com/article/236287.html）

 案例问题

木桶和胸腔之间有什么联系？有何相同和不同之处？叩诊的发明是基于哪种创新方法

的运用？

案例启示

见过敲酒桶的人绝不仅仅是奥斯布鲁格一人，但发明叩诊这种重要的诊病方法的人，却只有奥斯布鲁格一人。由此可见，创新创造的机会很可能就在你的身边，只要你拥有一双善于发现创意的眼睛和一颗对事物敏感的心。

名人金句

为了变熟悉为陌生，必须改变、逆转或转换通常那种给人们可靠的、熟悉的感觉和思考问题的方式。

——戈登

发明和创新并不仅仅是对现实的简单复制，而是高于现实的再创造，需要进行幻想、假设和超越现实的联想。联想思维是由一个事物想到另一个事物的心理过程，是一个由此及彼的过程。联想思维是打开记忆之门的"钥匙"，它是一种跳跃式的从人头脑中提取信息的检索方式，能够挖掘出人脑深处的信息。联想思维能拓宽创新思考的范围，使创新思维活动能多角度、多渠道、多侧面地思考问题。

联想类比创新法是根据两个事物在某些方面相同或相似，推断出它们在其他方面也可能相同或相似，进而实现创新的一种创造技法。联想创新法是对各种联想思维的综合运用。常见的联想思维主要有接近联想、相似联想、对比联想、因果联想和类比联想几种类型，其中类比联想需要重点介绍。

一、接近联想

时间或空间上的接近都可以引起不同事物之间的联想。这样的例子很多，如在科学发现上，门捷列夫发现元素周期表从而做出对未知元素位置的判断，卢瑟福研究原子核时提出质量与质子相同的中性粒子的存在等。日常生活中，当一个人再次回到原来去过的地方，就会联想到在这个地方发生的所有美好回忆。

二、相似联想

从外形或性质、意义上的相似引起的联想，都是相似联想。如在春节、中秋节等传统节日时会思念远方的亲人。

三、对比联想

由事物间完全对立或存在某种差异而引起的联想，即相反特征的事物或相互对立的事物间所形成的联想，就是对比联想。文学艺术的反衬手法，就是对比联想的具体运用，比如描写岳飞和秦桧的诗句"青山有幸埋忠骨，白铁无辜铸佞臣"等。

四、因果联想

由于两事物之间存在因果关系而引起的联想，就是因果联想。这种联想往往是双向的，可以由因想到果，也可以由果想到因。

五、类比联想

类比联想就是通过一种事物与另一种事物的对比而进行创新的方法。

（一）原理

类比联想的基础是比较，它的运作原理包括两个方面：异质同化和同质异化。

1. 异质同化

类比联想法中的比较必然是建立在不同的两个事物之间，异质就是指这两个不同的事物，其中之一是待创造的事物，另一个是现有的事物。同化就是指找出这两个不同事物的相同点或相似点。异质同化是指在创造发明新事物时，借助现有事物的知识对待创造事物进行分析研究，找出待创造事物和现有事物之间的相同点或相似点的过程。

2. 同质异化

同质异化是指把与待创造事物具有相同点或相似点的现有事物的原理、结构、形状或其结合运用于发明创造，创造出具有该相同点或相似点的新事物。

在运用类比联想法创造新事物时，异质同化和同质异化两个方面缺一不可。异质同化是前提和基础，同质异化是创造发明的关键环节，一个新事物的创造发明必须把这两个方面结合起来，运用辩证统一的观点，分析解决问题。

类比联想法运用于创造发明的例子非常多，有的极为典型，发明物与原型之间存在明显的相似关系。

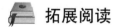 拓展阅读

充气轮胎的发明

邓禄普轮胎的创造者邓禄普发明充气轮胎之前，橡胶是直接裹在车轮上的。无论橡胶太硬还是太软，坐在车上都会感觉不舒服。邓禄普决定对橡胶轮胎进行改革。有一天，玩足球的孩子们不小心把足球踢到了邓禄普的脸上，就在这一瞬间，邓禄普想到像足球一样给轮胎充气，现在的充气轮胎就这样诞生了。

（资料来源：https://wenku.baidu.com/view/15fd58fb7f21af45b307e87101f69e314232fa1f.html）

有的类比联系不够明显，发明物可能是若干种不同原型的不同方面的综合。如后面案例中出现的易拉罐的发明就是结合了蛤蜊开口的原理、凤仙花荚果开口的结构和火山口形成的原理，将这些不同事物的特征加以综合，形成了满足人们需要的新事物。

有的发明物与原型之间只是在结构、功能、原理的某一方面相似，例如保温桶的发明就是利用保温瓶的保温原理，同时将保温瓶的外形、结构异化成桶的形状，使其既具有保温功能，又具有桶的功能。

类比是以比较为基础的，类比法的关键是发现和找出原型，也就是类比的对象，并从熟悉的对象类推出陌生的事物，从已知探索未知。如果没有类比的对象，类比的方法就无从运用。

(二)分类

根据类比对象、类比方式等的不同,类比联想创新法大致可以分为以下几种类型。

1. 直接类比法

从自然界或已有发明创造成果中,寻找出与待改进对象相类似的现象或事物,从中得到启发,进而创造出新事物的方法。这种方法简单快速、针对性强,可避免盲目思考。类比对象与待改进事物的本质特征越接近,创新的成功率越高。如我国年轻的博士高歌用沙丘的形状类比飞机发动机的燃烧器,将燃烧器内表面改为沙丘的形状,发明了"沙丘驻涡火焰稳定器",由此解决了燃烧器气流湍流紊乱现象;再如人们用云杉树类比电视发射塔,创造了圆锥形的电视发射塔。

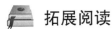 拓展阅读

易拉罐的发明

在易拉罐发明之前,人们只能在瓶盖上挖个小洞,然后用吸管吸,既费力又不方便。于是,技术人员开始研究如何能非常容易地在瓶盖上开个大口子。他们从自然界的动植物开始研究:哪些东西是能自动张口的呢?他们选择了具有开口功能的蛤蜊、凤仙花的荚果和火山口等作为研究对象。他们发现蛤蜊一开一合,是因为它的壳内有一道俗称瑶柱的肌肉,一开一合就是由这道肌肉的抽紧和放松来进行的。凤仙花的荚果,在成熟后啪地裂开了大口,原因是荚果的外皮有一部分有裂缝,在裂缝上有细细的筋拉合着,因此,荚果的口看来是密合的,一到秋天,荚果成熟,那些细筋就枯竭没力了,弹力使荚果张开了口。火山口的形成则不同。火山口所在之处有熔岩往上涌,哪儿的地壳比别处薄,地下熔岩的量大,哪儿就成为火山口。

易拉罐就是选择了蛤蜊开口的原理,凤仙花荚果开口的结构和火山口的形成原理,将它们的特征加以协调综合而发明的。

(资料来源:https://wenku.baidu.com/view/1eea022a783e0912a3162a14.html)

可口可乐瓶子的发明

制瓶工人罗特,有一天看到他的女朋友穿着一套膝盖较窄,使腰部显得很有魅力的裙子。罗特的双眼紧盯着这条裙子,越看越觉得线条优美。他想,要是制作像这条裙子形状的瓶子也许不错。于是他立即加以研究。经过半个多月的努力,一种新式的瓶子问世了。

1923年,罗特把这项专利权以600万美元卖给可口可乐公司,因而成为富翁。

(资料来源:https://wenku.baidu.com/view/15fd58fb7f21af45b307e87101f69e314232fa1f.html)

人工降雪滑雪场的发明

美国英霍克山有一个滑雪场,管理人员常因为降雪不足而失望。他们听到这样一个事情:美国佛罗里达州的一片橘林,天未降雪,树枝树叶上却厚厚地盖上一层白霜,原来是该橘园采用了喷灌技术,喷出的水雾在空中受冷就凝结成雪雾。由此得到启发制造了特殊的"喷雪枪",使美国各地迅速出现了数百家人工降雪滑雪场。

(资料来源:https://wenku.baidu.com/view/15fd58fb7f21af45b307e87101f69e314232fa1f.html)

近视眼治疗方法的研究

在俄罗斯,有一位近视眼患者不小心刺伤了自己的眼睛。医生检查后,发现他的眼睛角膜划伤了几处,经过敷药治疗,伤口痊愈。检查视力时,发现近视程度大为减轻。眼科医生猜想也许恰当的划伤可以改变眼睛的屈光度。于是,经过反复试验,终于摸索出了治疗近视眼的方法。

(资料来源:https://wenku.baidu.com/view/15fd58fb7f21af45b307e87101f69e314232fa1f.html)

蜂窝煤的发明

人们早就知道这么一个现象,火炉或者灶火里的火燃烧不旺时,只要拿根铁棍拨一拨,火苗就顺着拨开的洞眼窜出来,火一下子就旺了起来。这个现象一直没有点醒人们的创造思想。直到20世纪初,中国山东的一个炊事员,受这一现象启发,用煤粉捏了几个煤球,然后在上面均匀地戳出几个通孔,这样火烧得旺,而且很节约煤。蜂窝煤就这样被发明了。

(资料来源:https://wenku.baidu.com/view/15fd58fb7f21af45b307e87101f69e314232fa1f.html)

2. 拟人类比法

拟人类比又称感情移入或角色扮演,指创造主体将自己想象为创造对象本身或创造对象的某个要素,并设身处地进行想象和创造。也就是说"当我是这个要素时,我在所要求的条件下会有什么感觉或会采取什么行动"。

例如,比利时某公园为保持园内优美整洁的环境,将垃圾箱进行了拟人化设计,当游人将废弃物投入垃圾桶时,它会说"谢谢!"。再如,挖土机就是模拟人体手臂的动作(分上下臂,可左右上下弯曲),挖头如同手掌,可插入土中,将土抓起。机器人设计也主要是从模拟人体动作入手的。

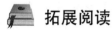

拓展阅读

设计橘汁分离器

在设计橘汁分离器时,设计人员将自己想象成橘子的橘汁。问道:"我怎样才能从橘子里出来呢?"显然要冲破橘子皮的包围。"怎么冲破呢?"回答:"通过压榨,加大压力,让我有力气挤破橘子皮;通过加热或降温使橘子皮强度减弱,以便容易挤出;用旋转的办法,通过离心力增加力量冲出橘子皮等"。

(资料来源:https://wenku.baidu.com/view/b54a056358cfa1c7aa00b52acfc789eb172d9e70.html)

药物糖衣的使用

药物糖衣的使用,可以想象自己是一片药,要被人放入口中进入胃消化吸收,因为主管味觉的舌头很快就会告知人们苦的感觉,所以人们很难接受。如果我给自己裹上一层糖衣,被放入口中的瞬间仅仅糖衣被融化,人就只能尝到喜欢的甜味而不能感觉到苦了,这样我就容易被接受了,通过这种拟人化的想象,糖衣药片就产生了。

(资料来源:https://wenku.baidu.com/view/15fd58fb7f21af45b307e87101f69e314232fa1f.html)

我国首个蛇形机器人的发明

发明的目的是制造生物机器人,能够在有辐射、有粉尘、有毒环境下及战场上执行侦察任务,在地震、塌方及火灾后的废墟中寻找伤员,在狭小和危险环境中探测和疏通管道等。在一次《动物世界》栏目播放的介绍蛇的节目中,研究人员对蛇的特殊生理结构和运动方式产生了兴趣,有了模拟蛇的想法。随后潜心钻研有关蛇的书籍,研究蛇的运动方式,利用机械学知识设计蛇形机器人的机械结构,用电子学知识设计硬件电路和软件程序,用数学知识进行数学建模和动力学分析,经过反复试验,终于成功地发明了蛇形机器人。

(资料来源:https://wenku.baidu.com/view/15fd58fb7f21af45b307e87101f69e314232fa1f.html)

3. 幻想类比法

用超现实的理想、幻想或十全十美的事物类比创意对象的创造性思维方法。通过对幻想一步一步地进行分析,从中找出合理部分,逐步达到发明目的。"嫦娥奔月"的美丽幻想很大程度上推动了人类登月、探月计划的实现。在19世纪著名科幻小说之父凡尔纳的小说中出现的电视机、空调机、摩天大楼、坦克、导弹等,现在都已经成了现实。1942年,美国的阿塔纳索夫教授和他的学生贝利,运用幻想类比法进行发明设计,制成了阿塔纳索夫—贝利计算机(世界上第一台计算机)。

4. 对称类比法

自然界和人造物中许多事物都有对称的特点,可以通过对称类比的关系进行创意,发现创造新的事物。

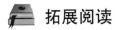 拓展阅读

正电子的发现

英国物理学家狄拉克在预言正电子的存在过程中就运用了对称类比。狄拉克把量子论和相对论结合起来,得到著名的狄拉克方程式,又从描述电子运动的狄拉克方程式的解中发现,电子的能量有正负对称的两个解,并发现正的能量对应着电子。狄拉克认为,电荷有正电荷与负电荷的对称性,既然已发现了带负电荷的电子,那么,也会存在带正电荷的电子。1932年,美国物理学家安德逊在宇宙线中发现了正电子,这样,狄拉克运用对称类比而提出的预言被证实。后来,人们又通过对称类比相继发现了反质子、反中子。

由于对称关系普遍存在,如宇宙中有宏观与微观的对称性,哲学中有唯物主义与唯心主义的对称性,辩证法与形而上学的对称性,几何中有欧氏几何和非欧几何的对称性,因此对称类比有广泛的应用价值,其结论也有较大的可靠性。

(资料来源:https://baike.baidu.com/item/对称类比/22405378?fr=aladdin)

5. 因果类比法

根据已经掌握的事物的因果关系,推测待改进事物也有类似的因果关系,去寻求创新思路的一种类比方法。例如在合成树脂中加入发泡剂,就能得到轻质、隔热和隔音性能良好的泡沫塑料,有人就借用了这种因果关系,在水泥中加入一种发泡剂,结果发明了质轻、隔热、隔音的气泡混凝土。再如河蚌经过人工将异物放入它的体内能培育出珍珠,由此联想到,通过人工将异物放入牛胆内也应该同样能培育出牛黄来,这种方式提高了牛黄的产量,由此解决了牛黄不足的问题。

6. 仿生类比法

仿生类比法是指人在创意、创造活动中,模仿生物的某些结构或功能原理进行创意、创

造的方法。目前,仿生类比已成为现代技术发明的重要途径之一,生物原型也成为现代发明的源泉之一。

(1) 仿生类比法的原理

生物在自然进化中,经历了亿万年"优胜劣汰"的自然选择,每种能够生存下来的生物都有其他生物所不具备的特点和功能,生物的这些特点和功能便成为人们进行创造活动时模仿的对象。如模仿海豚的皮肤以减少潜水艇在水中受到的阻力;从蝙蝠想到雷达;从模仿飞鼠发明降落伞;模仿鸟类展翅飞翔,造出了具有机翼的飞机。从鸟类可以直接腾空起飞,想到了直升机;当人们发现蜻蜓的翅膀能承受超过其自重好多倍的重量时,就试制出超轻的高强度材料,可以广泛应用于航空、航海、车辆以及房屋建筑领域。这些都是采用仿生类比法进行的创造发明。

随着科学技术的发展,人们对自然界中生物系统的这些奇妙的特点和功能的认识将越来越深入,仿生类比法的应用范围将越来越广阔——向生物索取创新思路,是现代发明创造的一个重要趋势。

(2) 仿生类比法的实施步骤

仿生类比法的模仿对象主要是生物,主要以生物为类比对象,其实施的步骤如下。

第一,明确待发明创造事物的功能。

第二,有目的地选择模仿的对象。根据自然界的生物学知识,通过类比联想,寻找与目标功能相似的生物体作为模拟对象。

第三,研究生物体的结构、功能等。

第四,将研究所得的生物学资料,运用数学分析抽象成通用的数学模型,再制成可进行工程技术实验的实物模型。

(3) 仿生类比法的应用

向生物索取创新技术原理,不仅具有广阔的光辉前景,而且所涉猎的内容也相当广泛,事实上,人类从仿生类比的角度模仿生物体进行发明创造的例子是很多的。

知识拓展

根据仿生学的研究成果,向生物索取技术原理大致有以下几个方面。

一是信息仿生。主要是通过研究、模拟生物的感觉(包括视觉、听觉、嗅觉、触觉)、智能以及信息贮存、提取、传输等方面的原理,构思和研制新的信息系统。

二是控制仿生。主要通过研究模拟生物的体内稳态(反馈调节)、运动控制、动物的定向与导航、生态系统的涨落及人机系统的功能原理,来构思和研制新的控制系统。例如,人们根据蜜蜂的复眼能够利用偏振光的原理导航,发明了用于航空和航海的非磁性"偏光天文罗盘"。这种罗盘对于不能使用磁罗盘的高纬度地区,显示出了极大的优越性。

三是力学仿生。主要通过研究模拟生物的机械原理以及结构力学和流体力学的原理,构思和研究新的系统。例如,人们根据鱼类、鸟类的身体形状的流体力学特性,研制出了各种各样的船舶和空间飞行物;根据蛋壳、乌龟壳、贝壳等弯曲表面,发明了建筑物上的薄壳结构。

四是化学仿生。主要是通过研究模拟生物酶的催化作用、生物的化学合成、能量转换等,来构思高效催化剂等化学产品、化学工艺以及新材料、新能源等。例如,人们为宇宙飞船设计的所谓"宇宙绿洲"——生态循环系统,就是通过模拟生物"电池"、光合作用转换的原理以及自然生态系统创造出来的。

五是技术仿生。在隧道工程中曾广泛使用的"构盾施工法"就是以生物为模仿对象做出的发明。

六是原理仿生。苏联科学院动物研究所研制了地球上许多动物的各种运动后,模仿其运动原理设计研制了各种新颖的交通工具:模仿蜘蛛的爬行原理设计了军用越野车;根据蛇的爬行原理设计并改善了履带车的噪声;利用企鹅奔跑的原理设计了雪地汽车;甚至还准备参照袋鼠的运动方式来设计一种可以超越障碍的越野车。

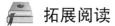拓展阅读

上天入海的科学家

著名的瑞士科学家阿·皮卡尔是位研究大气平流层的专家。他设计的平流层气球,飞到过15 690米的高空。后来,他又把兴趣转到了海洋,研究起深潜器来了,想到利用平流层气球的原理来改进深潜器。在此之前,深潜器都是靠钢缆吊入水中的,一直无法突破2 000米大关。

平流层气球由两部分组成:充满比空气轻的气体的气球和吊在气球下面的载人舱。利用气球的浮力,使载人舱升上高空。

如果在深潜器上加一只浮筒,不也像一只"气球"一样可以在海水中自行上浮了吗?皮卡尔和他的儿子小皮卡尔设计了一只由钢制潜水球和外形像船一样的浮筒组成的深潜器,在浮筒中充满比海水轻的汽油,为深潜器提供浮力。同时,又在潜水球中放入铁砂作为压舱物,使深潜器沉入海底。如果深潜器要浮上来,只要将压舱的铁砂抛入海中就可借助浮筒的浮力升至海上。再给深潜器配上动力,它就可以在任何深度的海洋中自由行动,再也不需要拖上一根钢缆了。

皮卡尔父子的这一设计获得了很大的成功。第一次试验,就下潜到1 380米深的海底,后来又下到4 042米深的海底。1960年,美国利用他们设计的另一艘深潜器"的里雅斯特号"首次潜入世界最深的海沟——马利亚纳海沟,最大潜水深度为10 916.8米,成为世界上潜得最深的深潜器。

皮卡尔父子也因此获得了"上天入海的科学家"的美名。

(资料来源:https://max.book118.com/html/2018/1113/7024005005001160.shtm)

结语

通过对几种创新方法的了解,我们可以发现,几种创新方法不是绝对孤立存在的,他们之间存在着千丝万缕的联系。奥斯本检核表法是设问型技法的典型技法,和田十二法是奥斯本检核表法的总结和发展,5W1H法是设问型技法的延伸技法。在创造发明过程中,最离不开的就是类比联想、分析列举和组合等方法,TRIZ法提供的是创新创造的规律和解决方案。因此,在学习各种方法时要保持一个整体观念,同一个发明创造可以从多方面进行考虑。我们在以后的发明创造中,也不应该孤立地运用某一种方法,而应该综合运用,多角度、多方面、多层次思考问题。希望本章内容对大家有所启发,希望在将来的创新之路上与你一路同行。

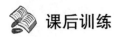 **课后训练**

按照表 4-5,运用奥斯本检核表法对生活中的某一物品进行检核。

表 4-5　奥斯本检核表

序号	检核项目	检核内容
1	能否他用	
2	能否借用	
3	能否改变	
4	能否扩大	
5	能否缩小	
6	能否替代	
7	能否调整	
8	能否颠倒	
9	能否组合	

项目 五

创新能力的培养与建立

李政道博士说:"培养人才最重要的是培养人的创新能力。"创新是当今世界人们最大的压力,同时也是当今世界发展的最大动力。现代社会中,国际竞争的关键是科学技术的竞争,更是人的素质的竞争,是人的智能水平的竞争,是创新能力的竞争。只有不断创新,社会才能更好地发展,个人的事业才可能取得更大成功。而要想有效地创新,就必须具有创新能力。

任务一 培养信息与科学资讯的整理归纳素养

学习目标

1. 大学生信息素养的内涵。
2. 大学生信息素养能力的培养。
3. 大学生科学素养的内涵。
4. 大学生科学素养的现状。
5. 培养大学生科学素养的思路与对策。

导入案例

通过网络问卷、学生访谈及查阅相关文献等方法,对我国大学生创新创业相关信息获取的途径、感兴趣的创业领域、对我国大学生创新创业相关扶持政策的认知与理解等内容进行了调查。回收的 412 份网络问卷数据分析表明:大学生对创业信息的获取主要来源于学校(67.23%),其次为现代媒体;学生自主创业感兴趣的领域前三位分别为科技服务(45.15%)、将科技成果形成商品(35.92%)、智力服务(45.15%);学生对创业政策不了解的占半数以上(54.85%)。数据显示,"将科技成果形成商品""科技服务(将专业知识运用到商品的加工创新)"等专业性、学术性比较强的科技应用领域受到较多大学生的欢迎,而自主创业的大学生中,很大一部分却在从事家教、电子商务、零售服务等科技应用技术含量较低的项目。

(资料来源:https://max.book118.com/html/2016/1203/67795226.shtm)

案例问题

1. 为什么大学生对创业政策的了解不足？
2. 为什么自主创业的大学生的创业项目技术含量较低？

案例启示

对处于创业起步阶段的大学生来说，科学信息的收集与科学咨询的整理尤其重要。

信息素养教育是创新教育的重要内容。首先，信息素养教育是创新教育的前提。创新不能割断历史，创新首先要继承，创新与继承相辅相成。没有创新，继承就会失去活力，没有继承，创新就会成为无源之水。我们一方面要努力开拓，积极创新；另一方面也要倡导继承，充分借鉴和汲取前人已有的研究成果。如何更好地继承呢？大学生只有具备了良好的信息素养，吸收和借鉴前人的研究经验，了解和掌握当前的知识、技术和现状，才能在创新中有所参考、有所领悟，才可以少走弯路、避免重复研究。因此，信息素养是创新人才必备的基础素质，信息素养教育是创新教育的前提。

一、信息素养的内涵

从逐渐完善定义的过程来看，信息素养是一个综合性的概念，其基本内容包括：要有信息意识，能有效地利用信息源，能对信息进行批判性的思考，并能将有用信息融进自己的知识体系，主动鉴别各类信息，获取所需信息并能对其进行评价和分析，具有开发和传播信息的能力等。主要包括信息意识、信息知识、信息能力和信息道德四个要素。

（一）信息意识

信息意识即人对信息的敏感程度，人们对自然界和社会中的各种现象、行为、理论观点等，能从信息角度理解、感受和评价。通俗地讲，面对不懂的东西，能积极主动地去寻找答案，并知道到哪里、用什么方法去寻找答案，这就是基础的信息意识。信息时代处处蕴藏着各种信息，能否利用好现有信息资源，是人们信息意识强弱的重要体现。信息意识的强弱决定了人们捕捉、判断和利用信息的自觉程度，直接影响到利用信息的效果。

（二）信息知识

信息知识包括信息基础知识和信息技术知识两大部分。信息基础知识主要是指信息的概念、内涵、特征；信息源的类型、特点；信息组织的理论和方法；信息收集和管理的基础知识；信息分析的方法和原则；信息交流的形式、类型和模式等。信息技术知识包括信息技术的基本常识与历史、信息系统的结构、组成和工作原理、信息技术的作用与影响、有关信息技术的法律法规等。

（三）信息能力

身处信息时代，如果只是具有强烈的信息意识和丰富的信息知识，而不具备较高的信息能力，就无法有效地利用各种信息工具去收集、获取、传递、加工和处理有价值的信息。

信息能力是指人们在社会生活或科学研究中查找、整理加工、传递交流和利用信息的一种直接的或潜在的能力，可以概括为以下几个方面。

（1）信息获取能力。即主体根据自己特定的目的和需求，从外界信息载体中提取自己所需要的有用信息的能力。表现为感知、理解、评价蕴含在有关载体内的信息，尤其是记录在文献中的信息，能较熟练地运用各种检索工具和各种检索手段检索信息。

（2）信息选择能力。是指对大量原始信息以及经过加工的信息材料进行筛选和判别，有效地排除不需要的信息。信息选择能力是决定人们创造性和应变能力的重要因素。在信息社会里，一个现代人必须努力培养独立的、较强的信息选择能力，能对众多繁杂的信息进行去粗取精、去伪存真、由此及彼、由表及里的分析，从而选择出最有价值的信息。

（3）信息整理能力。是指主体按照特定的目的要求，将获得的信息进行分类排序、考查鉴别、剔除筛选、重组改编等加工处理，使其有序化。尤其是运用先进的数据库技术，使信息的整理达到比较高级有序的程度，以提高信息的使用价值。面对无数的信息，能够根据自己的需要，评价、筛选出有价值的信息，并能对获取的信息进行组织、整理、加工、分析和整合，加速创新的过程。

（4）信息利用能力，即在对信息进行获取、鉴别和筛选后，将自身原有的信息与选定的信息结合，经过分析与综合加工，产生或转换成新信息，实现信息的升华，进而产生新观点和新思想，形成论著、科技成果等。信息利用能力具体包括高层次的信息分析能力、信息综合能力、信息推导能力和信息决策能力等。

（5）信息交流能力。创新往往是各种不同思想在交融与碰撞中产生的火花。掌握必要的信息交流技能，通过各种渠道，与其他领域的专家进行不限时空的信息传递和信息交流，将有利于促进创新结果的产生。

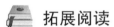 **拓展阅读**

李学从的创业之路

2016年8月，李学从走上了创业之路，因为喜欢汽车，他把目标锁定在与汽车有关的项目。不久，一家汽车饰品店在短暂的忙碌之后诞生了。然而仅仅半年，他就鸣金收兵。回忆那段创业的日子，让李学从很是痛苦，感叹为什么付出了很多，回报却很少。

创业之前，李学从是做了充分准备的。因为喜欢汽车，他就琢磨着在汽车方面找路子。他先在网上收集了一些关于汽车消费品的创业项目，买车的人越来越多，而爱车的人一般都比较注重车内装饰，那么，开一家汽车饰品店，生意应该不错。李学从忙碌地开始了第二步工作，他从网上搜索了一些经营汽车饰品的代理商，并对各家的产品质量和价位进行了比较，然后选定了一家郑州的代理商。经过联系，他和那家代理商签好了协议，交了6 000元的加盟费，就开始租房子、装修、进货，脑子里满是憧憬的李学从很快就成了老板。

但是现实给李学从的热情浇了一盆冷水，开张后，顾客寥寥无几。尽管他店里的饰品很吸引眼球，无奈汽车饰品店所处的位置比较偏，而且大部分是大货车，根本不会在这样一个地段停车，更不会来买车内饰品。开业半年，总共才卖出三千元的货。房租到期，李学从立刻关店了。

（资料来源：https://www.kuaixunai.com/thread-24457-1-1.html）

（四）信息道德

信息道德是指在信息的采集、加工、存贮、传播和利用等各个环节中用来规范其间产生的各种社会关系的道德意识、道德规范和道德行为的总和,如保护知识产权、尊重个人隐私、抵制不良信息、维护信息安全等。信息道德通过社会舆论、传统习俗等,使人们形成一定的信念、价值观和习惯,从而使人们自觉地通过自己的判断来规范自己的信息行为。

信息素养的四个要素共同构成一个不可分割的统一体,信息意识是先导,信息知识是基础,信息能力是核心,信息道德是保证。对大学生进行信息素养教育,必须对诸多要素进行全面把握,合理安排教育重点,分层次进行系统教育,确保大学生的信息素养能得到全面提高。

二、大学生信息能力的培养

大学生应观察周围的一切事物,主动捕捉有价值的信息,并把这些信息和自己要解决的问题联系在一起。科学研究和技术创新,是一种增加科学技术知识、探索新领域的创新性活动,而创造性思维需要外界信息的触发,信息意识和信息能力则是创造性思维必备的基础。大学生需要主动去收集、获取学科前沿的发展动态,从复杂的信息中获取有价值的信息,培养信息能力。

(一)信息获取能力的培养

当今世界发展迅速,每天海量的信息让人们应接不暇,而被淹没其中的有用信息则如同流星,稍纵即逝。拥有信息获取能力是信息分析、信息处理和信息利用的基础和前提,离开了信息的收集与获取,信息分析就是无源之水、无本之木,更谈不上信息利用。因此,培养大学生的信息获取能力尤为重要,主要包括以下内容。

1. 明确信息需求的内容、性质和程度

首先要分析信息的需求。当检索课题比较生疏时,首先应当利用百科全书、图书、综述性论文等,掌握与课题有关的基本知识、名词术语及需要检索的文献范围(包括文献类型、所属学科、时间年代、语言种类等);其次要了解课题的相关专业知识,已经研究到了什么程度,取得了哪些成果,弄清楚课题的内容、要解决的问题及解决该问题的初步设想等,进而确定检索的主题范围;最后要弄清楚对查新、查准和查全的目标要求,如果要了解课题前沿,则强调查新,如果要解决研究中的具体问题,则强调查准,如果要做技术鉴定或文献综述,则强调查全。

2. 了解各种信息资源的类型

信息资源是经过人们采集、开发并组织的各种媒体的有机集合,既要了解期刊、专利文献、标准文献、学术论文、会议文献、图书、科技报告、产品资料、技术档案和政府出版物这十大信息资源,也要了解一次文献、二次文献、三次文献和零次文献之间的关系,这样获取信息才能变得有章可循。

3. 熟悉数据库检索的方法

首先要选全和选准检索词。选择检索词时,应注意课题中隐性的主题词、同义词要准确。少用或不用对课题检索意义不大的词语,如展望、趋势、现状、动态、应用、利用、用途、研究、影响、效率等。其次要拟订正确且全面的检索表达式。拟订检索表达式时,主要考虑查全率和查准率两个方面。最后根据检索结果调整检索策略,尽量使查全率和查准率都满意。

4. 掌握各种检索技术

数据库检索包含一些检索技术,如布尔逻辑检索技术(扩大或缩小检索范围)、截词检索技术(提高检索效率和查全率)、位置检索技术(提高检索准度)、限定字段检索技术(提供字段精准检索)等。大学生应该掌握这些检索技术的基本检索原理和使用方法。

(二) 信息选择能力的培养

1. 信息先进性鉴别

信息的先进性主要指信息内容的新颖性。鉴别信息的先进性,包括以下几条途径。

(1) 观察信息包括的内容是否为新概念、新理论、新原理、新假设、新应用领域、新技术与新方法。

(2) 看技术产品是否在原有的基础上提高了参数水平、扩大了应用范围,材料或设备是否改变了成分或结构等。

(3) 看经济效果如何。通常可从质量、产量、成本、劳动生产率、利税等技术经济指标来衡量一项技术的经济效果好坏,经济效果好的技术一般较为先进。

(4) 把各个国家或地区的同类信息进行横向对比,从比较中发现信息的先进性。

2. 信息真实性鉴别

信息的真实性指的是信息是否真实、准确。在网络时代,任何人都能在短时间内创建一个网站、博客或播客,把一些不实的信息当作事实发布出来,他们发布信息的隐藏目的是要向人们兜售商品或者改变人们对某件事情的看法。因此在进行学术研究时,需要考查这类信息的真实性,信息来源不能完全依赖于百度等搜索引擎。

鉴别信息是否真实要坚持五个标准:一是时间、地点、人物、事件、因果等基本构成要素必须准确;二是信息中引用的各种数据资料不得有误;三是信息中反映的事情应当实事求是,不扩大、不缩小、不渲染;四是信息中反映的观点应当从事实材料中产生;五是信息中的表述不能悖于常理。

3. 信息权威性鉴别

信息的权威性指的是信息是否具有令人信服的力量和威望。它有两重含义:一是信息发送者在信息接收者中所具有的威望;二是信息发送者对信息接收者所拥有的权力。判断信息权威性的高低,可从信息的以下几个方面判断。

根据信息的责任者判断:一般情况下政府部门、科研机构、院校、学术组织等发表或发布的信息以及著名科学家和著名学者发表的信息,其权威性最强;团体发表或发布的信息要比个人发表或发布的信息更具权威性。

根据出版单位判断:国家政府部门、国内外著名出版社、著名学术团体与组织、知名高等院校和科研机构出版的信息,一般质量较高、可信度高、权威性强。

根据文献被引用的情况判断:文献被引用是指文献被文摘型刊物摘引,或被其他文献作为参考文献引用。被摘引次数和被引用次数较高的文献,其内容较可靠,权威性较高。

(三) 信息交流能力的培养

萧伯纳曾经对信息交流的含义说过这样一段话:"假如你有一个苹果,我有一个苹果,彼此交换后,我们还是每人一个苹果。但是,如果你有一种思想,我有一种思想,彼此交换以后,我们每个人就会有两种思想。甚至,两种思想发生碰撞,还可以产生两种以上的其他思想。"交流是提高创新能力的重要途径,在交流过程中,常常能产生新的思维,迸发出新的思想火花。因此要营造一种和谐向上的学术氛围,引导大学生积极参与对热点问题的讨论,加强其与周围学者及教师的思想交流。可以从以下三个方面进行信息交流能力的培养。

1. 多开展学术研讨活动

一方面,教师可以组织一些小型的专题研讨会或报告会,可以是一个人围绕某个问题作中心发言,也可以就某篇论文或著作进行评价分析,还可以就某个热点问题发表自己的观点,不必拘泥于形式和规模。这种非正规的学术活动可以营造一个开放交流的环境,能够锻炼和提高同学们的思辨能力、组织能力和表达能力。

另一方面,大学生应每学期定期自行开展数次学术研讨。每次学术研讨由同一专业的学生共同组织,并邀请相关导师参加,导师在探讨中帮助学生分析问题和解决问题。在学术研讨过程中,大学生之间得以相互交流学术思想和相互学习科研方法。

2. 积极参加学术报告活动

学术报告活动是研究人员学习和交流学术思想的好形式。参加各种各样的学术活动,对大学生扩充自己的知识面、了解相关研究的发展动态、学习和借鉴他人的研究经验大有裨益。参加学术报告活动时,要注意两个事项:一是听学术报告的过程中,应积极启动自己的思维,绝不能只是被动地听,要注意学习报告人的思维方式、报告策略、演讲风格,还要就自己感兴趣的问题积极参与提问和讨论;二是要积极地做学术报告,在导师的带领下参加高水平学术会议,积极准备学术会议演讲稿,充分利用组会上课题的讨论与交流,与该领域权威学者和学术同行进行沟通和学习,要锻炼现场口头演讲报告能力和回答专业问题的能力。

3. 开设学术信息交流平台

学校管理部门利用现代网络技术,开设网上学术信息交流平台,具体要做到两方面内容:一是使大学生能尽快了解到有哪些论文答辩、学术研讨和学术报告等信息,做到有选择地及时参加相关活动;二是鼓励大学生建立自己的学术信息交流论坛,此论坛有利于活跃思维、提升观点。另外,学校还可以通过组织小型读书报告会,来增强学术研究氛围。

信息素养是创新人才终身学习并提高的素质。在知识经济时代,人的知识结构调整频率加快,创新人才必须树立牢固的终身学习的观念,时时处处关注信息,依托信息技术和信息工具,提高迅速获取最新知识的能力,对信息进行组织、加工、分析、提炼,吸取自身需要的信息,并将其组织成适于自己运用的形式,推动其实践活动。学校需通过信息素养教育来完善大学生的知识结构,强化大学生的信息技能,全面提高人才的整体素质,给人才不断创新提供机会。

三、当代大学生科学素养的基本内涵

科学素养是当代大学生综合素质的一个非常重要的方面,大学生的科学素养是指大学生对科学知识水平、科学技术学习能力以及科技的创新能力和最重要的实践能力的体现。在国际上公认的科学素养主要包括了以下三个方面。

(1)对科学知识的理解状况。主要是指对科学技术中的一些知识概念的理解状况,还有对这个世界的基本认识(主要包括理论、事实以及法则等)。

(2) 对相关科学程序和探究方法的理解状况。主要是了解科学产生、发展的过程,还有对科学进行研究的过程中创新性能力的提升等。

(3) 了解自己所学的科学技术和社会的具体联系。在这方面要学会将自己所学的科学知识与技术应用于具体的实践中去,充分发挥科学技术的创新能力,为国家和社会的发展与建设做贡献。

在我国,大学生作为一个特殊的群体,对先进的科学知识、技术有着较强的学习能力,同时能够促进先进科学技术在社会中的传播,其科学素养的培养工作引起了国家的高度重视。对于大学生来说,在科学素养方面要做到四个方面,即具有广博的科学视野、具有严谨的科学精神、具有科学的研究能力、具有高尚的道德品质。

四、当前我国大学生科学素养的具体现状与原因

大学生的科学素养培养工作是我国对大学生素质教育的重点内容,这不仅仅是为了适应时代的潮流,更是为国家培养出更多的创新型复合型人才。值得注意的是,人文素养和科学素养是不可分割的两个主题,但是就目前的状况来说,我国对人文素养的教育工作更重视,进行了大量的研究工作,相关学者发表了很多研究性论文,但是在科学素养培养方面的研究工作相对较少,说明对大学生科学素养培养方面的工作不够重视。造成这样的原因有很多,可以从以下角度进行探究与分析。

首先,思想上对科学素养的培养工作存在着很大的偏见。我国高校中普遍的现象是大学生的人文知识水平较高,人文素养也较高,但是在科学素养方面的水平不高。学校对这方面的工作不够重视,认为没有必要,这就导致在科学研究方面大学生的处理能力非常弱。还有就是大学生对发展自身科学素养的方法了解不多,自身的科学素养根本不能够满足当前社会的需要。

其次,我国很多高校在科学素养的教育方面力度不大。随着时代的不断进步,科学技术的发展日新月异,很多研究人员都认为知识经济将成为社会经济大战的主要经济类型,但是我国的高校受各种因素的影响,在科学素质的教育工作方面一直都存在着极大的不足之处。高校作为我国的教育培养基地,在科学素养的教育工作方面,相应的教学模式不够成熟,教师的教学思维不够创新,大学生进行学习的时候仅仅学到了相关的科学知识,但是在科学精神与科学实践方面并没有深入的了解。

最后,社会的支持力度不够,大学生科学素养的提升在高校中并不能完全完成,更重要的是在社会中进行完善,在社会中进行大量的实践和锻炼。但是社会对于科学培养缺乏良好的工作环境,缺少支持与关心。

五、当代大学生科学素养培养思路与对策

大学生的科学素养培养工作是一个长期而艰巨的工作,高校要做好充分的准备,建立一个科学素养培养的工作体系,并对这个体系进行不断完善。要知道科学素养的培养工作主要是让大学生能够深入地了解科学知识与科学技术。高校作为大学生的教育基地,要为大学生科学素养的培养工作提供一个良好的环境。

要做好大学生科学素养的培养工作,一定要改变观念,树立以科学素养为核心的教育理念,以"科学精神、科学方法、科学知识"的顺序进行教育,对教育工作进行不断改进,将科学

素养的教育工作纳入大学各个专业的教学中。鼓励高校中的大学生积极参加相关的科研实践活动,接受科普教育,对先进的科技领域进行不断的探究。学校应为学生建立更多的科学研究平台,鼓励大学业参加科研课题研究,还要对学生学习科学知识方式进行不断创新,尽量让学生多动手做实验,在实践中提升自己的科学素养。这样不仅可以提升学生的科学素养,还可以提升学生们学习科学知识的兴趣以及创新能力和动手能力。

大学生作为促进社会发展的重要力量,一直都是国家关注的重点。大学在营造良好的科学教育环境的时候,要营造生动活泼、勤奋学习、崇尚科学、学术自由的校园文化氛围,为大学生提供良好的科学教育环境,通过组织系列科普讲座和人文讲坛,建立科技协会,创办科技刊物,举办校园科技节等活动,丰富大学生的学习生活,活跃校园科学文化氛围。

任务二　培养解决问题的能力

 学习目标

1. 大学生解决问题的现状。
2. 培养大学生解决问题的能力和方法。

 导入案例

"百草味"创始人重出江湖!这次,他要用"自嗨锅"打江山

2016 年,"百草味"以 9.6 亿元的价格被收购,蔡红亮也宣布闭关三年,"婉谢媒体采访和公开演讲"。不过,在内部公开信中,蔡红亮称,闭关期间,将"深耕互联网代餐零食市场"——颇有几分"憋大招"的意味。

天猫 618 中,蔡红亮倾力打造的"自嗨锅"不负所望,在天猫方便速食类销量中排名第一,并在"品牌热搜榜"独占鳌头。618 期间全网销售额超过 2 000 万,还在全国多个商超卖断了货。

对创业"老炮"蔡红亮来说,弥漫着硝烟的中国零食市场,是他再熟悉不过的战场。如果说,"百草味"的创业之旅,是一场电商对传统线下零售的革命;那么这次的"自嗨锅",则是一个理工男,用他有点"轴"的性格,对中国食品行业"深水区"的一次搅动。

在蔡红亮眼里,"市场够大,年轻人够挑剔"是创办"自嗨锅"最重要的动力。2018 年,中国餐饮行业已迈入 4 万亿元大关,而其中,年轻的"懒宅族",正在爆发出极大的消费潜力。CBNData《2018 生活消费趋势报告》显示,24 岁以下外卖服务 APP 用户规模同比增长超 1 000 万,贡献了 44% 的增长幅度。此外,年轻"宅"们还将目光拓宽到即食新品类上,"95 后"已成为线上即食火锅最大的购买人群。

当时,蔡红亮也将目光聚焦在即食火锅这一产品上。但要把火锅这种经典的线下消费食品,变成快消品,难度也显而易见:一方面,蔡红亮可不想仅仅打造一款"高配版"方便面。如今的"消费分层"趋势明显,即使在年轻"宅"群体中,也涌现出了一批执着于品质的人,他们,正是蔡红亮的目标用户。另一方面,"标准化"也是必须直面的问题。

蔡红亮研发的方式,也很特别——他专门深入中国火锅的"重镇"重庆、成都等地,一家家地去吃火锅,尝底料包,用自己的嗅觉、味觉和视觉,来判断哪些底料会被市场接受。一年间,蔡红亮尝了100多种火锅底料,还把底料包买回家,再细细品味。

最后,他选择了3个品牌的底料,并在其基础上作了优化。按照蔡红亮的思路,自己要打造的自热小火锅,追求"顶级",所以底料包,也必须是顶级的。从食材到人才、技术,蔡红亮都下了血本。

几年来,蔡红亮从街边小摊,到五星级酒店,吃遍全球,这让他建立起了一套自己的评判标准。更不可思议的是,他用理工男的逻辑,将个人化的口味进行了"数字化",试着用数字来表达"辣"到底该有多辣,"咸"到底该有多咸,逐渐和团队达成了一种标准制订上的默契。为此,他和团队坚持亲力亲为地制作。在618等大促期间,这种"精耕细作",却造成了断货,团队不得不向商家道歉。但即使如此,蔡红亮也不愿意压缩生产流程,或者采用外包等模式。对食品安全,他有种近乎偏执的在乎。

至于未来的目标,蔡红亮表示,自己不是没有野心的人。在"开门红"的局面下,他已经为"自嗨锅"描绘了一个千亿级规模的蓝图,并且设计好了三步走的计划:第一步,成为中国互联网标准化餐饮的开创者;第二步,要做中国餐饮标准化的代表;第三步,则要向世界推出标准的"中华料理"。

(资料来源:https://news.hexun.com/2019-07-08/197777875.html)

案例问题

1. 怎样利用互联网资源发展新零售行业?
2. 发展企业需要怎样的精神?

案例启示

问题是思维活动的开始。问题启动人们对事物性质和规律的探究、对知识的真理性的检验、对获取知识的方法可靠性的思考以及对事物意义和目标的澄清,并根据此运用策略解决问题,以获取实践成功。曾经的传统行业怎样在抖音、微博、小红书等互联网社交媒体上焕发生机,一边是文化的传承,一边是科技的创新,企业的发展面对问题,应该打破原有思路,创新发展,融合线上、线下和现代物流,迎合新生代消费的升级。要想解决问题,应首先具有质疑、批判和认知困惑的态度,并通过积极的实践操作,最终解决问题。

一、大学生解决问题的现状

从目前就业市场的反馈来看,用人单位普遍对大学生的就业能力评价不高,认为如今的毕业生往往是文凭大于能力,满足不了社会和经济发展的需要。用人单位更看重的是应聘者的综合素质,尤其是解决问题的能力,而大学生解决问题的能力较差是造成就业难的直接原因。

大学生普遍存在职业规划不足,自我发展意识薄弱等现状。他们盲目地认为大学生以学习为主,其他问题不需要提前考虑,就业更是毕业之后考虑的问题。由于大学生职业规划开展比较晚,学生对于职业的选择只能凭借自己的理解,了解不到自己的兴趣爱好,对工作环境也没有系统的研究,不能做出有效的职业规划。还有的大学生人格不健全,表现在心理素质差、容易受到打击、没有团队意识等，这些都是大学阶段可以改变的问题，但是学生通常是在就业后才发现这些问题。他们没有规划人生，更不能主动寻找问题，解决问题，社会生存意识差，依赖性很强，主观能动性低，缺乏对自己应有的认识和判断，不会进行自我发展和职业规划，不会主动培养解决问题的能力，更不会发挥创新精神。因此培养大学生解决问题的能力，主要是学生自身发展意识的改变。

此外，高校在大学生解决问题能力的培养上，必须积极建立相关的制度保障，构建有利于大学生实践发展的内外环境。通过教育教学改变大学生的理念，帮助大学生充分认识到解决问题能力的重要性，从而严格要求自我，努力参加社会实践，在学校、老师和社会的帮助下，在个人努力下逐渐提高解决问题的能力。

二、培养大学生解决问题的方法

良好的解决问题能力既是大学生求学期间的实际需要，也是大学生毕业后走向社会生存发展所必需的本领。大学期间解决能力的高低直接影响到学生的学业、生活及社交等方面能否顺利，进而影响到学生的心理健康。步入社会后的工作中，无论学生从事哪一行业，关键之处还是发现并解决问题的能力。

（一）自身培养

大学生在大学期间要把学习理论知识作为首要任务，培养学习能力，学会如何学习，掌握有关技巧，培养各种学习的方法和能力。其中十分重要的是培养自己独立思考的能力，大学的学习不同于以往的被动式学习，学生自己要打破以前的思维定式和心理状态。此外，应坚持参加实践活动，这对职业能力的培养非常重要。如果大学生不愿意深入实践，没有问题意识，不积极主动地发现和解决问题，就无法培养积极解决问题的能力，在未来就会缺乏与他人合作的品质，更无法成为对社会有用的创新人才。

（二）学校培养

一是课堂培养。高校可以聘请有经验的企业相关人士担任大学生创业顾问，定期给大学生和从事创新创业教育的教师提供创业培训、疑难咨询，借助其丰富的创业实战经历，给高校和学生提供技术帮助。同时将创新创业教育同其他传统重点工作提升到同一个战略高度，积极发展创新创业教育，并将创新创业教育纳入到学生的整体教育安排中，结合各专业学科特点，开设适合各专业学生学习的创新创业指导课程，逐渐化解学生想利用自己的专业创业却又无从下手的尴尬局面，创建多学科融合的创新创业教育课程，让学生的创业前景更加广阔，创业转型方式更加多样。

二是校园活动培养。丰富多彩的校园文化艺术活动有助于形成良好的校园文化环境，活跃校园文化气氛，是提高学生全面素质和综合修养的有效途径。举办寓教于文、寓教于乐的校园文化艺术活动有助于培养学生的审美情趣、团队精神、艺术水平、文学修养和积极向上的生活态度，同时使学生的组织能力、管理水平、写作能力、语言表达能力、人际关系处理能力得以提高。举办文化艺术活动的形式有举办迎新生或送毕业生文艺晚会、元旦联欢会、校园歌手大赛、挑战主持人大赛、时装表演、戏剧小品大赛、书画展、摄影比赛、舞蹈比赛、舞会等文艺类活动。组建舞蹈队、曲艺队、合唱团、乐队等学生文艺团体，举办文化艺术节、演讲赛、礼仪大赛、辩论赛、创新创业大赛、校园记者站、校园广播站等，这些活动可以使大学生展示个性,发挥才能,在活动中提升自己。许多学生正是通过参加校园活动,增长了才干,通过这个小社会,提高了解决问题的能力,逐渐成为教育工作中的管理者、领导者或者在其他行业中担任重要角色。

(三)家庭培养

家庭方面要端正对大学生创业的态度,不要过多地限制学生的发展。同时大学生也要理智处理创业的资金问题,可以先积极就业,逐渐在工作单位积累社会阅历、工作经验和创业资金,对社会、经济市场、国家政策有了一定深入了解后,再根据自身的实际情况选择适合的创业领域进行创业,这样能大幅减少大学生创业的风险,并且提高创业成功率,同时降低资金压力及家庭局限性。

(四)政策和制度保障

政府方面要搭建创业平台,减小大学生创业者的初期创业竞争压力,给创业者一些自由发展空间,避免其创业项目过早夭折,保护大学生的创业发展利益。当大学生创业面临困境时,政府和社会各方面应保持宽容支持的态度来帮助大学生创业者尽早脱困,而不是恃强凌弱,甚至是仗着初入社会的大学生经历尚浅而以非法手段牟利、欺压大学生创业者。同时,积极建立健全和落实有助于大学生创业的优惠政策和相关配套设施,指导大学生创业者如何受助于这些优惠政策,为初创期企业提供相关服务,增加创业投资资本供给,为其提供资金扶持。

任务三　培养交流与合作能力

学习目标

1. 交流与合作能力的意义。
2. 当代大学生交流与合作能力的现状。
3. 培养大学生交流与合作能力的途径。

导入案例

马化腾和他的5人创业团队合伙创业的故事

腾讯创业之初,马化腾与他的同学张志东"合资"注册了深圳腾讯计算机系统有限公司。之后又吸纳了3位股东:曾李青、许晨晔、陈一丹。这5个创始人的QQ号,据说是从10001到10005。为避免彼此争夺权力,马化腾在创立腾讯之初就和4个伙伴约定清楚:各展所长、各管一摊。马化腾是CEO(首席执行官),张志东是CTO(首席技术官),曾李青是COO(首席运营官),许晨晔是CIO(首席信息官),陈一丹是CAO(首席行政官)。

之所以将腾讯的创业5兄弟称之为"难得",是因为直到2005年的时候,这5人的创始团队还基本是保持这样的合作阵形,不离不弃。直到腾讯做到如今的帝国局面,其中4个还在公司一线,只有曾李青挂着终身顾问的虚职退休。

都说一山不容二虎，尤其是在企业迅速壮大的过程中，要保持创始人团队的稳定合作尤其不容易。在这个背后，工程师出身的马化腾从一开始对于合作框架的理性设计功不可没。从股份构成上来看。5个人一共凑了50万元，其中马化腾出了23.75万元，占了47.5%的股份；张志东出了10万元，占20%的股份；曾李青出了6.25万元，占12.5%的股份；其他两人各出5万元，各占10%的股份。

马化腾自愿把所占的股份降到一半以下，47.5%。"要他们的总和比我多一点点，不要形成一种垄断、独裁的局面。"同时，他自己又一定要出主要的资金，占大股。"如果没有一个主心骨，股份大家平分，到时候也肯定会出问题，同样完蛋。"保持稳定的另一个关键因素，就在于搭档之间的"合理组合"。

可以说，在中国的民营业中，能够像马化腾这样，既包容又拉拢，选择性格不同、各有特长的人组成一个创业团队，并在成功开拓局面后还能依旧保持着长期默契合作，良好的交流沟通是必要的因素。

（资料来源：https://www.cnrencai.com/goldjob/story/735280.html）

案例问题

1. 合伙人之间的沟通有什么作用？
2. 马化腾是如何避免团队纠纷的？

案例启示

沟通与交流源于人类原始的交往需求，而现代媒介只是放大了这种需求。传播能力的提升，使人类比以往任何时候都更为紧密地联系在一起。每个人都想在一种和谐的环境中生活和工作，不愿意在一种仇恨、嫉妒、排挤的人际环境中生存。那么，怎样构建和谐的人际环境呢？我们的回答是：靠良好的沟通。

一、交流与合作能力的意义

与人合作能力、信息处理能力、数字应用能力、解决问题能力、自我学习能力、创新革新能力、外语应用能力八大模块统称为职业核心能力，其中"与人合作能力"是职业核心能力中最重要的一项。职业核心能力是创业需要的基本能力，适用于各种职业，能适应岗位的不断变换，是伴随人们终身的可持续发展能力。

"高等职业教育作为高等教育发展中的一个类型，肩负着培养面向生产、建设、服务和管理第一线需要的高技能人才的使命"，针对高等职业院校学生的特点，要培养学生的社会适应性，教育学生树立终身学习理念，提高学习能力，学会交流沟通和团队协作，提高学生的实践能力、创造能力、就业能力和创业能力，培养德智体美全面发展的社会主义建设者和接班人。

在国家劳动和社会保障部提出的八种职业核心能力中，"与人合作能力"居于首位，这是在对数以千计的职业进行分析的基础上得出的结论。这八种能力，是劳动者面对产业变革、职业变革，应对市场竞争和社会挑战，实现个人职业生涯的成功所必备的最基本技能。"与人合作能力"是指一个人在职业环境中运用语言进行交流沟通的能力，运用语言获得信息和传递信息的能力，运用语言完成一定工作和学习任务的能力。具体地讲，交流沟通能力包括以下内容。

(1) 在一定的语言环境中理解字词的含义并掌握字词的用法。
(2) 从声音和文字的语言材料中获取主要信息。
(3) 把握和概括语言材料的主要内容。
(4) 跨越障碍,根据上下文推断语言材料中省略的一些非关键性内容。
(5) 领会语言材料中所表达的态度、情感、语气、情绪。
(6) 根据语言材料做出合理的推断。
(7) 以口头或书面方式正确、清楚、得体地表达自己的思想。
(8) 运用语言完成一定工作和学习的能力。

拓展阅读

(1) 做任何交流时,要仔细思考自己要达到的目的。
(2) 最好的沟通者将沟通视为对话,而不是独白。
(3) 一次好的眼神交流可以帮你节省千言万语。
(4) 有时候听比说更有力量。
(5) 这并不总是关于你自己,想想别人的需要和需求。
(6) 永远忠于自己的情绪,包括消极的情绪。

二、当代大学生交流与合作能力的现状

良好的社会交往及协作能力对大学生来说至关重要,它是大学生身心健康及个人发展的前提和基础。作为祖国的未来和民族的希望,大学生的社会交往及协作能力不仅关系到个人的前途,还关系到国家人才队伍培养的质量及祖国未来的发展。因此,进一步研究大学生社会交往及协作能力现状,找出大学生在社会交往中所存在的问题并探究其原因,采取有效措施提高大学生的社会交往及协作能力刻不容缓。

为了正确分析当代大学生交流与合作的能力状况,随机对不同年级的男女学生所做的问卷调查,结果显示:对于团队协作精神的调查中,大部分同学认为自己的团队协作精神一般;只有33%的同学经常参加团体活动;73%的同学认为团队中的任务应当团队成员共同完成;60%的同学当队友有困难时会经常给予帮助;在团队活动中,54%的同学会偶尔因为太喜欢表现自己而忽略其他人;在参加的团队活动中,55%的同学对于团队精神感受不明显,还有6%的同学根本感受不到团队精神;当团队有新任务时,他们的处理方法是,59%的同学会说服队友一起做,25%的同学自己默默地完成工作,然后心里抱怨,另外少部分同学会选择自己不做;在团队中,67%的同学选择了谦虚地和人共同探讨,26%的同学会选择直接告诉他该怎么做,6%的同学会自己解决;当意见与其他成员意见有冲突时,89%的同学都会选择跟大家一起商量交换意见。

从上述调查结果中可以看出,大部分同学具有团队精神,也具有合作意识;有些同学就是自己干自己的,参与意识不够,只有少数同学经常参加活动,很多都是偶尔参加。

大学生在交流合作方面的不足主要体现在以下几个方面。

(一) 以自我为中心,团队意识淡薄

部分当代大学生中以自我为中心的倾向严重,自我意识强烈,做事缺乏集体概念,从自

我出发,而不是站在集体的利益上考虑问题。做事情绪化,高兴就做,不高兴时就随意乱发脾气,做事任性,不考虑后果。在集体的活动中,不与他人合作,埋头于自己的事情。做事缺少自己的见解。

《大学生团队精神调查问卷》结果显示,关于"对团队精神重要性的认识",有51.9%的大学生认为"团队精神很重要",有25.2%的大学生认为"团队精神重要",有22.9%的大学生认为"团队精神不重要"。这表明,团队精神的重要性已被大多数大学生认同,这为进一步做好大学生团队精神的培养工作提供了坚实的基础。同时,有近1/4的大学生对团队精神的重要性认识不足,认为团队精神会抹杀个性。另外,在回答"在社会主义市场经济条件下,强调团队精神是否会吃亏"这一问题时,回答"是"的大学生随着年级增长呈上升趋势,大学一年级的是12.3%,大学二年级的是20.6%,大学三年级的是23.4%。

拓展阅读

(1) 三人省力,四人更轻松,众人团结紧,百事能成功。

(2) 一堆沙子是松散的,可是它和水泥、石子、水混合后,比花岗岩还坚韧。

(3) 一滴水只有放进大海里才永远不会干涸,一个人只有当他把自己和集体事业融合在一起的时候才能最有力量。

(4) 一滴水飘不起纸片,大海上能航行轮船和军舰;一棵孤树不顶用,一片树林挡狂风……这就是团队精神重要性力量的直观表现,这也是我们所理解的团队精神,也是团队精神重要之所在。

(二) 心理素质不健全,沟通能力不强

由于现代家庭独生子女较多,大多数"00后"大学生在优越的家庭环境中成长,没有兄弟姐妹关系,分享意识与交往意识淡薄。他们不愿意主动与人沟通交流,交往圈仅限于自己的室友,对人际关系的理解不透彻,甚至庸俗化。他们不积极参加社团活动,大部分时间沉迷于网络游戏,没有明确的人生定位,没有生活目标,价值观念偏差严重,衣食住行依然严重依赖家庭,独立生存意识差。

大学生在脱离高中进入大学后,希望建立自己的生活圈,以获得情感和生活上的认同感,但是很多大学生认为现实生活中的交际平台往往门槛较高。虽然高校空间广泛,但相对限制的空间使大学生缺少面对面交流的机会。同时,很多学生与陌生人交流存在一定的心理障碍。例如羞怯,害怕与人接触,它通常是由自卑和害怕冒险造成的,在言谈举止方面显得有些紧张、不自然的一种短暂的生理反应,它是人际交往中的一种疏远力;再如自卑,是人际交往心理障碍中比较突出的一种,源于自卑感,一般指个人由于生理、心理和其他方面(如家庭、工作、政治等)的某些缺欠,或是自以为的缺陷,而产生的轻视自己、看不起自己,认为无法赶上别人的一种消极的心理状态;猜疑,猜疑心理就是猜测、怀疑别人会对自己不利,是无中生有的疑心,对人对事都表示不放心的一种心理状态,这在人际交往中是一种比较常见的现象,它的产生是由于人们对人际交往不正确的价值心理引起的;嫉妒,所谓嫉妒是指由于别人在某些方面优越于自己,而自己又不甘心别人的这种优越所产生的、以多种情绪形式表现出来的、不健康的情感。这些心理因素的不健全导致大学生很难找到归属感,难以获得亲密和爱的需要,造成沟通上的障碍。

拓展阅读

小 A 与小 B 是某艺术院校大三的学生，同在一个宿舍生活。入学不久，两个人便成了形影不离的好朋友。小 A 活泼开朗，小 B 性格内向、沉默寡言，小 B 逐渐觉得自己像一只丑小鸭，而小 A 却像一位美丽的公主，心里很不是滋味，她认为小 A 处处都比自己强，把风头占尽，时常以冷眼对待小 A。大学三年级，小 A 参加了学院组织的服装设计大赛，并得了一等奖，小 B 得知这一消息先是痛不欲生，而后妒火中烧，趁小 A 不在宿舍之际将小 A 的参赛作品撕成碎片，扔在小 A 的床上。小 A 发现后，不知道怎样对待小 B，更想不通为什么她要遭受这样的对待。

原因分析：小 A 与小 B 从形影不离到反目成仇的变化令人十分惋惜。引起这场悲剧的根源便是嫉妒。

既然嫉妒心理是一种损人损己的病态心理，严重影响自己的身心健康，就应该积极克服。

克服嫉妒的方法如下。

1. 认清嫉妒的危害

就像前面所讲的那样，嫉妒的危害既打击了别人，也伤害并耽误了自己。遭到嫉妒的人自然是痛苦的，而嫉妒别人的人一方面影响了自己的身心健康；另一方面由于整日沉溺于对别人的嫉妒之中，没有充沛的精力去思考如何提高自己，恰恰又继续耽误了自己的前途，一举多害。认清这些危害是走出嫉妒误区的第一步。

2. 克服自私心理

嫉妒是个人心理结构中"我"的位置过于膨胀的具体表现。总怕别人比自己强，对自己不利。因此，要根除嫉妒心理，首先根除这种心态的"营养基础"——自私。只有驱除私心杂念，开阔自己的心胸，才能正确地看待别人，悦纳自己，正如人们常说的"心底无私天地宽"。

3. 正确认知

客观公正地评价别人，也要客观公正地评价自己，别人取得了成绩并不等于自己的失败。强烈的进取心是人们成功的巨大动力，但冠军只有一个，尺有所短，寸有所长，一个人不可能事事都走在人前，争强好胜也不一定能超越别人。一个人只要客观地认识自己的优势和劣势，现实地衡量自己的才能，为自己找到一个恰当的位置，就可以避免嫉妒心理的产生。

4. 将心比心

"将心比心"是人们常说的一句俗语，在心理学上叫"感情移入"。当嫉妒之火燃烧时，不妨设身处地地为对方着想，扪心自问，"假如我是对方又该如何呢？"运用心理移位法，可以让自己体验对方的情感，有利于理解别人，有利于抑制不良的心理状态的蔓延，这是避免嫉妒心理行为产生的有效办法之一。

5. 提高自己

嫉妒的起因就是看不惯别人比自己强。如果能集中精力，不断地学习、探索，使自己的知识、技能、身心素质不断提高，也可以减少嫉妒的诱因。而且，丰富多彩的课余生活将自己的闲暇时间填得满满的，自然也就减少了"无事生非"的机会，这是克服嫉妒心理最根本的方法之一。

6. 完善个性因素

大多数嫉妒心理极强的人，都是心胸狭窄、多疑多虑、自卑、内向、心理失衡、个性心理素质不良的人。所以，应该努力完善自己的个性因素，提高自己的心理素质，以健康的心态面对生活。

7. 树立正确的竞争意识

以公平、合理为基础的竞争是向上的动力，对手之间可以互相取长补短，共同进步，必须建立正确的竞争意识。

 拓展阅读

心理学认为，嫉妒是一个人由于个人欲望得不到满足从而对造成这种现象的对象所产生的一种不服气、不愉快、怨恨的情绪体验。嫉妒是人性的弱点，常常发生在两个年龄、文化、社会地位与条件相当并有竞争关系的人之间，竞争中的失败者往往会对竞争对象产生嫉妒心理。嫉妒在同辈、同学和同事间更容易发生，因为在这些条件相当的人之间有可比性。对于小学生来说，学习具有竞争性，这往往容易使个别同学在内心产生程度不同的嫉妒心理。一个人在嫉妒他人时，最受伤害的是自己，因为在嫉妒他人时，当事人往往处在紧张和不安之中。心理学家认为，嫉妒心理长时间地存在会导致内分泌系统功能失调，神经功能紊乱，从而影响身体健康。嫉妒心理是一种不良的情绪，它会使一个人变得卑鄙、狭隘；它会使人丧失理智和信心，陷入自伤或伤人的危险境地；它会使人放弃自我追求，而去用仇视的目光贬低他人的成功，从而成为一个庸人。嫉妒心理在人际交往中往往会造成集体内部互相积怨，这种积怨会使许多人浪费时间和精力，从而形成内耗。

（三）依赖社交媒体，社交能力滞后

很多大学生进入大学后会出现茫然的现象。突然获得所谓的自由，难免会丧失自己，从而在学习上疏于管理，专业知识学习不主动、不扎实。离开父母独立生活后，网络媒体对大学生活产生一定的影响。在网络世界里，交流的隐秘性和虚拟化使人际关系淡化和疏远，人们可以随意隐藏、编造自己的姓名、年龄、性别、地区、种族、身份地位等信息。网络自由化造成个体角色多样化，也导致个体"基本身份的丧失"。网络的虚拟性为人们提供了更为广阔的空间，网上虚拟社区、聊天室的出现，为处于压力下的人们提供了一个没有束缚的轻松交流空间，极大地满足了人们期望交友的欲望，但是网络的虚拟性还造成人们上网心态的虚拟化，交流的不真实使人与人之间的可信度降低。当代大学生，作为使用网络交友媒介的主要群体之一，是受网络影响最深的群体。

三、培养大学生交流与合作能力的途径

（一）学校培育大学生交流与合作的策略

1. 在课程教学中强化合作精神教育

合作精神的形成和发展依赖于大学生个体的知识和素质基础，而各类教育教学活动是形成大学生素质基础的主渠道。因此，加强大学生团队精神的培养就要发挥教育教学活动

的主渠道作用,加强教育改革,适当设置团队精神培养的课程,设置一定的学分,发挥教育教学活动的系统性、针对性、强制性、普及性等特点,从而实现对大学生团队精神的培养和提高。高校可以采用必修课和选修课相结合的办法设置课程。在课堂教学过程中,教师要结合教学内容开展小组合作式学习活动,做到资源共享、知识互补,把个人之间的竞争转化为小组之间的竞争,注重培养学生的合作意识。合作学习的关键是互动,互动的角色不只是师生之间,还有学生间、小组间、个体与群体间等。在教学互动中,每一个参与者都要积极参与、相互配合、相互协作。

2. 鼓励学生积极参与多种形式的团队实践活动

交流与合作既强调与人沟通、交流的能力,又强调与人合作的能力。如果说个人工作能力是推动社会发展的纵向动力,那么合作精神则是推动社会发展的横向动力。这些能力必须通过实践得以提高,并最终运用于实践。事实证明,学生在团队实践中不仅可以锻炼语言表达能力、交际能力、处理信息能力,还可以消除自卑、自傲等影响人际关系的不健康心理。因此,除了课堂教学,高校还应多方面开展集体活动,加强校园合作精神建设,积极开展丰富多彩的、以团队为单位的文体活动,如院系组织的球类比赛、辩论赛和知识竞赛等,让交流与合作精神渗透到大学生学习生活的各个方面。

3. 营造良好的社会环境

影响大学生团队精神素质的因素来自学校、家庭和社会等各个方面。很多独生子女因为在成长过程中缺少集体活动的机会,导致他们形成过强的自我中心意识、较差的自我管理意识和团队精神。同时,应试教育把学习成绩作为衡量学生好坏的唯一标准,使得学校在学生人格塑造以及相应教育上重视不够。因此,大学生团队精神的培养也不能仅依靠学校的教育,还需要家庭及社会各方面的配合,必须为大学生团队精神的培养提供良好的文化氛围和社会舆论环境。高校应该利用其有利条件,加强校园文化建设,营造良好的团队精神氛围,为大学生创造良好的发展平台。

4. 加强师资队伍建设,培养协作型教师

高校教师的知识水平、业务能力、人格魅力、言行举止及行为方式,对大学生有着言传身教的直接影响,因此,建设一支高素质、具有团队精神的教师队伍,是加强大学生团队精神教育培养的重要途径。若要成为协作型教师,就必须转变传统教育观念,把以传授知识为主转变为既传授知识又培养能力。在教学过程中,教师要把纪律严格、恪守常规的课堂气氛转变为积极互动、主动探索的课堂气氛,这是培养团队精神的基础。还要建立新型的师生关系,发挥学生的主体作用,努力培养学生在学习、科研中的参与和合作能力,这是培养团队精神的保证。另外,还要身体力行,在教学过程中向学生展示团队精神的作用,这是对学生最直接的教育。合理利用这些培养大学生团队精神的措施,高校必将进一步提高大学生的交流与合作教育的水平。

(二)提高大学生人际沟通的技巧

1. 和陌生人交往的技巧

和陌生人交往是每个人在人生发展过程中必须解决的问题,大学生要改变观念,主动和他人沟通,锻炼自己,努力做到以下几点。

(1) 惜缘

当和陌生人相遇时,把这种相遇当作"上天"赐给自己的一种缘分,珍惜这瞬间的相处,尽量使彼此留下愉快的回忆。这种"惜缘"的态度,往往能主动化解陌生人交往的心理戒备,发展出良好的人际关系。

(2) 树立主动沟通的意识

俗话说"万事开头难",当一个人与对方完全陌生的时候,要开始一次交谈确实困难。这时,若掌握了一定的技巧,就会达到目的。初次见面寻找合适的话题很重要,它能迅速拉近双方的距离。

📖 拓展阅读

一次,在长途车上两个大学生坐在了一起,其中一个学生看到另一个学生手里捧着的书说:"你看的是什么书?这么入迷。"另一个学生笑着说:"是本微型小说,很有意思。"于是,他们以微型小说作为开始交谈的话题,在以后的几个小时的路途中,一起谈了很多,讲了中学时代的学习、现在所在大学的学习风气及丰富多彩的大学生活等。交谈使他们在愉快的气氛中度过了原本枯燥的旅途。

(3) 用积极的心态面对陌生人

积极的心态是生活、工作快乐的伴侣和源泉,在此主导下,才能觉察到世界的美好,感觉到社会正能量的吸引。即使真的遇到"坏人"也不要恐惧,要善于利用自己的机智,使那些心怀不轨的人在自己的大方、气势面前有一种心理压力,不敢轻易怎样,因为任何心怀不轨的人总是利用对方的恐惧、羞涩来达到其罪恶的目的。

(4) 打破与陌生人交往的隔膜

在与陌生人沟通时,有的人很想和对方交谈,但又不知该怎么说出口,心里七上八下,因而显得很紧张。其实大可不必如此,也许对方比自己还紧张,如果能跟他谈一些轻松的话题,将会使双方都感到愉快。陌生人之间的交往之所以存在障碍,关键是人与人之间隔着一层薄膜,如果有人将这层薄膜打破,人们之间的沟通也就非常顺利了。下面这则故事就可以说明这点。

📖 拓展阅读

一个星期一的早晨,在一辆开往市区的巴士上,上班的人们都坐在座位上安静地读着自己的报纸,谁也没有说话,车厢里安静极了。

突然,司机大声对乘客说:"我是你们的司机,现在请你们全都放下报纸,转过头去面对坐在你旁边的那个人……跟着我说:早上好,朋友!"

莫名其妙的乘客这时会心地笑了起来,顿时,车厢里气氛活跃了许多。

这位司机就是看准了陌生人之间难以捅破"薄膜"的心理,帮助乘客解决了这个"难题"。如果我们也能像他那样,不是可以使我们的沟通范围更加宽广了吗?

你冲破了和陌生人交往的屏障,你们就开始了由陌生到熟悉的发展过程。

2. 同事之间良好沟通的技巧

(1) 人格塑造

在沟通理念中,人格的培养是提高沟通效果的基础,也是人际关系中的关键因素,要把做人放在第一位。品格高尚的人，本身就产生了一种吸引力、亲和力，人们愿意和其交往、合作共事。

要记住一条真理："帮助别人就是帮助自己。"要逐步形成自己做人的信条。大量案例研究也表明，每一次付出，自身人格魅力就会增加一个光点，不断地付出，点点滴滴的光点就会连接起来形成一个"自身人格光环"，在人们心目中就成了值得交往的人，所获得的也是意想不到的结果。

有一句话要记住："我能为您做点什么？"这是建立良好人际关系的奥秘。

（2）赞美、欣赏

能够看到同事身上的优点，并及时给予赞美、肯定，对一些不足给予积极的鼓励，这是良好沟通的基础。不要背后议论同事，要常常做"送人玫瑰的人"，不要做"抛人泥土的人"。和颜悦色是人们交往的需要，如果这样做了，就一定能被同事所喜欢。

（3）坦诚相见

坦率和真诚是良好人际关系的重要因素。对待自己的同事，能够不存疑虑，坦诚相见，是同事之间相互信赖的法宝。

（4）少争多让

不要和同事争什么荣誉，这样是最伤害人的。帮助同事获得荣誉，他会感激自己的功绩和大度，更重要的是增添了人格魅力。对一些非原则性的问题，切忌去争什么输赢，否则，其结果只能使双方受到伤害，有百害而无一利。

（5）善于倾听

善于倾听是增加亲和力的重要因素。当同事的家庭、生活、工作出现麻烦而心情不悦时，一定要认真倾听他的烦恼，与自己的情感融到一起，成为同事最真诚的倾听者，这样会加深同事之间的情感。

（6）理解宽容

作为同事，人们没有理由苛求他人为自己尽忠效力。在发生误解和争执的时候，一定要换个角度，站在对方的角度上为对方着想，理解一下别人的处境，千万别情绪化，甚至把人家的隐私抖出来。任何背后议论和指桑骂槐，最终都会在贬低对方的过程中破坏自己的形象，而受到别人的抵触。宽容别人，就是善待自己，将自己心中的怨怒化作和风细雨，神清气爽地度过每一天。

（7）巧用语言

沟通中的语言至关重要，应以不伤害他人为原则，要用委婉的语言，不用伤害的语言；用鼓励的语言，不用斥责的语言；用幽默的语言，不用呆板的语言，等等。

3. 与上级沟通的五大技巧

每个职员都有自己的上级，能够与上级良好沟通的人，才能成为领导信任、喜欢的优秀职员。

（1）尊重领导也是尊重自己

每个人都有领导，每个人都可能是一个被领导者，尊重领导，不仅仅是为了得到领导的肯定，更重要的是做人的成功，是心理成熟的标志。当满足了领导对于尊重的需要时，自己同样会得到很好的回报。

尊重领导，是尊重上下级关系的"游戏规则"，说明了自己的基本素质和涵养。任何一个上司,提升到这个职位上,必有某些过人之处。他们丰富的工作经验和待人处世方略,都是值得学习借鉴的,应该尊重他们精彩的过去和骄人的业绩。但每一个上司都不是完美的,领导有时也会有失误,在某些方面可能还不如自己,千万不要因此而有居高临下之感,滋生傲气,那样只能给工作增加阻力。要有效表达反对意见,给上司提意见只是本职工作中的一小部分,尽力完善、改进,尽快地接近工作目标才是最终目的。要让上司心悦诚服地接纳自己的观点,在提出质疑和意见前,一定要拿出详细的、足以说服对方的论据。

(2) 踏实搞好本职工作,是与领导沟通的基础

无论从事什么工作,兢兢业业、踏踏实实做好本职工作是良好沟通上下级关系的基础。能把自己的发展目标与单位或企业的发展目标相融合,乐于助人,忠诚于自己的单位、忠诚于自己的事业,才是领导最喜欢的。

(3) 要有主动与领导沟通的意识

领导的工作往往比较繁忙,无法顾及方方面面,保持主动与领导沟通的意识十分重要,不要仅仅埋头于工作而忽视与上级的沟通,要让领导知道自己在做什么,做到什么程度,遇到什么困难,需要什么帮助,还要有效展示自我,让能力和努力得到上级的高度肯定。只有与领导保持有效的沟通,才能获得领导器重,得到更多的机会和发展空间。

(4) 寻求与领导有效的沟通方法

要掌握良好的沟通时机,善于抓住沟通契机,正式场合与非正式场合并举,除了工作方面的沟通外,往往情感方面的沟通会获得意想不到的结果。

(5) 善于倾听,领悟领导的言外之意、弦外之音

准确把握领导的指示、精神,善于领悟领导的意图,是执行和落实好领导指示的关键,是体现执行力的第一步。在实际工作中,要学会倾听,提高领悟力,善于领悟领导的言外之意,这对于自己的发展有着重要的意义。

名人金句

(1) 没有人是一个孤岛,可以自全,每个人都是大陆的一片,整体的一部分。——约翰·多恩

(2) 天时不如地利,地利不如人和。——先秦·孟子

(3) 单个的人是软弱无力的,就像漂流的鲁滨逊一样,只有同别人在一起,他才能完成许多事业。——叔本华

(4) 人们在一起可以做出单独一个人所不能做出的事业;智慧+双手+力量结合在一起,几乎是万能的。——韦伯斯特

(5) 二人同心,其利断金。——《易经》

课后训练

活动一:"爱心大行动"项目

分组组织一次"爱心大行动"的义卖活动,用批发的商品或与本地企业联合组织义卖,用义卖的收入捐助贫困山区儿童或本地福利院的孤残老人。

组织小组讨论,确定义卖活动的主题、口号、行动方式等。每组选出一位记录员,用录音

工具(录音机或摄像机)或笔记,记录小组讨论的实况。

请想想:

1. 分析小组确定义卖行动主题、口号、行动方式的交谈讨论中,大家围绕主题发言的优劣情况。

2. 这种讨论属于哪种类型的交谈?

活动二:楠楠怎样才能在校友聚会上找到球友

楠楠是一个性格开朗的女孩,喜欢打乒乓球,想在校友聚会上找几个球友经常在一起玩。

请想想:

1. 自我介绍的时候应该怎么说?

2. 在交谈的过程中如何运用提问的方式进行沟通?

活动三:角色扮演

小李平时上班经常迟到,工作时懒懒散散,常出次品,而且还振振有词:"又不只有我一个人这样,有什么大不了的。"以小组为单位,每两人一对,分别扮演车间主任与小李谈话。先在小组内扮演,相互评议,各组推选一对参加全班示范,然后大家评议,评出最佳。

请想想:

1. 小李的做法有什么错误?

2. 在交谈的过程中车间主任应采用什么方式进行沟通?

项目六 创业素质的培养与建立

随着市场经济的发展,终生就业的岗位越来越少。作为在校大学生,应该改变观念,练好基本功,增强自主创业意识,为创业打下坚实基础。

目前,大学生自主创业成为高校毕业生就业的一种新趋势。为适应经济社会发展的需要、人才培养模式改革的需要、大学生自身发展的需要,高校不再是不接地气的"象牙塔",而是培养创业人才的摇篮,应引导大学生完成从"天之骄子"到"创业者"的角色转变,培养他们的创业动机、志向、信念,激发他们强烈的创业愿望,由"要我创业"转变为"我要创业"。

在"大众创业,万众创新"的时代,创业已经成为很多人的选择,但创业从来都不是一件容易的事情,它对创业者的素质有着很高的要求。

任务一 创业准备

 学习目标

1. 了解创业的内涵。
2. 形成创业知识的结构。
3. 了解创业的步骤。
4. 确定自己的创业理想。

 导入案例

卖凉粉,却意外卖火了辣椒酱

老干妈的创始人陶华碧,2012年以36亿元身家登上胡润中国富豪榜。老干妈到底是怎么成功的?

陶华碧出生在贵州省湄潭县一个偏僻的山村。由于家境贫穷,从小到大没读过一天书。20岁那年,她邂逅206地质队的一位会计,两人相恋结婚。但没过几年,丈夫就病逝了,扔下了她和两个孩子。丈夫去世后,没有收入来源的陶华碧为了生存,去外地打工和摆地摊。1989年,陶华碧用省吃俭用积攒下来的一点钱,在贵阳市南明区龙洞堡的一条街边,用四处捡来的砖头盖起了一间房子,开了个简陋的餐厅,取名"实惠餐厅",专卖凉粉和冷面。

为了佐餐,她特地制作了麻辣酱,专门用来拌凉粉,结果生意十分兴隆。有一天早晨,陶华碧起床后感到头很晕,就没有去菜市场买辣椒。谁知,顾客来吃饭时,一听说没有麻辣酱,转身就走。这件事对陶华碧的触动很大。她一下就看准了麻辣酱的潜力,从此潜心研究起来。经过几年的反复试制,陶华碧制作的麻辣酱风味更加独特。很多客人吃完凉粉后,还买一点麻辣酱带回去,甚至有人不吃凉粉却专门来买她的麻辣酱。后来,她的凉粉生意越来越差,可麻辣酱却供不应求。

1994年11月,"实惠餐厅"更名为"贵阳南明陶氏风味食品店",凉粉和冷面没有了,麻辣酱系列产品开始成为这家小店的主营产品。然而,专一的生产依旧满足不了庞大的顾客需求。1996年7月,陶华碧租借南明区云关村委会的两间房子,办起了食品加工厂,专门生产麻辣酱,定名为"老干妈麻辣酱"。刚刚成立的辣酱加工厂,是一个只有40名员工的简陋手工作坊,没有生产线,全部工艺都采用最原始的手工操作。当时捣麻椒、切辣椒是谁也不愿意做的苦差事。陶华碧身先士卒,带头"剁辣椒",以至于后来患上严重的肩周炎,10个手指的指甲也全部钙化。

如今,"老干妈"的管理团队,大概是中国目前大型企业中最神秘的一支,陶华碧对他们的一个要求就是不能接受外界采访。坊间对这支团队的评价大致为:忠诚、勤勉、低调。

(资料来源:https://new.qq.com/omn/20181006/20181006A02MD9.html)

案例问题

1. 陶华碧个人何以成功?
2. "老干妈"何以不断壮大?
3. "老干妈"是怎么创业成功的?

案例启示

(1) 对机会敏感。陶华碧在20世纪90年代后期,在大家认为"没有大钱做不成生意"的年代,做成了大生意。她抓住的不过是卖凉粉时,拌酱料畅销的小小机会。

(2) 诚信。"做生意要诚信",这几乎谁都知道。但事实上,很多人还是做不到。陶华碧以前没听过文绉绉的"诚信",但她以一个农民的朴实本质,做到了诚信,也做大了生意。

一、创业的概念

《辞海》中对创业的定义为"创立基业"。这里的"基业"是指"事业的基础、根基"。从"创业"这个概念的汉语使用法来看,人们一般在以下三种状况下使用:一是强调开端和草创的艰辛和困难;二是突出过程的开拓和创新的统一;三是侧重于在前人的基础上有新的成就和贡献。

二、创业教育的准备

大学生创业教育从实质上讲是素质教育中所提倡的创新教育与创业教育。素质教育中提倡的培养学生的创造力和创新精神,提高学生的思想政治素质、道德素质、科学文化素质和身心素质等,正是一个成功创业者所必须具备的。具体来讲,创业准备的培养包括以下四点。

（一）激发学生创业意识

创业意识是指在创业实践活动中对人起动力作用的个性心理倾向，包括创业需要、创业动机、创业兴趣、创业信仰和创业世界观等心理因素。创业意识支配着创业者的创业态度和行为，规定其态度和行为的方向和力度，是创业素质的重要组成部分。

（二）培养学生创业品质

创业是艰难的，也是成败并存的，这包括对人的身体和心理在内的综合素质的考验，尤其是对人心理品质的考验。从创业的准备、初始阶段，到创业的坚持阶段，直到创业最后成功，都必须有良好的心理品质。所谓良好的创业品质，最早提出创业教育的柯林·博尔这样描述，"对变化持有积极、灵活和适应的态度，视变化为正常、为机会；具有来自自信的安全感，处理危险、冒险、难题和未知，从容自如；具有提出创造性思想、发展这些思想，并坚定不移地使之付诸实施的能力；有能力并勇于负责、善于交流、谈判、施加影响、规划和组织；有信心、有主见而不总是依赖他人。"

（三）形成创业知识结构

扎实深厚的专业知识和宽泛广博的人文社会科学知识，是大学生顺利进行创业的基础。因此，创业教育的主要任务之一就是拓宽学生的视野和知识面，讲授相关创业知识，帮助学生形成创业所需的知识结构。创业知识既包括专业知识、企业建立、经营与管理知识，也包括人文社会科学知识。对创业知识的传授，重点是形成合理有序的知识结构，而非灌输大量系统全面的知识要点，应通过建立创业知识结构，引导学生形成善于发现问题并整合资源的能力。

（四）提高学生创业能力

创业活动是创业者在识别创业商机的基础上，整合多种创业资源实现创业目标的过程。创业是一项复杂的系统工程，它要求创业者能够解决创业过程中的技术、资金和社会关系等种种问题。因此，一个成功的创业者，不仅要具备创业意识、创业知识和创业品质，更要具备解决创业问题的本领，这种本领就是创业能力。因此，将创业意识、创业品质、创业知识等内在资源提升为创业能力，是创业教育追求的理想结果。

三、创业的"三部曲"

创业只有热情还不行，没有资金、没有方向、没有经验，就是时机和条件尚未成熟。如果条件不成熟就盲目创业，会导致投入大、产出小、项目不准，资金套牢，经营不利，血本无归等后果。创业应分为"三部曲"，按计划完成。

1. 第一部曲：具备创业素质，才能投资

（1）识人能力、管理技能、想象力、口才、毅力、奉献精神、积极的人生观。

（2）独立作业的能力，追求利润的方法。

（3）行业专业知识。

2. 第二部曲：评估一下自己是否适合当老板，具有以下个性特征的人，不适合当老板

（1）想到自己当老板要独立管理许多雇员，就会感到紧张和胆怯。

（2）与其花费巨大的人力、物力和心血去创业，宁愿保持现状，一切顺其自然。

（3）总认为自己是个很稳重的人，如果对某种生意没有十分的把握，是绝对不会去尝试干一下的。

（4）除非事先有一个周密的计划，否则不会贸然去做一件事。

（5）工作热情来得快，去得也快，因此做起事来没有恒心，或者常常凭自己的兴趣去工作。

3. 第三部曲：对创业计划做出可行性评估

（1）真正了解自己所从事的行业吗？需要调查管理费用、行业标准、竞争优势等因素。

（2）方法被证实过吗？有经验的企业家中流行这样一句名言：还没有被实施的好主意往往可能实施不了。

（3）想法经得起时间的考验吗？过了一个星期、一个月之后，创意还那么令人兴奋吗？或已经有了完全不同的另外一个想法来代替它？

（4）有没有一个好的网络？开始办企业的过程，实际上就是一个组织诸如供应商、承包商、咨询专家和雇员的过程。为了找到合适的人选，应该有一个服务于个人的关系网。

（5）潜在的回报是什么？创业，最主要的目的就是赚钱，但其中隐含的绝不仅仅是金钱，还要考虑成就感、爱、价值感等潜在回报。如果没有意识到这一点，那就必须重新考虑创业计划。

任务二 参加创业活动的培养

党的十九大后，国家推进"大众创业，万众创新"，加快建设"一带一路"，政府、市场和社会各方共同努力，政府的创业政策和创业服务不断完善，支持创新创业的社会机构大量兴起，各类创新创业大赛、技能大赛风起云涌，加之在制度环境、人才资源等方面具有优势的众创空间的兴起，吸引了大量学生投身创业实践，创业活动的发展前景持续看好。

 学习目标

1. 了解创业大赛的种类。
2. 了解创业活动的方向。
3. 熟悉创业项目选择的流程以及注意事项。

 导入案例

铁血网创始人蒋磊——典型的大学生创业者

铁血网创始人蒋磊——典型的大学生创业者，16岁保送清华，创办铁血军事网，20岁保送硕博连读，中途退学创业。如今，铁血网稳居中国十大独立军事类网站榜首，铁血军品行也成为中国最大的军品类电子商务网站，年营业收入破亿，利润破千万。

倒回2001年，16岁的蒋磊初入清华园，电脑还没有在这个普通宿舍出现，他只能去机房捣鼓他的网页，他想把自己喜欢的军事小说整合到自己的网页上，他的"虚拟军事"网页一经

发布,就吸引了大量用户,第二天就达到了上百的浏览量。蒋磊很兴奋,他把"虚拟军事"更名为"铁血军事网"。

2004年4月,蒋磊和另一个创始人欧阳凑了十多万元,注册了铁血科技公司。期间蒋磊还被保送清华硕博连读学习了一阵。2006年1月1日,蒋磊最终顶住了家庭及学校的压力毅然决定辍学创业,以 CEO 的身份正式出现在铁血科技公司的办公室里。经过12年的努力,目前蒋磊的公司拥有员工200余人,他创办的网站已成为能够提供社区、电子商务、在线阅读、游戏等产品的综合平台。据透露,截至2012年12月,网站已有1 000万注册会员,月度覆盖超3 300万用户,正处于稳步且高速的增长中。

(资料来源:https://bbs.tiexue.net/post2_9864963_1.html)

案例问题

1. 学习专业与创业的成功有什么关系?
2. 蒋磊是怎样通过兴趣发掘创业机会的?

案例启示

"那些做互联网的,他们真的有技术的储备,有技术门槛,有竞争力,那个才叫作创新,能改变中国多一点。"也许是憋着这股劲儿,也许是论坛里网友的促动,蒋磊决定做些"真正有价值的事情"——做自创品牌。

一、创新创业大赛

(一)中国国际"互联网+"大学生创新创业大赛

为深入贯彻落实全国教育大会精神,全面落实习近平总书记给大赛"青年红色筑梦之旅"大学生的重要回信精神,按照《国务院办公厅关于深化高等学校创新创业教育改革的实施意见》等文件要求,加快培养创新创业人才,持续激发大学生创新创业热情,展示创新创业教育成果,搭建大学生创新创业项目与社会资源对接平台。第六届大赛将力争做到"五个更"。一是更国际,立足粤港澳大湾区,融入全球创新创业浪潮,汇聚世界一流大学,打造同场竞技、相互促进、人文交流的国际大平台。二是更教育,深化创新创业教育改革,构建德智体美劳"五育平台",培养学生敢闯的素质、会创的能力;助力脱贫攻坚,提升学生社会责任感和担当精神。三是更全面,做强高教、国际、职教、萌芽各个版块,探索形成各学段有机衔接的创新创业教育链条,实现区域、学校、学生类型全覆盖。四是更创新,广泛开展大学生和中学生创新活动,助推科研成果转化应用,服务国家创新发展。五是更中国,以大赛为载体,推出创新创业教育的中国经验、中国模式,提升我国高等教育的影响力、感召力和塑造力。

第六届大赛将举办"1+6"系列活动。"1"是主体赛事,包括高教主赛道、"青年红色筑梦之旅"赛道、职教赛道、萌芽赛道。"6"是6项同期活动,包括"智闯未来"青年红色筑梦之旅活动、"智创未来"全球创新创业成果展、"智绘未来"世界湾区高等教育峰会、"智联未来"全球独角兽企业尖峰论坛、"智享未来"全球青年学术大咖面对面、"智投未来"投融资竞标会。

第六届大赛由教育部、中央统战部、中央网络安全和信息化委员会办公室、国家发展改革委、工业和信息化部、人力资源社会保障部、农业农村部、中国科学院、中国工程院、国家知识产权局、国务院扶贫开发领导小组办公室、共青团中央和广东省人民政府共同主办,华南理工大学、广州市人民政府和深圳市人民政府承办。

(二)"挑战杯"中国大学生创业计划竞赛

从1999年开始,共青团中央、教育部、中国科协、全国学联联合主办开展了每两年一届的中国大学生"挑战杯"创业计划竞赛。创业计划竞赛借用风险投资的运作模式,要求参赛者组成优势互补的竞赛小组,围绕一个具有市场前景的技术产品或服务概念,以获得风险投资为目的,完成一份包括企业概述、业务与业务展望、风险因素、投资回报与退出策略、组织管理、财务预测等方面内容的创业计划书,最终通过书面评审和匿名答辩的方式评出获奖者。该赛事每届均由一所高校与当地政府承办,具有浓厚的官方色彩。

此项竞赛采取学校和全国两级赛制,分预赛、复赛、决赛三个阶段进行。各省、直辖市、自治区在此之前,都会在本地创业大赛基础上选拔出参加全国竞赛的项目。从历届"挑战杯"来看,参赛单位数、参赛作品数和获奖数都逐届攀升,覆盖的范围越来越广。近两届评委中企业和社会人士所占比重有所提高,在创业计划书的评审标准中,更倾向于从财务分析、管理技巧与团队、风险分析、产品或服务创意、市场竞争分析等角度进行综合性评判。

"挑战杯"是大学与社会、大学生与企业之间的互动与沟通,吸引了众多媒体、专家、企业家和风险投资家,成为社会各界关注的焦点。该项赛事对在大学生当中普及创业知识、倡导创业行为具有重要意义,激起了在校生对创业的浓厚兴趣,真正起到了"倡导创新精神、营造创业氛围、促进成果转化"的预期效果。本项赛事中获奖的学生在就业选择中明显占优势。

(三)iCAN国际创新创业大赛

iCAN国际创新创业大赛(International Contest of Innovation,iCAN大赛)暨中国选拔赛(原美新杯中国MEMS传感器应用大赛),是由国际iCAN联盟、教育部创新方法教学指导分委员会和全球华人微纳米分子系统学会联合主办、北京大学承办的面向大学生创新创业的年度竞赛,是教育部质量工程支持项目之一。

iCAN大赛始于2007年,秉承"自信、坚持、梦想"的精神,倡导科技创新创业服务社会、改善人类生活,引导和激励高校学生勇于创新,发现和培养一批有作为、有潜力的优秀青年创新创业人才,促进和加强以物联网、智能硬件等为代表的高科技领域的产学研结合,推动高科技产业的发展,为高科技创新创业搭建国际交流平台。

iCAN大赛以微纳米器件为代表的物联信息技术与系统工程的创新应用为目标,倡导科技创新创业服务社会、改善人类生活,至今共举行十届赛事,覆盖30多省400多所高校,总参赛人数10余万人,2010年成为国际赛事,每年在几十个国家举行,2019年9月在南京举行第十三届iCAN国际创新创业大赛。

二、专业技能竞赛

专业技能竞赛是在紧密结合课堂教学的基础上,以竞赛的方法,激发学生理论联系实际和独立工作的能力,通过实践来发现问题、解决问题,增强学生学习和工作自信心的系列化活动。技能竞赛是一种可行的教育、教学行为,有着常规教学所不能的特殊的创新教育功能,能培养学生对科学的浓厚兴趣,使其具备发展型的知识结构、开拓探究型的学习方法、追求科学发现百折不挠的心理品质。专业技能竞赛对于促进学科建设和课程改革,引导高校在教学改革中注重培养学生的创新能力、协作精神、动手能力,倡导素质教育,提高学生对实际问题进行设计制作的能力等诸多方面,有着日趋重要的推动作用。

目前专业技能竞赛的种类比较多,有校级、市级、省级、国家级等行政部门组织的各类竞赛,也有各种行业协会组织的竞赛。

(一)技能竞赛种类

1. 教育主管部门组织的技能竞赛

比如全国大学生电子商务竞赛,该竞赛以"创新、实践、就业"为主题,倡导企业和大学生结对参赛,邀请企业以实际运营管理和产品营销推广作为比赛题目,鼓励大学生创新和实践,进而促进学生就业。

2. 行业协会组织的技能竞赛

这种类型的竞赛一般都是在行业协会的指导下由企业承办,其主要目的是通过培训及实习构筑人才职业发展与就业促进平台,进而推动产业经济的发展、提升我国广大企业的竞争能力。

3. 企业组织的技能竞赛

这种竞赛活动一般由相应企业组织,通过企业竞赛活动推动学生就业,提供以创业促就业的社会服务。

(二)技能竞赛作用

(1)能有效激发学生的创新精神。创新精神往往内隐于个体,需要有效激活,技能竞赛题目一般分基础题和发挥题两部分,具有较大的灵活性。它在体现参赛学生基础知识和能力的同时,又存在着很大的自主发挥空间,给学生提供了创新的舞台。注重引导学生进行新技术、新仪器、新设备应用方面的设计,引导学生走上创新的轨道,激发学生的创造潜能。

(2)能着力培养学生的创新思维。竞赛从选题、设计制作,再到论文写作,每一个环节都由学生独立完成,设计时要自主查阅资料,拓宽思路,需要发挥学生自身的主动思维意识,从而深入地挖掘学生的创造性思维能力。通过实验设计的不断尝试,主动求索,学生的发散思维能力得到了培养,从而激发了学生的创造力与想象力。多学科课外综合知识,在学习中学会归纳分析统观全局,培养了学生的逻辑创新思维能力。

(3)能深入挖掘学生的创新能力。技能竞赛要求学生具有多方面的能力,问题设置一般具有系统性、综合性及灵活性的特点。不但考查学生的基础理论知识、动手能力,而且考查坚强的意志,敢于直面困难的勇气和信心等非智力因素。竞赛小组成员有时来自不同年级和专业,必须分工合作,取长补短,配合默契,充分发挥集体的智慧,最大限度地体现团队精神。在竞赛中,学生勇于竞争、敢于胜利的精神,使创新能力与人格魅力得到极大的培养,对学生的学习工作具有积极影响。

(4)能逐步提高学生的创业素质。创业离不开创新人才,在以技能竞赛为平台的创新人才培养中,学生的创业素质也得到相应的提高,为今后学生创业提供了良好的基础,因而是高校创业教育的重要途径和良好载体。

三、创业活动的方向

万事开头难,良好的开始是成功的一半。创业问题的核心,便是如何迈好开始的第一步。创业难,发掘创业机会更难,有一些人将创业点子的产生,归因于机缘凑巧,所谓"无心插柳柳成荫",但实际上是有规律可循的。

(一)发掘创业机会

(1)经由分析特殊事件来发掘创业机会。

(2)经由分析矛盾现象来发掘创业机会。

(3)经由分析作业程序来发掘创业机会。

(4)经由分析产业与市场结构变迁的趋势来发掘创业机会。

(5)经由分析人口统计资料的变化趋势来发掘创业机会。

(6)经由价值观与认知的变化来发掘创业机会。

(7)经由新知识的产生来发掘创业机会。

(二)探索创业方向

(1)网上创业。由于网络的便捷、高效、方便管理,不少在职创业者都选择了网上创业。如在淘宝、京东上开家自己的网店,或者建立一个专门的电子商务网站。

(2)新媒体营销。传统营销是一种交易营销,强调将尽可能多的产品和服务提供给尽可能多的顾客,但是随着信息浪潮的涌进,社会群体的需求体现多样化、层次化和时尚化的特点,尤其是新媒体的出现,带领人们进入了另外一个全新的营销领域——新媒体营销,比如微信营销、社群营销、抖音营销等方式。

(3)委托投资。适合那些拥有一定资金,但个人缺少精力或时间的创业者。对于委托投资来说,一是要选择一个好的项目,这个项目应该满足市场需求、市场优势、市场差异和美誉度这四个方面;二是要有一个好的合伙人,合伙人的品性是第一位的,一个诚信的合伙人是保证合作成功的根本,当然合伙人是否具有管理素质等也非常重要。

创业最好选择自己熟悉的专业,这样成功概率较高,一是创业初期业务开展阻力较小;二是能提升专业能力,比较容易在激烈的竞争中脱颖而出。

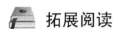拓展阅读

女生创业的参考行业

(1)家教看护类。提供儿童教养与老人看护的服务,包括才艺班、幼儿园、居家护理和家政服务等。

(2)创意服务类。以创意、执行为主要工作内容的职业,适合需要自由不受拘束的创意工作者,由于工作地点非常具有弹性,因此也适合想兼顾家庭的SOHO族,包括企划、公关、多媒体设计制作、翻译、编辑、服装造型设计、文字工作、广告、音乐创作、摄影和口译等。

(3)生活服务类。主要以店面经营方式,可分为独立开店与加盟两种。比较适合的业种包括西点面包店、咖啡店、中西餐饮速食店、服饰店、金饰珠宝店、鞋店、居家用品店、体育用品店、书籍文具租售店、视听娱乐产品租售店、美容护肤店、花店、宠物店和便利商店等。

（4）专业咨询类。以提供专业意见，并以口才、沟通能力取胜的行业，由于工作内容与场所都富有高度弹性，因此跑单、游走各家企业或成立工作室的可行性也极高，包括企业经营管理顾问、旅游资讯服务、心理咨询、专业讲师和美容咨询顾问等。

<h4 style="text-align:center">男生创业的参考行业</h4>

（1）网红小吃类。吃是永久不衰的话题，上座率高，回头客多，非常适合小本创业，投资成功率为70％。如今的互联网直播行业，真的是一种很好的商业模式，通过直播的形式，分享自己的所见所闻，以及自己的才艺。可以开设在一些比较繁华的小吃街、商业街以及高校门口等。

（2）科技服务类。在网络及电脑科技如此发达的情况下，拥有相关专长的创业机会相当多，包括软件设计、网页设计、网站规划、网络营销、科技文件翻译和科技攻关等。

（3）个人工作室类。随着生活水平的提高，个性化服务需求的增加，越来越多的青年人选择开设工作室创业，具有不用到专门的企业去上班，能自由安排自己的时间，创业地点灵活，创业成本较低等特点。包括各专业设计工作室、直播工作室、健身工作室、摄影工作室、美食工作室、网店运营工作室、影视编辑工作室等。

（4）教育培训类。教育培训是近年来逐渐兴起的一种将知识教育资源信息化的机构或在线学习系统，包括以提供教育资源和培训信息为主要内容的专门性网站或培训机构。大学生可以发挥自身专业特长，从事教育培训的创业，包括学前教育培训、中小学同步辅导培训、专业特长培训、在职教育培训、各类就业、考试培训等。

（5）新奇特娱乐项目类。当今社会人们的学业、就业、生活压力日益增大，一些新奇的玩具、娱乐、健身项目让解压成了一件轻松快乐的小事。小本创业操作较为简单，亏盈虽不大，但足以换来不错的收入，以及无法用金钱来衡量的精神享受，包括个性玩具店、真人CS、户外拓展项目、7D影院、室内游乐场、VR场景游戏、密室逃脱、赛车、蹦极等。

虽然大量的创业机会可以通过系统的研究来发掘，不过，最好的点子还是来自创业者的长期观察与生活体验。

四、创业项目选择的流程

根据本章前面小节的相关讨论，项目最终选定，大体经过以下几个流程。

（1）生发创意。从市场需求中获得创意的领域和目标，以创新生发出项目的创意。

（2）形成项目。对创意进行初步的资源虚拟匹配，形成一个项目的雏形。

（3）估量机会。对创业机会进行估量，提出项目的初步可行性意见。

（4）项目分析。对项目进行深入的产业、行业、技术、竞争、资源等方面的分析。

（5）评价风险。对项目可能存在的各种风险进行识别、分析和评估。

（6）提出对策。对项目的各方面风险提出相应的策略。

（7）选定项目。通过以上的流程之后，项目被选定执行。

（8）模拟运行。对项目进行最小化的模拟运行，以确证其可行性。

（9）项目运行。项目进入正式的创业运行阶段。

五、创业活动的注意事项

（一）积极利用现有资源

不少在职人员都选择了与工作密切相关的领域进行创业，工作中积累的经验和资源是最大的创业财富,要善于利用这些资源。对能帮自己生存的项目,要优先考虑。切不可误用资源,在职老板不能将个人生意与单位生意相混淆。

(二)谨慎选择合作伙伴

有些上班族有资金或业务渠道,但因分身无术,会选择合作经营的创业方式。如果自己需要合伙人的钱来开办或维持企业,或者这个合伙人帮助自己设计了这个企业的构思,或者他有自己需要的技巧,或者自己需要他为自己鸣鼓吹号,那么就请他加入自己的公司。但要注意志同道合,互相信任,并且和合作伙伴之间的责、权、利一定要分清楚,最好形成书面文字,有合作双方和见证人的签字,以免遇到纠纷时空口无凭。

(三)细致准备必不可少

创业是一项庞大的工程,涉及融资、选定、选址、营销等诸多方面,因此在职人员创业前,一定要进行细致的准备。需要通过各种渠道增强这方面的基础知识;根据自己的实际情况选择合适的创业项目,为创业开一个好头;撰写一份详细的商业策划书,包括市场机会评估、赢利模式分析、开业危机应对等,摸清市场情况,知己知彼,打有准备之仗。

(四)尽量用足相关政策

政府部门有很多鼓励创业的政策,是对大学生创业的鼓励和支持,创业时一定要注意"用足"这些政策,如免税优惠、在某地注册企业可享受比其他地区更优惠的税率等。这些政策可大幅减少创业初期的成本,使创业风险大为降低。

(五)保持良好心态

第一步的成功依靠良好的创意、时机、运气和业务关系。不过,这一切随时都可能离自己而去。创业的过程不可能一帆风顺,要在确保方向正确的前提下,保持良好心态,持之以恒,坚持量变达到质变的过程。

名人金句

(1) 这个世界并不在乎你的自尊,只在乎你做出来的成绩,然后再去强调你的感受。——比尔·盖茨

(2) 任何时候做任何事,订最好的计划,尽最大的努力,作最坏的准备。——李想

(3) 如果10%的利润是合理的,11%的利润是可以的,那我只拿9%。——李嘉诚

(4) 企业发展就是要发展一批狼。狼有三大特性:一是敏锐的嗅觉;二是不屈不挠、奋不顾身的进攻精神;三是群体奋斗的意识。——任正非

(5) 压力是躲不掉的。一个企业家要耐得住寂寞,耐得住诱惑,还要耐得住压力,耐得住冤枉,外练一层皮,内练一口气,这很重要。武林高手比的是经历了多少磨难,而不是取得过多少成功。——马云

(6) 无论是一个企业,还是一个人,都一定是时势造英雄,千万不要英雄造时势。顺流而上,这是手法。形势好了,大家才有机会成为英雄。只有成为英雄后,才有可能去适应时势、改造时势。——朱骏

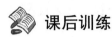 **课后训练**

活动一:"社区农场"项目

现在,有很多消费者都不出"远门",最大活动范围就在居住小区附近。社区生鲜是离消费者最近的商业形态,布局于小区门口。因此,它为消费者带来了很大的购物便利性。凭借便利、干净、安全、可靠等优势,社区生鲜在非常时期,为社会带来了很大价值。请同学们分别扮演消费者和店主,体验经营活动。

请想想:

1. 怎样设计社区生鲜产品的宣传?
2. 怎样合理规划时间,方便小区业主取货?

活动二:"你讲我听"项目

各学习小组到互联网上收集创业案例,可以是成功的案例,也可以是失败的案例,做成PPT,给全班同学分享,并分析创业成功的秘诀是什么,创业失败的原因又是什么?

请想想:

1. 各个创业案例成功与失败的原因是什么?
2. 如果你来创业,面对类似的问题应该怎样解决?

项目七

甄选创业项目

创业机会主要是指具有较强吸引力的、较为持久的、有利于创业的商业机会,创业者据此可以为客户提供有价值的产品或服务,同时使创业者自身获益。大学生要想成功创业,创业项目的选择是关键。项目选得好,不仅有利于获得资金、技术和人才等方面的资源支持,还有利于事业的可持续发展。创业机会一般具有一些典型的特征,大学生创业要善于从这些特征中把握创业机会,对创业机会进行评估,进而筛选出真正适合自己的创业机会。

任务一 抓住创业机会

 学习目标

1. 了解有效创业机会的特征。
2. 识别创业机会。

 导入案例

用曲别针敲开幸福门

1840年,有一个叫亨特的法国人爱上了一个中产阶级家庭的姑娘玛格瑞特。他诚恳地上门求婚,请求玛格瑞特的父亲把女儿嫁给他。

但是,玛格瑞特的父亲不想把自己的女儿嫁给这个穷小子,于是答复他说:"如果你在10天内能够赚到1 000美元,我就同意你们两人的婚事。"

亨特回家后,陷入了深深的苦闷中,1 000美元对他来说简直是一个天文数字。为了不失掉钟爱的玛格瑞特,也为了争一口气,让玛格瑞特的父亲不再小看自己,他冥思苦想,决心搞出一个发明创造,然后将专利卖掉,尽快在10天内赚到这1 000美元。

但是究竟设计什么呢?亨特废寝忘食地寻找,并绞尽脑汁地去尝试。他很快选准了目标:人们在欢庆的场合,都用大头针在衣服的前襟上别一朵花。可是大头针很不安全,经常把人的手或身体扎破,有时还会自己脱落。于是,亨特产生了:"如果将铁丝多折几道,再把口做成可以封住的,不就有了既方便又安全的戴花别针了吗。"他剪下2米左右的铁丝试做,反复试验,终于设计出了现代使用的曲别针雏形。大功告成之后,亨特飞奔到专利局,申请了专利。

很快,一个消息灵通的制造商问亨特:"转让这个发明专利要多少钱?"

亨特一心只想把玛格瑞特娶到手,便毫不犹豫地回答:"1 000美元。"

一拍即合,制造商当场就和他达成交易。

亨特拿着1 000美元的支票跑到玛格瑞特家,玛格瑞特的父亲听完亨特讲述的赚钱经过后,先是笑了一下,随即骂道:"你这个笨蛋!"原来他是嫌亨特太老实、太性急,因为这样的发明至少能值10万美元以上。但亨特还是用曲别针敲开了紧闭的求婚之门,最终被获准和自己心爱的人结婚了。

(资料来源:网址 http://www.jiyifa.cn/zuowen/78076.html)

案例问题

1. 亨特的创业机会是如何获得的呢?
2. 亨特是如何将自己的专利变现的呢?

案例启示

亨特善于思考,他从市场的需求出发,设计出了新产品,创造出创业机会。创业机会有些源于生活中的需求,有些源于创造者的创造活动,关键是有发现识别创业机会和创造创业机会的能力,正如亨特在婚礼现场所说的那样,"这个世界对善于思考的人来说是喜剧,对不善于思考的人来说则是悲剧。只有善于思考的人,才是力大无边的人。地球上最神奇、最瑰丽的花朵,就是思考"。

名人金句

人们常觉得准备的阶段是在浪费时间,只有当真正机会来临,而自己没有能力把握的时候,才能觉悟自己平时没有准备才是浪费了时间。——罗曼·罗兰

一、有效创业机会的特征

凡是有市场、有经营的地方,客观上就存在着创业机会。创业机会普遍存在于各种经营活动过程之中。对创业者来说,创业机会的发现和捕捉带有很大的不确定性和时效性,任何创业机会的产生都有意外因素,但是,创业机会也具有一些典型的特性,可以帮助创业者分辨创业机会是否有效。有效的创业机会至少要具备以下几个特征。

(一)独特、新颖、难以模仿

创业的本质是创新,创意的新颖性可以是新的技术和新的解决方案,也可以是差异化的解决办法,还可以是更好的措施。新颖性还意味着一定程度的领先性。不少创业者在选择创业机会时,关注国家政策优先支持的领域,这就是在寻找领先性的项目。不具有新颖性的想法不仅将来不会吸引投资者和消费者,对创业者本人也不会有激励作用。新颖性还可以加大模仿的难度,避免在创业之初便遭遇商业对手的阻击而失败。

(二)客观、真实、可以操作

有效的创业机会绝对不会是空想得来的,而要具有现实意义,具有实用价值,最简单直

接的判断标准就是能够创造出满足市场的产品或服务,而且市场上存在对产品或服务的真实需求,或可以找到让潜在消费者接受产品或服务的方法。有潜力的创业机会还必须具备使用户的使用价值与创业者的自身价值理念得以实现的有效途径,具有真实的可操作性。客观有效的创业机会可以让消费者感受到实实在在的价值或服务。创业机会有效与否,最终要靠市场检验。能够经受住市场的测试,是创业机会产生的必要前提。

(三)必须要有广阔的市场前景

创业即将进入的市场,必须具有广阔的前景,至少在未来3~5年,市场需求会稳步快速增长。有效的创业机会必然意味着广阔的应用市场前景,其前景可以促使投资人坚定投资信心,或为创业者提升融资的额度,为创业的成功创造机会。反之,目标市场趋于饱和或创业产品同质化严重,意味着已经丧失了创业的最佳机会,这样的创业机会当然是无效的。

(四)创业风险在可控范围内

创业本身是一种商业行为,这就意味着具有一定的风险。对于大学生创业者,由于创业的环境、社会阅历和创业机会的复杂性,创业活动存在失败的可能性。创业本身就具有成功与失败的双重性特征,大学生创业者只有理性分析创业活动的复杂性,清醒地认识到创业活动可能存在的风险,并且进行一定的风险规避,将风险降到最低,才能正确对待和成功化解创业初期的风险。盲目热情、过于乐观或悲观都有可能使创业的风险超出可控范围。有效的创业机会要求创业者具有一定的风险意识和知识储备,科学合理地将创业风险控制在一定范围内是有效创业的必然要求。

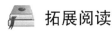
拓展阅读

黄安新的成功之路

黄安新出生在一个教师家庭,大学专业是计算机科学与技术,却偏偏对教育最有兴趣。抓住某机构在校园招聘兼职的机会,黄安新在大二时就成了大学生拓展训练的校园代理。开朗的性格,富有号召力与感染力的授课风格让他很快成为人气教练,积累了最初的教学经验,也在心里暗自埋下了当培训师的职业"种子"。

此后,黄安新自学考取了体验式培训师中级职称、团体心理培训师高级职称,为他的"培训师梦"奠定了坚实的理论基础。2011年,黄安新大学毕业,正值国家大力推行大学生创业,于是,他一个人去注册了公司,开始了自己的创业之路。"那时听说经开区的创业大厦有一系列扶持政策,我就把公司开到了经开区。"回想起公司成立之初,黄安新觉得自己是幸运的:"创业大厦给的条件非常好,50平方米办公室,办公桌、计算机、饮水机都是免费配套的,网络也不用交费。"初尝创业的艰辛,解决了基础配套的问题,黄安新轻装上阵,和同学一起开始做起企业培训,却遭受了市场的当头一棒。"很多企业做培训都会选择教育经验丰富的培训机构,尤其是给大企业做过培训的,对于我们这样的新培训机构,他们的眼光总是不信任的。"没有经验,是很多大学生创业项目共同面临的困难,但黄安新并不气馁,而是逐家地问企业要不要培训,挨家挨户地推广自己的培训产品。"幸运的时候,别人和我多聊两句,大多数时候是被直接拒绝。"黄安新几乎跑遍了昆明大大小小的写字楼,却收获甚微。"跑几百家才有一家做培训。"黄安新说,但只要有一家做培训,黄安新就投入100%的热情和责任心去做好它。

一年多的时光,黄安新逐步摸索企业经营的方向,积累了作为教育服务提供商的初期经验。2012年,母校云南财经大学要找机构合作开办雅思培训,黄安新的企业成为云南财经大学的合作伙伴,双方共同创立了云财雅思品牌。从那时起,黄安新成了一名年轻的校长,麾下有15名海归教师。通过引入现代西方的教学理念,加上强有力的师资力量支撑,黄安新的"云财雅思"迅速成为后起之秀。"我们的学生有拿雅思满分的,有被哈佛、伦敦政经、纽约大学等名校录取的。"积累了丰富的教学成果。接下来,黄安新还将把教育服务延伸到中学课程辅导,"我正在积极与母校临川一中、临川二中联系,希望接下来能通过网络教学的方式,引入国内优质中学的教育资源,为云南的学生提供更好的教育服务。"黄安新说。在黄安新的规划里,金凯瑞教育培训学校将提供"一站式"国际教育培训,即从3岁的幼教阶段到出国前的高中阶段,都为学生提供相应的英语教学服务。而对于"双创"时代的幸运儿,他希望自己能在力所能及的范围内,尽可能地把优质教育资源送到最贫困、最需要的地方,"推进教育资源均等化,希望有我的一份力"。

(资料来源:https://www.sohu.com/a/246382638_117373)

二、创业机会的来源

(一)现有市场机会和潜在市场机会

现有市场机会源于现有市场中那些明显未被满足的市场需求,往往发现者多,进入者也多,竞争势必更加激烈。潜在市场机会是来源于那些隐藏在现有需求背后的、未被满足的潜在市场需求,不易被发现,识别难度大,往往蕴藏着极大的商机。

(二)行业市场机会与边缘市场机会

行业市场机会是指源于某一个行业内的市场机会,发现和识别的难度系数较小,但竞争激烈,成功率较低。边缘市场机会是指不同行业之间的交叉结合部分出现的市场机会,处于行业与行业之间出现"夹缝"的真空地带,难以发现,需要有丰富的想象力和大胆的开拓精神,一旦开发,成功的概率较高。

(三)目前市场机会与未来市场机会

目前市场机会是指源于目前环境变化中出现的机会。未来市场机会是指源于市场研究和预测分析,将在未来某一时期内实现的市场机会。若创业者提前预测到某种机会可能会出现,就可以在这种市场机会到来前早做准备,从而获得领先优势。

(四)全面市场机会与局部市场机会

全面市场机会是指源于大范围市场出现的未满足的需求。在大市场中寻找和发掘局部或细分市场机会,见缝插针,拾遗补阙,创业者就可以集中优势资源投入目标市场,有利于增强主动性、减少盲目性,增加成功的可能性。局部市场机会则是在一个局部范围或细分市场出现的未满足的需求。

三、创业机会的识别

(一)创业机会的实质

Robert A. Baron 和 Scott A. Shane(2005)认为,创业机会是一个人能够开发具有利润潜力的新商业创意的情境。在该情境中,技术、经济、政治、社会和人口条件变化产生了创造新事物的潜力。创业机会可以通过新产品或服务的创造、新市场的拓展、新组织方式的开发、新材料的使用或者新生产过程的引入来加以利用。伴随着改革开放,我国出现了五次创业高潮,究其实质,是创业机会驱动的。

(二)创业机会的把握

大学生创业不仅要善于发现机会,更需要正确把握并果断行动,将机会变为现实,这样才有可能在最恰当的时候出击,获得成功。大学生要把握创业机会,应注意以下几点。

(1)着眼于问题,把握机会。机会并不意味着无须代价就能获得,许多创业机会需要从解决问题入手。问题就是现实与理想的差距,顾客需求在没有满足之前就是问题,设法满足这一需求就等于抓住了市场机会。

(2)利用变化,把握机会。变化中常常蕴藏着无限商机,许多创业机会产生于不断变化的市场环境。环境变化将带来产业结构的调整、消费结构的升级、思想观念的转变、政府政策的变化、居民收入水平的提高。大学生透过这些变化,就会发现许多新的机会。

(3)跟踪技术创新,把握机会。世界产业发展的历史显示,几乎每一个新兴产业的形成和发展都是技术创新的结果。产业的变更或产品的替代,既满足了顾客需求,又带来了前所未有的创新创业机会。

(4)在市场夹缝中把握机会。创业机会存在于为顾客创造价值的产品或服务中,而顾客的需求是有差异的。创业者要善于把握顾客的特殊需要,挖掘顾客的个性需要并认真研究其需求特征,这样就可能发现和把握商机。

(5)捕捉政策变化,把握机会。中国市场受政策影响较大,新政策出台往往引发新商机。如果创业者善于研究和利用政策,就能抓住商机站在潮头。

(6)弥补竞争者缺陷,把握机会。很多创业机会是缘于竞争对手的失误而意外获得的,如果能及时抓住竞争对手策略中的漏洞而大做文章,或者能比竞争对手更快捷、更可靠、更便宜地提供产品或服务,就能够找到机会。

 拓展阅读

"猪肉大王"成长记

陈生毕业于北京大学,十多年前放弃了自己在政府中让人羡慕的公务员职务毅然下海,倒腾过白酒和房地产,打造了"天地壹号"苹果醋,在悄悄进入养猪行业后,不到两年的时间在广州开设了近100家猪肉连锁店,营业额达到2亿元,被人称为广州千万富翁级的"猪肉大王"。

据不完全统计数字显示,目前我国大学生创业成功率只有2%～3%,有97%～98%的大学生创业失败,专业人士分析,缺乏相关的创业教育和实战经验、缺乏"第一桶金"等都是其中的重要原因。

然而,对于成功创业的大学生来说,极为重要的实战经验及"第一桶金"都是"天上掉下来的"吗?为什么陈生在进入养猪行业不到两年的时间里,就能在广州开设近100家猪肉连锁店,营业额达到2亿元?这个问题的确值得好好追问。

实际上,之所以能在养猪行业里很短时间就取得骄人成绩,成为拥有数千名员工的集团董事长,还在于陈生此前就经历的几次创业的"实战经验":陈生卖过菜、卖过白酒、卖过房子、卖过饮料。

这使得陈生有着这样独到的见解:很多事情不是具备条件、做好了调查才去做就能做好,而是在条件不充分的时候就要开始做,这样才能抓住机会。

然而,"条件不充分"时到底怎样才能"抓住机会"呢?我们来看一下陈生的做法:他卖白酒时,根本没有能力投资数千万设立厂房,可是他直接从农户那里收购散装米酒,不需要在固定设施上投入一分钱便可以通过广大的农民帮他生产,产能却可以达到投资 5 000 万元的工厂的数倍。此后,他才利用积累起来的资金开始租用厂房和设施,打造自己的品牌。迅速进入和占领市场,让他在白酒市场上打了个漂亮仗。而当许多人"跟风"学习一位到南方视察的国家领导人用陈醋兑雪碧当饮料的饮食方法时,善于"抓住机会"的陈生想到了如何将这种饮料生产出来。经过多次尝试,著名的"天地壹号"苹果醋就此诞生。

资金积累到一定程度时,陈生成功的秘诀更让人难忘:在经济飞速发展的年代,无数企业"抓破脑袋"寻求发展良机,在这样的情况下,只有技高一等者才能够取得成功。而一些企业运用精细化营销,就是一种技高一等的做法。于是,从传统的中国猪肉行业里,陈生嗅到了其中的巨大商机,因为中国每年的猪肉消费约 500 亿公斤,按每公斤 20 元算,年销售额就高达上万亿。而与其他行业相比,猪肉这个行业一直没有得到很好的整合,基本上没有形成像样的产业化,竞争不强,档次不高,机会很多。更重要的是,进入这一行业的陈生,机智地率先推出了绿色环保猪肉"壹号土猪",开始经营自己的品牌猪肉。虽然走的还是"公司+农户合作"的路子,但针对学生、部队等不同人群,却能够选择不同的农户,提出不同的饲养要求,比如,为部队定制的猪可肥一点,学生吃的瘦一点,为精英人士定制的肉猪,据传每天吃中草药甚至冬虫夏草,使公司的生猪产品质量与普通猪肉"和而不同"。在这样的"精细化营销"战略下,陈生在很短的时间内叫响了"壹号土猪"品牌,成为广州知名的"猪肉大王"。

(资料来源:https://www.sohu.com/a/75594802_185494)

四、创业机会的评估

所有的创业行为都来自于绝佳的创业机会,创业团队与投资者均对创业前景寄予较高的期望,创业者更是对创业机会在未来所能带来的丰厚利润满怀信心。但是,时常有失败发生,大学生要想在创业中避免这样的情况,创业前就应该先以比较客观的方式对创新创业机会进行评估。一般而言,创新创业机会评估主要有以下两方面准则。

(一)市场评估准则

(1)市场定位。评估创业机会的时候,可由市场定位是否明确、顾客需求分析是否清晰、顾客接触通道是否流畅、产品是否持续衍生等,来判断创业机会可能创造的市场价值。创业带给顾客的价值越高,创业成功的机会也越大。

(2)市场结构。对创业机会的市场结构进行六项分析,即进入障碍、供货商、顾客、经销商的谈判力量、替代性产品的威胁和市场内部竞争的激烈程度,由此可知该企业在未来市场中的地位及可能遭遇竞争对手反击的程度。

(3)市场规模。市场规模大者,进入障碍相对较低,市场竞争的激烈程度也会略为下降。若要进入的是一个十分成熟的市场,那么利润空间会很小,不值得再进入。若要进入的是一个成长中的市场,只要时机正确,必然会有较大的获利空间。

(4) 市场渗透率。对于一个具有巨大市场潜力的创业机会,市场渗透率评估是非常重要的。市场渗透率是指企业实际销售量在市场潜量中的百分率。

(5) 市场占有率。一般而言,要想成为市场的领导者,最少需要拥有20%以上的市场占有率。若低于5%的市场占有率,则这个新企业的市场竞争力不高,自然也会影响未来企业上市的价值。尤其是具有赢家通吃特点的高科技产业,新企业必须拥有成为市场的前几项能力,才具有投资价值。

(6) 产品的成本结构。从物料与人工成本所占比重之高低、变动成本与固定成本的比重,以及经济规模产量大小,可以判断企业创造附加价值的幅度以及未来可能的获利空间。

(二) 效益评估准则

(1) 合理的税后净利。一般而言,具有吸引力的创新创业机会,至少需要达到15%以上税后净利。如果创新创业预期的税后净利是在5%之下,那么这就不是一个很好的投资机会。

(2) 达到损益平衡所需的时间。合理的损益平衡时间应该在两年之内达到,如果三年还达不到可能就不是一个值得投资的创新创业机会了。当然,有的创新创业机会确实需要经过比较长的耕耘时间,通过前期投入、创造解决进入障碍,保证后期的持续获利。这样的情况可将前期投入视为投资,才能容忍较长时间的损益平衡时间。

(3) 投资回报率。考虑到创新创业面临的各种风险,合理的投资回报率应该在25%以上,而15%以下的投资回报率是不值得考虑的创新创业机会。

(4) 资本需求。资本需求量较低的创新创业机会,投资者一般会比较欢迎。资本额过高其实并不利于创新创业成功,甚至还会带来稀释投资回报率的负面效果。通常情况下,知识越密集的创新创业机会对资金的需求量较低,投资回报反而会高。因此,在创新创业开始的时候,不要募集太多的资金,最好通过盈余积累的方式来创造资金,比较低的资本额将有利于提高每股盈余,并且还可以进一步提高未来上市的价格。

 拓展阅读

陶立群的创业经历

在绍兴市新建北路5号。有家"新天烘焙"蛋糕店。与其他蛋糕店不同,这家店不仅宽敞明亮,而且在店铺的一角摆放着一张圆桌、两张凳子,桌上还放着几本杂志,有点休闲吧的味道。这家与众不同的蛋糕店的主人,是位刚走出大学校门才两年的年轻人——浙江大学城市学院2006届毕业生陶立群。25岁的他,毕业后自主创业,现在已拥有5家蛋糕连锁店和一家加工厂,成为绍兴市里小有名气的创业青年,曾被评为绍兴市创业之星。

2006年6月,陶立群从浙江大学城市学院工商管理专业毕业时,决定开个蛋糕店。他做出这个决定并不是盲目的——大学期间,他曾经经营过校内休闲吧、小餐厅,都做得不错。曾做过"元祖蛋糕"代理的他,对蛋糕市场有所了解,觉得能在这一行闯出一片天地。虽然父母极力反对,但陶立群认准了这条路,决意走下去。

2006年夏天,他白天顶着烈日逛绍兴市区大大小小的蛋糕店,看门道、想问题;晚上则躲在房间里查资料,了解市场行情。他还跑到杭州、上海等大城市做蛋糕市场的调查,做可行性分析。陶立群的调查有不小的收获：绍兴当时只有"亚都""元祖"两家知名品牌蛋糕店，其余的都是本地小蛋糕店，中高档品牌蛋糕市场相对空缺，而且当时绍兴还没有一家蛋糕店的糕点是现卖现烤的。陶立群的创业梦想定位在打造本地中高档蛋糕品牌上。两个多月后，当满满 9 页的《新天烘焙蛋糕店可行性策划书》放在父母面前时，陶立群的父母被感动了，他们拿出积蓄支持儿子创业。

2006 年年底，第一家"新天烘焙蛋糕店"在绍兴市新建北路 5 号正式开张，陶立群做起了小老板。他将店面分成两部分，前半部分是自选式的透明橱窗，便于顾客自行挑选；后半部分则用来加工糕点，现做现卖。起早摸黑，对在创业之初的陶立群来说是常事。为节约成本，采购、运货等工作，陶立群都自己一个人做。优质的用料、独特的口味、有人情味的服务，赢得了消费者的喜爱。2007 年 5 月、10 月，陶立群先后开出第二、第三家连锁店。2008 年 9 月，又有两家新天烘焙店在绍兴市区开张。在鲁迅故里做讲解员的曹圣燕是新天烘焙店的忠实顾客，她说，"新天"不仅布置得有情调，并且糕点的品种多、口味好，所以经常买。

谈及今后的打算时，陶立群说，他下一步要在蛋糕店的团队建设上下功夫，并且要不断改善店里的蛋糕品种以及销售服务，打响"新天"品牌，力争开出更多的连锁蛋糕店。

(资料来源：http://zjrb.zjol.com.cn/html/2008-11/28/content_3704716.htm)

五、创业机会的评价

创业者自身的特征及想法固然重要，但并不是每个想法都能转化为创业机会。许多创业者仅凭想法去创业，也对创业充满信心，但最终却失败了，不是每个创业机会都会给创业者带来益处，每个创业机会都存在一定的风险。因此，创业者在利用创业机会之前要对创业机会进行科学的分析与评价，然后做出选择与决策。目前，创业机会评价理论较多，这里主要介绍一下蒂蒙斯(Timmons)的创业机会评价理论。

蒂蒙斯的创业机会评价框架，涉及行业与市场、经济因素、收获条件、竞争优势、管理团队、致命缺陷问题、个人标准、理想与现实的战略差异八个方面的 53 项指标。通过定性或量化的方式，创业者可以利用这个体系模型对行业和市场问题、竞争优势、财务指标、管理团队和致命缺陷等做出判断，评价一个创业项目或创业企业的投资价值和机会，如表 7-1 所示。

表 7-1 蒂蒙斯机会评价表

评价项目	评价内容
行业与市场	1. 市场容易识别，可以带来持续收入
	2. 顾客可以接受产品或服务，愿意为此付费
	3. 产品的附加价值高
	4. 产品对市场的影响力大
	5. 将要开发的产品生命长久
	6. 项目所在的行业是新兴行业，竞争不充分

续表

评价项目	评价内容
行业与市场	7. 市场规模大,销售潜力达到1 000万～10亿元
	8. 市场成长率在30%～50%甚至更高
	9. 现有厂商的生产能力几乎完全饱和
	10. 在五年内能占据市场的领导地位,达到20%以上
	11. 拥有低成本的供货商,具有成本优势
经济因素	1. 达到盈亏平衡点所需要的时间在1.5～2年
	2. 盈亏平衡点不会逐渐提高
	3. 投资回报率在25%以上
	4. 项目对资金的要求不是很大,能够获得融资
	5. 销售额的年增长率高于15%
	6. 有良好的现金流量,能占到销售额的20%～30%以上
	7. 能获得持久的毛利,毛利率要达到40%以上
	8. 能获得持久的税后利润,税后利润率要超过10%
	9. 资产集中程度低
	10. 运营资金不多,需求量是逐渐增加的
	11. 研究开发工作对资金的要求不高
收获条件	1. 项目带来的附加价值具有较高的战略意义
	2. 存在现有的或可预料的退出方式
	3. 资本市场环境有利,可以实现资本的流动
竞争优势	1. 固定成本和可变成本低
	2. 对成本、价格和销售的控制较高
	3. 已经获得或可以获得对专利所有权的保护
	4. 竞争对手尚未觉醒
	5. 竞争较弱,拥有专利或具有某种独占性
	6. 拥有发展良好的网络关系,容易获得合同
	7. 拥有杰出的关键人员和管理团队
管理团队	1. 创业者团队是一个优秀管理者的组合
	2. 行业和技术经验达到了本行业内的最高水平
	3. 管理团队的正直廉洁程度能达到最高水平
	4. 管理团队知道自己缺乏哪些方面的知识
致命缺陷	不存在任何致命缺陷

续表

评 价 项 目	评 价 内 容
个人标准	1. 个人目标与创业活动相符合 2. 创业家可以做到在有限的风险下实现成功 3. 创业家能接受薪水减少等损失 4. 创业家渴望进行创业这种生活方式,而不只是为了赚大钱 5. 创业家可以承受适当的风险 6. 创业家在压力下状态依然良好
理想与现实的战略性差异	1. 理想与现实情况相吻合 2. 管理团队已经是最好的 3. 在客户服务管理方面有很好的服务理念 4. 所创办的事业顺应时代潮流 5. 所采取的技术具有突破性,不存在许多替代品或竞争对手 6. 具备灵活的适应能力,能快速地进行取舍 7. 始终在寻找新的机会 8. 定价与市场领先者几乎持平 9. 能够获得销售渠道,或已经拥有现成的网络 10. 能够允许失败

任务二　创业项目甄选

 学习目标

1. 准确把握创业项目的定义。
2. 掌握选择创业项目的方法和渠道。

 导入案例

从 2 000 万美元到 655 亿美元

1999 年,借由对 UT 斯达康的成功投资,专注于互联网投资的孙正义意外发现了中国互联网市场深不可测的发展潜力,由此开启其布下的中国棋局。同年,孙正义决定在中国筹建"软银中国基金"。1999 年 10 月,软银中国基金筹备进入尾声,孙正义选择此时来到中国,其目标不仅是为软银中国基金公司助威,最重要的原因是为其在中国的投资布局寻找棋子落点。孙正义及其团队决定请与之有过合作的摩根士丹利公司帮忙,安排甄选一批资质不错的互联网公司会面。作为摩根士丹利亚洲互联网研究公司分析专家的吉普塔(Sunil Pupa)想到了他的老友马云,巧合的是,会面前不久,马云及其团队刚获得来自高盛的第一轮 500 万美元注资。

"这次见面前,马云觉得并不缺钱,之所以还是决定去见见孙正义,盛情难却是一个重要原因"。一位知情人士向 21 世纪经济报道记者坦言,即使在此次会面后,马云的团队也并非孙正义首选和唯一合作对象。位于北京东二环朝阳门附近的 UT 斯达康总部办公室,包括马云在内,当时国内近 10 家知名的互联网企业老总聚集一堂,等待与孙正义及其团队会面。"六分钟"的故事也是由此而来。

孙正义及其团队给每个会面者一个陈述机会,在规定时间内向他的投资团队推销自己的项目,陈述完后,再接受大家的提问,这个自主陈述的时间规定为每家六分钟。据当时参加陈述的一位企业代表回忆,学英语出身的马云,其语言天分在六分钟内得到了很好的发挥。"我不缺钱",这是马云在陈述时反复强调的一句。陈述完后,马云团队获得孙及其投资团队的初步认可。但孙的团队并未立即与马达成投资协议。

实际上,软银投资还与包括马云在内的四家公司有过实质性接触考察,软银认准互联网行业可作为,但面对多个选择,要判断谁将是最后、最大的赢家,凭什么赢,还需要做深入调查。尽管孙正义愿意一掷千金,阿里巴巴并非是软银的首选和唯一之选,此刻的孙已决定投资另一家当时也较有名的互联网企业。此刻,扭转阿里巴巴命运的一大贵人出现——软银中国基金负责人薛村禾。孙在中国的投资主要通过软银中国基金负责,圈定马云及其阿里巴巴的团队为备选后,负责这一项目的薛村禾团队便开始对阿里巴巴的尽职调查。完成调查回来后,薛村禾便向日本软银总部上交一份报告说,强烈建议要投就只投马云一家。软银中国基金一位有关人士曾向记者回忆道,薛村禾是 UT 斯达康的创办人之一,1999 年,薛村禾出任软银中国基金公司总裁,多年的互联网行业背景,使其对国内互联网公司成长的判断有过来人的经验。在薛村禾及孙正义在国内其他几位投资人的力挺下,孙正义叫停之前与另一家互联网企业的投资合作,开始重新审视与马云团队的合作。

2000 年 1 月,"六分钟"陈述两个多月后,孙正义邀请马云前往日本,直接提出他要投资阿里巴巴的决议。

(资料来源:http://finance.ifeng.com/c/7hatikPfKVe)

案例问题

1. 孙正义选择投资的是什么行业?
2. 孙正义成功的原因是什么?

案例启示

在哪个领域投资是创业的关键,只有投入那些有市场或者即将有市场的行业才有可能成功。但是风险与收益并存,任何创业都具有极大的风险,如何避免风险,进行正确的选择,是需要认真理性分析的。

拓展阅读

在创业前期,80%的创业者都感到确定创业项目十分头痛、很难抉择。在创业失败的案例中,有 60% 的创业者觉得是因为"创业项目不对"或者"创业项目选择失误"。

在成功创业人群中,70% 的创业者都认为是"良好的创业项目成就了自己的事业"。

一、创业项目的定义

在经过对创业机会的识别和评估后,创业机会就成为创业项目了。创业项目指创业者为了达到商业目的而具体实施和操作的工作,创业项目分类很广,按照行业可以分为餐饮、服务、零售等门类,按照性质可以分为互联网创业项目和实体创业项目。从更大的范围来说,加盟一个品牌,开一间小店,实际上也算是一个创业项目。如何选择创业项目,途径很多。

二、选择合适的创业组织形式及类型

很多创业者在创业初期,对于创业组织形式很茫然,有很多人错误地认为大学生创业就是注册公司、搞企业,其实这是对创业的机械理解。大学生创业者应该先了解创业的组织类型有哪些,它们的组织形式和法律责任又有哪些。不然,连创业的基本组织形式都不了解,就会事倍功半。对于大学生创业者,特别是初次创业者,应该对选择的创业组织形式或基本知识有所了解。创业组织形式可按照不同的性质划分为不同的组织类型,按照规模形态以及相应的法律责任,创业组织大体可以分为独立创业、合伙创业、集团创业和家族创业四种重要类型。

(一) 独立创业

由创业者个人全额出资,独自经营并承担风险,且享有创业成果的创业基本形态。

1. 个体工商户

由公民个人占有生产资料,主要依靠自己或家庭成员的劳动从事商品生产、商品销售或劳务服务,劳动所得归个体经营者所有的经济组织形式。一般雇佣工人数在 8 人以下。个体工商户或零售经营业者已经发展成独立的社会阶层,随着市场经济的发展已经由次要经济成分上升为促进社会发展的重要力量,也是创业者项目选择中的重要一极。

2. 私营企业

私营企业是指自然人投资设立或控股,以雇佣劳动为基础的营利性经济组织,这一类的企业雇佣员工数量一般在 8 人以上。按照出资的成分不同可以划分为独资企业、合伙企业和有限责任企业。

3. 自由职业

随着经济发展,社会分工逐渐细化,择业观念也发生了变化。近年来出现了很多以知识密集型行业为代表的自由职业,这一类的从业者一般具有较高要求的专业特长,或能提供适应一定客户需求的独特体验,但也存在创业人员单一、权利义务统一,经营决策独立等特点。很多年轻人趋于参与到这一类的职业中,自由职业成为新的创业类型。

(二) 合伙创业

1. 合伙创业的定义

合伙创业是指依法在中国境内设立的由两个以上的创业者订立的合伙协议,共同出资、合伙经营、共享收益、共担风险,并对合伙企业债务承担无限连带责任的营利性组织。这种类型的组织不叫公司,股权架构中没有法人代表,只有有限合伙人和普通合伙人,公司股东人数最少2人,最多50人。

2. 合伙创业的形式和种类

在合伙创业中,依据法律对两种合伙人的要求不同,分为普通合伙人和有限合伙人两种。

普通合伙人是指由若干个普通合伙人根据合伙章程组成企业进行合伙创业。普通合伙人都有权参与企业的经营管理活动,全体合伙人对企业的亏损和债务负连带的无限责任。

有限合伙人是指由若干个有限合伙人和若干个普通合伙人共同组成企业进行创业活动,普通合伙人认缴出资时,不需要把其财产直接交给合伙企业支配,有限合伙人则必须以现金或实物缴给企业作为入伙的资金,同时,普通合伙人负责企业的经营管理并可代表企业执行经营业务,而有限合伙人既不参与合伙企业的业务管理,也不对合伙企业的债权人承担个人责任。

而且,普通合伙人和有限合伙人在收益的分配方面和责任范围方面也有不同。普通合伙人的收益是根据企业的盈余情况确定的,因而是不固定的,有限合伙人的收益在章程中事先确定,在企业盈余的情况下,其收益率则是相对固定的。普通合伙人对企业的债务负无限责任,并对其他普通合伙人承担连带责任,而有限合伙人则对企业的债务负有限责任,即以其出资的数额为限而不需出资以外的财产清偿责任。

普通合伙人的无限连带责任主要包括以下内容。

(1) 合伙企业财产不足以清偿到期债务的,各合伙人应当承担无限连带清偿责任。

(2) 新入伙的合伙人对于入伙前企业的债务应承担连带责任。

(3) 退伙人在其退伙前已发生的合伙企业债务应与其他合伙人承担连带责任。

(4) 合伙企业解散后,原合伙人对合伙企业存续期间的债务仍然应承担连带责任。

3. 合伙创业的优缺点

合伙创业的优点明显,它的资金较为充足,经营规模较大,容易产生经济效益,多人合伙创业可以充分发挥集体智慧,相互弥补不足,同时多元利益主体会自然形成企业内部监督机制,起到监管监督作用,促进企业的正常运行。但是,合伙创业的缺点也是与生俱来的,它对个人成就感不能完全满足,创业的利润分配降低了创业经济利益对创业者的吸引力,而合伙人在企业管理、业务开展、利润分配方面容易产生矛盾,不利于企业的内部团结和稳定,由于情况不同,合伙人主观意愿复杂,合伙人随时有中途退出的可能。

(三) 集团创业

集团创业是创业者集体以一定章程和组织形式组织起来的以法人形式从事企业经营的创业模式。其表现形式有公司企业、集体企业、国有企业、联合企业,往往以公司创业的形式存在。

1. 公司企业

公司企业是指依法设立的、以营利为目的的社团法人,它有两个基本形式,即有限责任公司和股份有限公司。根据我国公司法的规定,"公司是指依照本法在中国境内设立的有限责任公司和股份有限公司。"与有限责任公司相对应的是早期的无限责任公司,但现在这样的公司在中国还没有,在国外,这类企业也接近消亡。

(1) 有限责任公司

有限责任公司简称有限公司,是指股东以其出资额为限对公司承担责任、公司以其全部资产对公司的债务承担责任的企业法人。这类公司,根据公司法的规定,必须在公司名称中标明"有限责任公司"或者"有限公司"字样。有限公司和有限责任公司,很多人分不清是怎么回事,其实这两个是一样的,只是叫法不一样,有限责任公司是以前的叫法,有限公司是现在简化了的叫法,这种公司类型都是以注册资金为承担有限责任的依据。有限责任公司的股东人数按要求最少1人,最多50人。

有限责任公司不能发行股票,股本一般也不得随意转让。其股东的人数较少,一般不会超过50人,但有限责任公司的股东可以作为公司的雇员,参与公司的管理和日常经营。同时,对于有限责任公司的注册资本设置也有最低限额限制,以生产经营和商品批发为主业务的公司,其注册资本不低于人民币50万元;以商品零售为主业的有限公司,其注册资本不低于人民币30万元;以科技开发、咨询、服务性为主要业务的有限公司,其注册资本不低于人民币10万元。

(2) 股份有限公司

股份有限公司是指将全部注册资本由等额股份构成并通过发行股票(或股权证)筹集资本,公司以其全部资产对公司债务承担有限责任的企业法人。这种类型的公司是股份制的,股东人数突破了50人上限,可以达到100人,需设立董事会、监事会。一般由一个母公司和三个子公司构成,其中母公司和子公司的总资产要在3 000万元以上。股份有限公司的发起人一般要5人以上,公司可通过法定程序向社会发行股票,股份可以自由转让;股东个人的财产与公司的财产相互分离,出资人和管理者相互分离。公司注册资本最低限额为人民币1 000万元,资本的筹集方式主要通过发行公司股票和公司债券。

股份有限公司的最高权力机构和议事机构是股东大会,公司的一切重大事项均由股东大会做出决议。股东大会是全体股东所组成的机构,股东大会的职权主要有听取和审核董事会、监事会以及审计员的报告;负责任免董事、监察人或审计员以及清算人;确定公司盈余的分配和股息红利;缔结变更或解除关于转让或出租公司营业或财产以及受让他人营业或财产的契约;做出增减资本、变更公司章程、解散或合并公司的决策。

股份有限公司对内执行业务、对外代表公司的常设理事机构是董事会,董事会是由两个以上的董事组成的集体机构,向股东大会负责。董事会的职权主要有代表公司对各种业务事项做出意见表示或决策以及组织实施和执行这些决策;除股东大会决议的事项外,公司日常业务活动中的具体事项,均由董事会决定。

监事会也是股份有限公司的常设机构,由股东大会从股东中选任,不得由董事或经理兼任,是对董事会执行的业务活动实行监督的机构,监事会的职权主要有列席董事会会议,监督董事会的活动;定期和随时听取董事会的报告,阻止董事会违反法律和章程的行为;可以随时调查公司业务和财务情况,查阅账簿和其他文件;审核公司的结算表册和清算时的清算表册;召集股东大会,代表公司与董事交涉或对董事起诉。

分公司是一家公司设立的办事处,所以分公司注册时需要有一个新的负责人而不是法人,分公司的经营范围必须跟总公司一模一样,并且和总公司是一套财务体系。

子公司是一家公司对外投资的公司,可以是全资控股也可以是占一部分股份,法人和股东都可以是原公司以外的人,相当于是一家新公司,实行的是两套财务体系,财务独立核算,自负盈亏。

只要股东有非大陆籍人都是外资公司,比如有香港、澳门人在,也称为外资公司。外资公司分为外资和中外合资两种。

2. 集体企业

集体企业是指企业资产属于全体劳动者集体所有的企业。这是社会主义公有制的一种重要组成形式,多为乡镇中小企业。乡镇企业已经成为社会主义市场经济中重要的组成部分。

3. 国有企业

国有企业是指企业资产完全为国家所有或由国家控股经营的企业,是社会主义社会中企业的重要组织形态。国有企业的投资主体是国家或主要是国家。

4. 联合企业

联合企业也称联营企业,它是横向经济联合过程中,由若干企业法人所组建的半紧密型企业集团。它具有成员企业在生产经营协作上紧密而在行政隶属关系上松散的特征。

(四)家族创业

1. 概念

家族创业是指依赖血缘与亲情关系将创业成员团结起来,共同创建并经营企业的一种创业模式。家族成员拥有部分或全部资产所有权,并部分或全部掌握其经营权的一种经营组织。其实,家族企业创业的案例非常多,大学生创业从家族企业中获得成功的可能性很大。据不完全统计,在美国,家族企业约占90%,在公开上市的最大型企业中,有42%的企业为家族所控制;英国家族企业的总数约占70%;隔海相望的日本,家族企业的特征更为明显,几乎全部的大型跨国公司的前身都有家族企业的印记;在我国的台湾地区,除公营和外资企业外,其他几乎都属于家族企业。家族企业源远流长,是大学生创业者需要借鉴的重要因素。

现在商海叱咤的家族创业企业有陈宏和刘维玲夫妻创办的GRIC,还有刘永好、刘永言、刘永行、刘永美四兄弟创建的大型民营企业"新希望集团"等。

2. 家族创业的优缺点

家族式的创业方式在创业初期具有非常明显的优势。它以情感的力量团结与鼓励人,大家具有共同的利益和血源关切,往往比较团结,具有较强的战斗力;家族成员本身就是主要成员,不需要雇佣大量的骨干和固定员工,可以节省很多资源和不必要的开支,员工队伍也比较稳定。但是,家族企业也天生具有一些弊端,创始人的眼界、知识和组织能力,甚至威信都可能成为其发展的制约因素;受限于组织机制障碍和人力资源的限制,家族式企业常常会因为各种原因,导致决策程序失误。纵观世界,形成规模的著名家族企业最终无一例外地选择现代企业管理制度,施行科学化的管理模式。

当然,除去上面列举的四种主要的创业组织形式以外,还有一些其他的创业组织形式,比如增量创业等,究竟采用哪种创业组织形式,还需要创业者根据具体条件和各种环境因素决定,不能一概而论,更不能生搬硬套。

三、选择创业项目要遵循的原则

大学生要想成功创业,创业项目的选择是关键。项目选的好,不仅有利于获得资金、技术和人才等方面的资源支持,还有利于事业的可持续发展。

(一)必须立足长远发展

大学生的喜好直接决定着选择何种类型的创新创业项目。大学生应对一个具体项目,有一个认识、理解、通透、把握的过程,这是一个历史过程。由此决定了创新创业的过程是人与项目长期相互融合的过程,也决定了选择项目必须立足长远发展。

(二)项目要有创新性

创业投资不能盲目投资,它对项目可行性的要求近乎苛刻。如果一个创新创业计划立意平平,没有什么独特和创新之处,是不值得投资的。

(三)要有市场前景

一般而言,创业项目要有良好的市场前景。这就要求大学生在选择创新创业项目的过程中,要做好市场调查与预测,了解项目所在的行业现状与发展趋势,消费者的需求状况和竞争态势等。只有市场发展前景广阔、技术先进的项目才值得创新创业。

(四)要符合产业政策

大学生选择创业项目,一定要符合国家的产业导向,选择国家制定有扶持政策和支持发展领域的项目,这样成功的机会才会很大。反之,则很容易夭折。

(五)要有特色

大学生选择的创业项目一定要有"根","根"是项目得以生存的动力、活下去的条件。可以概括为四点,即别人没有的、先人发现的、与人不同的、强人之处的。"别人没有的"可以是某种资源与某种特定需要的联系,可以是某种公认资源的新商业价值。"强人之处"是指一个项目中不论哪个方面,只有"高人一筹,优人一档"才行。

(六)要知己知彼

从某种意义上讲,创新创业活动不啻是一场惊心动魄的战斗。大学生本人不但是这场战斗的战斗员,也是指挥员。为了取得战斗的胜利,必须做到知己知彼。所谓知己,就是在选择项目之前,应该首先对自己的状况有一个清楚的认识和判断。例如,自己可以提供多少创新创业资金,有哪些从业经验和技能专长,自己的兴趣和爱好是什么,社会关系状况如何,自己在性格上有哪些优势和特点,家庭成员是否支持等。"知己"越深入越详尽,就越容易扬长避短,找到适合自己的项目,提高创新创业成功率。所谓知彼,就是要了解创新创业所在地的社会经济环境。要认真分析当地的发展政策,包括产业结构政策、金融政策、税收政策、就业政策等。要认真分析当地的消费环境,包括居民的购买力水平、购买力投向、购买习惯等;要认真分析当地的自然和人文资源,包括具有市场开发价值的工业原料和农林渔牧产品、传统的生产加工技术、独特的自然和人文景观等;要认真分析当地市场的竞争强度,包括拟选择项目所在行业的竞争者数量、规模、实力水平等。深入考察创业环境能够帮助创业者开阔视野,敏锐地捕捉到市场机会,增强项目选择的合理性。

(七)要量入为出

大学生在采取创新创业行动之前,不能被激情冲昏头脑而忽视财务问题。否则,发展前景很好的项目如果资金周转困难,也会中途夭折。所以,量入为出是创新创业项目选择中应遵循的原则。应考虑好项目启动资金量是否可以承受,后续资金投入能否跟上,还应考虑项目投入中固定部分和流动部分的合理比例,不能顾此失彼。

(八)要符合短平快的要求

大学生由于先天条件不足,在创业之前普遍缺乏资金、客户等资源。因此,为尽快脱离创新创业"初始危险期",促使项目的运作进入良性循环,在同等条件下,应优先考虑那些"短平快"的项目。这样,一方面,可以迅速收回投资,降低投资风险;另一方面,即便项目后期成长性不好,创业者也可以选择维持经营或后期主动退出,利用掘到的"第一桶金"另寻出路。

四、选择创业项目的方法和渠道

(一)选择创业项目的方法

大学生创业如何确定其项目是否具有广阔的发展前景和强大的生命力,是否适合自己创业,在了解基本知识的基础上,大学生还需要进行社会调查和市场分析,掌握第一手资料。具体包括以下内容。

1. 开展社会调查

调查对于社会阅历不深、对社会了解不多或者了解不够深入的大学生来说是必不可少的。通过广泛的社会调查获取信息,大学生可以了解整个社会的需求状况;可以掌握国家、地方政策、法规对所选择行业的支持扶植力度;此行业领域的竞争程度和行业进入壁垒,投资的经营管理成本、收益情况和风险度;目前该行业存在的问题和制约的因素等。大学生创业者在进行社会调查时一定要深入细致,力求调查结果真实可靠。

2. 进行行业分析

进行了社会调查之后,大学生还需要对准备创业的行业进行系统完善的分析,包括文化的环境和前景,以及这个行业已有和潜在的竞争对手及其实力。如有的行业现在看有着良好的发展前景和旺盛的生命力,然而却在逐步萎缩下行;有的行业虽然表面上非常紧俏,却已暗伏危机;而有的行业看来并不引人注目,却有着强劲的发展势头。这就要求每一个创业者要高瞻远瞩、认真分析、做出判断。

3. 听取行家意见

在广泛的社会调查和认真的行业分析之外,还需要认真听取行家或专家的意见。把通过社会调查和行业分析收集的材料、信息、市场行情等进行初步分类整理,把汇总的结果和发现的问题向一些行家或专家请教,然后把各位行家或专家的意见收集起来,作为参考资料,再反馈给不同的行家或专家,如此反复,不断征询,直至多数行家或专家意见看法一致,或不再修改自己的意见为止,最终得出一个比较正确的创业行业选择。对于缺少实际经验、初次创业的大学生创业者来说,这样可以获得行业选择的依据,减少行业选择的风险,并能为今后创业的行业做出定量、定性的分析以及预测与评估,为成功创业选准道路。

4. 展开自我评估

在对社会和市场上可选择的行业有了基本了解和分析之后,大学生还必须对自己有足够清醒的认识,给自己做出准确的定位,做到"知己",才能确定自己所适合进入的行业。"知己"是选择创业行业的根本出发点,在选择创业时人们往往不能准确地审视自己的优点和不足,盲目选择行业,导致创业失败。所以在选择创业行业时,需要进行自我评估,清楚自己的实际情况:自己干过什么工作?受过什么教育?知识、经验是否丰富、全面?动手能力如何?是否具备选择行业所应有的专业技能?个性如何?是否喜欢与人合作?社会交往能力如何?喜欢室内工作还是户外工作?以及对将要从事的行业是否无怨无悔等。在全面客观地定位自己之后,才可能做出正确的行业选择。

大学生创业之前要先对创业环境进行仔细分析,首先是金融工具、政策方面的支持,如所在城市是否有对大学生创业提供金融支持的会计事务所,或者有无税收优惠政策,以及有无对提高大学生创业知识的培训与教育,如果从事制造业的还应该留意政府采购项目和科研成果转移;其次是对目标市场的开放程度和进入难度进行考察,初步把握市场竞争的情况;再次是要大概了解当地的基础设施,如土地、交通、网络、法律服务机构的分布和使用情况;最后要确保所创的企业符合当地的社会文化和经济发展趋势。

(二)选择创业项目的渠道

创业项目选择一般包括以下四个步骤。

1. 项目初选

项目初选就是从所罗列出来的项目中,初步选定若干个意向性的创新创业项目。

2. 进行项目可行性论证

进行项目可行性论证就是对初步选定的项目进行可行性研究,编制项目可行性研究报告。可行性研究是通过对项目的主要内容和配套条件,如市场需求、资源供应、建设规模、厂址选择、工艺路线、设备选型、生产组织、环节影响、资金筹措、财务分析、经济效益及社会影响等,从技术、财务、社会和环境等方面论证项目的可行性和合理性,以确定一个技术上合理、经济上合算的较优方案,并提出该项目是否值得投资和如何进行建设的评价意见。这是为项目投资决策提供依据的一种综合性分析方法,具有预见性、公正性、可靠性、科学性的特点。

不同创新创业项目的可行性研究内容差异较大,但一般都应包括以下主要内容。

(1)投资必要性。主要根据市场调查及预测结果,以及有关的产业政策等因素,论证项目投资建设的必要性。

(2)技术可行性。主要从创新创业项目实施的技术角度,合理设计技术方案,对选择的各专业工艺技术方案,从技术和经济上进行比较和评价,提出最后的入选方案。

(3)财务可行性。主要从项目及投资者的角度,设计合理的财务方案,从企业理财角度进行资本预算,评价项目的盈利能力,进行投资决策,并从企业的角度评价股东投资收益、现金流量、计划及债务清偿能力。

(4)组织可行性。主要从创新创业项目建设及建成后需要的人力角度,制定合理的项目实施计划,设计合理企业组织机构、劳动定员和人员培训计划等,判断在组织上是否可行。

(5)经济可行性。对不同的方案进行财务、经济效益的分析评价,判断创新创业项目在经济上是否可行。

(6)社会可行性。包括增加就业机会、减少待业人口带来的社会稳定的效益;改善地区经济结构,提高地区设施发展水平;项目与当地科技、文化发展水平的相互适应性;项目与当地基础研究设施发展水平的相互适应性;项目与当地居民的宗教信仰、民族习惯的相互适应性;项目对自然资源利用的影响;项目对国防效益的影响;项目对环境保护和生态平衡的影响。

(7)风险因素及对策。主要是对创新创业项目的市场风险、技术风险、财务风险、组织风险、法律风险、经济及社会风险等因素进行评价,制定规避风险的对策,为项目全过程的风险管理提供依据。

3. 项目评估

项目评估就是对可行性研究报告进行全面、详细的审核和估价,为项目的投资决策提供最终的依据并写出评估报告。项目评估报告实际上是可行性研究的结论和决策性建议,一般包括可行性研究的关键问题和结论。

4. 选定项目

通过可行性研究,再根据今后发展设想、可用资源、项目风险和项目之间的依赖性等因素,最终选定最符合要求的项目。

创业项目的选择是一个复杂过程,也是创业的首要环节,选择正确可以达到事半功倍的效果,否则,一开始可能就注定要失败。创业项目选择可以遵循从组织形式入手,再在组织的形式中选择项目这样一个由大到小的过程,在这个过程中要学会基本的选择渠道与分析方法,要学会对众多的机会进行分析评估。通过理性分析,去除可行性不高的机会,最终留下成功率大的项目。当然,这些还不足以取得成功,一个人的创业能力最终还是要在创业实践中提升。

 课后训练

请大家 5 人为一个小组,在大学周边开展调查,寻找 10 个创业机会,用创业机会评价体系对其进行评估,然后讨论交流选出最优方案。

项目 八

制订创业计划

创业是一项复杂的系统工程,其中的每一个细节和问题都值得认真对待。创业项目的实现要以创业计划为依托,创业计划书是创业计划的书面表达,它可以帮创业者厘清思路,查摆问题,减少错误成本,也可以让投资人进一步了解创业的理念,取得投资人的信任。

商业模式以实现客户价值最大化为根本目标,可以最优化地整合内外各要素,满足客户需求,实现客户价值并持续赢利目标的整体解决方案。一个好的商业模式,通常被认为是成功的标志。对于大学生创业者来说,制订完善的创业计划书,有利于推介自己的创业项目,获得资金支持,达成创业目标。

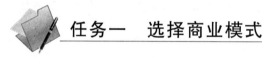

任务一　选择商业模式

 学习目标

1. 了解什么是商业模式。
2. 怎样才能建立自己的商业模式。
3. 了解几种目前比较成功的商业模式。
4. 了解共享经济新模式。

 **导入案例**

戴尔的成功秘诀

戴尔已成为个人计算机领域的佼佼者,其市场占有率稳居前三甲,很多人都讲过戴尔成功创业的传奇故事,但你可能不知道这成功秘诀恰恰是在商业模式上的另辟蹊径。

1977年,苹果公司推出一种基于视窗界面的计算机,大幅提高了可用性,成为第一代个人计算机。1981年,IBM也进入个人计算机市场,推出第一代 IBM 4 个人计算机。由于IBM是计算机行业的龙头,历来以制造大型计算机而闻名,它的进入即标志着个人计算机走上正式的舞台。当时,IBM的个人计算机商业模式是自己设计、制造,部分产品由自己的销售团队直销给大公司客户,更多的是通过批发渠道向中小企业、个人用户销售,但其主业仍然是大型计算机。相比之下,1982年新成立的康柏克计算机公司则瞄准个人计算机的制造和销售,业务重点突出,很快赶上 IBM 的个人计算机销售量,成为该行业的老大。

不管是 IBM 还是康柏克,都采用传统的运营模式,制造组装完计算机后运到各地商店销售,这期间既有库存成本、店面成本,又有代理商的利润分成,导致计算机价格居高不下,需求有限。更棘手的是计算机技术更新很快,库存时间越长,技术过时的可能性就越大,更加影响了个人计算机市场的发展。1985 年,还在读大学二年级的迈克尔·戴尔看出了其中的问题也发现了商机,他将自己的公司改做计算机,并改变运营思路,先拿到客户订单,收到钱再组装计算机,然后发货。这样,戴尔不需要太多的流动资金,没有库存和店面成本,也没有技术过时的风险,同时又满足了顾客多样化的配置需求。成本的压缩让戴尔能够以更低的价格销售计算机并仍能盈利,这样到 1999 年,戴尔计算机超过 IBM、康柏克、惠普成为最大的个人计算机商家,如图 8-1 所示。

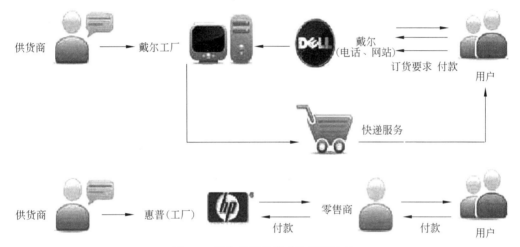

图 8-1　戴尔的商业模式流程图比较

案例问题

1. 当时的迈克尔·戴尔就像很多即将创业的大学生一样,没有技术和资本的优势,他凭借什么取得了创业的成功?

2. 这对大学生创业又有何启发?

案例启示

戴尔走向成功的案例虽然已经过去 20 年,但其成功之道——商业模式的创新,在今天仍然是制胜的法宝。在市场竞争日益激烈的今天,大学生要想在竞争中立足就必须要有自己的核心竞争力,而在资金、技术往往都不占优势的背景下,可以通过打造不同于竞争对手的商业模式来抢占先机、提升核心竞争力。

有人说,商业模式是"企业战略的战略""得商业模式者得天下",回顾沃尔玛、雅虎、淘宝、京东等中外企业的成功之路,无不闪耀着成功商业模式的光环。对于探索创业的大学生而言,商业模式的问题不可不谈,它是决定创业能否成功的关键因素,希望大学生能够从商业模式的相关理论,特别是那些成功的商业模式上,找到通往创业成功的方向。

> **拓展阅读**
>
> 现代管理学之父彼得·德鲁克(Peter F. Drucker)名言二则。
> (1) 当今企业之间的竞争,不是产品之间的竞争,而是商业模式的竞争。
> (2) 一个企业只能在企业家的思维空间之内成长,一个企业的成长被其经营者所能达到的思维空间所限制。

一、商业模式的概念

(一) 什么是商业模式

商业模式一词 1957 年就出现在论文当中,1960 年出现在国内学者原磊的论文的题目和摘要之中。但直到 1998 年才由保罗·蒂默尔斯(Paul Trimmers)对其概念进行了正式的定义,引发了诸多讨论,但时至今日也没有一个公认的关于商业模式的定义。即便如此,仍然不能打消人们探讨商业模式问题的热情,因为随着社会的进步,特别是互联网与生产和生活的深度融合,选择合适的商业模式已经成为一家企业走向成功的必由之路。

从 20 世纪 50 年代起,人们一次又一次地感受到商业模式所带来的成功,麦当劳的餐饮、沃尔玛的购物、联邦快递的快递、戴尔的个人计算机,还有此后的西南航空公司、eBay、亚马逊等,每一次商业模式的成功革新都能给公司带来巨大的竞争优势和持续可观的盈利,如图 8-2 所示为亚马逊 Kindle 运营模式示意图。因此,对于想要创业的大学生而言,了解成功的商业模式、关注商业模式的创新,就成为一门必修课。可以说,选对了商业模式,创业就成功了一半。

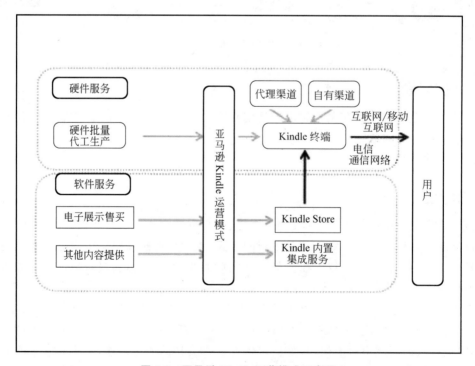

图 8-2 亚马逊 Kindle 运营模式示意图

可以这样理解商业模式：商业模式就是企业为实现客户价值最大化，把能使企业运行的内外各要素整合起来，形成一个完整的、高效率的、具有独特核心竞争力的运行系统，并通过最优实现满足客户需求，实现客户价值，同时使系统达成持续赢利目标的整体解决方案。

 拓展阅读

很多概念将商业模式简化为盈利模式，即企业通过什么途径或方式赚钱，如饮料公司通过卖饮料来赚钱，快递公司通过送快递来赚钱，网络公司通过点击率来赚钱，通信公司通过收话费赚钱，超市通过平台和仓储来赚钱等。只要有赚钱的地方，就有商业模式存在。

实际上，商业模式是一种包含了一系列要素及其关系的概念性工具，用以阐明某个特定实体的商业逻辑。它描述了企业所能为客户提供的价值以及公司的内部结构、合作伙伴网络和关系资本(relationship capital)等借以实现(创造推销和交付)这一价值并产生可持续盈利收入的要素。

(二) 商业模式的原则

所有的商业模式都要遵循一些共同的原则，这些原则是对商业模式定义的延展和丰富，包括客户价值最大化原则、持续赢利原则、资源整合原则、不断创新原则、有效融资原则、管理高效原则、风险控制原则等。

1. 客户价值最大化原则

一个商业模式能否持续赢利，与该模式能否使客户价值最大化有必然关系。一个不能满足客户价值的商业模式，即使赢利也一定是暂时的、偶然的，是不具有持续性的。反之，一个能使客户价值最大化的商业模式，即使暂时不赢利，最终也会走向赢利。所以大学生创业应把对客户价值的实现与满足当作企业始终追求的主观目标。

2. 持续赢利原则

企业能否持续赢利是判断其商业模式是否成功的唯一外在标准。因此，在设计商业模式时，赢利和如何赢利也就自然成为重要的因素。当然，持续赢利是指既要"赢利"，又要能有发展后劲，具有可持续性，而不是一时的偶然赢利。

3. 资源整合原则

整合就是要优化资源配置，就是要有进有退、有取有舍，就是要获得整体的最优。

在战略思维的层面上，资源整合是系统论的思维方式，是通过组织协调，把企业内部彼此相关但却彼此分离的职能，把企业外部既有共同使命又拥有独立经济利益的合作伙伴，整合成一个为客户服务的系统，取得"1＋1＞2"的效果。

在战术选择的层面上，资源整合是优化配置的决策，是根据企业的发展战略和市场需求对有关的资源进行重新配置，以凸显企业的核心竞争力，并寻求资源配置与客户需求的最佳结合点，目的是要通过组织制度安排和管理运作协调来增强企业的竞争优势，提高客户服务水平。

4. 不断创新原则

三星董事长李健熙说："除了老婆和孩子外，其余什么都要改变!"时代华纳前首席执行官(CTO)迈克尔·邓恩(Michael Dunn)说："在经营企业的过程中,商业模式比高技术更重要,因为前者是企业能够立足的先决条件。"成功的商业模式不一定是在技术上的突破,而可以是对某一个环节的改造,或是对原有模式的重组、创新,甚至是对整个游戏规则的颠覆。商业模式的创新贯穿于企业经营的整个过程之中,贯穿于企业资源开发研发模式、制造方式、营销体系、市场流通等各个环节,也就是说,在企业经营的每一个环节上的创新可能变成一种成功的商业模式。

5. 有效融资原则

融资模式的打造对企业有着特殊的意义,尤其是对中国广大的中小企业来说更是如此。企业生存需要资金,企业发展需要资金,企业快速成长更是需要资金,资金已经成为所有企业发展中绕不过的障碍和必须突破的瓶颈。谁能解决资金的问题,谁就赢得了企业发展的先机,也就掌握了市场的主动权。

从一些已成功的企业的发展过程来看,无论其表面上对外阐述的成功理由是什么,都不能回避和掩盖资金对其成功的重要作用,许多失败的企业就是没有建立有效的融资模式而失败了。如巨人集团,为近千万的资金缺口而轰然倒下;曾经与国美不相上下的国通电器,拥有过30多亿元的销售额,也仅因为几百万元的资金缺口而销声匿迹。所以,商业模式设计中很重要的一环就是融资模式,能够融到资并能用对地方的商业模式就已经是成功一半的商业模式。

6. 管理高效原则

高效率,是每个企业管理者都梦寐以求的境界,也是企业管理模式追求的最高目标。用经济学的标准衡量,决定一个国家富裕或贫穷的因素是效率,决定企业是否有赢利能力的也是效率。

按照现代管理学理论来看,一个企业若要高效率地运行,首先要确立的是企业的愿景、使命和核心价值,这是企业生存、成长的动力,也是员工认真工作的理由。其次要有一套科学实用的运营和管理系统,解决的是系统协同、计划、组织和约束问题。最后还要有科学的奖励激励方案,解决的是如何让员工共享企业的成长果实的问题,也就是向心力的问题。只有把这三个主要问题解决好,企业的管理才能实现效率。现实生活中的万科、联想、华润、海尔等大公司,在管理模式的建立上都是可圈可点的、值得学习的。

7. 风险控制原则

设计再好的商业模式,如果抵御风险的能力很差,就会像在沙丘上建立的大厦一样,经不起任何风浪。这个风险指的是系统外的风险,如政策、法律和行业风险,也指的是系统内的风险,如产品的变化、人员的变更、资金的维系等。

一个企业的发展重点不在于什么行业,而是企业所采取的商业模式,对一个管理者来说,不管他经营什么产业,只要采用了良好的商业模式,那么其公司在行业中一定可以脱颖而出。

二、建立商业模式的步骤

(一)商业模式的构成要素

《商业模式新生代》的作者亚历山大·奥斯特瓦德(Alexander Ostwald)和伊夫·皮尼

厄(Eve Pineau)把商业模式分成九个要素：价值主张、目标客户、客户关系、分销渠道、核心能力、合作伙伴、资源配置、成本结构和盈利模式,这九个要素的商业模式如图8-3所示。

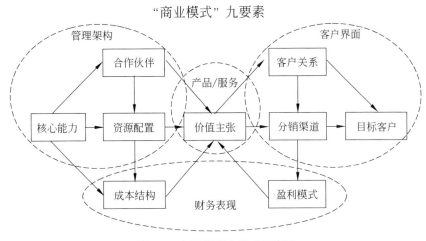

图 8-3　九要素商业模式示意图

（二）五步设计法建立商业模式

充分考虑商业模式的九大要素及其具体设计之后,就可以开始尝试建立自己的商业模式了。同样,设计和完善企业商业模式,需要借助有效的分析手段——商业模式的五大要素。利润源即企业顾客、利润点即企业提供的产品或服务、利润渠道即产品或服务的供应和传播渠道、利润杠杆即生产产品或服务的内部运作、利润屏障即保护产品或服务的战略控制活动这五大要素。商业模式就是以这五大要素的某一个甚至两个要素为核心,使五大要素相互协同的价值创造系统。无论是设计还是完善企业商业模式,都必须遵循商业模式设计完善的五步法。

第一步,界定和把握利润源——顾客

企业利润源是指购买企业商品或服务的顾客群,它们是企业利润的唯一源泉。企业利润源及客户需求的界定,决定了企业为谁创造价值。企业顾客群可分为主要顾客群、辅助顾客群和潜在顾客群。好的目标顾客群,一是要有清晰的界定,没有清晰界定的顾客群,往往是不稳定的;二是要有足够的规模,没足够的顾客群,企业的业务规模必然受到限制;三是企业要对顾客群的需求和偏好有比较深刻的认识和了解。

设计商业模式的时候,首先需要分析顾客需求,目的就是要为产品寻找能够比较容易呈现价值的顾客群。一般来说,企业赢利的难度并非在技术与产品端,而主要还是在顾客端。有时只是企业顾客的一点点需求,也可能产生巨大的顾客价值。例如在复印机行业,施乐公司的利润源主要是大型企业与专业影印公司,因此看不到个人客户对于影印便利的需求,所以失去了开发桌上型复印机的先机。佳能在资源规模上无法与施乐竞争,因此采取差异化策略,重点对个人客户这一利润源进行了系统分析和研究,根据个人客户的价值需求,发掘尚未被满足的特殊顾客群,最后才形成了简便型桌上复印机的创新构想。佳能在1976年推出的简便型桌上复印机,虽然技术创新程度较为落后,不但影印速度慢,影印品质不佳,提供的影印功能也极为有限,但是在顾客看来却是一项能带来重大价值的成功产品，因为它能提供经理人与个人工作者在工作上极大的方便，这些顾客不需要为复印一页文件，专程跑到复印中心，只需要简单的操作，在家中或个人办公室中即可满足复印需求。

如果商业模式无法找到相对明确的顾客需求，那么这项新事业将会遭遇无法创造利润的潜在风险。例如，JVC 与 Sony 在 20 世纪 60 年代投入于录放机新事业开发，事先也无法掌握潜在的顾客需求，因此只得不断推出新产品到市场上进行测试，直到 70 年代，在大致掌握顾客对于这项新产品的需求后，才成功开发出 VHS 与 Beta 规格的产品。

企业的利润源不清晰，也就是企业顾客的需求不明确，是企业商业模式不健全的首要原因。比如前几年的新兴科技领域（例如 2000 年前的互联网、电子商务、无线上网等新产业），由于市场尚未成形，顾客需求还不明确，很难发掘新技术的价值。因此许多网络公司的商业模式，大都欠缺具体的顾客需求信息，只能以网络科技的发展趋势，来描绘未来市场的美景。这正是一些企业投入于新兴科技市场所遭遇的主要风险：新技术具有创造价值的高度潜力，但新事业却持续大幅亏损。

大量经营实践表明，设计和完善商业模式时，要分析和把握顾客需求，并寻求产品在市场的利润源。

第二步，不断完善企业利润点——产品

利润点是指企业可以获取利润的、目标顾客购买的产品或服务。利润点决定了企业为顾客（revenue structure）创造的价值所在。好的利润点是顾客价值最大化与企业价值最大化的结合点，它要求一要针对目标顾客的需求偏好；二要为目标顾客创造价值；三要为企业创造价值。有些企业的产品和服务或者缺乏顾客针对性，或者根本不创造利润，便不是好的利润点。

微软的商业模式是国际公认最为成功的商业模式，但回顾微软不断完善企业利润点的历史，就会发现微软并不是一开始就能够设计出具有竞争力的产品的。看一看微软开发的图形操作系统就会发现，根据顾客的需求对产品持续改进是微软商业模式的竞争力所在。当微软推出 Windows 1.0 时，这个产品比数字研发公司的 GEM 图形用户界面好不到哪儿去，评论家们甚至将它比作是对施乐 PARC 所开发产品的苍白模仿，只有在 1990 年 Windows 3.0 发布时，微软才拿出了内存管理方面的改进成果，从而让用户充分享用了 286 和 386 微处理器的强大能力。1993 年，微软又用了三年时间改进了与 Windows 95 界面类似的 NT，新产品强大的管理控制功能使得 Windows NT 在 IT 社区中流行起来。微软能够建立伟大的商业模式，成功的原因并不是因为它开发出了"轰动一时"的技术，而是完善了一个整合客户反馈和改进企业利润点的系统，这也是微软长期以来成为这个领域的第一号企业的根源所在。

第三步，打造强有力的利润杠杆，构筑商业模式内部运作价值链

打造利润杠杆，规划企业内部运作价值链是商业模式设计与完善的重要内容，它决定了产品或服务是否为企业带来价值和带来价值的多少。企业利润杠杆主要包括组织与机制杠杆、技术与装备杠杆、生产运作杠杆、资本运作杠杆、供应与物流杠杆、信息杠杆、人力资源杠杆等。这些利润杠杆可以清楚界定企业内部运作的成本及其结构（cost structure）以及计划实现的利润目标（target margins）。

设计良好的利润杠杆可以使商业模式极具竞争力。例如,美国西南航空公司创下了连续29年赢利的业界奇迹,原因在于它始终坚持"低成本营运和低票价竞争"的策略,在竞争对手不注意的内部价值链上下功夫,找到了属于自己的财富增长点。西南航空主营国内短途业务,由于每个航班的平均航程仅为一个半小时,因此西南航空只提供软饮料和花生米,这样既可以将非常昂贵的配餐服务费用"还之于民",又能让每架飞机净增7~9个座位,每班少配备2名乘务员。在西南航空公司的大多数市场上,它的票价甚至比城市之间的长途汽车票价还要便宜。一些"巨人级"航空公司称西南航空是"地板缝里到处蔓延的蟑螂",可以感觉到,但就是无法消灭掉。

同样的产品,由于利润杠杆不同,或者说由于企业内部运作价值链的差异,产品的成本迥异,一个企业可能赚钱,另一个企业却可能亏损,这足以说明,利润杠杆决定了企业利润的多寡。

第四步,疏通拓宽利润渠道,构筑商业模式外部运作价值链

利润渠道即企业向顾客供应产品和传递产品信息的渠道,是商业模式得以正常运作必不可少的外部价值链。产品或服务的价值传递是企业把产品和服务传递给目标客户的分销和传播活动,目的是便于目标客户方便地购买和了解公司的产品或服务。

戴尔的商业模式中,利润渠道本身就为其创造了巨大的价值。首先,戴尔的"直销模式"实质上就是简化、消灭中间商,避免庞大的渠道成本,戴尔因直销而减少了20%左右的渠道成本。其次,直销模式加快了戴尔的资金周转速度,利用代销商销售电脑的各大电脑公司从制造到销售一般需要6~8周,而戴尔从订单到送货至客户手中的时间为5天,从发货到客户电子付款在24小时以内,戴尔的资金周转天数已降到2天。

1963年,家乐福在巴黎郊区创办第一家超级市场,并在30年内,发展成为一个年销售额290亿美元、市值200亿美元的国际连锁超市集团。其成功的关键是为客户提供了优异的渠道。在家乐福产生前,法国拥有高度分散的小商店系统,他们对客户和供应商来说是一个十分低效的渠道,客户需要花数小时采购,而分销商需要花费可观的成本和费用运送货物到成百上千家零售店,这一渠道的多重失效和低效,激发了渠道集中的趋势,家乐福则发掘了这一机会,从而创造了巨大的商业价值。家乐福、沃尔玛的成功是因为它为众多商品生产企业构筑了高效的流通渠道,而这对几乎所有的商业模式都是必不可少的。

第五步,建立有效保护利润的利润屏障

利润屏障是指企业为防止竞争者掠夺本企业的目标客户,保护利润不流失而采取的战略控制手段。利润杠杆是撬动"奶酪"为我所有,利润屏障是保护"奶酪"不为他人所动。比较有效的利润屏障主要有建立行业标准、控制价值链、领导地位、独特的企业文化、良好的客户关系、品牌、版权、专利等。

商业模式也是一种企业创造利润的思维方式,虽然有许多不同的创造利润方式,但每个企业最终只会从中选择一种方式,而企业的主导思维架构将是决定商业模式的主要因素。许多技术创新面对的是一种不确定性极高的未来环境,市场信息也无法全盘取得,因此没有一个商业模式能确保未来利润一定会被实现,也没有所谓最佳的商业模式。经理人在设计与执行商业模式的时候,一定要保持未来需要对其进行弹性调整的心态。也就是说,商业模式的内涵需要因环境而变动,在执行时保持高度的弹性。

三、平台商业模式

近年来，国内一些平台企业如阿里巴巴、京东商城、唯品会、腾讯、百度、人人网等迅猛发展，其中不乏具有世界级影响力的成功案例，人们在惊叹于企业发展成果的同时，越来越多地关注到他们的成功之道——平台商业模式。

（一）平台商业模式的定义与特征

平台商业模式（platform business model）是基于用户生态衍生和创造价值，连接两个（或更多）特定群体，为他们提供互动机制，满足所有群体的需求，并巧妙地从中赢利的商业模式。图 8-4～图 8-8 为国内几大典型平台商业模式的示意图。

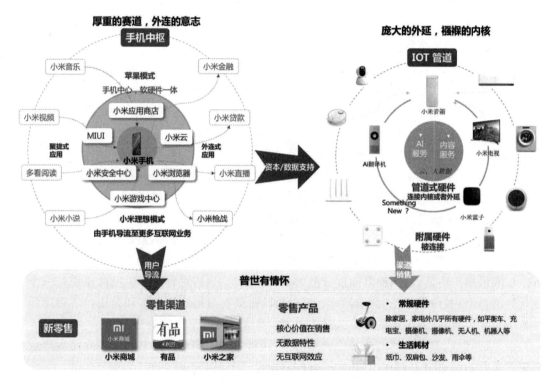

图 8-4　小米平台商业模式示意图

平台型商业模式类型可分成两大类，即单边平台模式和多边或双边平台模式。

1. 单边平台模式

在一个企业内，业务活动由两类利益相关方从事，一类由公司做，称为平台；一类由一个一个小的细胞组织来做，称之为业务自主体，如百果园。

2. 多边或者双边平台模式

有一个中心企业，上游有许多卖方，下游有许多买方。大家通过这个平台提供的基础设施进行交易，平台有自己的定位，有很多很不一样的盈利模式，如京东、微信公众号、唯品会。

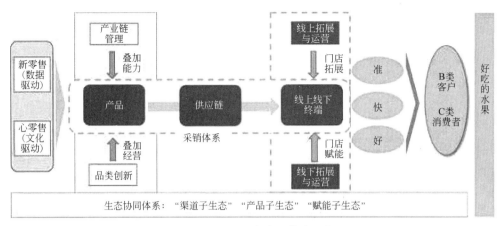

图 8-5　百果园平台商业模式示意图

京东：互联网上的百货零售企业

京东采用"采购+销售"的传统百货零售形式，通过赚取中间差价获得收入。自建的物流配送服务是京东实现差异化竞争的核心。

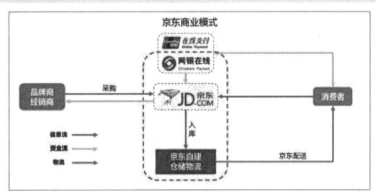

图 8-6　京东平台商业模式示意图

微信公众号运营模式

用户通过订阅、关注企业公众号，通过一对一以及互动问答获取信息和服务，微信公众号采用平台+内容模式+大数据模式，将用户引入之后，再吸引其使用更多服务，吸引更多的商家入驻，最终形成用户、商家平台生态圈的依赖。

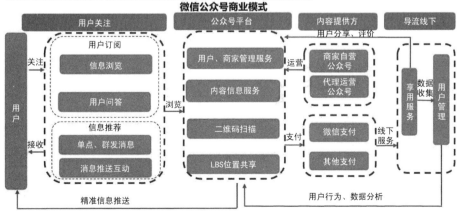

图 8-7　微信公众号平台商业模式示意图

唯品会：互联网特卖

坚持"精选品牌+深度折扣+限时抢购"的正品特卖模式，1 000多名专业买手精选商品，以"网上逛街"的特色模式发现用户需求，创造场景，注重提升用户体验。

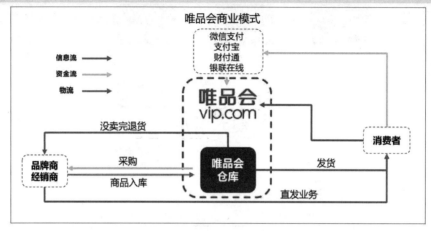

图 8-8　唯品会平台商业模式示意图

（二）平台商业模式的应用原则

平台商业模式的巨大成功，对于想要创业的大学生有较大吸引力，发挥自己的聪明才智把平台模式应用到一个崭新的领域，必将大大提高创业成功的概率。平台商业模式的应用必须把握以下四个原则。

1. 创新性原则

大学生要有足够的创新意识和创新精神，在对各群体的需求和利益进行深入分析的基础上，对传统服务模式和服务理念进行变革和创新，把平台模式构建为可以更好地为多边群体服务的精密机制，并连接各群体，形成良性互动、相互促进的共赢多赢局面。

2. 共赢性原则

大学生要有共赢、多赢的理念，打造并维护好多方共赢并持续发展的生态圈，生态圈中各利益相关方在相互竞争的同时，能够强化彼此间的共赢性和整体发展的持续性。这就要求大学生合理设计并妥善处理各成员之间的关系，满足所有使用者的需求，共同成长获利，同时，还要有一定的手段防止成员外流至竞争对手的生态圈。

3. 合理补贴原则

大学生要合理确定被补贴方，构建自己的盈利模式。在平台商业模式中，补贴模式是一种战略性选择，科学的补贴决策能够聚拢平台参与者、扩大平台影响力，由此形成的规模效益也是平台获利和成长的关键。准确选择平台参与者中的一边群体，对他们进行适当的补贴，从而吸引更多的人进入平台，形成规模后则可以吸引更多的另一方群体入驻，并由另一方支付费用，实现平台盈利。淘宝网的成功，就把消费者确定为被补贴方，他们可以免费登录并浏览网页，轻松找到所需商品；而卖家则是付费方，他们甚至可以通过支付更多的费用享受网站的增值服务，如让自己的店铺或商品出现在更显眼的地方等。

4. 灵活性原则

随着补贴模式的确立,被补贴方及补贴方式和付费方及付费规则基本确定下来,就形成了平台企业盈利模式。但盈利模式不是一成不变的,企业还需根据市场情况和盈利状况不断作调整,比如在网络效应达到高峰时在平台参与者双方(或多方)之间设立关卡从中获利,京东商城不断上调的免邮费门槛便是平台不断调整其补贴模式和盈利模式的表现。因此,灵活性原则要求大学生有敏锐的市场嗅觉,及时发现平台模式中的问题、机会,并对平台不断进行完善,从而打造一个经得起市场风雨、立得住行业潮头的成功模式。

四、互联网商业模式的应用

随着互联网与生产生活的深度融合,借助互联网取得成功的商业模式层出不穷,很多平台企业也是依托互联网走向成功的,因此这里所说的互联网模式包括但不限于基于互联网建立的平台商业模式。互联网模式的兴起与繁荣既得益于互联网这种新技术强大的生产力,又产生于传统模式下企业面临的激烈竞争和有限的盈利空间。

互联网商业模式在提供商品和服务的形式、与客户沟通方式、收费方式等方面与一般商业模式有明显不同,它更多的是运用网络技术和工具,如门户网站、搜索引擎等展开商业活动,并通过会员制、广告、免费策略、增值服务等方式实现盈利。目前比较常见的互联网模式主要有以新浪、搜狐等为代表的门户网站模式;以唯品会、京东商城、阿里巴巴等为代表的电子商务模式;以盛大、网易、金山等为代表的网络游戏模式;以谷歌、百度等为代表的搜索引擎模式;以腾讯 QQ、微信等为代表的即时通信模式。此外,网络招聘、网络教育、网络旅游等模式也各有自己的成功之道。这里为想要创业的大学生介绍几种目前比较成功的互联网商业模式。

(一)代理模式

代理商是市场的缔造者,他们把买方和卖方撮合在一起,并且推动交易行为。交易的双方可以是企业与企业、企业与消费者或消费者与消费者市场。代理从他撮合成功的每项交易中收取一定的费用,佣金的计算方式因人而异。代理模式常见以下样例类型:市场交换(market exchange),提供涉及交易的全面服务,从市场评估到价格谈判及合同执行,采用交易中心或独立运营,或由多家企业联营,这是在 B2B 市场中不断被应用的通用模式;交易代理(transaction broker),为买卖双方解决交易问题,提供第三方安全支付机制,比如支付宝之类的平台;虚拟市场(virtual marketplace),商场收取初建费、每月列表费和每次的交易费,如果虚拟商场具有一个一般化的门户入口,那么它就能被非常有效地实现,更加复杂的商场,将提供自动交易服务和关联市场机会的服务,比如各种付费线上平台。

(二)广告模式

网络广告模式拓展了传统的广告媒体,其传播商通常是一个网站,在提供的内容(常常但并非必须是免费的)和服务(像邮件、即时通信、博客)时,常加入些条幅广告信息。这些条幅广告可能是这个传播商的主要或者唯一的收入来源,传播商是内容的创建者或者内容的发行人。只有当浏览量非常大或者高度专业化时,广告模式才能正常运作,包括门户网站、定向广告、开列清单、用户注册等方式。

（三）信息中转模式

消费者的个人信息和消费习惯的数据是很有价值的，尤其是那些经过细致分析的并可用于目标市场营销的信息。在消费者考虑采购的时候，独立收集的关于生产商和他们产品的数据，对于他们也是非常有用的。有些公司定位便类似信息中介（信息媒介），辅助买家或者卖家了解当前的市场状况，以中介代理、激励营销等方式获得盈利。

（四）会员模式

会员模式是和一般化的门户入口模式相反的模式，它寻求对某一站点的高浏览量。在会员模式中，人们无论在哪儿上网冲浪，该模式都会为他们提供购买机会。对于会员站点，它会提供金钱上的激励机制（以折扣的形式）。会员站点提供"点击进入"商家，如果会员站点没有产生销售，它对于商家来说就没有产生任何成本。会员模式对于互联网来说是相当便利的，这也是它为什么流行的原因。这种模式存在变化的因素主要包括标题广告的变换、每次点击付款及利润共享程序的变化。

五、共享经济新模式

近几年，共享单车、共享汽车不断见诸报端，已成为很多人们出行的一种新选择，共享经济的概念也日益深入人心，一种新的商业模式悄然来袭，这也给大学生创新创业提供了新的思路和新的舞台。

所谓共享经济，是指拥有闲置资源的机构或个人以获得一定报酬为主要目的，让渡资源使用权给他人的一种新的经济模式。它的本质是整合线下闲散物品或服务，并以较低的价格提供给陌生人使用，因此既符合资源最大化利用的原则，又体现人人公平享有社会资源的美好愿望。例如，某旅游城市的市民拥有一套闲置住房，在他不需要住这套房子的时间段内可以将房子短期出租给前来旅游的人，既避免了房产闲置所造成的资源浪费，又能让自己获得一笔收入，同时还让游客享受到了惬意的时光和家的温馨。因此，兼顾经济效益和社会效益的共享经济必然是未来发展的趋势，大学生可以以此作为创业的立足点，发挥聪明才智、开创美好事业。

共享经济这个术语最早由美国德克萨斯州立大学社会学教授马科斯·费尔逊（Marcus Felson）和伊利诺伊大学社会学教授琼·斯潘思（Joel Spaeth）于1978年发表的论文（Community Structure and Collaborative Consumption: Routine Activity Approach）中提出。其主要特点是包括一个由第三方创建的、以信息技术为基础的市场平台。这个第三方平台可以是商业机构、组织或者政府。个体借助这些平台，交换闲置物品，分享自己的知识、经验，或者向企业、某个创新项目筹集资金。共享经济牵扯到三大主体，即商品或服务的需求方、供给方和共享经济平台。共享经济平台作为连接供需双方的纽带，通过移动LBS应用、动态算法与定价、双方互评体系等一系列机制的建立，使得供给与需求方依托该平台进行交易。

从共享经济的概念分析，大学生可以有两条创业思路。一是利用自己的闲置资源创业，比如利用家中闲置的房产开办民宿，利用自己闲散的时间提供信息咨询等，这类创业需要同时具备一些客观的条件，例如周边的旅游资源，或是过硬的专业素养；二是搭建平台，给想要利用自己闲置资源获得收入的人提供服务，这本质上是一种基于共享经济的平台商业模式，滴滴出行的顺风车和阿里巴巴的淘工厂就具有这种平台特征。

共享经济的本质是去中介化和再中介化的过程,其产业链如图 8-9 所示。去中介化意为共享经济的出现,打破了劳动者对商业组织的依附,他们可以直接向最终用户提供服务或产品;再中介化意为个体服务者虽然脱离商业组织,但为了更广泛地接触需求方,需要接入互联网的共享经济平台。共享经济平台的出现,在前端帮助个体劳动解决办公场地、资金的问题,在后端帮助他们解决集客的问题。同时,平台的集客效应促使单个的商户可以更好地专注于提供优质的产品或服务。

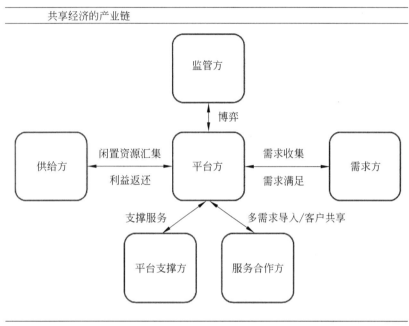

资料来源:国信证券经济研究所整理

图 8-9　共享经济的产业链示意图

共享经济的特征表现为以下五个方面。

第一,大众参与的广泛性。共享经济有足够的供给者和需求者,人们手中资源的临时闲置以及对其他资源的临时需求使公众都可以成为共享经济的供给者和需求者。供求双方中一方参与者越多,另一方获得收益就越大,这种相互吸引、相互促进会形成两个群体的良性互动,并最终扩大共享经济的规模。

第二,以互联网为平台。互联网提供开放的平台,使信息交流畅通,让公众的需求与闲置资源快速匹配并实现有效对接。

第三,所有权与使用权分离及使用权暂时性转移。共享经济分离了资源的所有权和使用权,所有权人让渡使用权并获得收益,使用者以租代买,临时取得使用权从而满足自己的需求并为此支付较少的成本。

第四,资源的重复交易及高效利用。共享经济的核心是通过将所有者的闲置资源频繁易手,重复性地转让给其他社会成员使用,来减少闲置、提高资源的利用效率。

第五,注重用户体验。共享经济不是"一锤子"买卖,而是可以持续的一种经济常态,这就要求必须把公众吸引在共享经济的平台上,而用户体验的好坏直接关系到消费者的去留,并影响到其他人选择共享的意愿。

可以预见,共享经济将成为未来社会服务行业内最重要的一股力量。在住宿、交通、教育、生活服务及旅游领域,优秀的共享经济公司不断涌现,包括宠物寄养共享、车位共享、专家共享、社区服务共享及导游共享、移动互联网需求的WIFI共享,新模式层出不穷。

任务二　争取创业融资

 学习目标

1. 了解什么是融资与创业融资。
2. 大学生如何规划自己的融资。
3. 熟悉创业融资的方式,把握融资的原则。
4. 了解企业在不同阶段如何有效融资及融资的多种渠道。

 **导入案例**

科学融资助力"巨人"成长——阿里巴巴融资案例

1999年,马云和他的团队创建了阿里巴巴,就是这个不起眼的小公司后来发展成为一个庞大的商业帝国,这里有马云团队的不懈努力,也有互联网时代的机遇,更有科学融资的助力。阿里巴巴的第一笔融资要算创业18罗汉自筹的50万元资金,但这对于一个企业的运营和发展而言远远不够,于是公司账上很快就没钱了。当时马云开始去见一些投资者,但是他并不是有钱就要,而是精挑细选,即使囊中羞涩,还是拒绝了38家投资商。马云后来表示,他希望阿里巴巴的第一笔风险投资除了带来钱以外,还能带来更多的非资金要素,例如进一步的风险投资和其他的海外资源,而被拒绝的这些投资者并不能给他带来这些。这时,以高盛为主的一批投资银行向阿里巴巴投资了500万美元,这笔"天使基金"让马云喘了口气,这也是阿里巴巴的第二笔融资。1999年秋,日本软银总裁孙正义约见了马云,在他们第二次见面时,孙正义表示将给阿里巴巴投资3 000万美元,占30%的股份。但是马云认为,钱还是太多了,经过6分钟的思考,马云最终确定了2 000万美元的软银投资,阿里巴巴管理团队仍绝对控股。正是这2 000万美元和2002年日本亚洲投资公司注资500万美元帮助马云渡过了2003年以前的寒冬。2004年2月,马云又获得包括软银、富达投资、Granite Global Ventures和TDF风险投资有限公司等四家公司8 200万美元的战略投资。2005年8月,推虎、软银再向阿里巴巴投资2.5亿美元。2007年11月,阿里巴巴在香港联交所正式挂牌上市,正式登上全球资本市场舞台,阿里巴巴的上市,成为全球互联网业第二大规模融资。

马云认为创业者和风险投资商是平等的,他说:"跟风险投资谈判,腰挺起来,但眼睛里面是尊重。你从第一天就要理直气壮、腰板挺硬。当然,别空说。你用你自己的行动证明,你比资本家更会挣钱。我跟风险投资者讲过很多遍,你觉得你比我有道理,那你来干,对不对?"

(资料来源:http://www.shangouku.com/news/16146.html)

案例问题

是什么让马云在关键时刻总能为自己的企业融资成功？他曾经拒绝的融资机会又意味着什么？

案例启示

融资是企业发展的必修课，但融资也要讲究策略和原则，不是单纯地去找更多钱就行了。阿里巴巴融资的历程表明，融资前首先要知道自己为什么融资，自己真正需要什么，其次融资要有规划，包括融资的方式与渠道都要考虑。最重要的是要通过自己的业绩取得投资人的信赖，获得成功投资。

创业不但要有好的项目和好的商业模式，还要有能够支撑企业运营的资金，资金是企业的血脉，有效的融资也是确保创业成功的关键因素。即便在企业后期发展过程中，融资也是企业实现成功扩张的关键环节。大学生有必要了解融资的相关理论，以确保在恰当的时机实现有效的融资，为新创企业获得必要的资金支持，继而做好企业发展过程中的融资规划，保证企业发展的可持续性和适度扩张。

一、创业融资

（一）创业融资的概念

融资的英文是 financing，它是指为支付超过现金的购货款而采取的货币交易手段，或为取得资产而集资所采取的货币手段。从狭义上讲，它是一个企业资金筹集的行为与过程。从广义上讲，融资也叫金融，就是货币资金的融通，是当事人通过各种方式到金融市场上筹措或贷放资金的行为，是资金在持有者之间流动以余补缺的一种经济行为，这是资金双向互动的过程，包括资金的融入（资金的来源）和融出（资金的运用）。

（二）大学生创业融资的注意事项

对于大学生来说，想要融资成功的困难远比想象的要大，这也是导致大学生创业成功率低的原因，同时大学生创业融资存在着很多的风险，需要及时地去化解，才能建立一个良好的创业环境。大学生创业融资应注意以下事项。

1. 战略清晰，方向明确

融资成功之后的企业最容易犯的错误就是变得战略不清晰，方向不明确，因为钱多起来无法控制自己什么都想去尝试的欲望。不断的尝试和试错，会贻误公司发展的最好机会。企业要迅速成长，一定要战略清晰，方向明确。

2. 积累管理经验

世界上可能存在技术天才，但是一定不会存在管理天才，因为管理和领导经验都是需要丰富的实践才可以慢慢积累的。

3. 团队理念的认同，保持创业精神

公司的成败取决于人，需要搭建一个强壮的核心团队。

4. 组建顾问团队

硅谷很多的公司，会邀请一些创业成功、做企业很有经验的人来做他的天使投资人或者独立董事、顾问。在建立共同的利益之后，这些人即使不加入企业，也可以带来很多指导性的意见和经验，甚至可以带来业界资源。一个企业要做大做强需要很多人的帮助。

5. 制订长期的发展计划

如果没有发展计划，很容易导致人员快速膨胀，财务上过度消耗，现金流出现问题。所以融资之后，要结合战略制订出一个长期的计划，包括财务和人员计划，使公司的目标专注在一个方向上。

6. 专注

专注使得企业快速成长，公司价值迅速增长，可以给未来上市和下一轮融资打好基础。一个企业的成长，就是对自身弱点不断超越，不断学习和成长的过程。

7. 并非资金越多越好

有些人认为资金越多越好，这样才有"实力"。从事物的普遍规律来看，任何事物都会有合适的"度"，过多或过少都有其弊端。资金的多少要依项目可能的投入和发展空间而定，也涉及项目发起人与风险投资人的利益分配问题。

8. 建立自信的心态，与投资者平等谈判

有些项目所有者由于工作经验不足，可能会有一些不自信的心态。应该坚信自己，发挥出自己的优势，与投资者进行平等谈判。

9. 应充分体现自身价值

无论在商业计划中，还是谈判的过程中，一定要充分体现自身价值，比如企业网站的用户群体、优秀的团队、个人特殊才能等。

10. 项目描述应通俗易懂

投资者并非了解所有的行业领域，在书面和洽谈中，应尽量将项目通俗易懂地描述出来，确保对方能够理解，并且要强化优势所在。

11. 与投资商建立长久的伙伴关系

投资往往有两种，一种是长久的投资，与企业同心协力把事业做好，还有一种是短期投资，希望项目快速提升价值，在适当的时候用适当的方式将股份卖掉，获得差额回报。

12. 注意融资诈骗

大学生创业经验欠缺，又急于获得资金，很容易遇到融资诈骗。诈骗手段花样多变，有的以投资的名义，需要融资企业支付各种检查费、项目设置费和保证金，这些费用从数万元、数十万元到一百多万元不等，要求企业在接收资金之前必须支付。有的投资公司本身不收取任何费用，但在投资过程中，它会说："这个项目很好，但它需要包装和规划，找一个指定的中介机构做一个商业计划，或找一个会计事务所，一个特定的评估机构、财务处理和评估机构。""融资企业"向这些中介机构"支付"费用后，中介机构将与投资公司分享这些收入，却可能因各种原因不能制订投资计划。总之，注意融资诈骗，也是大学生创业融资中要注意的问题。

二、创业融资的方式与原则

（一）创业融资的方式

创业融资的方式，以不同的标准可以划分为不同的类型。按照来源，融资可分为内源融

资和外源融资;按实际资金流动中的媒介关系,融资可分为直接融资和间接融资;从融资工具的角度,融资又可分为股权融资和债务融资。比较常见的融资方式如下。

1. 融资租赁

中小企业融资租赁是指出租方根据承租方对供货商、租赁物的选择,向供货商购买租赁物,提供给承租方使用,承租方在契约或者合同规定的期限内分期支付租金的融资方式。想要获得中小企业融资租赁,企业本身的项目条件非常重要,因为融资租赁侧重于考察项目未来的现金流量,因此,中小企业融资租赁的成功,主要关心租赁项目自身的效益,而不是企业的综合效益。除此之外,企业的信用也很重要,和银行放贷一样,良好的信用是下一次借贷的基础。

2. 银行承兑汇票

中小企业融资双方为了达成交易,可向银行申请签发银行承兑汇票,银行经审核同意后,正式受理银行承兑契约,承兑银行要在承兑汇票上签上表明承兑的字样或签章。这样,经银行承兑的汇票就称为银行承兑汇票,银行承兑汇票是银行替买方担保,卖方不必担心收不到货款,因为到期银行一定会支付货款。银行承兑汇票中小企业融资的好处在于企业可以实现短、平、快融资,可以降低企业财务费用。

3. 不动产抵押

不动产抵押中小企业融资是市场上运用最多的中小企业融资方式。在进行不动产抵押中小企业融资上,企业一定要关注中国关于不动产抵押的法律规定,如《担保法》《城市房地产管理法》等,避免上当受骗。

4. 股权转让

股权转让中小企业融资是指中小企业通过转让公司部分股权而获得资金,从而满足企业的资金需求。中小企业进行股权出让中小企业融资,实际是想引入新的合作者。因此,股权出让对对象的选择必须十分慎重而周密,否则企业会失去控制权而处于被动局面,建议企业家在进行股权转让之前,先咨询公司法专业人士,并谨慎行事。

5. 提货担保

提货担保中小企业融资的优势主要在于可以把握市场先机,减少企业资金占压,改善现金流量。这种中小企业融资适用于已在银行开立信用证,进口货物已到港口,但单据未到,急于办理提货的中小企业。进行提货担保中小融资企业一定要注意,一旦办理了担保提货手续,无论收到的单据有无不符点,企业均不能提出拒付和拒绝承兑。

6. 国际市场开拓资金

国际市场开拓资金主要来源于中央外贸发展基金。中小企业如果想通过这个渠道来融资,要注意,市场开拓资金主要支持的内容是境外展览会、质量管理体系、环境管理体系、软件出口企业和各类产品认证、国际市场宣传推介、开拓新兴市场、培训与研讨会、境外投标等,对面向拉美、非洲、中东、东欧和东南亚等新兴国际市场的拓展活动,优先支持。

7. 互联网金融平台

相比其他的投资方式,互联网金融平台对申请融资的企业进行资质审核、实地考察,筛选出具有投资价值的优质项目,在投融界等投融资信息对接平台网站上向投资者公开,并提供在线投资的交易平台,实时为投资者生成具有法律效力的借贷合同,监督企业的项目经营,管理风险保障金,确保投资者资金安全。这一融资方式是让专业的机构做专业的事,一方面利用互联网公开、开放性的优势;另一方面结合传统的金融机构在风险控制、信贷审核等方面的专业度。作为一个投融资的平台,处在中间的结合地位,两边是投资者和有融资需求的需求方,又和第三方的担保机构进行密切合作,对用户的投资进行专业性的担保。同时还和信用评级机构、资产管理机构合作,为用户的投资信息提供全方面的解读,以及对资产处置提供后续保障。

(二)创业融资的原则

1. 遵循先内源融资,后外源融资的优序理论

在市场经济中,企业融资方式总的来说可以分为两种:一种是内源融资,即将企业的留在收益和折旧转化为投资的过程;另一种是外源融资,即吸收其他经济主体的储蓄,以转化为自己投资的过程。在生产规模扩大过程中,单纯依靠内源融资很难满足企业的资金需求,企业获得资金在很大程度上靠的是外源融资。但内源融资资金产自企业内部,不需要实际对外支付利息或者股息,不会减少企业的现金流量,不需要融资费用,这使得内源融资的成本要远远低于外源融资,可以有效控制财务风险,保持稳健的财务状况,它是企业首选的一种融资方式。企业内源融资能力的大小取决于企业的利润水平、净资产规模和投资者预期等因素,只有当内源融资无法满足企业资金需要时,企业才会转向外源融资。负债尤其是高风险债务比率的提高,会加大企业的财务风险和破产风险。

2. 考虑实际情况,选择合适的融资方式

考虑创业融资自身的经营及财务状况,并考虑宏观经济政策的变化等情况,选择较为合适的融资方式。具体包括以下内容。

(1)考虑经济环境的影响。经济环境是指企业进行财务活动的宏观经济状况,在经济增速较快时期,企业为了跟上经济增长的速度,需要筹集资金用于增加固定资产、存货、人员等,企业一般可通过增发股票、发行债券或向银行借款等融资方式获得所需资金,在经济增速开始出现放缓时,企业对资金的需求降低,一般应逐渐收缩债务融资规模,尽量减少债务融资方式。

(2)考虑融资方式的资金成本。资金成本是指企业为筹集和使用资金而发生的代价。融资成本越低,融资收益越好。由于不同融资方式具有不同的资金成本,为了以较低的融资成本取得所需资金,企业自然应分析和比较各种筹资方式的资金成本的高低,尽量选择资金成本低的融资方式及融资组合。

(3)考虑融资方式的风险。不同融资方式的风险各不相同,一般而言,债务融资方式因其必须定期还本付息,可能产生不能偿付的风险,融资风险较大。而股权融资方式由于不存在还本付息的风险,因而融资风险小。企业若采用了债务筹资方式,由于财务杠杆的作用,一旦企业的息税前利润下降,税后利润及每股收益会下降得更快,从而给企业带来财务风险,甚至可能导致企业破产。美国几大投资银行的相继破产,就与滥用财务杠杆、无视融资方式的风险控制有关。因此,企业务必根据自身的具体情况,考虑融资方式的风险程度,选择适合的融资方式。

(4)考虑企业的盈利能力及发展前景。总的来说,企业的盈利能力越强,财务状况越好,变现能力越强,发展前景良好,就越有能力承担财务风险。在企业的投资利润率大于债务资金利息率的情况下,负债越多,企业的净资产收益率就越高,对企业发展及权益资本所有者就越有利。因此,当企业正处盈利能力不断上升、发展前景良好的时期,债务筹资是一种不错的选择。而当企业盈利能力不断下降、财务状况每况愈下、发展前景欠佳时期,应尽量少用债务融资方式,以规避财务风险。当然,盈利能力较强且具有股本扩张能力的企业,若有条件通过新发或增发股票方式筹集资金,则可用股权融资或股权融资与债务融资两者兼而有之的融资方式筹集资金。

(5)考虑企业所处行业的竞争程度。企业所处行业的竞争激烈,进出行业也比较容易,且整个行业的获利能力呈下降趋势时,则应考虑用股权融资,慎用债务融资。企业所处行业的竞争程度较低,进出行业也较困难,且企业的销售利润在未来几年能快速增长时,则可考虑增加负债比例,获得财务杠杆利益。

(6)考虑企业的控制权。中小企业融资中常会使企业所有权、控制权有所丧失,而引起利润分流,使企业利益受损。房产证抵押、专利技术公开、投资折股、上下游重要客户暴露、企业内部隐私被公开等,都会影响企业稳定与发展。要在保证对企业具有相当控制力的前提下,既要达到中小企业融资目的,又要有序让渡所有权。发行普通股会稀释企业的控制权,可能使控制权旁落他人,而债务筹资一般不影响或很少影响控制权的问题。

三、创业融资规划

(一)种子期的融资

种子期是企业发展的早期阶段,在这个时期,通常只有创始人的一个创意或者实验室中的一个半成品,往往还没有组建相应的团队,市场前景也没有特别清晰,因此,拿到投资十分困难。一些创始人在筹款时都会讲故事,但是他们不过是在背故事或是在进行炒作,大多数投资人需要一些真正的突出成绩。种子期项目融资难,最好的融资办法是利用亲朋等天使资金。

项目是需要一次性大额融资到位,还是可以分阶段进行资金跟进,如果可以分阶段,对于投资人来说,缓冲了风险,可以将投资风险压缩很多,相对于融资人来说,融资也顺利一些。另外,可以根据项目的商业计划,先去落实第二阶段的融资工作,然后再回过头来落实第一阶段的资金。

(二)初创期的融资

初创期又名创建期。度过种子期的创业企业,虽然不可同日而语,但企业在营业收入、市场占有、信用记录、合作伙伴等方面仍几近空白,过度奢望债权融资显然有违现实,唯有采用内外统筹的阶段性融资策略,才能在短时间内扩充运营规模,使企业循序步入正常运转轨道。可以采用三阶段融资策略,第一阶段(种子阶段)充分利用自身已有资源,通过内部筹资、不动产抵押、知识产权质押、政府资金扶持等方式进行第一轮融资;第二阶段(创收阶段)利用创投基金、天使投资、股权众筹、互联网金融等方式开展股权融资,同时融得管理及技术增值服务;第三阶段(盈利阶段)通过地方产权交易、新型股权交易、市场择优引进战略投资者,提升企业整体价值。

（三）成长期的融资

当企业逐渐走向成长期时，消费者逐渐认可，销售收入迅速增长，企业开始实现规模运营，加大营销力度，扩大市场的份额和规模。这个时期对资金的需求主要体现在企业的规模运营资金、扩大固定资产的投资、扩大流动资金的保证、增大营销的投入等。另外，要使产品得到消费者的最终认可，后期研发、渠道成熟等，还需要投入大量的资金。

由于企业已经具备了一定的资产规模，在经营上也基本处于盈亏平衡状态，此时利用银行借贷资本已成为可能，这不仅能够解决所需资金规模庞大的问题，又可以防止股权资本对创业者权益的稀释，避免造成控制权的丧失。当然，最终的融资选择还应根据创业企业的具体资产负债情况和财务杠杆的作用，决定是否吸收风险投资者的资金。成长期的企业，对资金的需求会急剧增加，因此，应采取多种融资模式，保证资金的充足。

（四）扩展期的融资

扩展期的企业的生产制造趋于完善，会推出新一代产品，并得到消费者的认可，销售量快速增长，企业开始盈利，这一阶段的资金主要用于组织更新、管理监控和战略定位上。进入扩展期以后，企业的技术风险基本上排除，主要面临运营风险和市场风险。市场拓展需要大量的营销费用，企业收益水平虽然有所提高，现金流量开始增加，但是企业的生产经营需要大量资金，企业的边际资本成本递增，不能从市场上筹集到预期成本的全部资金，完全靠负债形式来筹集资金也并非现实。所以，对于扩展期企业来讲，资金不足的矛盾仍然需要通过收益留存、适度举债、股权融资这三种途径解决，其中债权融资包括短期负债融资和长期负债融资，成熟期的企业融资战略是要结合企业自身的财务状况、风险喜好、所处行业的特点，综合考虑成本、融资规模与公司的发展速度的协调性，具体采用商业信用、与银行间的周转信用借款、长期贷款项目以及对外公开发行债券和股票等方式。此外，为了增强融资能力，企业应将大部分的收益留存，以便为企业未来的发展提供资金，低现金股利支付率或零现金股利的分配政策可以将财务风险控制在企业可以承受的范围之内。

（五）成熟期的融资

成熟期的企业具有一定的盈利能力，产品的质量和市场销路已经趋于稳定，有足够的现金净流量，新的市场地位和企业特征不断形成并发展。此时应该重视企业的长期发展，尽量延长企业的寿命。处于成熟期的企业可获得各种优惠的贷款机会，并具备进入公开市场发行有价证券的资产规模和信息条件。尽管有众多的低成本债券资金可供选择，但适度的负债是成熟期企业的明智选择：一方面，此时企业有了一定的积累，对外界举债筹集的资金并不十分依赖；另一方面，企业销售额和利润虽然在增长，但增速减慢是企业逐渐萎缩的前兆。此时，企业宜采取稳健的财务战略，资本结构中债权资本与股权资本的比例小于 1∶1 比较适合。这样既可以使企业不会因为举债太多而增大财务风险，也不至于全部是股权资本而使综合资本成本提高，降低企业净资产收益率。此外，企业成熟期现金流量充足，融资能力强，能随时筹集到经营所需资金，资金积累规模较大，税后利润相对稳定，具备较强的股利支付能力，宜采取稳定的股利政策或固定股利支付率政策。

四、大学生创业融资的渠道

近年来，随着我国高校毕业生人数的不断增加，大学生就业形势日益严峻，自主创业正逐渐成为解决就业难题的最佳途径之一。然而,创业资金的筹集无疑是阻碍大学生创业成功的一大障碍,创业融资的风险是大学生在创业初期不得不慎重考虑的问题。对此,大学生创业融资的方式主要有以下七种。

(一)政策基金

政府提供的创业基金通常被称为创业者的"免费皇粮"。利用政府资金的优势是不用担心投资方的信用问题,且政府的投资一般都是免费的,降低或者免除了融资成本。但其缺点是申请创业基金有严格程序要求,政府每年的投入有限,融资者需面对其他融资者的竞争。

(二)高校创业基金

为了对高校大学生创业起到鼓励、促进的作用,大多数高校都设立相关的创业基金。相对于大学生群体而言,通过此途径融资比较有利。但是,这种方式资金规模不大,支撑力度有限,面向的对象不广。

(三)亲情融资

亲情融资即向家庭成员或亲朋好友筹款。这个方法筹措资金速度快、风险小、成本低。但是向亲友借钱创业,会给亲友带来资金风险,甚至是资金损失,如果创业失败就会影响双方感情。

(四)金融机构贷款——银行小额贷款

银行贷款被誉为创业融资的"蓄水池",银行财力雄厚,能够提供支持。但是这种方式手续烦琐,需要经过许多"门槛",任何一个环节都不能出问题。

(五)合伙融资

寻找合伙人投资是指按照"共同投资、共同经营、共担风险、共享利润"的原则,直接吸收单位或者个人投资合伙创业的一种融资途径和方法。其优势是有利于对各种资源的利用和整合,增强企业信誉,能尽快形成生产能力,有利于降低创业风险。其劣势在于容易产生意见分歧,降低办事效率,也有可能因为权利与义务的不对等而产生合伙人之间的矛盾,不利于合伙基础的稳定。

(六)风险投资

风险投资是一种融资和投资相结合的全新投资方式,是指创业者通过出售自己的一部分股权给风险投资者而获得一笔资金,用于发展企业、开拓市场,当企业发展到一定规模时,风险投资者出卖自己拥有的企业股权获取收益,再进行下一轮投资,许多创业者就是利用风险投资使企业度过幼小阶段。风险有利于有科技含量、创新商业模式运营、有豪华团队背景和现金流良好、发展迅猛的有关项目融资,但项目的局限性很大。

(七)天使基金

天使投资是自由投资者或非正式风险投资机构,对处于构思状态的原创项目或小型初创企业进行的一次性的前期投资。其优势是民间资本的投资操作程序较为简单,融资速度快,门槛也较低。但是其劣势在于,现在很多民间投资者在投资的时候总想控股,因此容易与创业者发生一些矛盾。

任务三　撰写创业计划书

学习目标

1. 了解创业计划书的内容与要求。
2. 掌握编制创业计划书的原则。
3. 了解创业计划书的推介途径。

导入案例

小黄的创业迷局

西安理工大学2007届毕业生小黄,曾参加陕西市政府举行的全市落实创业政策恳谈会。会上,他一道出自己想建立一个大学生求职网站的想法,就得到了市长陈宝根的赞赏和支持。在市长的鼓励下,这个充满了创业激情的小伙子,迅速完善了先前酝酿许久的创业计划书、架构起未来网站的基本框架。但一个绕不开的问题是,由于自己并不会写电脑程序,网站的建立必须由专业的技术人员来完成,这名技术核心人物在哪里?苦苦找寻数月无果,小黄只好暂时收起创业梦想,先找份工作,给别人打工。

"对创业条件分析不足,这是我最大的失败。"小黄这样总结自己失败的起步。

大学最后一学期,迎接小黄的是一场接一场的招聘会、一次又一次的失望而归。"我们不停地奔波于各种招聘会,在海量的招聘信息里想要找到一个适合自己的企业却很难。"在与企业的接触中,小黄了解到企业也存在类似的烦恼。因为缺乏对学生的了解,企业仅通过一次招聘会或一次简单的面试签订用人协议,事后却发现招聘来的员工并不适合这份工作,为此浪费了大量人力物力。于是,他萌发出这样一个想法——办一个不同寻常的求职网站。

小黄介绍说,在网站中,他将为企业和大学生搭建起一个长期稳定的接触平台,只要大学生和企业登录注册,双方就可以通过这个平台相互了解,企业甚至可以跟踪大学生在校期间的各方面表现,决定毕业时是否录用。

接下来的几个月,小黄开始了广泛的市场调研。他登门20多家企业,与人力资源管理部门负责人沟通了这一想法,网站的特色服务内容得到70%的人的肯定。"我会用两到三年的时间向外界推广网站,吸纳大学生和企业登录,并向企业收取一部分会员费。三年后,点击量有了一定提升,广告将成为网站盈利的又一渠道。未来,在继续完善网站服务内容的基础上,推出一系列连带产品,我相信这会有更大的发展前景。"实际上,小黄已明确了网站的盈利模式。至于网站的长远规划,小黄表示他也制订了相应的计划。

尽管制订了自己的创业计划、确立了盈利模式、进行了市场调研,也得到了父母兄长的资金支持,但小黄却忽视了创业最为关键的因素之一——组建得力的团队。

"刚开始我以为这不是问题,懂程序的人多,肯定能吸引到这样的人。"直到制订创业计划的后期,小黄才向身边好友发布信息,结果只找到一个做网站的高中好友。"人太少了,编好这个网站的程序至少要两年。"小黄说,目前高校内具备这方面技术的人太少,而有丰富经验和能力的人却不愿意放弃工作跟他一起创业,好比没有左膀右臂,小黄孤军奋战的结果只能是退下阵来。

(资料来源:网址 http://www.chinaks.net/shanji/137872.html)

案例问题

一个在社会上有刚性需求的好想法和酝酿许久的创业计划,为什么仍然在现实中面临失败的结局?

案例启示

合理的创业计划书、资金和团队是创业的三大要素,缺一不可。如果当初有人能给小黄指导和提醒,或许就不会出现这样的错误,小黄说:"学校应该开设创业指导课,给有创业想法的大学生一定的指引。"

创业计划书是创业者关于创业活动的总体指导,它不仅仅是创业者对自己创业想法的表达,更是一份清晰的创业路线图,是理论与实际紧密结合的产物,那些只停留在美好愿望层面的创业计划书终将接受现实的残酷教训。大学生在学校接受一定创业计划的培训,将有助于成功创业,能够撰写合格的创业计划书无疑是一项创业训练的基本功。

著名风险投资家尤金·克莱纳(Eugene Kleiner)说:"如果你想踏踏实实地做一份工作的话,写一份商业计划,它能迫使你进行系统的思考。有些创意可能听起来很棒,但是当你把所有的细节和数据写下来的时候,它自己就崩溃了。"认真撰写一份商业计划书就是对创业意向、创业项目、商业模式以及融资规划等做一个系统的反思,它对于创业大学生而言是一场自我检验,对于创业活动而言是一场全方位的演习。

一、创业计划书概述

创业计划书又名商业计划书,是创业者确定需求以后,在精心调查分析的基础上,按照一定的格式编写的关于某一项相应产品或服务的科学规划或判断。它是叩响投资者大门的"敲门砖",是创业者计划创立的业务书面材料。创业计划书主要用来描述与拟创办企业相关的内外部环境条件和要素特点,为业务的发展提供指示图,是衡量业务进展情况的标准,通常是市场营销、财务、生产、人力资源等职能计划的综合。一份完善的创业计划书几乎包括投资者所有感兴趣的内容,如创立公司的商业机会、公司计划的发展进程、所需要的资源、风险和预期回报。只有内容翔实、数据丰富、体系完整、装订精致的创业计划书才能吸引投资者,让他们看懂项目商业运作计划,并产生浓厚的投资兴趣,才能使创业成为现实,创业计划书的质量对创业融资至关重要。

大学生创业者缺乏一定的社会经验和积累,对于商业活动中的实践更是接触较少。通过撰写一份创业计划书,可以认真思考并梳理新创企业所需的各种要素及将要面临的问题与困难,对创业项目有更加清晰的认识,从而选择最恰当的努力方向。在做这种思考和梳理的同时,大学生对困难和风险也有了一定的预判,这将大大降低实践造成的心理冲击,使大学生更有勇气将创业进行下去。一份完整的创业计划书一定是集体智慧的结晶,在讨论、撰写、整合和修改创业计划书的过程中,创业者团队的协调与合作得到了锻炼,在达成共识的同时,团队的凝聚力也会大大提升,这些都是日后成功创业的有利因素。因此,大学生必须学习关于创业计划书的相关理论和知识,认真撰写和完善自己的创业计划书。

二、创业计划书的主要内容

一份完整的大学生创业计划书一般由十个章节与一个附录构成,分别为:执行摘要、项目背景、产品技术与服务、市场分析、营销策略、投资分析与财务分析、公司管理、风险分析与控制、风险资本的退出和附录。

1. 执行摘要

执行摘要又称为执行总结,它是整个创业计划书的浓缩和精华,涵盖计划书的要点。这部分描叙要简洁、清晰、客观、逻辑性强,使人一目了然,在最短时间内了解企业是做什么的。应该就公司性质、产品技术、应用领域、产品与市场定位、核心竞争优势、公司成长性、预计投资收益、公司愿景与战略进行归纳阐述。要控制好执行总结的文字数(一般不超过3页纸),核心内容要一句话能说清楚,能让人记住并想看后面章节。可以根据项目的特点进行补充与删减。该部分的撰写虽然是第一部分,但是可以放在最后再写,对整个项目有了较为清晰的把握之后再撰写。

2. 项目背景(产业或行业分析)

项目背景(产业或行业分析)主要描述项目的提出原因,包括准备进入的是一个什么样的行业,所选行业的基本特点特征,该行业的现状及存在的问题,行业竞争状况,该行业的发展方向,我国发展该行业的政策导向。也包括以下内容。

(1)市场结构分析。

(2)行业的性质分析。

(3)行业的寿命周期分析。

(4)行业稳定性分析及其他有关因素分析。

注意一定要结合企业的产品技术(服务)、目标市场、竞争对手及竞争优势。

3. 产品技术与服务

产品技术与服务主要对产品技术(或服务)作详细说明,说明要准确,也要通俗易懂,使非专业人员(投资者、其他行业的管理人员等)也能看得明白、听得明白。

例如产品技术类项目,一般从以下五个方面加以论述。

(1)产品技术的概念、性能、特性及应用领域、产品定位。

(2)产品的核心技术及由来,技术的成熟度,所处研发阶段(样品、小试、中试),工业化还是商业化阶段。

(3)产品技术的先进性(在国内或国际处于先进、领先水平,创新性、唯一性、填补空白)。

(4)产品技术的市场核心竞争力、竞争优势,在产业链上所处位置等。

(5)产品技术的市场前景,产品技术的知识产权等。

文化创意与服务咨询类项目,此类项目从四个方面阐述。

(1)对公司的服务性质、对象、特点、领域进行介绍。

(2)提供的服务满足了客户的什么需求,为被服务者创造了什么价值。

(3)服务具有什么独特性、创新性,市场竞争力与核心竞争优势,服务目标的市场前景。

(4)涉及知识产权,如商标权、软件著作权等。

4. 市场分析

对于产品技术类,市场分析一定要聚焦到企业的目标细分(再细分)市场与目标客户群,定位要准确清晰,即需要明确目标细分市场、市场的切入点、市场进入门槛、市场特征分析、目标市场的规模(容量)、市场占有率、增长率、目标细分市场的主要竞争对手分析及竞争优势比较(定性与定量)。对于文化创意与服务咨询类,除了以上内容,还需对公司运营的商业模式、盈利模式进行描述,要有创新性、独特性、竞争性与可行性,明确服务模式的定位,细分目标服务市场与目标服务客户的定位要准确清晰,此部分要厘清商业模式与盈利模式的区别。通常情况下,商业模式与盈利模式都可以看作创业的产品与服务是如何赚钱的,但还是有区别的,一是一项服务或生意是如何产生收入和利润(盈利模式);二是如何将日常运营和长期策略具体化。

5. 营销策略

不同的产品技术(服务)针对不同的市场,针对不同的客户会有不同的营销策略。根据对细分目标市场、目标客户群特征与竞争对手等分析,在目标确定之后,制定有针对性的营销策略。

营销策略随着互联网的诞生与超速发展,营销策略与营销创意也日新月异,层出不穷。企业的细分目标市场与目标客户群分析得越到位,市场切入点越清晰明朗(即做细、做小、做实),营销策略就会越有针对性。营销策略可分为以下两种。

(1) 传统营销策略。即4P营销组合策略。

① 产品(product)策略,即产品的组合策略,主要包括产品的实体、服务、品牌、包装,它是指企业提供给目标市场的货物、服务的集合,包括产品的效用、质量、外观、式样、品牌、包装和规格,还包括服务和保证等因素,新产品开发策略。

② 定价(price)策略,即定价的组合,主要包括基本价格、折扣价格、付款时间、付款方式、借贷条件等。它是指企业出售产品所追求的经济回报。

③ 渠道(place)策略,即地点通常称为分销的组合,它主要包括分销渠道、储存设施、运输设施、存货控制,它代表企业为使其产品进入和实现目标市场所组织实施的各种活动,包括途径、环节、场所、仓储和运输等。

④ 促销(promotion)策略,主要指企业利用各种信息载体与目标市场进行沟通的传播活动,包括广告宣传、人员推销、营业推广、公共关系、事件营销等。

(2) 新营销模式。微信营销,例如"品牌及产品曝光""微柜台,电子商务及售后管理""植入式营销"等营销模式等。

6. 投资(融资)分析与财务分析(预测未来3~5年)

(1) 投资分析包含注册资本、股权结构与规模(股东出资与比例)、投资总额、资金来源与运用、经营收入与成本预测、项目敏感性分析、盈亏平衡分析、投资报酬率分析、投资回收周期分析、投资回报政策等。

(2) 财务分析包含成本费用表、资产负债表、损益表及利润分配表、现金流表、预计营业收入(销售收入)及趋势分析、预计营业额(销售额)分析、杜邦财务分析体系、财务比率分析、分析结论、营业增长率、资本积累率、总资产增长率、固定资产成新率等。

7. 公司管理

公司管理部分的撰写主要从以下四个方面展开。

（1）公司使命(宗旨、愿景)。

（2）公司总体战略,战略规划或战略目标及战略实施,公司核心竞争力的描述。

（3）创业团队的专业知识、经历经验等优势,分工合理,职责明确。

（4）公司管理(根据公司战略、目标市场与营销计划)主要描述公司选址、组织架构、厂房设备安排、工艺流程与质量管理、生产计划(产能扩张)、人力资源、酬薪与激励、采供与物流、企业文化等。

8. 风险分析与控制

进入目标市场将面临的最主要风险与防范措施的描述,例如市场风险、技术风险、管理风险、财务风险、政策风险、进出口汇兑的风险等。

9. 风险资本的退出

风险资本的退出主要是退出的时间和方式,如注册资金里没有风险资本就无须描述。

10. 附录

附录又称为附件,是为创业计划书提供必备的补充资料,不必把所有东西都放入附录,选择能真正增强正文说服力的资料。例如：①专利证书；②技术鉴定；③结题(项)报告；④查新报告；⑤市场实际调查结果；⑥荣誉证明；⑦已创企业还需要工商注册、税务登记等相关材料；⑧表目录、图目录等；⑨国家、省竞赛规则里的具体要求,等等。

三、大学生创业计划书的撰写原则

（一）逻辑严谨

市场调研分析部分应资料翔实、可信度高、潜在需求现实。技术工艺部分应技术成熟、后续有保障。财务效益部分应销售、价格和成本合理、NPV＞0、回收期短。营销策略应具可操作性、有特色和创意。风险评价应客观、可解决。撤出方式可行。

（二）分析规范

市场调研和预测方法科学规范。财务效益可行性研究方法可使用 NPV、IRR、PBP、弹性分析。

（三）文字通畅

做到通俗易懂、谨防语病。

（四）排版规范

从封页、标题(大、中、小)、正文、段落、引言、表格、公式、数字表示、参考资料等方面做到规范排版。

撰写一份优秀的创业计划书就如同讲故事,故事要讲得圆满、真实。对于产品类的项目一定要申请专利,至少拿到申请号,专利证书、项目鉴定证书、专家评价意见、投资意向书等要齐全。要了解国内同行及发展的水平,成本核算、财务评价要真实可信,报告和答辩过程中要自信。

四、大学生创业计划书的推介

大学生创业计划书的认真撰写是创业的重要一步,这就好比企业生产的"产品",但是仅有好的产品,并不意味着企业就一定盈利,还要考虑如何将自己的"产品"有效地推销到客户手中。近年来,在"大众创业、万众创新"的号召下,越来越多的人参与到"双创"的大潮中来,从国家到各级人民政府也纷纷出台政策、举办赛事,多方面、多渠道助力大学生创新创业。因此,把握机会、主动出击才能完成创业计划从书面到实践的跨越。总的来说,大学生有以下几种途径推荐创意、推介创业计划书。

(一)自我推荐

大学生创业一般起步所需的资金数额都不大,项目团队的成员较为亲密,多为亲友、同学等合伙人,而这样一个创业团队又都有着自己相对固定的人脉关系网络,完全可以从自己身边寻找投资人。大学生可以直接拜访潜在的投资人,在对方有合作意向时可以深入交换意见,争取顺利合作。如果身边没有合适的投资人,大学生还可以通过网络、电视等渠道收集风险投资、天使基金等相关信息,主动通过电话、邮件等方式与对方取得联系,争取得到推介自己的机会。

这种自我推介的方式,成功的概率可能不会很高,有一定的运气成分,大学生很难在第一时间获得对方的信任,特别是当其创业项目还没有进入实施阶段的时候。但是这个过程非常值得大学生尝试,因为每一次的推介对于创业计划都是一次再审视再加工的过程,可以起到逐渐完善的功效,同时,对于大学生创业者也是一次提高锻炼的机会。

(二)参加大赛

近年来,从国家到各省、市、自治区、直辖市,都在举办各类创新创业大赛,大学生可以充分利用这一平台,检验自己的创业计划书,并借此机会推介自己的创业项目。

教育部网站"最新文件"栏目、工业和信息化部"信息公开—文件发布"栏,一些门户网站以及创业学院等的网站、全国大学生双创有关的信息网也会发布一些类似的比赛信息,大学生都可以参加,推介自己的创业计划。特别值得一提的是,中国国际"互联网+"大学生创新创业大赛首次举办于2014年,大赛已经成为覆盖全国所有高校、面向全体高校学生、影响最大的赛事活动之一。

(三)依托创业基地

大学生创业孵化基地是专门为大学生创业者提供支持的机构,大学生创业孵化基地是一种新型的社会经济组织,通过为大学生提供研究经营场地、通信网络、办公设施、系统的培训和咨询服务,以及政策、融资、法律和市场等方面的支持,有效降低大学生创业的风险和成本,是提高企业成活率和成功率的综合服务系统。大学生创业孵化基地鼓励学生将实验室的研究成果和创新项目带到基地进一步研究开发,使创新成果进一步产业化,实现研发创新,同时,通过完善的服务体系,整合服务资源,帮助享用国家政策,合理科学规避创业风险,实现企业成功孵化。

大学生创业者通过大学生创业孵化基地享用"一站式"服务,可以将更多的精力投入到创业实践和创业发展。大学生创业孵化基地的成功构建不仅可以减小国家对大学生创业所投入的国有资产流失,也有效地规避了创业者在创建公司时的资本投入风险。同时又可以集中地为创业者提供场地、设施和创业指导,这样既解决了创业领域师资资源稀缺问题,又减小了创业者盲目投资的决策风险。此外,国家和各级政府为支持大学生创业出台了涉及融资、营业、税收、创业培训、创业指导等诸多方面的优惠政策,对打算创业的大学生来说,通过大学生创业孵化基地了解这些政策,可以为创业的第一步打好基础。

总之,创业计划书能否成功推介出去,关系到大学生能否寻找到合适的创业伙伴、获得创业融资,甚至影响到创业的成败,毕竟机会更加青睐积极主动的人,坐等投资上门是极不可取的。

随着市场经济的逐渐成熟,商业模式作为商业活动中最后一块"蛮荒之地",正越来越受到重视,一个好的商业模式,意味着创业成功了一半。大学生创业在资金、经验和平台都不占优势的情况下,商业模式的创新显得尤为重要。当然,挑战和机遇总是并存的,一个成熟的商业模式必然有自身无法克服的弊端,随着市场和环境等条件的不断变化,同样存在周期率的问题。大学生在创业实践过程中,也要大胆创新,勇于探索,科学分析。制约大学生创业的一大问题是资金问题,创业项目在不同的发展阶段,采用与之相配的融资策略,可以有效帮助项目的健康扩张。大学生创业是一项系统工程,需要长期扎实的准备和训练,大学生要充分利用学校的条件,接受一定的创业教育,能够制作出一份合格的创业计划书,这既是对自身创业活动的预演,也是对创业项目的自身检验,会对创业成功大有裨益。

 课后训练

1. 分析当下国内外某一家知名企业的商业模式。

活动步骤:

第一步,每5~7名同学为一组,每组选取当下一个比较著名的企业为研究对象,注意在选取时不要与其他组重复,尽量选择商业模式比较有特点的企业讨论。

第二步,在课后收集资料的基础上,组内同学展开讨论,利用自己对相关理论的理解来分析、解释企业的商业模式,并讨论其优势及劣势。

第三步,在上述讨论的基础上,小组成员商讨,针对这一商业模式进行修正和完善,并总结该模式带给我们的启示。

可以选取一组进行认真准备,并到课堂上进行讨论,其他同学做评委,对讨论进行打分并补充发言。其他各组讨论可以放在课外,但要提交讨论记录和汇报材料。

2. 分组撰写创业计划书。

活动要求:每5位同学为一组,每组选取一个自己感兴趣的创业项目,运用本章介绍的撰写创业计划书的相关理论制作一份创业计划书,要求内容完整、计划贴合实际、切实可行。完成后,可由学生互评,评选出"最佳创意奖"和"最佳商业计划书奖",分别奖给最有创意的项目计划和计划书撰写最规范最完整的项目计划。

项目九

创办公司

创业是一个系统工程，它要求创业者在战略策划、生产组织、市场营销、财务管理、人事管理等方面各有所长，这远不是单个创业者力所能及的。实践与研究表明，大多数企业都是从创业团队，而非个体创业开始的。

任务一　组建创业团队

学习目标

1. 如何理解创业团队的内涵。
2. 优秀创业团队的特征。
3. 组建创业团队的流程。

导入案例

淘宝(阿里巴巴)的创业管理

"良好的定位，科学的管理，优秀的服务，出色的盈利模式"使阿里巴巴成为全球首家拥有210万商人的电子商务网站，成为全球商人网络推广的首选网站，被大家评为"最受欢迎的B2B网站"。

在互联网发展的初期，全球互联网所做的电子商务基本上是为全球顶尖的15%的大企业服务的。马云是从底层市场打拼出来的，他生长在私营中小型企业发达的浙江，因此他深知中小型企业的困境，所以他决定选择85%的小企业，放弃那15%的大企业。马云觉得小企业才是最需要互联网的群体，他们什么都没有，而大企业有自己的信息渠道，有巨额的广告费。马云想要提供这样一个平台，将全球中小型企业的进出口信息汇集起来。

创业初期的企业对人才的需求十分重要。企业的管理者要让员工自己的发展和切身利益与企业发展捆绑在一起，并且要将自己的决策贯彻到企业经营管理的各个环节，让每个员工知道经营管理者的理念。"阿里巴巴"的管理层可以说是绝对豪华。它的顾问是孙正义和前世贸组织总干事萨瑟兰，而在这里，聚集了来自16个国家和地区的网络精英，并且，越来越多的哈佛大学、斯坦福大学、耶鲁大学的优秀人才正涌向阿里巴巴。创业5年，尤为令人惊讶的是，从来没有人提出来要走，公司最初的18个创业者，到现在一个都不少。即使别的公司出3倍的工资，员工也不动心。对其中的奥妙，马云也说得很简单，"在阿里巴巴工作3年就等于上了3年研究生，他将要带走的是脑袋而不是口袋。"

正确、严格的财务控制是新创企业和小公司成败的关键之一。企业财务管理首先应该关注现金流量；其次要加强企业财务风险控制。成才期的公司需要大量的运营资本来应付快速增长的应收账款和存货，举债经营成为企业发展的突起之一。阿里巴巴网站注册成立一个月后，由高盛牵头的500万美元风险资金立即到账。1999年，马云得到孙正义的赏识，单独谈判后，获得3 500万美元的风险投资。2000年，阿里巴巴引进软库的2 000万美元投资，2003年投资1亿元人民币推出了淘宝网，致力打造全球最大的个人交易网站，2004年7月，又追加投资3.5亿元人民币，2005年10月，再次追加投资10亿元人民币。2003年10月，阿里巴巴创建独立的第三方支付平台——支付宝，正式进军电子支付领域。2005年8月，阿里巴巴和全球最大门户网站雅虎达成战略合作，阿里巴巴兼并雅虎在中国的所有资产，阿里巴巴因此成为中国最大的互联网公司。

一个优秀的创业家，可以不具有精深的技术知识，但必须具有强烈的创新精神和创业意识，有追求成就的欲望，富于冒险精神、忍耐力，具有敏锐的洞察力和高超的决策水平。

阿里巴巴的创始人马云成为中国电子商务网站的开拓者。他曾经说过："我自己觉得，算，算不过人家，说，说不过人家，但是我创业成功了。如果马云创业成功了，我相信80%的年轻人创业都能成功。"大学生可以自主创业，但是不能只因一时冲动就毫无计划地去创业。我们应该优先考虑自己条件，是否具备创业者的素质、敏锐的市场洞察力、高超的决策能力。

（资料来源：http://blog.sina.com.cn/s/blog_676afb320100p2xl.html）

 案例问题

1. 假如你要创业，你会如何组建你的创业团队？
2. 你的创业团队有哪些团队管理制度？

 案例启示

邓小平曾说"人才是企业的第一资源，是企业的第一竞争力"。也就是说，谁获得好的人才，谁就能够更快地形成强大的企业竞争力。从创业实践看，一家公司的健康发展，需要多方面的专业人才，需要把这些人才团结在一起，发扬协作精神，组合成一个具有坚强战斗力的创业团队，通过集体的力量，促进公司健康、可持续发展。创业团队的建设，需要企业提供具有竞争力的薪酬、良好的职业发展空间和平台等一系列条件，尤其是企业的核心人才，更应该成为企业人力资源管理工作的核心对象，同时也是现代企业提升内部人才竞争力的重要手段。

企业管理之神杰克·韦尔奇告诉我们："优秀的领导者应当像教练一样，培育自己的员工，带领自己的团队，给他们提供机会去实现他们的梦想。"企业的成长是人才成长的一个集中体现，创业者能否走得更远，取决于创业者和创业团队的基本素质。

一、创业团队的内涵

"大众创业，万众创新"政策的出台造就了国内创业热情的高涨。但创业之路本就艰辛，为了抵达创业成功的彼岸,创业者更是应该顾虑周全,从组建团队时,就应未雨绸缪,事事巨细,把创业之路铺垫好。创业团队若要在竞争日益激烈的创业市场中立于不败之地,就必须看清自身管理存在的问题,及时做出改进措施,并且还要准备一些管理问题的预防措施。

二、组建优秀创业团队

企业的成功也是人才的成功。搭建一支优秀的创业团队对任何创业者而言,都是一项至关重要的工作,它决定着创业的成败。

(一)组建创业团队的基本原则

组建创业团队时必须要解决的四个问题是团队成员的个人素质、团队创建的选择时机、创业团队的创建计划,以及最重要的是要创业团队的创建意义以及团队目标。团队创始人应该在创建团队的时候,结合团队意义来制订实际具体的创建计划。详细地规划团队创建内容可以最大化地保证团队绩效,为企业的可持续发展打下坚实的基础。

(二)优秀创业团队的特征

(1)拥有明确的目标。优秀创业团队内的成员为了共同的目标而努力奋斗,成员了解团队的目标对自身的意义。

(2)团队成员拥有一定的技能。优秀创业团队在各自基本技能的推进下更容易达到其最终的目标。

(3)成员相互信任、相互承诺。优秀创业团队间存在极高的信任度并且团队内的各个成员均愿意为共同的目标而努力,具有付出与奉献精神。

(4)成员间有效的沟通与交流。有效的沟通与交流对于团队来说更为重要,团队成员互相沟通谈判可以为问题决策提供帮助。

(5)创业团队基本运行程序稳定,并能获得内外部公众的支持。团队运作效率的提高能将优质资源输送到外部,这也是一个团队的基本运行程序。

(6)拥有有效的激励管理机制。激励机制可以激发团队成员工作的积极性和主动性。建立激励管理机制必须要从成员的责任对应的报酬入手,对团队成员产生激励作用。

(三)组建创业团队的流程

1. 选择合适的团队成员

一般而言,创业团队的初始成员宜控制在3~5人,技能方面需要成员兼顾技术开发、企业管理、市场开拓等各个方面,在充分识别的基础上恰当使用,扬长避短,合理配置,最大限度地发挥他们的作用。

郭广昌曾这样评价自己的团队:"我们这些人,能力上可能每人只能打70~80分,但是我们要做能力的加法和乘法,企业的发展像一条河,像一条不断流淌的河,我们每一个人正像河中的一滴水,无论是在上游、中游还是下游,都能找到自己汇入的位置。"他曾建议创业者:"我觉得在你决定谁可以成为你的合作伙伴这个时候,最重要的是要找到两种感觉,第一种感觉,你的人生的基本价值的信条他跟你一致不一致;还要找到彼此之间有互补性的人。你就需要对自己加以了解,你擅长的是什么方面?你要寻找跟你互补的人,从共同点上你可以筛掉一批人,有的人对钱太斤斤计较,你根本就不能要,就不用去考虑。"

2. 建立优秀团队

完整的创业团队往往是由明确的创业目标、恰当的市场定位、合理的职权分配、强有力的执行手段以及优异的个人能力这五个关键要素组成，会通过明确制定团队目标，严格执行团队计划，合理利用相关职权来展现团队的能力和素质。

3. 管理创业团队

创业团队的管理不同于工作团队的管理。对于大多数企业内的工作团队来说，如研发团队、销售团队和项目团队等，因为人员和岗位稳定性相对较高，人们习惯性地将重点放在过程管理上，注重通过建设沟通机制、决策机制、互动机制和激励机制等发挥集体智慧，实现优势互补，提升绩效。但对创业团队管理而言正好相反，重点在于结构管理，而不是过程管理，具体包括以下内容。

第一，创业团队管理是缺乏组织规范条件下的团队管理。在创业初期，创业团队还没有建立起规范的决策流程、分工体系和组织规范，"人情"味道相当浓厚，处理决策分歧显得尤为困难。此时，团队成员之间的认同和信任尤其重要，但又很难在短期建立起来。

第二，创业团队管理是缺乏短期激励手段的团队管理。成熟企业内的工作团队可以凭借雄厚的资源基础、借助月度工作考核等手段，在短期实现成员投入与回报。管理创业团队可以采用非经济的方法进行激励，激发各个成员的主动性和创造性，如图9-1所示。

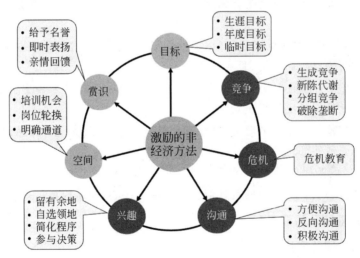

图 9-1 激励的非经济方法

在刚开始创业的时候，关于责、权、利的问题应该进行清晰的界定，不能感情用事，也不能避而不谈。必须以契约形式明确团队成员的权利与利益分配机制，并将其写入公司章程，包括增资、扩股、融资和退出机制等，这是创业团队长期稳定的制度保障。在实际操作中，依据出资额确定股权分配比例是常见的做法，但对于没有投入资金却持有关键技术的团队成员，则需要谨慎考虑技术的商业价值，在资金和技术之间进行合理的权衡。同时，从企业长远发展考虑，还应给未来进入公司的优秀人才预留部分股权。

第三，团队精神管理。团队精神，一般是指经过精心培育而逐步形成的并为团队全体成员认同的思想境界、价值取向和主导意识。团队精神是企业的精神支柱，是凝聚团队成员的共同信念和精神力量,也是创业成功的基石。团队精神管理主要包括共同愿景、创业目标、人本化管理机制、学习型组织的管理。

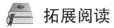

拓展阅读

校园里走出的创业者们

2013年,两个来自农村的"90后"大男孩,都是陶艺狂热爱好者,毕业后他们在昆明凑集5万元成立了"爱雅陶艺"工作室。虽然他们在大家云集的云南陶艺界名不见经传,但却以勇于创新的锐气赢得了业界前辈的肯定。

朱国军,云南民族大学2009级美术学陶艺专业毕业生;杨伟,云南师范大学2009级艺术设计专业毕业生。两个在普洱江城的家中"玩泥巴"长大的男生,在上大学以前从没想过要以此为生,直到2011年在云南省首届陶艺大赛中崭露头角。

2011年,云南省首届陶瓷艺术作品大奖赛举行。这次大赛,云集了刘也涵、谢恒、田波等业界大师,可谓竞争激烈。当时还是在校大学生的朱国军,也带来了他的作品《面具》,与陶艺大师同台竞技。朱国军的《面具》是一个中空的人物面具造型,它突破了传统面具平面和半弧形的模式,高约55厘米,最宽处直径约25厘米,夸张的手法给人强烈的视觉冲击。在面具图案设计上,朱国军凭借自己对陶土的理解,融入了云南的东巴图腾文化元素、民族图案中蕨草的图案元素,并引入非洲木雕夸张的表现形式,使得传统与现代完美融合,给人以耳目一新之感。

正是凭借强烈的视觉冲击和极富创新的设计,《面具》一举获得大赛铜奖。这一次获奖,让朱国军对自己的陶艺作品信心大增,也正是这一次获奖,让他有了创业的念头。此后,朱国军参加了很多比赛并频频获奖。作品《土陶靠椅》在云南民族大学"元盛杯"民族民间工艺品创新大赛中获得最佳创意奖;作品《卷边荷叶茶盘》在"云南省首届大中专院校师生旅游手工艺品和工艺设计大赛"中获得三等奖。

2012年,读大三的朱国军用家里给的学费买了一台拉坯机、3吨陶泥、1辆电动车,约来高中同学杨伟,融入杨伟的艺术设计,两个人开始做一些陶艺挂件、手工艺品,然后用电动车拉着到昆工门口摆地摊。"那时一天可以卖一百来块钱。"朱国军和杨伟一边学习,一边开始了他们的"地摊生意",积累了最初的创业经验。

2013年,读大四的他们持续创作,用料不拘一格,造型充满想象力,又充分融入民族元素。2013年7月,两位"90后"大男孩从学校毕业,东挪西凑,凑了不到5万元,毅然决定在昆明成立自己的陶艺工作室。"当时最头疼的是找地方,宽敞的地方租金贵,而我们的资金有限",杨伟回忆。后来,他们通过网络找到了位于新河村的一个旧工棚,虽然那里破旧到没有一个完整的窗子,四壁漏风,但却足够摆放他们的气窑、原材料、拉坯机以及成品。于是,两个大男孩就在这里开始了真正的创业。

在那里,虽然条件艰苦,但是两个大男孩的内心是火热的。"从小就接触竹编的生活用品,自己也编过,于是就想到了用陶泥来表现竹编工艺。"朱国军指着一个茶壶介绍。

这个茶壶的形状是传统的,但因为引入竹编的图案而变得与众不同。茶壶的壶身下半部分是竹编图案,这个造型先要用陶泥做成条,再仿传统竹编工艺的方法进行编织,然后靠泥与泥之间的黏性粘合起来,整个工艺为手工制作,很考验制作者的水平。配合茶壶壶身的竹编图案,壶嘴和把手都引入竹节元素,再结合紫陶本身能烧出的古铜色和象牙黄色,使得茶壶或古朴,或自然,让人爱不释手。在2013年的文博会上,爱雅陶艺的竹编系列产品大放异彩。

在2016年8月9日举行的新一届文博会上,朱国军和杨伟带着他们新的竹编系列陶艺作品以及高山流水、荷叶香道等作品参加。他们认为,创新才是陶艺的生命所在,而他们的创新之路,才刚刚开始。

(资料来源:https://m.ejm.com.cn/article/258943/)

任务二 公司创办流程

 学习目标

1. 掌握公司类型。
2. 了解公司创办流程。

 导入案例

哈罗德和贝姬·哈莱的合伙企业

哈莱(Harlow)家族在1982年开办了他们的第一家汽车旅馆。最初旅馆生意并不好,直至11个月后才实现盈亏平衡,甚至三年后他们才觉得生意开始好转。1987年,他们把旅馆规模从28个客房增加到50个,1989年又增加到100个客房。每天旅馆的入住率都很高,导致他们不得不在4月到9月的旺季把一些客人拒之门外。其他月份入住率也保持在85%左右,按照当时的行业标准,他们的旅馆是全国最成功的旅馆之一。

20世纪90年代,哈罗德(Harold)和贝姬哈莱(Becky Harlow)决定不再扩建,而是准备在附近购买另一家旅馆。他们打算雇人打理他们现在的旅馆,将更多的时间花费在新买的旅馆上,直到它步入正轨。1992年,他们将计划付诸行动。和他们的第一家旅馆一样,第二家旅馆在几年之内取得了巨大成功。从此以后,哈莱家族购买了许多新旅馆。到1999年,他们拥有七家旅馆,平均每家有100个房间。一直以来,贝姬和哈罗德都自己记账,一年给注册会计师审查一次以结算并准备缴纳他们的收入所得税。当一名新来的会计师问他们准备把这七家旅馆经营多久时,他们告诉会计师,他们喜欢经营并希望再干10年,然后将其卖掉退休。哈罗德承认同时管理所有的旅馆有一定的困难,但他强调有一些优秀的管理者在为他工作。会计师问哈罗德是否会考虑引入公司制,并说:"如果引入公司制,你可以出售股票并用这笔钱购买更多的旅馆。此外,你通过保留一些股票来保留对企业的控制权,出售一些股票扩展企业,还可把余下的股票卖掉从而把钱存起来或做一些稳健投资。那样即使事情有变,对你也影响甚微。"这名会计师还向哈罗德和贝姬解释说,就目前合伙企业而言,他们要为企业的所有债务负责,而作为有限公司,他们只需承担有限责任。

也就是说,如果公司倒闭了,债权人也不能拿他们的私人资产来抵债。这样的话,他们的资产就会得到保护,而哈罗德出售股票的收益就安全地放入了自己的钱袋中。哈罗德承认他们以前从未考虑过其他的企业组织形式,他们总认为合伙企业对他们来说是最好的。

现在他们打算去调查公司制企业的好处,如果这种组织形式会给他们带来更大的好处,那么他们将重组他们的企业。

(资料来源:https://www.lawtime.cn/askzt/zt_488807.html)

案例问题

1. 根据上述案例,你认为合伙企业有什么优缺点?
2. 在案例的最后,会计师建议哈罗德引入公司制,你认为哈罗德家是否应该引入公司制?为什么?

案例启示

公司组织形式是公司的神经中枢,决定着企业的运营机制。创办企业的组织形式有多种,包括个人独资企业、合伙企业、有限责任公司、股份有限公司、个体工商户等。哈莱汽车旅馆是典型的合伙企业,由哈罗德和贝姬·哈莱合伙创办。

新公司创办意味着创业计划书的落地,创业者要考虑公司组织形式、工商注册等一系列工作,需要了解《企业登记管理条例》《公司登记管理条例》等工商管理法规、规章。设立特定行业的企业,还有必要了解有关开发区、高科技园区、软件园区(基地)等方面的法规、规章及有关地方规定,这样有助于选择创业地点,以享受税收等优惠政策。企业设立后,需要税务登记,需要会计人员处理财务,这其中涉及税法和财务制度。

一、认识公司类型

(一) 有限责任公司

由五十个以下的股东出资设立,每个股东以其所认缴的出资额对公司承担有限责任,公司法人以其全部资产对公司债务承担全部责任的经济组织。适合创业的企业类型,大部分的投融资方案、VIE架构等都是基于有限责任公司进行设计的。

对于初创企业来说,"有限责任公司"是目前最适合的企业类型,原因如下。

(1) 有限责任公司的股东,只需要以出资额为限承担"有限责任",在法律层面上就把公司和个人的财产分开了,可以避免创业者承担不必要的财务风险;

(2) 有限责任公司运营成本低,机构设置少,结构简单,适合企业的初步发展阶段;

(3) 目前成熟的天使、VC,几乎都基于"有限责任公司"设计投资方案。直接注册"有限责任公司",在未来引进投资过程中也会比较顺利。

(二) 股份有限公司

由2人以上200人以下的发起人组成,公司全部资本为等额股份,股东以其所持股份为限对公司承担责任。适用于成熟、大规模的公司,设立程序较为严格和复杂,不太适用于初创型和中小微企业。

(三) 有限合伙企业

由普通合伙人和有限合伙人组成,普通合伙人对合伙企业债务承担无限连带责任,有限合伙人以其认缴的出资额为限对合伙企业债务承担有限责任。适用于风险投资基金、公司股权激励平台(员工持股平台),如红杉资本。

(四)外商独资公司

外国的公司、企业、其他经济组织或者个人,依照中国法律在中国境内设立的全部资本由外国投资者投资的企业。适用于股东为外国人或外国公司的企业,流程相对内资公司更复杂,监管更严格,在名称上与有限责任公司一致。

(五)个人独资企业

个人出资经营、归个人所有和控制、由个人承担经营风险和享有全部经营收益的企业。投资人以其个人财产对企业债务承担无限责任。适用于个人小规模的小作坊、小饭店等,常见于对名称有特殊要求的企业。

(六)国有独资公司

国有独资公司是指国家单独出资、由国务院或者地方人民政府授权本级人民政府国有资产监督管理机构履行出资人职责的有限责任公司。

(七)其他

非公司企业是具有投资资格的法人、其他经济组织。

外资企业是外方为公司、法人、其他经济组织和自然人,中方为公司、法人及其他经济组织。

二、公司注册流程

公司注册是开始创业的第一步。一般来说,公司注册的流程包括企业核名、提交材料、领取执照、刻章等。公司正式开始经营,需要办理银行开户、记账报税、缴纳社保、申请税控和发票、企业年报等。此外,注册时应了解优惠政策。

1. 企业核名

常见的公司名称一般有3种形式,不同形式之间并没有本质区别,注册时任选其一即可。

(1)地区+字号+行业+组织形式

例:北京快又好信息技术有限责任公司

(2)字号+(地区)+行业+组织形式

例:快又好(北京)信息技术有限责任公司

(3)字号+行业+(地区)+组织形式

例:快又好信息技术(北京)有限责任公司

建议在起名时,在"国家企业信用信息公示系统"上查询字号是否已经被注册,尽量保证没有重名,这样通过率会高一些。

2. 提交材料

有限责任公司、股份有限公司和个体工商户提交的材料不同,具体所需如下。

(1)有限责任公司

① 公司法定代表人签署的《公司登记(备案)申请书》。

② 全体股东签署的《指定代表或者共同委托代理人的证明》及指定代表或委托代理人的身份证复印件,应标明指定代表或者共同委托代理人的办理事项、权限、授权期限。

③ 全体股东签署的公司章程。可以在工商局网站下载"公司章程"的样本进行修改。章程的最后由所有股东签名,并署明日期。

④ 股东的主体资格证明或者自然人身份证件复印件。

⑤ 董事、监事、经理的任职文件(股东会决议由股东签署,董事会决议由公司董事签字)及身份证明复印件。

⑥ 法定代表人的任职文件(股东会决议由股东签署,董事会决议由公司董事签字)及身份证件复印件。

⑦ 《企业名称预先核准通知书》。

⑧ 法律、行政法规和国务院决定规定设立有限责任公司必须报经批准的,提交有关的批准文件或者许可证书复印件。

⑨ 公司申请登记的经营范围中有法律、行政法规和国务院决定规定必须在登记前报经批准的项目,提交有关的批准文件或者许可证书复印件或许可证明。

⑩ 《承诺书》。

⑪ 住所使用证明。住所使用证明材料的准备,分为以下三种情况:若是自己房产,需要房产证复印件,自己的身份证复印件;若是租房,需要房东签字的房产证复印件,房东的身份证复印件,双方签字盖章的租赁合同和租金发票;若是租的某个公司名下的写字楼,需要该公司加盖公章的房产证复印件,该公司的营业执照复印件,双方签字盖章的租赁合同,还有租金发票。

(2) 股份有限公司

① 《公司登记(备案)申请书》。

② 《指定代表或者共同委托代理人授权委托书》及指定代表或委托代理人的身份证件复印件。

③ 由会议主持人和出席会议的董事签署的股东大会会议记录(募集设立的提交创立大会的会议记录)。

④ 全体发起人签署或者出席股东大会或创立大会的董事签字的公司章程。

⑤ 发起人的主体资格证明或者自然人身份证件复印件:发起人为企业的,提交营业执照复印件;发起人为事业法人的,提交事业法人登记证书复印件;发起人股东为社团法人的,提交社团法人登记证复印件;发起人为民办非企业单位的,提交民办非企业单位证书复印件;其他发起人提交有关法律法规规定的资格证明。

⑥ 募集设立的股份有限公司提交依法设立的验资机构出具的验资证明,涉及发起人首次出资是非货币财产的,提交已办理财产权转移手续的证明文件。

⑦ 董事、监事和经理的任职文件及身份证件复印件。

依据《公司法》和公司章程的规定,提交由会议主持人和出席会议的董事签署的股东大会会议记录(募集设立的提交创立大会的会议记录)、董事会决议或其他相关材料。其中股东大会会议记录(创立大会会议记录)可以与第3项合并提交;董事会决议由公司董事签字。

⑧ 法定代表人任职文件(公司董事签字的董事会决议)及身份证件复印件。

⑨ 《企业名称预先核准通知书》。

⑩ 募集设立的股份有限公司公开发行股票的应提交国务院证券监督管理机构的核准文件。

⑪ 法律、行政法规和国务院决定规定设立股份有限公司必须报经批准的,提交有关的批准文件或者许可证件复印件。

⑫ 公司申请登记的经营范围中有法律、行政法规和国务院决定规定必须在登记前报经批准的项目,提交有关批准文件或者许可证件的复印件。

⑬《承诺书》。

⑭ 住所使用证明:住所使用证明材料的准备,分为以下三种情况:若是自己房产,需要房产证复印件,自己的身份证复印件;若是租房,需要房东签字的房产证复印件,房东的身份证复印件,双方签字盖章的租赁合同和租金发票;若是租的某个公司名下的写字楼,需要该公司加盖公章的房产证复印件,该公司的营业执照复印件,双方签字盖章的租赁合同,还有租金发票。

(3) 个体工商户

① 经营者签署的《个体工商户开业登记申请书》。

② 经营者的身份证复印件;申请登记为家庭经营的,以主持经营者作为经营者登记,由全体参加经营家庭成员在《个体工商户开业登记申请书》经营者签名栏中签字予以确认。提交居民户口簿或者结婚证复印件作为家庭成员亲属关系证明;同时提交其他参加经营家庭成员的身份证复印件,对其姓名及身份证号码予以备案。

③ 申请登记的经营范围中有法律、行政法规和国务院决定规定必须在登记前报经批准的项目,应当提交有关许可证书或者批准文件复印件。

④ 经营场所使用证明。个体工商户以自有场所作为经营场所的,应当提交自有场所的产权证明复印件;租用他人场所的,应当提交租赁协议和场所的产权证明复印件;无法提交经营场所产权证明的,可以提交市场主办方、政府批准设立的各类开发区管委会、村居委会出具的同意在该场所从事经营活动的相关证明。

⑤ 委托代理人办理的,还应当提交经营者签署的《委托代理人证明》及委托代理人身份证复印件。

以上各项未注明提交复印件的,应当提交原件;提交复印件的,应当注明"与原件一致"并由个体工商户经营者或者由其委托的代理人签字。

三、注册公司后续事项

1. 银行开户

公司注册完成后,需要办理银行基本户开户。基本户是公司资金往来的主要账户,经营活动的日常资金收付以及工资、奖金和现金的支取都可以通过这个账户来办理。每个公司只能开一个基本户。

2. 记账报税

完成公司注册后,需先办理税务报到,报到时需提供一名会计的信息(包括姓名、身份证号、联系电话)。公司成立后一个月起,需要会计每月记账并向税务机关申报纳税。企业准备好资料到专管所报到后,税务局将核定企业缴纳税金的种类、税率、申报税金的时间,及企业的税务专管员。企业日后将根据税务部门核定的税金进行申报与缴纳。

3. 缴纳社保

公司注册完成后，需要在30天内到所在区域管辖的社保局开设公司社保账户，办理《社保登记证》及CA证书，并和社保、银行签订三方协议。之后，社保的相关费用会在缴纳社保时自动从银行基本户里扣除。

4. 申请税控及发票

如果企业要开发票，需要申办税控器，参加税控使用培训，核定申请发票。完成申请后，企业就可以自行开具发票了。

5. 企业年报

根据《企业信息公示暂行条例》规定，每年1月1日至6月30日，企业应当报送上一年度的年度报告，内容包括公司基本情况简介、主要财务数据和指标、股本变动及股东情况等。每年需要做年报的企业是营业执照上注册时间为前一年12月31日前的大陆企业。工商行政规定，未按规定期限公示年度报告的企业，工商机关会将其载入经营异常名录，并处罚款。超过三年未年报的企业，将会纳入严重违法企业"黑名单"。纳入异常名录后，企业将无法变更、注销、转股，对外合作时，同时对法人、高管进行行政限制。社会公众可随时查看到该公司的异常情况。

6. 了解优惠政策

公司为国家纳税，国家为公司提供市场基础设施架构，公司可以关注和利用一些优惠政策来减轻税负、加速成长，例如以下内容。

（1）很多地方政府推出产业园、科技园和孵化器，公司将注册地址设立在这些地方既方便又实惠，如上海经济园区为了吸引公司前往注册，开设了很多较为宽松的优惠政策。另外，注册地址是和优惠政策相关的，特别是在上海注册公司，上海市区与郊区的开发区、各郊区的开发区之间的税收优惠政策差异很大。

（2）申请成为高新技术企业，可以享有企业所得税减免10%的税收优惠政策，而且企业的研发费用享受所得税加计扣除优惠。类似的情况还有小型微利企业、双软认证企业。创业者可以通过法务平台咨询，听取专业人士提供的财税解决方案。

此外，当公司不打算经营时，要及时进行注销。如果放着不管，几个月后税务机关就会把公司吊销，吊销不仅会使公司本身，而且连同其法定代表人均会进入企业信用黑名单。如果不幸被工商部门吊销营业执照了，也要走正常的公司注销流程。

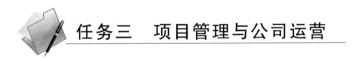

任务三 项目管理与公司运营

学习目标

1. 掌握项目管理的内容。
2. 掌握初创公司运营的策略。

 导入案例

书生创业，如何从 0 到 1？

夕阳渐渐沉落，一种寂寞的情绪慢慢涌起。张盛林教授独自一人站在西南大学的崇德湖畔，陷入了沉思。崇德湖畔，水稻之父袁隆平院士求学时曾经在这里徘徊，一代国学大师吴宓任教时也曾经在这里踟蹰。张盛林所创办的公司"西大魔芋"又该何去何从呢？

人生上半场，到祖国最需要的地方去

1995 年，农业部鉴于西南农业大学（西南大学前身之一）在魔芋方面的突出研发能力，正式批准成立部级魔芋研究中心——西南大学魔芋研究中心。1997 年，刘佩瑛教授带领团队发起筹备建立中国园艺学会魔芋协会，成为全国魔芋行业的交流平台和信息枢纽，西南大学魔芋中心是国内魔芋行业最权威的科研单位。从 2004 年开始，张盛林教授便接过他导师刘佩瑛教授手里的火炬，扛起了魔芋研究的大旗，同时担任中国魔芋协会园艺协会会长。

在张盛林教授的带领下，魔芋研究团队在魔芋种植技术方面取得显著成果，获得了诸多授权专利及省部级奖项。"一种快速降低魔芋粉黏度的方法""魔芋无硫干燥方法""魔芋一年两熟的栽培方法"等魔芋产业关键技术和推广应用的研究多次获奖，其中，西南大学魔芋研究中心在 2007 年获得教育部科技进步推广类一等奖。

五十知天命，教授开始创业卖魔芋

张盛林教授平常只要有时间，就会向身边的同事和领导"汇报"他对魔芋技术的研究进度，频频地宣传魔芋对人体健康的好处。魔芋粉是人体需求的第七大营养要素膳食纤维中的佼佼者，对于现代人因缺乏膳食纤维而引起的"三高"问题有重要的调节作用。

一次偶然中张盛林遇到了一位校领导，校领导打趣道："产品好为啥不自己开个公司呢？"这虽然只是一句戏言，但却在张教授心中留下了火种。如果开办一个公司的话，可以运用协会的技术和西南大学丰富的资源将魔芋食品进行加工推向市场，为广大的消费者所知。

2012 年 1 月 17 日，西南大学校长办公会议讨论，决定由西南大学资产经营管理有限公司与西南大学魔芋科研人员共同组建魔芋科技开发有限公司，并授权允许永久使用"西大"作为公司标识。2012 年 3 月 12 日，重庆西大魔芋科技开发有限公司正式成立，西南大学教授张盛林为公司法人，西南大学持有少数股份。

万事开头易，张教授的短暂幸福时光

公司创建初期，由原魔芋技术团队中的几名技术人员和已毕业的攻读蔬菜专业的研究生组成，主要生产魔芋粉、荀蒻洁肤棉两种产品。由于魔芋产品本身具备的保健功能，以及它对消费者需求而言是非刚性的特点，张教授决定将公司的目标顾客定为"五高"人群，他认为，高收入和高知识分子会更加注重生活品质，也会更容易接受科学健康的科普知识，从而购买魔芋产品。

公司刚刚起步的时候，西大魔芋公司利用西南大学广泛的社会网络与地方资源，将产品主要推销给集团用户，由于具有西部原生态特色，2012 年一经推出，就广受重点客户的欢迎，当年销售额就达到一千万元左右，西大魔芋公司也因此赚取了"第一桶金"。但好景不长，随着 2013 年外部政策以及市场的变化，以魔芋作为礼品采购的单位越来越少，公司这条

"快速通道"被堵死了。西大魔芋公司开始陷入举步维艰的境况。

产品定位困惑，西大魔芋是减肥还是解酒呢？

作为礼品之用的魔芋市场受挫之后，张教授开始思考魔芋产品的定位，并且发掘传播魔芋对普通消费者的功能。随着生活水平的提高，普通人也开始注重保健养生，从这一理念出发，团队重新发掘魔芋产品市场，决定推出两款产品，一款是具有减肥功能的白魔芋粉，另一款是具有解酒功能的"酒易"。两款产品在市场上都比较成功，本是值得欢喜的事情，但张教授却又陷入了深深的矛盾之中。

他想，既然"酒易"见效快，被消费者认可的可能性更大，公司创办时间短、资源短缺，是不是可以倾力只推"酒易"产品，先在消费者心里树立健康解酒这样一个独特的品牌形象，让消费者关注到西大魔芋公司的存在，后面再完善产品线？但是魔芋粉、蒟蒻代餐粉这两种产品的受众更为广泛，如果处理得当的话，能够获得较多的市场份额。

到底，应该怎么办呢？它是充当帮助"三高"人群排遣不安、塑造女性完美身材的健康小管家呢？还是成为一个忙于为饮酒人士健康解酒的"救世主"形象呢？经过和研发团队商讨，张教授最后决定保持原有的生产线不变，同时继续生产"酒易"，因为对他来说，手心手背都是肉。

目前，公司产品市场稳定，虽然张教授亲自去走超市门口销售，也通过网络平台推广，但始终不见有大的起色。到底是产品定位有问题，还是市场推广不对路，这时张教授发现自己从一个科研学者到一个企业家，自身能力已跟不上激烈的市场竞争。为了培养好接班人，张教授把儿子送到日本学习最先进的技术和管理经验，也不断吸引企业管理方面的人才，最终把公司推上了一个新的台阶。

张教授坚信：未来的魔芋产品市场必将一片向好。

（资料来源：http://www.cmcc-dut.cn/Cases/Detail/3008）

案例问题

1. 张教授创业的驱动力来自哪里？
2. 未来，张教授的魔芋公司应该从哪些方面着手实现企业成长？

案例启示

创业者要排除干扰，一心一意做好创业，让自己的"心"坚强起来，不要怕挫折与困难。同时要不断提升自己的学习能力，在创业中不断学习与成长。

一、项目管理

（一）培育创业团队文化

在创业阶段能否树立共同的价值观、建立优秀的创业团队文化，通常会决定一个创业企业能够走多远。正如《基业长青》的作者詹姆斯·柯林斯（James Collins）曾在其书中总结："高瞻远瞩的公司能够奋勇前进，根本因素在于指引、激励公司上下的核心理念，亦即核心价值观和超越利润的目的感。"优秀的创业团队文化理念包括凝聚力、合作精神、完美主义、绩效导向、追求价值创造、平等中的不平等、公正性、共同分享、共同担当等元素。具体可以通过团队讨论、章程制定、文化手册等形式确定下来。文化理念及文化践行内容包括愿景、使命、价值观、管理理念、行动纲领等。当然,更重要的是一以贯之地执行大家所认同的文化,并努力形成"集体精神、分享认知、共担责任、协作进取"的优秀创业团队文化。

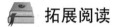

拓展阅读

优衣库人才培育——团队文化的塑造(资料来源)

优衣库被公认为是最具活力的公司之一,其老板柳井正的大名更是家喻户晓,优衣库的发展、进步、成功也值得我们学习和研究。

人才的招聘和培养一直是优衣库最重视的工作之一。对于优衣库来说,长久以来最注重的,就是人才的力量。优衣库的人才培养策略在业内是十分出名的。优衣库创始人柳井正曾经说过:"在优衣库,店长被视为公司的'最高经营者',不采取'店长是公司主角'的管理机制,零售业就很难繁荣。"客户导向下的企业员工培训体系是以客户导向理论为指导的,服务于企业人力资源发展战略目标,能够满足企业和员工个人对培训的需求,是适合现代企业发展的一套员工培训管理体系。优衣库的员工培训管理体系包括四个板块:员工培训需求分析和筛选,员工培训项目的设计与实施,培训效果评价以及培训能力发挥机制构建。在优衣库,新员工要上的最重要一课是理解自己工作的意义。优衣库不讲大话、套话,而是直接告知每位员工,基本工资和奖金完全是来自于顾客的愉快购物,如果不用心服务来满足顾客,店铺就很难有发展,而每个人的将来都与此息息相关。尽管这可能是人人都懂的大实话,但在公司培训中直接讲出来,效果还是有区别的,这让一线店员在领会公司风格的同时,也知道自己工作的意义和价值,增加了员工的存在感。

(资料来源:https://www.iyiou.com/p/64216.html)

优衣库为新员工和老员工均提供了系统的培养机制,并给每位员工量身定制了发展空间。在优衣库,负责内部培训的部门叫作"优衣库大学",其将优衣库多年来国际化零售业成功的经验,提炼成系统化的培训体系,以全球化的工作环境和广阔的晋升空间为基础,通过系统培训,再让员工快速成长为全球零售行业精英。优衣库在每个休息室都张贴了一张任务评价表,对应每一个级别员工的能力要求。新员工加入优衣库之后,会经历繁复的培训、实施、指导,然后再培训,再现场实施,再向店长反馈的一个螺旋上升过程。店长会在评价表的相应位置画圈,只要员工完成级别要求的70%以上就能参加升职考试,而晋升考核过程,就像学校里的期末考试一样,只要员工成绩及格,就能得到晋升。优衣库不仅会培养员工面向顾客的技能,也会培训员工的感恩之心。例如,优衣库的员工每次培训结束后都会获赠一张刻录了培训中欢笑与泪水的DVD和其他人赠予的一张"感谢卡",共同经历一番严苛的训练后,员工间因此会互帮互助而累积友情,这便创建了一个友好的工作环境。

(二)创业团队冲突管理

创业团队的成员在创业过程中总会发生矛盾,总的来说,由此引发的冲突可以分成认知性冲突和情感性冲突。认知性冲突指团队成员对有关企业生产经营管理过程中出现的与问题相关的意见、观点和看法所形成的不一致。一般情况下,认知性冲突将有助于改善团队决策质量和提高组织绩效,能够促进决策本身在团队成员中的接受程度。情感性冲突基于人格化,关系到个人导向的不一致,会阻止人们参与到影响团队有效性的关键性活动,团队成员普遍地不愿意就问题背后的假设进行探讨，从而降低了团队绩效。高效创业团队的塑造过程，其实就是创业团队成员之间不断磨合、相互扶持、共同进步的过程。

（三）创业融资管理

对于多数创业者来说，资金仍然是稀缺的资源，获取资金的技能和有关知识是创业者需要学习的重要内容。通用的融资术语包括 PE 投资、种子轮投资、风险投资等。

（1）PE 全称为 private equity，即私募股权，是指投资于非上市股权，或者上市公司非公开交易股权的一种投资方式。私募股权投资的资金来源于有风险辨识能力的自然人或有承受能力的机构投资者，以非公开发行方式来募集资金。

把 private equity 翻译成"私募股权"，似乎 private 的意义在于资金募集渠道是非公开发行。这实际上是一种误解，应当更多从投资角度来理解，PE 主要是投资于非公开发行的公司股权而得名。PE 投资者一般是基金管理公司的直接投资人，比如 KKR 的亨利·克拉维斯、黑石的史蒂芬·施瓦茨曼、TPG 的大卫·邦德尔曼。在中国也可以理解为买原始股等待上市。

（2）种子轮（天使轮）投资是指最早阶段进行的融资。虽然大多数初创企业都依靠创始人自己的或其直系亲属和朋友的资金，但一些企业还是会寻求第三方的"种子融资"，在企业生命早期的获得投资，为设计产品和可行性分析提供资金。

（3）风险投资（venture capital，VC）主要是指向初创企业提供资金支持并取得该公司股份的一种融资方式，是私人股权投资的一种形式。风险投资公司为一专业的投资公司，由一群具有科技及财务相关知识与经验的人组合而成，经由直接投资获取投资公司股权的方式，提供资金给需要资金者（被投资公司）。风投公司的资金大多用于投资新创事业或是未上市企业（虽然现今法规上已大幅放宽资金用途），并不以经营被投资公司为目的，仅是提供资金及专业上的知识与经验，以协助被投资公司获取更大的利润为目的，所以是一追求长期利润的高风险高报酬事业。创业公司进入风险投资阶段时，一般开始能够有一定规模的运行，此时企业产品开发与市场调查已较好地完成。随后出现的 A 轮、B 轮、C 轮由企业根据自身情况制定。一般都属于成功销售产品后，需要扩张和快速发展所需要的融资环节。

中国大陆在海外股市（新加坡、纳斯达克）上市的互联网企业都曾获得过风险投资的支持，比如腾讯、百度、盛大、搜狐等都曾获得美国风险投资公司的资金支持。阿里巴巴曾在 1995 年得到软银孙正义的风险投资。

（4）首次公开募股（initial public offerings，IPO）是指一家企业第一次将它的股份向公众出售，也就是很多企业家梦寐以求的"敲钟"环节。

通常，上市公司的股份是根据相应证监会出具的招股书或登记声明中约定的条款，通过经纪商或做市商进行销售。一般来说，一旦首次公开上市完成后，这家公司就可以申请到证券交易所或报价系统挂牌交易。有限责任公司在申请 IPO 之前，应先变更为股份有限公司。

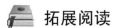拓展阅读

IPO 发行的要求

（1）股票经国务院证券管理部门核准已公开发行。

（2）公司股本总额不少于人民币 3 000 万元。

(3) 公开发行的股份占公司股份总数的 25% 以上。
(4) 股本总额超过 4 亿元的,公开发行的比例为 10% 以上。
(5) 公司在三年内无重大违法行为,财务会计报告无虚假记载。

如果创业团队处于商业模式还不明朗、客户探索还不清晰的阶段。这时,只有那些"天使"们愿意帮助你的企业。你和你的"天使"共同进退,风险与价值并存。融资越往后,相对风险越低。当然,融资的额度也会更高。一般而言,一家企业在天使轮获得的融资额度是几百万元级别;到 A 轮融资就到达了一千万元甚至几千万元级别;随着发展势头越来越好,而后的融资更是水涨船高。

二、公司运营

(一) 制定严格的规章制度

对于企业的发展而言,规章制度可以明确企业的发展规律、工作流程以及员工的奖惩。初创企业需要明确企业发展的方向以及目标,明确业务的范围以及自身的优势,增强员工的自信心。初创企业自身的优势相对较低,因此,企业要明确当前的发展阶段以及具体的工作任务,将工作任务分为多个阶段来实施,明确员工应该承担的责任。对于初创企业而言,每一个员工、每一个角色都是非常重要的,是企业整体发展战略的重要组成部分,员工必须要服从企业的发展目标以及发展策略。通过建立企业工作流程,可以加强对员工的行为约束,将团队发展的目标都纳入其中,根据各个员工自身的职责以及权限来进行规定,覆盖企业员工管理所有的方面。尤其对于一些小型创业企业而言,规章制度可能不是最重要的,但却是必不可少的。只有在一定规章制度的约束下,员工的行为才可能得到规范和限制。规章制度必须要实用简单,对于初创企业而言,建立高效的团队可以省却很多不必要的精力,完善规章制度、公司团队建设、企业自身三者是协调统一的。

(二) 明确企业发展规划

如果有员工突破了管理底线,企业的自身发展就会受到危害,只有明确各项工作的规章制度以及流程,才能够保证企业的高效运作。对于初创企业而言,明确发展方向、稳定内部运营、落实员工的工作内容是最重要的。企业应做好企业的发展规划、项目调整,明确发展的方向和为实现发展目标设定的具体要求,并下沉到每一位员工的实际工作中,明确员工的工作范围以及工作职责,调动员工的工作积极性和主动性,从而提升企业整体的凝聚力和竞争力。

(三) 制定完善的奖惩机制

在公司运营初创阶段,领导者为了发挥所有创业人员的积极性,需要适当放权,通过积极的奖励机制来让员工感受到创业的成就感,从精神以及物质多个层面来对员工进行鼓励,要求员工能够不断地进步,从而使得员工的积极性可以得到充分的调动。另外,也通过惩罚机制淘汰不合适的员工,完善企业内部的工作氛围。

拓展阅读

海底捞的股权结构

海底捞成立于 1994 年。公司初创时的股权是"四等分"结构,即由四位创始人各占

25%。到 2017 年,公司股权已经演变为张勇一股独大的结构,如图 9-2 所示。2018 年 9 月 26 日,海底捞在港交所上市,再次引发媒体关注。海底捞二十多年的成长故事,尤其是期间公司股权结构调整的历史,成为热门话题。

在网民们津津乐道于"张勇掀桌夺权"之类八卦故事的时候,创业小白们也许该多思考思考这样一些问题:

创业的时候,随便注册一家公司出来行不行?均分股权好不好?成立公司的重点应该放在"如何注册一家公司"上,还是在"如何构建一个有效治理的创业平台"上?

公司事务得有人决策,那么,当创业团队成员意见相左时,该听谁的?"脾气大的说了算"该不该成为现代公司治理原则?不靠发脾气和翻麻将桌,张勇能不能让小伙伴们听他的?

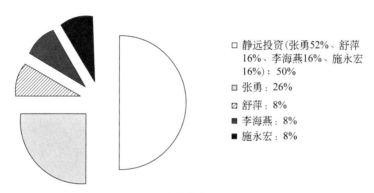

图 9-2 海底捞的股权结构

除了分红,股权有什么用?创业公司股权怎么安排更好?

从创立之初的股权"四等分",到当前的一股独大,海底捞股权结构变化,给创业小白们带来了哪些启示?

(资料来源:https://www.sohu.com/a/161894513_555623)

在"大众创业、万众创新"时代机遇的感召下,越来越多有创意、有才干的大学生走上了创业之路,学习组建创业团队,全面了解公司创办流程,掌握项目运营和公司管理的技巧,是大学生在创业初期必须面对的现实的问题。

课后训练

1. 你了解的企业注册流程有哪些?
2. 你所处的创业团队是否有共同的目标?你在团队中处于什么样的角色?

项目十 创业风险

每年,数十万的企业成立,同时数十万的企业宣告失败。这意味着,在激烈的市场竞争中,能坚持到最后的创业企业是寥寥无几的,大部分企业都无声无息地失败了。初创企业往往只看到企业发展的机遇与自身优劣,忽视了潜在的威胁与自身的劣势,只看到创业项目未来的收益,忽视了项目的不确定性。创业风险管理虽然不能避免风险事件的发生,但是可以帮助企业未雨绸缪,减少风险给企业带来的损失。

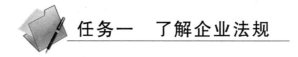

任务一　了解企业法规

 学习目标

1. 了解企业法规的种类。
2. 初创企业的社会责任。

 **导入案例**

创业前多学法

"没想到我们第一次创业就这样草草结束了,真的是很受打击。"长沙网友小谢等三名初出校门的大学生向红网《百姓号声》栏目发帖,讲述自己初次创业的坎坷经历。小谢在帖中称,他和另外两个合伙人均毕业于湖南商学院,因觉得当前工作不好找,遂决定自己创业,经过一段时间的考察,他们看中了长沙芙蓉区解放西路317号门面,周围酒吧和KTV比较多,便合计在此开一家烟酒行。4月,小谢和房东签订了两年的租房合同,租金每月1 500元。合同签订后,小谢抓紧时间装修店铺,终于赶在4月底开业。装修那段时间真的很辛苦,没日没夜地干活,但是我们充满了激情,小谢说。不料,烟酒店刚开业不到半个月,街道办事处就张贴拆迁公告,告知商户和居民此处即将拆迁。这份拆迁公告让小谢他们陷入了巨大的恐慌当中:"我们的装修费花了3万多元,这些钱可都是我们父母的血汗钱。"同时,他们也质疑房东为何"拆迁一个月前把房子租给他们"。对此,房东解释"自己也不知道要拆迁"。

小谢他们所担心的门面装修费、房租费、经营损失费,究竟应该由谁来承担?湖南人和人律师事务所阳青律师对此分析,根据《合同法》的相关规定,小谢可要求房东返回房租,至于门面装修费、经营损失费,应该由拆迁方来补偿。

阳律师同时提醒大学生创业者,缺乏社会阅历是制约他们创业的最大"短板","大学生社会经验不足,考虑问题不周全,所以在创业前应多学习合同法、公司法等有关法律法规,创业前最好向专业人士咨询,做好充分的调研准备,以免刚起航就触礁"。

(资料来源:https://people.rednet.cn/)

案例问题

法律法规不仅对新企业具有约束作用,而且对新企业的运营与发展有法律保护作用。大学生创业要学习哪些法律知识?

案例启示

新企业创建时,创业者必须熟悉和掌握与新企业相关的法律知识,如知识产权法、劳动法、合同法、反不正当竞争法、产品质量法等。遵纪守法的企业将赢得消费者的信任、供商的合作、员工的信赖和政府的支持,甚至赢得竞争对手的尊重,这也将为企业营造一个良好的生存发展空间。

一、企业法规的种类

创业公司在成长过程中,遭遇各种法律风险是不可避免的,创业者需要强化自身的法律素养和意识,主动适应我国当前的法律环境。不管是法律专业的学生,还是企业的经营者,推开法学的大门,都离不开《法理学》这本书,先培养自身的法律意识,夯实基础理论知识,会让后面的学习事半功倍。同时,创业者能够系统阅读、深入学习《民法》《公司法》《合同法》《劳动法》以及其他商事法律,对公司经营也是大有助益的。

创业过程中必不可少地会进行商务谈判活动、签订各种各样的合同,创业者需要充分学习和利用国家法律法规和政策,依法行事,用法律维护自己的合法权益。法律知识在创业过程中运用非常广泛,如工商登记、经济合同、知识产权、税收征管、担保融资等。具体有民法通则、合同法、公司法、合伙企业法、个人独资企业法、企业所得税法、民事诉讼法、仲裁法、票据法、保险法、反不正当竞争法、消费者权益保护法、会议法、专利法、商标法、著作权法、劳动合同法等法律,以及工商企业登记管理条例、公司登记管理条例、互联网信息服务管理条例等诸多法规。

开始创业前,创业者需要了解我国的基本法律环境。创业伊始,设立企业从事经营活动,必须到工商行政管理部门办理登记手续,领取营业执照,如果从事特定行业的经营活动,还须事先取得相关主管部门的批准文件。这时有必要了解《公司法》《公司登记管理条例》等工商管理法规、规章。企业发生涉及企业登记事项的变更,须及时办理变更登记,以保护相关当事人的权益。设立特定行业的企业,还有必要了解相关产业政策,了解有关开发区、高科技园区、软件园区(基地)等方面的法规、规章及相关的地方规定,这样有助于选择创业地点,以享受税收等优惠政策。

企业设立后,创业者需要了解企业需要缴纳哪些税,还需要了解企业基本财务制度,了解哪些支出可以列入成本、开办费、固定资产怎么摊销等,以合理计划,减轻税负。创业者需要聘用员工,这其中涉及劳动法和社会保险问题,需要了解劳动合同、试用期、服务期、商业秘密、竞业禁止、工伤、养老金、住房公积金、医疗保险、失业保险等诸多规定。创业者应当建立基本规章制度，对员工进行必要的法律和规章的培训，从创业初期即规范运作，以防患于未然。

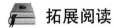 **拓展阅读**

《中华人民共和国劳动法》节选

劳动法是为了完善劳动合同制度，明确劳动合同双方当事人的权利和义务，保护劳动者的合法权益，构建和发展和谐稳定的劳动关系而制定的法律。依法规范新企业与员工之间的劳动关系，对于调动员工积极性、确保新企业创业成功具有重要意义。

1994年7月5日，第八届全国人民代表大会常务委员会第八次会议通过。根据2009年8月27日第十一届全国人民代表大会常务委员会第十次会议《关于修改部分法律的决定》第一次修正。根据2018年12月29日第十三届全国人民代表大会常务委员会第七次会议《关于修改〈中华人民共和国劳动法〉等七部法律的决定》第二次修正。

建立劳动关系应当订立书面劳动合同，劳动合同文本由用人单位和劳动者各执一份。

劳动合同应当具备以下条款。

（1）用人单位的名称、住所和法定代表人或者主要负责人。

（2）劳动者的姓名、住址和居民身份证或者其他有效身份证件号码。

（3）劳动合同期限。

（4）工作内容和工作地点。

（5）工作时间和休息休假。

（6）劳动报酬。

（7）社会保险。

（8）劳动保护、劳动条件和职业危害防护。

（9）法律、法规规定应当纳入劳动合同的其他事项。

劳动合同除以上必备条款外，用人单位与劳动者可以约定试用期、培训、保守秘密、补充保险和福利待遇等其他事项。

（资料来源：http://www.npc.gov.cn/npc/c30834/201901/ffad2d4ae4da4585a041abf66e74753c.shtml）

对于科技创业企业而言，还需要处理知识产权问题，需要了解著作权、商标、域名、商号、专利、技术秘密等的保护方法，建立起完整的、立体的知识产权保护体系。必须指出的是，建立相应的制度，保存好相关文件资料对于知识产权保护相当重要。在保护自身的知识产权的同时，还要尊重别人的知识产权，在相关业务活动中要充分考虑与在先权利和已有技术的冲突的可能，并进行必要的论证。此外，创业者在业务中还要了解《合同法》《担保法》《票据法》等基本民商事法律，以及相关行业管理的法律法规。

企业发展到一定的程度，创业者通常会考虑扩大经营规模，这将涉及风险投资、外商投资、资产重组、股票发行和上市等方面的法律问题，需要了解我国的相关产业政策，关注相关方面的法律要求。把握这方面的法律，做好相应的准备，才能既不会在资本面前投降，又能与资本紧密合作，真正将企业做大做强。

二、初创企业的社会责任

企业社会责任问题日益受到各国政府和民众的广泛关注,我国《公司法》中明确要求,公司从事经营活动必须承担社会责任。

企业社会责任(corporate social responsibility,CSR)是指企业在创造利润、对股东利益负责的同时,还要承担起对企业利益相关者的责任,保护其权益,以获得在经济、社会、环境等多个领域的可持续发展能力。

(一)规避信用风险的责任

遵守一切与企业经营活动相关的法律法规,自觉维护市场经济秩序。企业在向消费者提供产品和服务的同时,必须担负起保证质量的责任,履行产品质量和服务质量的承诺,不得只顾盈利而使消费者的利益受损。与此同时,不得欺骗或发布虚假广告,不得获取垄断高价或不合理高价等,而应努力为消费者创造更多的价值。对职工提供良好的就业环境和就业前景,对供应者提供稳定的合作关系,对债权人遵守合同条款。

(二)培育企业家精神

以正确的责任观念来看待企业的社会责任,主要是努力提升企业自身的责任意识,身体力行,率先示范,制订出更好的企业社会责任战略。

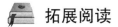

拓展阅读

企业家精神的解读

古典经济学家萨伊(Jean Baptiste Say,1767—1832)认为:"企业家,与其说是严格意义上的食利性质的资本家、土地所有者和劳动者,毋宁说是企业家(adventurer)在指挥生产和财富的分配。""企业家的力量对财富的分配,发挥着最显著的作用。""企业家是整个体系的枢纽,人们需要的并不是直接的劳动、土地和资本,而是这三种要素提供的效用,而正是企业家把它们结合起来以满足人们的需要。"

萨伊认为成功的企业家应具有的特征。

(1)他必须具有筹措创办资本的能力,这些资本主要不是他本人所有的。
(2)判断能力、毅力、生意技能和社会知识。
(3)预见性,能够比较准确地预测产品的重要性,需求的大概数量,以及生产的方法手段。
(4)监督和行政管理能力。
(5)数字计算能力和核算成本价格的能力。

(资料来源:彼得·德鲁克.创新与企业家精神.北京:机械工业出版社,3)

曹德旺谈企业家精神

在2016年两会上,全国政协委员、福耀集团董事长曹德旺谈及企业家精神时提到,抓机遇、重创新是企业家精神的体现。企业家精神第一要遵守国家法律法规,第二要敬民爱民,包括自己的员工、供应商,第三要尊重和回馈社会。曹德旺在《呼唤企业家精神的归来》一书中呼吁企业家的责任和使命:国家会因您而强大;社会会因您而进步;人民会因您而富足。

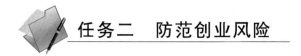

任务二 防范创业风险

学习目标

1. 理解创业风险的概念与分类。
2. 掌握创业风险的识别方法和防范措施。

初创企业的 9 条灾难之路

在 20 世纪末互联网经济泡沫高峰时期,Webvan(美国一家网上杂货零售商,曾经一度非常著名,2001 年宣布破产)一举成为最令人兴奋的新型初创企业,该公司曾雄心勃勃地宣称要让其产品深入每一个美国家庭。在成功筹集到史上最大一笔投资(超过 8 亿美元)之后,这家公司提出了具有革命性意义的网上杂货零售业务,号称可实现"订购当日上门交货服务"。

除了大量融资之外,Webvan 创始人的每一个举动似乎都是正确的。在经验丰富的创业资本投资家支持下,公司快速建立起面积巨大的自动化仓储中心,购买了大量货运卡车,推出了简单易用的网站页面。此外,Webvan 从咨询行业聘请了管理经验丰富的首席执行官。最重要的是,大多数早期客户确实很喜欢这种服务。可是,就在首次公开募股(IPO)仅仅两年之后,Webvan 便宣布破产了。

对大多数初创企业而言,下列 9 项假设是最为致命的。

1. 认为"我很清楚客户需要什么"

企业创始人坚信自己清楚客户群体有哪些、清楚他们需要什么以及如何向他们销售。实际上,当一家企业刚成立时,冷静的旁观者会发现它并没有客户。除非创始人是某一领域的专家,否则只能对客户群体、客户问题和商业模式等问题做出初步假设。成立伊始,可以说初创企业只是一个建立在假设基础上、以创始人个人信念为支撑的项目。但是,传统的产品导入法却让创始人把这些商业模式假设当作事实,以此为基础去设计产品,花钱搞什么"首次客户交付",尽管他们实际上根本没有接触过任何客户。

2. 认为"我知道该开发哪些产品特征"

自认为清楚有哪些客户群体的企业创始人,会假定自己了解客户需要的产品特征。他们会利用传统的产品开发模式在办公室里指定、设计并打造出具有全面特征的产品,但是,这种做法真的适合初创企业吗?不,它只适合那些拥有已知客户群体的成熟企业应用。

显然,当产品已经定型并交付到客户手中之后,此时再改正不可避免的问题,不但成本高昂而且费时费力,甚至有可能给企业带来灭顶之灾。让初创企业陷入这种困境的恰恰是这些曾被广泛使用的新产品开发方式。

3. 过度关注发布日期

传统的产品导入模式强调按照雷打不动的产品发布日期安排工程、销售和营销活动。但过度关注产品发布日期会导致"开火—准备—瞄准"式的逆向战略，它忽视了整个客户探索流程，是一项严重而致命的错误。

以 Webvan 公司为例，1999 年 5 月，公司推出了第一个耗资 4 000 万美元修建的配货中心，该中心完全是根据对客户群体的盲目预测修建的。与此同时，公司还计划修建另外 15 个同等规模的配货中心。为什么会如此疯狂？原因是 Webvan 是在忠实地按照商业计划行动，丝毫没有考虑到客户是否认同。

4. 强调执行而非"假设→测试→学习→迭代"流程

如果强调在未经验证的初始假设的基础上执行方案、交付产品或服务，这样做无异于自取灭亡。

和所有的初创企业注重执行连续性产品导入方案一样，Webvan 聘请了开发、营销和产品管理副总监，公司的一切活动都围绕着既定的销售和营销战略展开执行，而不是把重点放在听取客户意见和探索客户需求上。首次客户交付仅仅 60 天之后，这 3 位副总监就招聘了 50 多位员工。

5. 传统商业计划认为"不跟踪，不犯错"

财务流程可通过利润表、资产负债表和现金流等衡量指标进行跟踪，但在实际应用中，这些指标对初创企业来说统统没有意义，企业董事和创始人都必须关注唯一重要的财务衡量指标——烧钱率以及银行账户上的钱还能坚持几个月。

在 Webvan 公司的开发路线图上，并没有标记"暂停开发，评估发布效果"的里程碑事件。否则，公司有可能会注意到 2 000 份实际日订单和商业计划中预测的 8 000 份日订单之间的巨大差异。在缺乏有效客户反馈的情况下，Webvan 公司在产品交付仅 1 个月后便和柏克德工程建筑公司（Bechtel）签订了 1 亿美元的协议，计划在未来 3 年内新建 26 个大型配货中心。

6. 混淆传统职务和初创企业的任务目标

由于目标客户、产品规格和产品演示内容每天都会改变，早期阶段的初创企业管理者必须具备完全不同于以销售既定产品和延伸产品为目标的成熟企业管理者的技能，他们随时可以扮演多种角色，能够坦然接受失败。Webvan 公司的首席执行官和副总监全都具备大型成熟公司管理背景，拥有丰富的管理经验。在面对初创企业的混乱状况时，他们感到的是吃惊和不安，试图通过快速扩大企业规模的方式来解决问题。

7. 销售和营销部门按照商业计划执行活动

对绝大部分初创企业而言，以产品发布或营收计划为目标衡量管理流程可谓谬之千里，因为这样做根本没有真实的客户反馈做基础。Webvan 公司踏上的便是这条商业计划驱动型"营销死亡之路"。在投入运营的最初 6 个月中，公司成功获取了 47 000 位新客户，但在其 2 000 份日订单中有 71% 都是重复订单。这意味着 Webvan 必须快速挖掘更多新客户，同时努力降低过高的客户流失率。雪上加霜的是，Webvan 根据未经验证的营销预测错误地加大了投资力度，结果发现这些预测盲目乐观，完全不符合实际。

8. 认为成功就是尽快扩张

在 Webvan 公司，受当时风投资本普遍存在的"快速做大"思想的影响，整个企业文化中都弥漫着仓促扩张的气氛。例如，公司耗资 1 800 万美元开发专利软件，投资 4 000 万美元修建第一座自动化仓储中心，完成这一切时公司还没有向任何客户交付过任何产品。随着客户需求严重滞后于公司的商业计划，Webvan 才逐渐意识到已经花掉太多的钱过度构建和过度设计。

"盲目执行而不问其故，无异于对企业的犯罪。在实践中，初创企业都是从一组初始假设开始的，其中大部分假设最后经过证明都是错误的。"

9. 危机管理导致企业走向灭亡

Webvan 公司的问题并不是销售战略或企业定位有误，问题在于任何商业计划都通不过初次客户接触的检验。由于过于强调执行商业计划，Webvan 只能靠解雇主管的方式实现战略调整和商业模式转换。

颇具讽刺意味的是，在 Webvan 案例发生的同时，另外两家采用客户开发理念、当时还名不见经传的初创企业却抓住了机会。这两家企业即美国 Peapod 公司和英国乐购（Tesco）公司，如今它们都实现了成功，企业规模不断扩大，具备出色的盈利能力。这两家公司创始时的规模都很小，没有设定好明确的假设条件和商业计划，而是在开发商业模式和财务模式过程中逐渐了解客户需求。

（资料来源：https://www.sohu.com/a/29500505_239435）

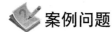

案例问题

1. Webvan 公司的问题都有哪些方面？
2. 如何识别创业风险，谈谈你的想法。

案例启示

Webvan 公司的问题绝不是执行上的失败，未能清晰回答"客户群体是哪些"，才是导致失败的关键，正是这一点让久经验证的产品导入模式失灵，让投资数亿美元的企业坠入深渊。初创企业并非大企业的缩微版，不能简单复制大企业的模式，否则就容易走上灾难之路。上面这个案例虽然发生时间已经有些久远，但其中蕴含的教训却是永恒的。

一、创业风险的概念

创业风险是指在创业过程中，由于创业环境的不确定性，创业机会与创业企业的复杂性，创业者、创业团队的能力与实力的有限性，而导致创业活动偏离预期目标的可能性及后果。它可以用不同结果出现的概率来描述，结果可能是好的，也可能是坏的，坏结果出现的概率越大，风险就越高。

例如，大多数大学生在创业中过于注重技术以及产品质量的提升，而忽视团队财务管理，创业企业财务管理中一人身兼数职，无法形成完整系统的财务管理方法，缺乏详细的工作标准以及制度，无法有序地对财务工作进行管理，进而引发企业内部的财务风险。

二、创业风险的类型

（一）技术风险

技术风险是指企业在产品创新过程中，因新技术研发失败、核心技术被新技术替代、现有工艺无法满足产品生产条件等技术因素导致创新失败的可能性，具有技术成功的不确定性、技术前景的不确定性、技术效果的不确定性等特点。

（二）市场风险

市场风险是指市场主体从事经济活动所面临的盈利或亏损的可能性和不确定性。新创企业提供的产品或服务无论是根本性的创新、改进性的创新还是模仿性的创新，对于消费者来说，都是陌生的和没有实际体验过的。因此，企业的经营业绩也会随着市场风险的变化而有较大的变化。

（三）财务风险

财务风险是指因资金不能适时供应等各种难以预料和无法控制的因素，导致企业在一定时期、一定范围内所取得的财务成果与预期目标发生偏差，使企业蒙受经济损失或失去获得更大收益的可能性。

（四）管理风险

管理风险是指创业企业的决策人员和管理人员在经营管理中出现失误而导致公司盈利水平下降、投资者预期收益下降的风险。一般是管理体系或管理沟通方面的原因导致创业企业存在一定的不稳定性。

三、识别创业风险的方法

风险识别是指在风险事故发生之前，人们运用各种方法，系统地、连续地认识风险主体所面临的各种风险以及分析风险事故发生的潜在原因和条件的过程。企业经营者如不能正确、全面地认识企业可能面临的所有潜在损失，就不可能及时发现和预防风险，也难以选择最佳处理方法。因此，风险管理的第一步就是要正确、全面地认识可能面临的各种潜在损失。创业风险识别的具体方法主要有以下几种。

（一）业务流程法

创业者可以用业务流程图的方式，将企业从原材料采购直至产品送到消费者手中的全部业务经营过程，划分为若干环节，每一个环节再配以更为详尽的作业流程图，据此确定每一个环节需要进行的重点预防和处置。

（二）咨询法

创业者可以一定的代价委托咨询公司或保险代理人进行风险调查和识别，并提出风险管理方案，供经营决策参考。

（三）现场观察法

创业者可通过直接观察企业的各种生产经营设施和具体业务活动来了解和掌握企业面临的各种风险。

(四)财务报表法

创业者可通过分析资产负债表、损益表和现金流量表等报表中的每一个会计科目,确定某一特定企业在何种情况下会有什么样的潜在损失及造成损失的原因。由于企业的经营活动最终要涉及商品和资金,故这种方法比较直观、客观和准确。

拓展阅读

大学生自主创业该如何防范风险

2008年,常军大学毕业后成为汽车制造企业储备干部,从车间工人做起,工作压力不大,但每天工作十三四个小时。对工作时长不太满意的常军,想到自己大学期间曾比较成功地经营过校内花店,此时再度涌起了创业热情,并在半年后从汽车制造企业辞职了。2009年春节家人团聚时,常军向亲戚介绍自己的创业方案。他计划先进入美容美发行业,赚到第一桶金后再投资其他行业。前期愿意与他一起投资美容美发的亲戚,后期可以继续持有其他行业股份,享有分红。亲戚们被常军的诚意打动,愿意给有激情的年轻人机会,投资其创业项目。于是,常军从亲戚处筹到了12万元创业资金。

2009年3月,常军与合伙人到贵阳考察市场,发现当地有品质的美容美发店很少,但感觉市场上存在着需求,因而,他们决定选择贵阳为创业地点。筹备伊始,创业艰辛表现得淋漓尽致。不但选址折腾得够呛,而且为了节省工钱,以前几乎什么都没做过的他们,装修的活几乎都自己干。5月,店铺如期开业,却没有预期的滚滚客流。半个月后,常军总结自己犯的重大错误。一是选址方面。位于市中心的店铺各项费用很高,但是人流量不集中,给运营带来了沉重的负担。二是缺乏对行业的了解。美容美发的淡季从5月份开始,所以营业初期恰逢淡季,店铺的开支远大于收入,并不丰厚的创业资金陷入了资金危机。

为了提高顾客回头率,常军想了很多办法,如根据顾客需要延长营业时间,给顾客介绍客户等,他的努力得到了回报,经营逐渐步入正轨。可是问题也随之而来,团队之间的摩擦日益增多。作为刚毕业的大学生创业者,常军缺乏管理经验,不知道如何建立团队、培养良好的团队氛围。常军遇到挫折,比如客流量少、顾客不满意等问题,变得焦躁,容易对员工发火,不知不觉把负面情绪转移给了员工,也让员工心生怨气。

常军估算过,即使市中心店完全步入正轨,由于开销太大,也只能维持温饱,不可能达到预期的盈利。2009年8月,同城一所大专院校附近的一家美发店要转让。常军认为,那所院校有8 000多位学生,如果8月能将店铺盘下来,9月开学肯定赚钱,这是创业翻盘的好机会。当市中心店尚在风雨中漂泊时,常军又将精力完全投入到另外一个店铺,四处奔波,与老板洽谈,筹款。正当事情就要一锤定音时,老板突然反悔了。而此时的市中心店,因为疏于管理,员工懒散,处事马虎,待客不周到不热情,营业额下降到只比刚开业时好一点。

2009年9月的一天,常军无意中看到镜子里眼神疲惫、胡子拉碴的年轻人,完全没有了当初的激情与壮志,徒剩下无奈、身心憔悴以及自我否定。常军流泪了,这是压垮他的最后一根稻草。在耗尽12万元本金后,常军盘掉了市中心的美容美发店,宣告他大学毕业后第一次自主创业失败。

对于常军创业的失败,亲戚们有的认为,年轻人有激情是好的,但是他把每一步都设想得太好了,完全没有预见任何意外情况;有的认为,常军进入陌生市场陌生行业,一旦创业失败了,一个没有经济基础的年轻人,负债累累,以后的日子怎么过?

常军自己也总结了几条心得:第一,大学生创业一定要脚踏实地。看到大学生创业成功的富豪榜,你可以想象下一个可能是你,但不要想下一个一定是你。第二,选择行业至关重要。如果进入完全陌生的技术性行业,你就可能处处受制于人。第三,资金和团队是关键。资金不充足时,一个紧密团结的团队更显得重要。要从一开始就思考如何培养良好的团队氛围,时刻留心自己该说的话该做的事情。第四,政府是鼓励大学生创业的。一定要留心政府的政策,知道自己所能享有的优惠。在创业时政府是能够助你一臂之力的。

(资料来源:http://edu.people.com.cn/GB/12086344.html)

四、创业风险的防范

每个创业者都应尽力预防创业风险。创业者应对那些发生概率大、后果严重的事件进行重点防范。

(一)现金风险的防范

创业者降低现金风险的策略包括向有经验的专家请教相关措施;经常评估现金状况,理解利润与现金及现金与资产的区别,经常分析它们之间的差额及节约使用现金等。

(二)开业风险的防范

创业者降低开业风险的策略包括在最熟悉的行业办企业,制订符合实际而不是过分乐观的计划;在预测资金流动时对收入的态度要谨慎,对支出则要留有余地,一般要留出所需资金10%的准备金,以应对意外情况,没有足够资金不要勉强上项目,发现问题时要及时调整。

(三)市场风险的防范

创业者降低市场风险的策略包括以市场及消费者的需求为生产的出发点,时刻关注市场变化,善于抓住机会;广泛收集市场情报,并加以分析比较,制订有效的市场营销策略;摸清竞争对手底细,发掘其创业思路与弱点;对各种成本精打细算,杜绝不必要的费用,健全符合自身产品特点的销售渠道;充分了解各主管机关职能及人员构成情况;以良好诚信的售后服务赢得消费者的青睐。

(四)企业员工风险的防范

创业者降低企业员工风险的策略包括建立完善的员工选择标准,综合考虑其技术能力和合作能力两方面的因素;建立合理的信息沟通及汇报制度,以充分掌握员工及企业动态;制订有效的投资力度,从长计议,加强企业内部凝聚力。对于企业员工的管理,创业者应做到寻找最能胜任某项工作的员工,并为其安排相应的岗位,记录并跟踪新雇员情况,熟悉各个职员素质及发展,做到人尽其才,友好地对待和鼓励新员工,使其早日适应新环境,进入工作角色。

了解创业风险,增强风险意识,提高风险识别与管控能力,是本章学习重点。在当前环境下,大多数大学生在创业中过于注重技术以及产品质量的提升,而忽视团队管理及财务风险。掌握创业风险的识别方法,学会制订相应的风险防范措施是大学生创业过程中亟待解决的问题。

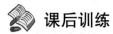 **课后训练**

结合自身创业项目,进行风险分析及制订相应的防范措施,见表 10-1。

表 10-1 创业风险分析

创业风险	风险分析	防范措施
技术风险		
市场风险		
财务风险		
管理风险		

参 考 文 献

[1] 范东亚,谭荣.大学生职业生涯规划与创新创业教育[M].重庆:重庆大学出版社,2019.
[2] 姚圆鑫,王佳.大学生创新创业教育[M].北京:国家行政学院出版社,2016.
[3] 沈世德.TRIZ 法简明教程[M].北京:机械工业出版社,2010.
[4] 周银平.大学生创新创业教育[M].北京:高等教育出版社,2018.
[5] 李忠秋.大学生创新思维(慕课版)[M].北京:人民邮电出版社,2019.
[6] 徐俊祥,徐焕然.创未来——大学生创业基础知识训练教程[M].北京:现代教育出版社,2017.
[7] 赵金来,董明冉.大学生创新创业教育[M].北京:首都师范大学出版社,2017.
[8] 夏鲁青.创业通识[M].北京:教育科学出版社,2017.
[9] 李文胜,卢海萍.创业基础[M].西安:西北工业大学出版社,2018.
[10] 周银平.大学生创新创业教育[M].北京:高等教育出版社,2018.
[11] 李家华.创业基础[M].上海:上海交通大学出版社,2017.
[12] 涂凌.我国企业并购融资研究[D].湖南大学,2005.
[13] 宋洪霞.大学生创业的个案研究[D].华东师范大学,2007.
[14] 陈文基.商业模式研究及其在业务系统设计中的应用[D].北京邮电大学,2012.
[15] 天津科技大学在第四届"挑战杯"中国大学生创业计划竞赛上获银奖[J].中国轻工教育,2004(4):80.
[16] 汪良军.创业机会的来源分析[J].企业活力,2006(11):36-37.
[17] 纪慧生,陆强,王红卫.商业模式设计方法、过程与分析工具[J].中央财经大学学报,2010(7):87-92.
[18] 栗学思.商业模式设计五步法[J].经理人内参,2010(7):43-44.
[19] 贺尊.创业计划书的撰写价值及基本准则[J].创新与创业教育,2012,3(5):77-79.
[20] 钱峰国.基于生命周期的多次股权融资案例分析[J].时代金融,2013(29):60-61.
[21] 滕远杰.创业机会的识别与评估探析[J].中国高新技术企业,2014(11):160-161.
[22] 谭德新,王艳丽,唐玲,等.浅谈大学生创新创业计划的重要性[J].教育教学论坛,2014(39):47-48.
[23] 肖涌,易晓春.谈大学生创业企业类型选择[J].武汉船舶职业技术学院学报,2015,14(3):65-67.
[24] 邱滨泽.浅析创业之初商事主体类型之选择——以普通合伙企业为例[J].商场现代化,2015(11):288.
[25] 张承龙,夏清华.网络嵌入影响科技型小微企业商业模式选择研究[J].中国科技论坛,2015(2):91-96.
[26] 柳第,王珊.浅谈大学生创业企业类型选择[J].中国市场,2016(22):241-242.
[27] 张海燕.影响大学生创业成功的因素分析[J].中国市场,2016(14):171-172.
[28] 栗学思.商业模式制胜的五个法则[J].企业管理,2017(6):88-91.
[29] 张娟.创业期商贸物流类企业财务战略优化策略探析[J].商业经济研究,2017(19):127-129.
[30] 吴小云.大学生创业计划书中财务模块撰写要点与原则探析[J].经济研究导刊,2018(27):113-115.
[31] 王垒,刘新民,吴士健,等.创业企业 IPO 后所有权类型集中度、董事会主导功能与多元化战略选择[J].南开管理评论,2018,21(3):103-115.
[32] 朱钧陶,林钻辉,熊佳丽.大学生全程化创业教育成功案例研究[J].科技资讯,2018,16(11):195-196.
[33] 叶梦蝶,郑刚强.基于设计思维的商业模式构建策略研究[J].设计,2018(11):86-88.
[34] 吴潇.初创企业融资问题的探讨[J].财会学习,2019(35):215,220.

[35] 曹望.对职业院校大学生创新创业训练计划项目的研究与思考[J].南京广播电视大学学报,2019(3):26-29.

[36] 余纯琦,吴雨桐.不同生命周期阶段企业融资战略分析[J].财会通讯,2019(14):20-24.

[37] 姜颖.基于企业战略转型的资本运作与投融资能力提升研究[J].企业改革与管理,2019(15):121-122.

[38] 覃尚觉.基于"双创大赛"的高职《创新创业》课程教学改革[J].经济师,2020(03):207,209.

[39] 王玲.创业计划书的财务规划撰写探讨[J].商业会计,2020(8):109-111.

附 录

创新创业典范案例

【案例一】

缘汇软件　谱写未来

"做人、做事、做企业都需要有规划有步骤,只要有想法、不断尝试,做到不忘初心砥砺前行,所有梦想终会实现。"于源会创业感悟。

开创事业,实现自我价值。1991年出生于黑龙江省的于源会,2012年9月来到保定,就读于河北大学工商学院软件工程专业。经过4年边学习边艰辛创业,在其他毕业生就业考研的彷徨时刻,于源会成立的缘汇软件开发有限公司已经成为保定软件开发领域屈指可数的公司,在北上广深都有客户。于源会勤学奋进,不忘初心,逐渐将公司做大做强,成为大学生创业典范。他,正稳步实现自己最初的梦想。

进入学生软件组织　苦练编程实践调研

2012年,微信还没被大家熟知。在刚上大学的迷茫期,于源会误打误撞进入学校的大学生软件创业中心,日夜苦学编程知识。

2013年,微信公众平台刚问世。于源会因为技术高超,开始凭技术赚钱,帮助客户设计出能跟当时风行的外卖APP相媲美的番茄厨房平台。

2014年,于源会上大二,带领学长们到企业实习。他的技术优势得到发挥,多次跟随企业负责人到IBM北京总部学习调研,接触到国内顶尖技术人员,积累管理经验,学习经商方法。于源会凭借过硬的技术一边完成学业,一边开始就业实践,开拓了眼界,积累了资源,为创业打下坚实基础。

成立公司遇挫赔本　一人公司免费制作

2015年,互联网爆发期,微信风靡全球,直播行业刚刚出现。于源会当选大学生软件创业中心主席,带领着近300人的技术团队一起学习一起研发。面对大三准备考研还是预备择业的人生时刻,于源会对自己综合分析之后,开启创业之路。当年5月12日,缘汇软件开发有限公司正式诞生。

"那一年欢喜中带着悲伤。之前在平台中成长无畏风雨,独自闯荡时才悟到举步维艰。"于源会感慨,"9月份就把我用两年赚的近10万元都打了水漂,一起奋斗的兄弟相继去大城市实习。我失败了。"

经过三天的思考,于源会决定重新起航。

"所有客户都以免费形式洽谈,我一个人日夜奋战。"那一年是学校食堂的免费粥救了于源会,没钱吃饭、没钱看病、没钱交电费,没钱的于源会没向生活低头,"很快几个项目制作完成,客户们出于肯定和同情纷纷给了赏钱,失败时没流泪的我哭了,哭得一塌糊涂。"

订单激增续写明天　创新贡献谱写未来

2016年,互联网进入深度发展期,共享经济带动的滴滴、摩拜等相继问世。那一年,缘汇科技收到四面八方的业务订单,于源会沉稳中带着倔强,坚定地开始续写明天。为将公司做大做强,他潜心学习商业战略、企业管理、金融法律等知识。当年6月21日,于源会作为优秀毕业生离开大学校园,投资涉足能源领域。

现在,于源会深入钻研互联网、能源、环境等多领域,为各行业多家企业做好技术支持。未来,于源会梦想成为一名优秀的企业家。他豪情满怀:"努力才能成就梦想,树立目标、做好规划、坚持干下去,美好的明天一定会到来。"

(资料来源:https://m.sohu.com/a/243527820_198381)

【案例二】

大学生创中药奶茶　开橘井奶茶店

奶茶遇到中药,会发生什么变化。在山西省中医学院,一位22岁的女大学生张林芳,学以致用,让二者相遇,呈现了一杯杯味道可口而又健康养生的中药奶茶,并带领着同学们创业,在校园开了一家橘井奶茶店。

自创中药奶茶

张林芳的橘井奶茶店开业了,正在上大三、中西医结合临床专业的张林芳穿着工作服,在操作间制作着奶茶。来这打工的十多位学生忙碌其间,为客人准备着甜点等。

清馨奶茶,有清热泻火,清心润肺功效;畅动奶茶,促进肠胃蠕动,有溶肠功效;瑰蜜如闺蜜,用玫瑰花和蜂蜜调制,适合爱美女士品尝,可以美容养颜。

据张林芳介绍,奶茶吸收了药方和中医药诊断专业知识,按照方剂比例调制而成,尽可能达到口感和食物调理共存。清馨奶茶运用荷叶、薄荷等四味有清热、解毒、泻火功效的中草药,并且得到了医学界专家的认可。一次,学校来了天津中医药大学、北京中医药大学的专家,学校把她的中药奶茶进行产品展示,获得了参观专家的高度评价。

中医融入生活

团队最早只有3个人,后来进行校园招贤纳士,不少大学生们也报名加入进来,现在已经发展到30名。学生们在不影响上课的情况下,利用课余时间,锻炼自己。大一学生王丹,除了做奶茶,由于曾在比萨店打工,现在她也在橘井做比萨。同学们互相学习对方所长,现在10多名学生跟着她学会了做比萨。王丹说:"以前没课的时候,不知道做什么。现在挺开心,丰富大学生活的同时,也让自己重新认识到,古老中医可以和生活完美融合。"

张林芳的中药奶茶获得首届晋商杯优秀奖,获得了一万元奖金,并获得家人亲戚的支持。现在学校也给她莫大的帮助,店铺免费,让张林芳压力减轻了许多。

橘井奶茶,正如店名。"橘井泉香"一词与"杏林春暖""悬壶济世"一样,在中医药学界脍炙人口,她希望用此名传递中医药学子情怀,同时,在品尝可口的奶茶时,达到食物调理的目的。

(资料来源:冯永伟.山西青年报[N],2015-11-04)

【案例三】

节能环保洗车新概念

闫云翔是信阳职业技术学院汽车与机电工程学院的学生,由于对汽车的热爱,他选择了学习汽车维修专业,在节假日期间,闫云翔也经常会去4S店、汽车美容店进行实习,为自己增加一些实践知识。

在假期实习期间,闫云翔发现洗车是一个利润较高的行业,无须太多技术含量,只需招收几个员工,无须专业培训就可以上岗工作,使用洗车工具对车辆进行清洗即可。可是传统的洗车方式,用水量、用电量都很大,不符合国家对节约资源和能源的主张。并且在对车进行清洗时,还要用到清洗剂,通过水将清洗剂冲洗排出后,对环境也造成了一定的影响。最终,他总结出目前传统洗车的弊端是能耗大、水资源浪费多、环境影响较大。

为此,闫云翔实习回来后,对洗车行业做了详细的了解和调查,每年冲洗车辆耗费的淡水数量甚是惊人,有人曾做过试验,用高压水枪冲洗一辆车要用掉30升自来水,若一辆车每年冲洗20次,一年就要消耗600升自来水。目前,针对此项目,在国外已经有无水洗车的技术,用水量是传统水洗车的百分之一,基本上无污水排放,用电量则是传统水洗车的五百分之一,大大节约了能源。这一点既符合当前中国的国情,即高科技环保化,也非常切合当前的市场需要,整体洗车时间只需15分钟,大大节约了车主等待时间。

一个创业的想法在闫云翔的脑海生根发芽,说干就干,闫云翔召集了同班的几个同学,成立了信阳洗之郎汽车服务有限公司。创业之初,一切都很困难,客户的寻找是最难的,为了能够把无水洗车的项目尽快推广出去,他们在学校免费为老师们的车辆进行擦洗,并在市区各个路口散发广告,让车主们免费体验。由于无水洗车有节水节能的优势,很快他们就拥有了一大批忠实客户。

开始的时候,他们是用别人的清洁剂进行洗车,发现还有很多不足之处,擦洗后的车辆达不到理想的效果。他们又联合化学部的老师,重新研发制作出新的清洗剂,大大提高了擦洗效果,并且新的清洁剂已经申报了国家发明专利。

随着无水洗车项目的发展,他们已经发展了十多位在校学生共同参与进来,一起赚取人生的第一桶金。多家媒体对于他们的创业行为,也做了详细的报道,在当地有了广泛的影响。闫云翔相信他们的无水洗车创业项目,将会越走越远,越来越好。

【案例四】

心怀梦想 谈笑风生——"90后"大学生聂鑫创业记

"从事自己喜欢的工作,是未来岁月中最充实的事儿。对我而言,稳定的工作不及'谈校风生'。"在各驻保高校中,一提起聂鑫和"谈校风生",很多学生都不陌生。聂鑫毕业于河北大学质量技术监督学院,毕业后毅然留在保定,坚持创业梦想。"谈校风生"由项目到注册公司,由校园网到开发APP,现在得到百万级天使投资,聂鑫一路怀揣独特创新思维,将"谈校风生"引向美好明天。

昔日兼职经历　奠定创业基础

刚上大学时的聂鑫,未来的一切都是未知数,一位学长的出现让他看到指路明灯。这位学长是一名经验丰富的团购网兼职者,从大二开始,聂鑫追随学长加入团购网阵营,开始第一份兼职。

那时，聂鑫每天早上8点就开始"扫街"，跟着师兄沿街一个门脸一个门脸地跑商家，洽谈团购业务。每天为团购奔波，练就了聂鑫相当了得的沟通能力，熟络了不少商家。他白天谈业务，晚上录合同，经常夜里12点以后才收工，甚至有时一天只能睡四五个小时。虽然辛苦，却乐在其中。

一年后，聂鑫离开团购网，开始第二份兼职——白酒代理。他觉得保定高校云集，于是将目标客户锁定为驻保高校大学生群体。他在每所高校招聘校园代理，组成不同高校的8个大学生团队。这个团队正是聂鑫后来的创业团队。然而不久聂鑫发现，大学生对白酒需求不热，业务推广并不理想。

白酒卖得不好，但时常有商家托聂鑫帮忙找大学生做兼职。他说："一开始，我不太在意，后来找我的商家越来越多，我才意识到自己手中的市场。几番商议下，团队萌生做大学生兼职平台的想法。"

逆境艰难前行　　学习借鉴创新

2013年，聂鑫即将大学毕业，他思来想去，拒绝了家里安排的稳定工作和北京公司月薪上万的诚聘，决定将创业之路坚持到底。"我清楚地认识到自己想要什么样的生活，到60岁我可能也不会向往那种朝九晚五的日子。"聂鑫目光中充满坚定。

在智能手机、APP等还不普及的当时，聂鑫和他的团队就用最简单的QQ群作为"谈校风生"推广平台。各高校众多学生加入进来，他曾经的许多客户商家也纷纷入驻。2014年，保定谈笑风生网络科技有限公司正式注册，谈校风生校园网上线。

创业之初总是困难重重。聂鑫他们几个只懂市场的年轻人，对于"谈校风生"这种具有公益色彩的业务实体，缺乏经营意识。虽然受众越来越多，兼职信息发布业务风生水起，他们却仅以极少的赞助和广告收入维持着运营。让聂鑫至今难忘的是，最困难的时候，团队成员连吃饭的钱都凑不出，他要硬着头皮去向别人借钱买饭。公司成立3个月后，团队成员接二连三地离开。到2015年年初，最初的创业团队只剩了聂鑫一人。看着团队分崩离析，他十分痛心，但他要继续坚守自己的创业信念，寻求方法，渡过难关。

"我知道自己对于公司管理和运营缺乏知识和经验，于是我开始找各种机会学习。一次偶然的机会，我加入保定市电子商务协会，认识了很多企业界前辈，寻找一切机会向他们学习经验。"聂鑫感慨地说。许多企业家被聂鑫的热情和执着所打动，纷纷为"谈校风生"出谋划策。聂鑫逐渐厘清思路，对于公司发展，他做出了两个重大决策：一是要明确并创新公司经营和盈利模式；二是要与时俱进，开发网站及APP平台。

"谈校风生"依然坚持免费提供兼职信息，在平台上拓展经营性业务，通过商品销售和服务获得收益，创新了行业经营模式。"网络公司一定要有自己的运营平台，不依赖其他平台，这样才会有归属感。我拿出所有积蓄，开发了'谈校风生'APP。我们在同行中逐渐脱颖而出，公司业务范围逐步扩展。"聂鑫很自豪。

巧借外力支持　　终得拨云见日

对于初创公司，资金短缺仍然是最大的问题。聂鑫借鉴其他大学生创业成功的经验，决定争取"天使投资"。他通过各种途径向保定本地投资者介绍自己的项目，但屡屡失败。"我很茫然，为什么能盈利、有发展前景，却没人投资呢？"聂鑫回忆说，"后来我找到症结所在，融资是资源对接,是一种合作,需要以共赢为纽带。作为创业者,我一直站在自己的角度,没有换位思考,真正想想投资人的需求。"他终于用"共赢"理念撼动了第一位投资人,获得了10万元投资。这笔投资,帮助聂鑫渡过了创业初期最艰难的关口。

有了资金支持,聂鑫开展业务、拓宽市场、争取更多融资机会,2016年获得天津科创基金百万级的天使投资。"谈校风生"终于拨云见日。

对于未来,聂鑫还有更多想法:"尽快占领整个河北市场,3年之内将目标用户量做到200万。"

"作为'90后'创业者,我不怕失败,渴求改变,敢于创新,这一切都基于对国家美好发展的信心。这是最好的时代,我要在时代的前列争做'弄潮儿'。"聂鑫心怀梦想,谈笑风生。

(资料来源:李卡.保定日报[N],2018-07-19)

【案例五】

农村天地大有可为

"我的梦想是建立特色农产品品牌体系和现代农业生产供应体系,利用先进的科学技术,推广优良品种,开创新型模式带领周边农民增产增收,实现基地直供社区的生鲜通道,提供新鲜安全的优质食材,带动更多大学生和有识青年返乡创业,助力乡村振兴。"张思踌躇满志。

张思2015年从保定职业技术学院计算机信息工程系毕业,先后在保定、北京的互联网公司工作。2017年,他跟随杭州网络公司团队做农村电商工作,有所触动。2018年开始自己创业,在清苑区流转近千亩土地种植鲜食玉米,排除万难获得丰收,还利用网络销售,探索社群营销模式。他带领团队全力奋进,走在大学生创业道路上……

农村电商点亮心火

张思从小就有田园情结热爱农事,父母在保定郊区一直种植蔬菜,对他的影响潜移默化。张思大学毕业本来在互联网企业工作,有不错的收入,2017年一个偶然的机会接触到农村电商,又唤醒了他的田园情结。

张思跟随杭州上山下乡网络科技有限公司莫问剑团队做农村电商,参与了阜平县"阜礼"公共品牌互联网整合营销项目和山西省新农人好网货大赛组织工作。他深入到贫困县工作,体会到做农业的艰辛,更深知农民的辛苦和不容易。经过全方位的接触,他发现农村电子商务工作可以探索寻找农产品新出路,打造地域公共品牌,扶持新农人。农产品品控及供应链工作更让他体会到互联网可以跟农业很好地结合。经过审慎思考,张思始终放不下心底的田园情结,决定创业。

不辞辛劳保质保量

开始创业时张思家人很不理解:"学计算机互联网好好的怎么又跟庄稼地干上了?"他给父母解释农村电商,描绘农产品网络销售远景,终于得到亲友的理解。

张思曾经在网上看到一种牛奶玉米卖到十几元一根,经过调研发现鲜食玉米有很大市场空间。他本来想找个种植大户合作,由于缺乏信任和固有思维模式影响没有达成。为保证产品品质,张思决定自己流转土地种植鲜食玉米。他和几位校友商讨,得到了投资支持,而且为了实现效益,打算通过一定规模错开播种时间,实现错季上市确保理想价格。这样一来他的压力非常大,从播下第一粒种子到收获,一直盯在田间地头,同时注意提前联系大宗销路和网络销售。

"做农产品生鲜难度非常大,可是现在人们非常需要安全又新鲜好吃的农产品。"张思选择的品种成熟度有保障,通过冷链实现远途运输也有跨地域价格优势。虽然张思不是学农的,但在专家指导下他严格控制生产技术,顶着烈日一垄垄数苗、间苗,每亩地只留2 500株;玉米灌浆时没雨,他钻到一人高的玉米地里浇水;玉米长得好,出了二玉米,他雇人一个个掰掉,为主玉米留养分……张思的投入没白费,金秋玉米丰收销售火爆。

项目成功阔步向前

第一年大规模种植就获得了丰收,唯有张思自己能深刻体会到其中的乐趣。专家分析明年强筋麦价格会好于往年,所以他和团队决定了下一季的种植计划,刚刚收完玉米又播下了强筋麦。

今年农产品大宗销路和价格都不错,张思希望明年在本地市场通过互联网社群和基地直供社区能实现农产品销售更大突破。他自信地说:"团队的目标是为保定生鲜供应贡献自己的力量,为下一步服务雄安新区优质生鲜供应做好准备。"

(资料来源:http://www.bd.gov.cn/content-173-152029.html)

【案例六】

女研究生毕业摆摊卖烤脑花

洛阳一家美食机构举办洛阳最好吃的美食的评选,经过众多吃货投票,霸道烤脑花成为洛阳"最好吃的50家美食"之一。店老板焦昱纬自己也没想到,读了研究生,会从事这一行业,原计划准备毕业后从事广告工作的她,现在打算将烤脑花一直做下去。如今,每天晚上8点到11点,她都会和男朋友赵思一起在洛阳市涧西区牡丹广场南街酒吧外的一个5平方米的小摊卖烤脑花。

2008年,焦昱纬考入重庆工商大学,2012年大学毕业,她考上本校的研究生。7年的重庆生活,让她习惯了麻辣味道。烤脑花是她的最爱,她称,每隔两三天都要吃一次烤脑花。

2014年5月末,学校课程结束,焦昱纬回到洛阳找工作,不过并不顺利。焦昱纬说,那时候找不到工作心里烦躁,就想吃一口烤脑花来消愁,但是她走遍洛阳却没有发现一家烤脑花店。

她告诉重庆晚报记者,在洛阳找脑花店的过程可以称得上是由怒到喜,"开始在洛阳找了半个小时没发现一家,觉得很不爽,可是当把洛阳快找遍还没发现一家时,我心情就变得高兴了——这是一个很好的商机。"于是,她有了在洛阳开烤脑花店的想法。

半个月后,她又回到重庆,准备找一家烧烤店的老板拜师学艺,不过却吃到了闭门羹。"烧烤店老板告诉我烤脑花的技术属于商业机密,不外传。"

拜师不成,只有靠自己去摸索。于是焦昱纬每天都要去点一份烤脑花,偷偷观察烤脑花的流程。"脑花烤之前包在锡箔纸里,看不到里面,我就借口看脑花是否新鲜,打开看里面有什么配料。"观察了半个月后,焦昱纬回到了洛阳开始做烤脑花,不过烤出来的脑花味道总有一股腥味。"开始以为是脑花不新鲜,后来换了几次还是有腥味,最后问了一位厨师才知道,原来脑花在烤之前要将上面的血丝剔除,否则就会有腥味。"解决了这一难题,烤脑花的味道开始变得正宗起来,于是摆摊卖烤脑花被纳入日程。

焦昱纬称,她的摆摊启动资金,只有研二时做兼职挣的6 000元钱,她将目光放在了洛阳市涧西区牡丹广场旁的酒吧一条街,因为那里晚上有很多年轻人去消费,而且年轻人爱尝鲜,能够接受麻辣味道的烤脑花。

为了节省资金,焦昱纬不停地找可以让她免费摆摊的酒吧。焦昱纬回忆说:"我告诉他们如果让我在酒吧外摆摊,我的烤脑花一定可以为酒吧带来一些客流量。"最终,她找到了一家酒吧。"现在,我平时每天能卖50份脑花,节假日会卖60份,一份烤脑花卖15元,一天的营业额在800元左右。"焦昱纬介绍。

重庆工商大学文新学院院长蔡敏表示,虽然焦昱纬没有选择本专业的工作,但是她的烤脑花店实际上是把理论与实践相结合。另外现在就业形势严峻,许多的大学生甚至研究生、博士生选择摊煎饼、煮米粉、卖肉夹馍等小吃创业,这种现象值得我们理解和支持。

话虽如此,但看到一起将要研究生毕业的其他同学,找到体面的工作,而自己却在摆摊挣钱,心里会不会有落差?"说不失落是假的,有时候也曾羡慕找到好工作的同学,毕竟读了十几年书,一份好工作才是最好的回报。"焦昱纬说,一开始她都不好意思给亲戚说在烤脑花,怕亲戚嫌她没本事。

"摆摊卖烤脑花虽然看似与读书多少无关,但是书多读一些还是有好处。"她称,广告营销知识和经营息息相关,毕业后她将联系一些电商,在洛阳团购销售烤脑花。

(资料来源:秦泽辉.重庆晚报[N],2015-05-11)

【案例七】

大学生用心经营奶茶店月挣万元

突遭变故　高中曾辍学打工

在18岁前,覃礼俊家庭和睦,父亲是一名成功的商人,做着家电销售生意,母亲贤惠温柔,勤俭持家,哥哥已经成家在外,那时的覃礼俊过着无忧无虑的生活。

直到高三那年,毫无预警的打击使他几乎崩溃:父亲投资失败、出轨,接踵而来的是父母离婚。这让性格倔强的覃礼俊内心无比挣扎,生性叛逆的他选择辍学打工,决心以这种方式反抗现实。

然而,打工并不是一件容易的事,在将近一年的辍学生活中,覃礼俊先后干过不同的活儿:在饭店做过洗碗工,在商场发过宣传单,时间最长的工作则是在当地做热水器销售。

也许是从小受家庭环境的熏陶,覃礼俊特别善于发现商机。

他从小就喜欢打游戏,在很多游戏产品中有着不错的等级经验,辍学后的他一边打工一边靠游戏充值和变卖游戏账号的方式赚钱,居然每个月都拿到两万余元,对于当时不足20岁的覃礼俊来说,这已经是一笔不少的财富了。

后来,通过补习,覃礼俊也顺利考上了大学,本以为生活可以风调雨顺了,然而挫折却又一次来临。

从零做起　辗转创业遇名校贷

刚上大学,跟覃礼俊家合伙做生意的亲戚卷款逃跑,让覃家连带背负百万债务,父亲将房子抵押还款,母亲因房贷陷入官司危机……

一连串的打击再次让家庭陷入绝境,"自己父母背负着这样的债务,我也很苦恼,希望做点什么,至少自己要自食其力,不再给家人带来负担。"覃礼俊心想。

"但那个时候游戏充值业务早已不如先前,所以自己也不知道要做什么,就帮着朋友创业,搞一个网站。"正是在帮助朋友的过程中,他萌生了创业的想法,而遇上名校贷,更加坚定了他自主创业的信心。

"我是在网站上浏览看到名校贷的,当时搜索大学生借款,搜索引擎直接推荐了名校贷,看了介绍后,觉得虽然暂时没有本钱,但可以借钱开始自己创业。"覃礼俊说,名校贷的分期还款功能,让他还款压力少了不少。

他想到,自己特别喜欢喝饮料,尤其是对当地一家叫作"地下铁"的奶茶店情有独钟,于是,加盟奶茶连锁店的创业点子就出来了。

"这是个南方的奶茶牌子,在天津知名度不高,但只要是我们学校来自南方的学生都喜欢喝。"于是,他决定以学校学生为客户,在学校周围开一家自己的奶茶铺。

用心经营　奶茶店月入过万元

除了名校贷的借款外,覃礼俊靠同学的支持,很快凑齐了 8 万元加盟费。

这是一家广西的餐饮公司,申请分店的店主交完加盟费、在广西总部培训后即可开店,店铺的装潢、材料、制作秘方等都由总部提供,店主只需要在本地推广经营。这种连锁加盟的方式为覃礼俊省了不少精力,他只需要在提高店铺知名度上努力即可。

2015 年 10 月 29 日,他的奶茶店正式开业了,每天营业 13 小时,店员需要上早、中、晚三个班,而覃礼俊并不放心,自己坚持三个班全勤,每天睁眼便想着自己的店铺,晚上回到宿舍已经是半夜了。

在店铺推广方面,覃礼俊并不止于发传单等传统方式,他继承了父亲的商业头脑,一方面,和"饿了么"等外卖平台合作,获得满减补贴资格,让顾客喝到便宜的奶茶,另一方面,积极在校园扩大合作,与社团活动结合拓展生意。通过这些推广,到 2016 年 1 月,覃礼俊的奶茶店营业额已经达到周围店铺前三名了,"我们学校周围共有 13 家奶茶店,我原预想 4 个月达到前三,没想到提前实现了。"

此外,覃礼俊还盘算着自己的新想法,"奶茶店需要有中长期规划,我计划在一年内扩大自己的店面,扩大店铺影响力,继续把借的钱还完,争取这学期内让营业额达到每天 2 000 元,之后再考虑开设分店。"

目前,覃礼俊的奶茶店开得有声有色,每月净利润 1.7 万余元,过年时为母亲买了一台最新款手机,"母亲很高兴,我终于不再是那个叛逆的小子了。"

(资料来源:http://www.sszoe.cn/jm/news/8077.html)

【案例八】

大男生摆地摊卖书起步　开书店赚 200 万元

仅靠摆地摊攒下近 10 万元

高考完那个暑假,施超开始整理家中的书。"要有舍才有得,所以打算把家里面的一部分书卖掉,于是我去家附近的广场上摆地摊。两三百本旧书不到一个星期就卖完了,我看销售量还不错,就去图书市场又淘了三四百本书,新的旧的都有,都是我认为的好书。那个暑假我大约每天能赚 70 元,花自己挣的钱特别开心。"施超讲述起了自己第一桶金的由来。

2011 年来到成都上大学后,施超也没放弃自己的图书销售。施超说:"刚刚进大学时,还有很多地方需要适应,所以大一只是趁周末时在学校里摆摊儿卖点书,规模很小,我自己一个人干,慢慢地攒了一些钱。"

不知不觉，施超靠摆摊儿，在大二时已经攒下了近10万元，于是开一家书店的计划浮现在施超的脑海里。他回忆起办超然书斋的经历："学校考虑到是学生创业，所以就免了房租，给我提供了80多平方米的场地。书店开起来后，人气还挺旺。有个外语学院的同学经常来书店看书，渐渐地我们也成了朋友，经常一起分享读到的好书。后来他也告诉我为什么喜欢我的书店，一是书店里的书都算是精品，随便抽一本都读得下去；二是书店提供免费的茶水、无线网络等，阅读的环境很好。"

靠销售图书赚了200万元

施超介绍，实体书店并不赚钱。为了维持书店的运营，施超开始去成都的高中销售课外读物。"我当时是跟出版社合作，拿着我选出来的书单，找高中学校的老师谈，然后再让同学们从书单中选出书，我再反馈给出版社，然后备货、送货。这样子没有中间商一层层赚，我拿到的货源比一些大型连锁书店都便宜，所以最后书送到同学们手上时，价格也要比定价低。而且为了让学校老师、同学解除后顾之忧，我都是先向出版社垫付货款，同学们拿到书了，再把钱付给我。"施超讲述道。

后来，施超感到自己一个人单打独斗忙不过来，于是开始"招兵买马"。"我当时找了10个人跟我一起做高中学校的图书销售，10个人中六七个是我中学的同学，他们高考后去了不同的省份，这样我的业务就扩展到了上海、江西、湖北等地方，那些同学也获得了勤工俭学的机会。"施超表示很庆幸能找到这么一群用心做事的伙伴。

销售图书已经给施超带来了200万元的经济收益，为了方便跑业务，施超在大三时便买了自己的第一辆车。"从上大学以来，我就没花过家里一分钱了，每年还会给爸妈寄两三万元，这都是自己挣的。"施超认为能够自食其力是值得自豪的。

读千本书为创业打下基础

生于1991年的施超是一名江苏小伙，在苏北小城宿迁长大。虽然父母收入一般，文化也不高，但是给施超买书却从未吝啬。"爸妈都很朴实，从不给我讲什么大道理，只是培养了我读书的爱好，从书里学知识、学道理。我从小学认字开始到高中毕业那段时间读了超过1 000本书，中外名著、人文百科、各类杂志我都读。"施超说。

施超认为，那1 000本书，不仅让自己拓宽了知识面，丰富的阅读对于他的创业也大有裨益。施超说："因为阅读广泛，我从小文科成绩都很好，特别是语文，一般都是考年级前三，写的作文也经常被老师打印出来，当成范文发给同学们看。因为阅读让自己收获了很多，所以我就想把阅读推广出去，让更多的学生放下手机，拿起书本。"于是，施超将自己的创业项目初步选定在了图书销售上。

"因为读了比较多的书，所以我对自己要销售的图书，选择起来比较得心应手，懂得如何判断一本书是不是好书，也清楚什么书适合什么样的读者。"施超认为自己的阅读习惯也为创业中的销售助力不少。

腰包鼓起来后，施超开始思考要怎么回馈社会。他说："比如我们书斋每年会拿出一部分收益资助学校的一个创业者联盟，帮助有想法的同学启动计划。另外每年学校的大学生们去山区支教时，我都会托他们给那些山区的学生带去课外书，每年都会捐出2 000本。"

（资料来源：http://www.yxrd.org/toutiao/45774.html）

【案例九】

"玩"出来的千万营业额网店

5 000元启动金,玩票开出淘宝店

一年前,丁奔带着玩票心态开出第一家卖棉拖的淘宝C店。而到今年9月,他已经运营管理着三家天猫店。在不到三个半月的时间里,三家店的营业总额已经近千万元。

今年22岁的丁奔,是浙江工业大学之江学院商学院工商管理专业学生,台州椒江人。用他的话说,开淘宝店也是误打误撞。

开淘宝店,是因为大学好哥们的父母是做棉拖批发生意,可以作为货源提供。虽然淘宝上卖棉拖的淘宝店已经泛滥,但丁奔一算,合租学校里的小仓库、淘宝押金加部分货款差不多5 000元的成本就够了。"投入不多,可以试试看。"

第一次他拉回了一批12个款式的700双棉拖。"先拉同学朋友成本价买,两三天后,慢慢有客户来问价,我干脆就亏本卖,赚人气。"

棉拖利润低,生意好的时候,一天也就挣三四百元,差的时候就几十块。丁奔把这个阶段形容为一个人的小打小闹。

但在这期间,他也意识到:小规模的棉拖淘宝店在激烈的竞争中是难以生存下来的,必须依附大的平台。他开始花大量时间钻研网店的运营。

成功的秘诀:态度诚恳+有想法

转机发生在今年9月。"原先从批发商处进货,要比出厂价贵两三块,没有价格竞争力。"回到老家创业的丁奔,想办法找到了同在台州的拖鞋生产厂家,没想到,厂家也正想找人合作运营电商平台。

"我向厂长提出,运营成本我承担,利润均分的合作方案。这相比其他运营团队提出几十万运营费,再利润抽成的办法,要更有竞争力。"丁奔说,在多次争取后,合作谈成了。

好运在半个月后再次降临。"偶然的机会,我得知还有其他天猫店店主也在这家厂进货,就辗转联系上了对方。"没想到,两人第一次见面就非常投机,聊了十几个小时。这位有2家天猫店,去年销售额达100多万元的店主,当即和丁奔提出合作意向。

"其实当时我很矛盾。一方面,怕耽误学业,也怕同时经营3个店,步子太大,风险太大。另一方面,合作对方的天猫店规模大,当时开给我的条件不算好,但我很看重这个学习机会。"但3个月后的今天,丁奔很庆幸自己最终选择了合作。他用坐时光机来比喻合作的好处,这两家天猫店在我运营的3个月里,销售额达到了近700万元。运营过这类规模的天猫店后,他在运营自己那家销售额200多万元的天猫店时,能更好地把握和预判了。"例如我现在会花两三万元一天的推广费来为自己的天猫店做推广,压力很大。如果没有运营过另外两家天猫店,我估计没有这个心理承受力。"

平衡学业和创业,仍是创业大学生的难解题。

去年8月,早报曾报道过杭州电子科技大学研三男生宁沛然创业淘宝,10个月天猫店销售额近2 000万元的创业故事。宁沛然当时面临着,创业后学业跟不上,毕业有点悬的问题。

而难以平衡学业和创业的问题,同样也困扰着丁奔。因为忙着淘宝创业,他有8门课需要补考。"我也考虑过要不要休学,但现在还是想争取顺利毕业。"

儿子能否平衡好学业和创业,也成了丁奔爸爸的心头大事。"他创业我不反对,但前提条件是学业不能落下太多。要是把握不好度,那就麻烦了。"

之江学院电子商务研究中心副主任陈睿也是丁奔创业的指导老师。他告诉记者,丁奔这样的创业型同学,此前学校里并不多见。"我们现在在尽各种努力,例如帮他联系重修,以学校认可的竞赛中获奖等方式,来帮助他毕业。而今后,我们也制订某些课程有学分替代制等办法,给创业同学更多的支持。"

(资料来源:陶佳苹.今日早报[N],2015-01-05)

【案例十】

任性"起哥虾"开武汉首家互联网体验小龙虾店

游戏公司的执行总裁、"起哥虾"的创始人兼头号大厨,看似毫不搭界的两种角色,却被"70后"赵起"玩"得游刃有余。

拥有十多年网页游戏公司资历的他,在去年5月玩票推出"起哥虾",在没有实体店、没做任何推广的情况下,3个月销售额就达80万元。

这让赵起决定进军O2O"玩个痛快"。今年,他和互联网圈的朋友开起了武汉首家互联网体验小龙虾店,最大胆的"玩法",当属整个一楼不摆桌子只摆电脑。

比海底捞还奢侈的等位服务

7月初,赵起位于沙湖路美食街上的线下实体店就要开业了。尽管满街都是虾店,但他没有丝毫压力,"我开的并不是传统餐馆,3层楼的店子总共400多平方米,一般店家都是见缝插针摆满餐桌,但我把整个一楼100多平方米的位置全部空出来,放上电脑,安上百兆光纤,引入一些新奇特的产品,让等位的消费者玩玩游戏或者网购。互联网创业最注重用户体验,这么热的天,如果让顾客在店外忍着高温和蚊虫叮咬,百无聊赖地等位,他们还愿意来几次?可如果让顾客觉得等位是件有趣的事情,自然就增强了用户黏性。"

为此,赵起还特意研发了几款和"撮虾子"有关的网络游戏,顾客等位时可以玩游戏,如果得分高还能赢得免费吃虾、得优惠券的机会。

众所周知,海底捞让人惊叹的服务细节中,就包括无微不至的等位服务。而赵起的做法,可谓比海底捞还奢侈。

不过,在黄金商圈,房租是餐饮行业较大的成本。赵起如此任性地"浪费"宝贵的场地,合伙人没意见吗?面对疑问,赵起笑了:"我如果决定做一件事,绝对不会半途而废。不过,前提必须是好玩,而且要按预设的方向玩尽兴,否则不如不玩。我的合伙人们都很了解我,放手让我玩个痛快。"

未做推广3个月卖80万元

的确,和赵起交谈,听得最多的一个词就是"好玩"。生于1977年的他,内心深处却"住"着一个"90后"。他不爱说什么惊心动魄的商战内幕,也不回顾创业路上的辛酸创业故事,只享受一切有挑战性的工作,这样才够"好玩"。

他的书虽然读得不算多,经历却很丰富:当过期货交易手,是国内较早的操盘手;在媒体干过广告和营销策划;其后,一次饭局让他的人生又转了个弯,"当时我和一个做游戏行业的朋友吃饭,他邀请我加盟他的公司,当时我不爱打游戏,也根本不懂游戏。不过,转念一想,到一个陌生的领域去历练,也是件蛮好玩的事情,于是就去了。结果,进公司接到的第一个任务就是学会打游戏……"

赵起就这样踏进网页游戏的圈子,一干就是 10 多年。如今,他已是国内网页游戏门户网站 265G 湖北公司的执行总裁。

虽然拥有一手好厨艺,赵起却从未想过有朝一日会做餐饮这个陌生行当。"我老家是四川的,厨艺还不错。平时,站长们都喜欢到我家'蹭饭',尤其爱吃我做的麻辣小龙虾,他们怂恿我,干脆自己开家虾店得了。"

说干就干。去年 5 月,赵起在沙湖附近租了一栋别墅做起了"起哥虾"。"大家都叫我起哥,而且起哥虾用武汉话讲就是'吃个虾',朗朗上口,好记易传播。"

刚开始,赵起只是小打小闹,在微信朋友圈里"吆喝"送外卖。在没有实体店、没有自建物流、没做任何推广的情况下,"起哥虾"3 个月就卖出了 80 万元。

没有外卖队伍,武汉的市场怎么配送?赵起的做法可谓出人意料,他利用打车软件叫来车辆,让司机直接将小龙虾送到顾客地址,这种做法与多家打车软件今年推出的"一键呼叫小龙虾"的营销相映成趣。

值得一提的是,因为"起哥"在互联网圈里的名气,"起哥虾"还通过顺丰卖到了北上广,"墙内开花墙外香,在外地的销量超过了武汉"。

"好吃"才是餐饮 O2O 本质

对于创业者而言,验证一个项目是否可行,市场反应和风投评判是极具意义的参考标准。去年 7 月,赵起和小伙伴带着"起哥虾"参加在光谷举行的一场创业创新大赛,会后,深圳有一家风险投资机构找到他,想投资 3 000 万元。

面对从天而降的"馅饼",赵起却出人意料地拒绝了:"我没做过餐饮,说实话,'起哥虾'该采取怎样的商业模式,当时连我自己心里都没谱。我不知道,如果拿了那么大一笔钱该怎么花。"

夏天过去,龙虾渐渐少了,赵起又琢磨着做起了螃蟹。"我觉得光做小龙虾有局限性,应该定位于四季厨房。于是在后来的实践中,我根据不同时令摸索出了几道单品,而且结合热点起名。比如,'串串小鲜肉'就是牙签肉,'脆爽的回忆'就是酸辣藕带……互联网经济在某种程度上是眼球经济,必须要吸引消费者的关注,才能吸引到粉丝。"

不过,深谙互联网玩法的赵起也很务实:"互联网+餐饮,还应回归到餐饮的本质,就是一定要好吃。我们的'起哥虾'从虾源到配料,都讲究取于原产地,务求原汁原味。"

7 月初,第一家互联网体验小龙虾开起来后,赵起还将在北京和深圳也各开出一家实体店。"我正在着手筹建中央厨房,解决中餐的标准化问题。未来,希望能开出更多档口店,推出几款外卖的单品,这些店也能当配送点。"

(资料来源:http://www.nbdpx.com/459514551.html)

【案例十一】

我知盘中餐

在第四届全国"互联网+"大学生创新创业大赛上,由厦门大学信息科学与技术学院牵头的项目"我知盘中餐"不负众望,在大赛中脱颖而出,取得了大赛金奖的优异成绩。

前期探索,步履维艰

"项目是去年年底才开始上线运作的,它的发展是一步一步向前走的。"当谈及"我知盘中餐"时,厦门大学信息科学与技术学院在读硕士陈欢的眼里有着名为坚持的东西在闪烁着。他给我们讲了"我知盘中餐"项目的缘起:这个项目是多年前我校信息科学与技术学院张德富教授就想做的,那时只是一个概念,张老师的初心是想要帮助农民。"一开始是老师的一个亲戚有滞销的农产品,想找老师帮忙卖掉,"陈欢告诉我们,"当时老师就很热心想要帮助解决这个问题,就说把这东西运来厦门。师母指出了销路问题,以及更深层次的难以解决的广大农民农产品滞销问题,老师就开始有了建立一个农产品平台的想法,这是我们创业想法以及实践的开始。"

创业并不那么容易,前期的准备工作十分繁重,创业也不是仅凭着个人的热忱和干劲就能成功的,加上创业需要团队,所以项目伊始张德富教授首先带领着实验室团队做这个平台。"我知盘中餐"项目是从搭建网络平台开始的,这也是出于所学专业的考虑。但是这个项目的初心一直是助农扶农,所以"我知盘中餐"团队跟淘宝等电商平台是有区别的。最大的区别在于,"我知盘中餐"不仅仅依托大数据平台,而且具有精准扶贫的博爱关怀。除了做网络平台,它还有更加专注于农业的其他服务。项目覆盖农业的四个方面,分别是种植技术、种植规划、品牌建设,以及销售的整个流程,这也是项目的创新点所在。

"我知盘中餐"团队最初走的是有情怀、有温度的公益路线,但是情怀最终也不得不面临现实的打击。在项目进行到中期的时候,团队发现项目已经难以维持下去,便展开了对这个项目去留问题的讨论。资金的短缺、人才的流失,成了那个时候团队内部无法言说的痛。但是张德富教授觉得,既然都已经进展到中途了,放弃未免过于可惜。于是在各方奔走下,厦门大学以及信息科学与技术学院先后在场地、资金及人才的需求上给予了相当大的帮助,解了团队的燃眉之急。之后团队吸纳了不同学院的优秀人才,逐渐走向壮大。

足迹遍全国,实践出真知

项目的前期硬件条件得到妥善解决后,接下来的重头戏便是——"我知盘中餐"项目的实地精准调研。团队先是在省内的重点贫困县地区开展农产品调研,基于平台的大数据和响应精准扶贫的号召,实践队在实践地开展了市场供需数据的调查,帮助供需双方信息对称起来,以便发展订单式生产。这样的话农民就不会盲目地种植,他们能提前有一些种植种类和数量上的规划。团队已经建立起了自己的农业技术知识库,农民可以很容易在里面找到解决农业技术问题的"秘诀"。

团队需要尽可能地扩大影响力,以期未来可以帮助更多的农民脱贫。按照计划,团队今年要调研全国数十个贫困的地方,但是如果单靠团队本身的力量是很难做到的。鼓舞人心的是,学校知道了这个项目的远期规划后,于2018年暑假为项目配备了40支实践队。这40支实践队走向全国各地,扩大了"我知盘中餐"知名度的同时也带回了实践地的第一手数据,为"我知盘中餐"的后续发展提供了有力的支持。

对于实践地的选取,"我知盘中餐"团队并不会特别关注该地是否为国家重点扶贫地区,只要是有需要他们的地方,他们便会秉承自己的初心,带上自己的技术,为农民朋友们排忧解难!

在科研和实践的过程中,他们也有很多的心得感悟。其中主要的是整个团队开发态度的一个转变,从比较被动的行动转化为主动地去思考。当时没有太多的想法,同学们只是跟着老师或者项目的负责人去做这些事情。实践出真知,后来,团队去了社会实践。在对贫困地区进行过真正地深入了解之后,团队对于农户的需求和实验室的项目有了更深的了解。调研回来之后,团队更加积极主动地去追求项目的完整性和实用性,很多的想法都是主动站在农户的立场上去思考的,不再是之前的那种被动思考模式。"比如说,"陈欢举例道,"要在平台上增加应用模块的时候,就会想到怎样才能让这个平台更加好用,才能让合作社和农民用起来更加方便快捷。"

成绩不易,初心不渝

作为厦门大学代表队,"我知盘中餐"项目在第四届全国"互联网+"大学生创新创业大赛上取得了金奖的优异成绩。当谈到获得大赛金奖的感受时,陈欢也是百感交集:"拿到金奖,感觉非常的荣幸,因为我们这个项目也是真的很不容易。"整个团队从一个实验室项目开始,再到一个公益项目,最后成为一个能够自造血的创业项目,历经的坎坷不足为外人道也。在采访过程中,我们了解到,团队从一开始的热情高涨到中途经受了一些打击,甚至产生过半途而废的念头。最后能够一直坚持下来,一方面是靠他们不变的初心,另一方面就是党和国家的鼓励,以及学校的支持,可以说是这三匹马车拉着他们的项目往前跑。

在团队比赛的过程中也发生了很多感人的小故事。陈欢本人在今年8月份参加完省赛之后,因为身体原因,需要回家做手术。他很担心今年参加国赛的团队建设问题。庆幸的是,另一名队友临危受命,扛起了项目准备国赛的大旗,辛苦了两个月,一直在打磨项目。后来这名队友家中亲人病逝,他却依然坚持准备比赛,直到比赛结束他才回家。而陈欢也是在手术康复后,立马就投入到大赛的准备过程中。这样感人的细节在比赛的过程中还有很多,正是这些无数的感动点滴构建了团队的精气神,增强了团队的凝聚力。

在谈到团队的未来发展方向时,陈欢说,他们参加比赛所展示的项目内容,还有很多是暂时没有完成的。所以,他们会以这些内容为前进的方向,不断地去搭建更多功能、组建更多团队,从而将项目给实际运营起来、落地起来,实现最初的助农理念。

(资料来源: http://news.sina.com.cn/o/2018-10-29/doc-ifxeuwws9080614.shtml)

【案例十二】

休学创业点燃"全息"之梦

彩色蝴蝶欲舞状、蓝色水母伸缩游动、超级马里奥笑眼相视……随着长条状的LED屏幕加速旋转,一个个鲜活的立体图像引得在场观众"哇"声不断。

"全息3D智能炫屏,看似普通的LED亮带上有512个灯珠,每个灯珠都是不同的芯片、不同的程序。"东南大学信息科学与工程学院2010级学生周全,作为该项目负责人,带着观众一同走近这一炫酷神器——当LED亮带在50转/秒的高速旋转下,通过解码软件,即可将图像转化成灯带可播放的视频。

据周全介绍,这种炫屏是利用人类"视觉暂留"而产生完整画面。视觉暂留又被称为"余晖效应",指的是人眼在观察景物时,光信号传入大脑神经,需经一段短暂时间,光作用结束后,视觉形象并不会立即消失,而这种残留的视觉称为"后像",视觉的这一现象则被称为"视觉暂留"。

正是利用这一"视觉暂留"效应,加之算法应用与现代技术手段,手持屏幕便可将2D图像转变为裸眼3D影像,可代替易拉宝,也可用于现有2D的任何屏幕,地铁、机场乃至小店铺,"全息3D智能炫屏"还可广泛用于广告、会展等宣传和展示。

"不仅更为引人注目,就连体积都能做到'打包'带走。"周全以长江音乐节为例,比普通带字的灯牌要轻,且能直接连接充电宝,"全息3D智能炫屏"成为演唱会上粉丝应援行走的"招牌"。

此外,周全还在筹谋让该项产品能更接地气。

一般来讲,在逛街过程中,遇到一些不熟悉的店铺,还是很注意别人是如何评价的,而很多年轻人大多会用大众点评查看评价。

"但像我们这种'直男',就不会特意跑去看大众点评。"自诩"我们这种直男"的周全,琢磨着要将线上的大众点评搬至更加直观的现实生活中。

"如果只是提供给店家一个产品,则会受限于产品保质期问题。但如果能通过设备,和店家的每个顾客建立一个纽带,或是为商家的个性化做出一些改革,那就是产品更深层次的作用了。"周全观察着世界的变化,于变化中寻求创新。

现在用户需求更讲求互动体验,抓住这一点,周全想象着:"路过一家店铺,就可直接在炫屏上看到顾客留言、弹幕、店铺评价等信息,是不是很有画面感?"

为了让这块"可移动的分布式物联网传媒显示设备"还可以更炫酷,项目团队专门开发可直接与显示屏对接的APP,并在APP上为商家提供各式各样最新潮、最热门的内容模板,如傅园慧表情包,或是商家根据他们的素材模板,可自行做出适合自己的宣传画面。

(资料来源:https://www.sohu.com/a/195260049_654808)

【案例十三】

一张"纸"片挑战国际权威

信用卡大小,摸起来软软的、滑滑的,一张其貌不扬的"纸",却引得无数手机巨头竞相下单,让日本同行闻之胆寒。

学名为"吸波导磁片",这张由高分子树脂和特种柔性软磁金属复合物制成的柔软如"纸"的新材料,90%的成分却是金属。

第三届中国"互联网+"大学生创新创业大赛,南京大学"分子精准调控的吸波导磁材料及工业解决方案"项目以670分,荣获总决赛季军。

门禁卡、公交卡和手机放在一起,可能会失效。但在手机和门禁卡、公交卡之间放一张"吸波导磁片",可轻松解决这种尴尬。王鹏介绍,"吸波导磁片"可以为电磁识别信号提供有效通路,防止信号与手机中的锂电池作用而失去识别作用;其还可有效导通磁场,抑制电子器件表面行波、爬行波和导波,吸收镜面电磁波,防止有效射频信号的涡流屏蔽。

应用于非接触式移动支付、门禁管理、票证管理等功能,王鹏团队生产的"吸波导磁片"第三代产品又轻又软,与目前很多带有近距离无线通信技术(NFC)功能的手机更为匹配。

说到更"炫酷"的用处,王鹏拿出一台可无线充电的手机及充电盘开始介绍:"充电线圈经常会受到金属干扰而无法充电,只要加入高磁导率的吸波导磁材料,就可有效地为磁感应线提供一条低阻抗通路,隔绝周边金属物体对能量传输的影响,确保无线充电功能的正常使用。"

当前,在新材料研究方面日本可谓走在世界最前沿,其发明的"铁氧体"材料既笨重,成本也高。"他们的技术指标不如我们的产品。目前,我们已能与国际巨头美国3M公司、日本TTK公司等比拼,价格还有很大优势。"王鹏介绍说。

"有自主建设的材料研发实验室和自主研发团队,能实现材料从研发设计到生产应用的无缝对接。"项目合伙人王悦介绍,目前南京先磁新材料科技有限公司的产品已被熊猫电子、国家电网、苹果无线充电供应链等大客户认可并签订供货合同,拥有了一定订单规模,预计明年每个月都能达到百万元级别的营收。

虽然产品一出生就是国际先进水平,但南京先磁新材料科技有限公司却与王鹏创业团队成员一样,很是年轻。

2016年3月成立,首期投资400万元,团队成员多为南京大学学生。

"我们都对化学和材料有着一种执念。"更是早在高中时期就自学完成了几乎全部化学专业的本科课程;王鹏也放弃了大型跨国公司、世界500强等企业提供的优质工作机会,执着于化学和材料领域的创业。

公司成立之初,一切捉襟见肘。"制作产品材料,尤其要将实验室成功的成果进行生产,无疑是一项挑战。"王鹏依然记着团队自己动手设计机械,并在定制厂商处生产拼装,"机械前期很不稳定,不能连续生产,大家一度很失落。后来换用强度更高的高分子材料,并辅以特殊配方设计,才最终解决了这个问题"。

第一台设备问题得以解决,产能问题不期而至。后来与一家在德国上市的中国企业德诚树脂合作,利用他们的设备进行改造,第2系列、第3系列和第4系列产品相继涌现,并跻身国际先进,甚至行业领先。

为什么对新材料领域如此执着?

"主要还是因为它是一种高科技产品。"这一回答,在别人看来,或许是科技含量和利润率成正比,科技含量越高,利润率就越高。但在王鹏看来,高科技产品研制更富挑战性,意义更重大。

"就像用在手机无线充电产品上的吸波导磁产品,可能1平方米就要1000元。然而,实际上的物料成本却是很低的。"对于王鹏而言,始终希望能用知识制作材料,用知识对工业发展做出贡献。

或许正是这样的信念,王鹏带领团队还开发出更为强大的一款新材料,就像导磁片材让NFC技术进入手机成为可能一样,他们的新材料可以让4G等远场信号同样转变为近场,实现近场通信。而这项技术将来应用于公共交通领域,可能会使公交卡成为历史。

(资料来源:http://edu.people.com.cn/n1/2018/1019/c421899-30352224.html)

【案例十四】

让青春为数字PET事业燃烧

"记得谢老师刚提出数字PET概念时,业内接受度并不高,但他却坚持不懈地在这片无人区耕耘。随后,国际医疗器械巨头也开始看到数字PET的价值和潜力。如2009年,西门子开始提出数字化方法;2010年,飞利浦也跟着提出了它的数字化技术。如今在PET厂商中,满城都是'全数字'。"谈起数字PET,第五届"互联网+"双创大赛十大金奖项目"全球首创的全数字PET系统及产业化项目"成员张博感叹道,"谢老师的奋斗史也让我明白了一个道理,那就是在追求真理的道路上,只要看准了、认定了、坚持不懈地去追求,就一定能守得云开见月明。"

2004年,张博来到华中科技大学就读本科,并在第二年加入了青年学者谢庆国PET研发队伍。从本科到硕士,7年时间里,张博见证了数字PET从原理发明一步步转化成技术至产品的艰辛历程。

硕士毕业后,张博凭着出色的能力被一家公司高薪聘请为技术总监。他说:"那时也想去看看外面的世界,不过干了一段时间后,总觉得缺了点什么。"

导师谢庆国也许了解张博到底缺了什么。

2014年,正在筹备临床PET产业化的谢庆国找到张博,并问他:"你是想干一份一眼可以望到老的工作,还是愿意拥有一个挑战与机遇并存的终身事业?"

思索了几日,张博认识到其缺少的正是"为某种事业奉献一生的归属感",而数字PET就是一份终身事业。于是,张博义无反顾地接受了导师的邀约。

回忆起14年来跟随导师拼搏的点点滴滴,张博感慨万千,他表示:"刚开始没有场地,我们只能在学校角落的一个废弃实验室落脚,40平方米的场地,十来个人挤在一起;组装原型机时,为腾出空间,每张桌子都得来来回回挪动;最困难的时候,因为发不出工资,我还以个人名义找银行贷款。"

虽然很辛苦,但张博坚信努力不会白费,他说:"早一点做出全数字PET,中国人就能早一点用上自己的'健康重器'。"

对于张博来说,14年的青春只是起点,人生的下半段,还将为数字PET造福人类健康不懈奋斗。

(资料来源: https://www.sohu.com/a/347895896_654808)

【案例十五】

小猪豪豪——中国边疆少数民族深度贫困地区脱贫攻坚路上"最靓的崽"

"豪猪肉质鲜美,润肠活血;豪猪刺可入药,有清热消毒,软化血管等功效。"第五届"互联网+"双创大赛十大金奖项目负责人何永群介绍道,我国中医相关典籍和现代研究均记载了它的药效和食疗价值,属于我国有发展潜力的新兴特殊养殖行业。

但养殖之路并非坦途。在解决了首要的资金短缺问题后,何永群还要时常遭遇断水断电、地基塌方、道路不通、销路不畅等问题。为了养"猪"成功,何永群还不惜把刚毕业的弟弟动员回乡和她一起干。

她常四处奔走,解决各种困难。为破解豪猪品质与养殖成本之间的矛盾,她回到学校,与云南大学农学院、云南农业大学等单位合作,研制出特殊配比的豪猪饲料,既保证了豪猪的成长速度,又确保了出栏品质;为破解豪猪产销矛盾,她请来大厨,把目标客户请到豪猪场参观,教会客户制作豪猪菜肴,成功打开了销路;她通过开办培训班,手把手教会乡亲们养殖技术,并利用互联网把豪猪相关产品向"北上广"等一线城市推广,建立24小时冰鲜到货的高效物流链,挖掘出"豪猪文化"资源,发展特色民宿旅游和民族餐饮。

不到半年,何永群就从一名青春洋溢的大学生转变成一位辛勤劳作的养殖农民。

"目前,我们已探索出政府补贴猪苗、农户标准喂养、猪场回购加工、互联网线上销售、实体店线下体验的豪猪养殖产销新模式,初步实现了布局养殖、加工、服务三大产业的目标。"何永群介绍说,该项目已吸纳3 411户建档立卡贫困户参与养殖,豪猪存栏量达1万余头,每年能让每个贫困家庭增收5 000元,并在云南怒江、楚雄、昭通等地新建了4个养殖基地,吸引了8名大学生返乡创业,100多人在养殖基地就业。

豪猪不是猪,却是乡村振兴、脱贫攻坚路上"最靓的崽"。

(资料来源: http://www.goolook.net/ylxw/guoji/126789.html)